O LIVRO DO DESPERTAR

MARK NEPO

O LIVRO DO DESPERTAR

CONSTRUA A VIDA QUE VOCÊ DESEJA, UM DIA DE CADA VEZ

TRADUÇÃO

Renato Marques

goya

O LIVRO DO DESPERTAR

TÍTULO ORIGINAL:
The Book of Awakening

CAPA:
Filipa Pinto

COPIDESQUE:
Thaís Carvas

PROJETO GRÁFICO:
Caíque Gomes

REVISÃO:
Hebe Ester Lucas
Luciane H. Gomide

DADOS INTERNACIONAIS DE CATALOGAÇÃO NA PUBLICAÇÃO (CIP) DE ACORDO COM ISBD

N4411 Nepo, Mark
O livro do despertar: construa a vida que você deseja, um dia de cada vez / Mark Nepo ; traduzido por Renato Marques. - São Paulo : Goya, 2025.
480 p. ; 16cm x 23cm.

Tradução de: The Book of Awakening
Inclui índice.
ISBN: 978-85-7657-777-5

1. Meditação. 2. Autodesenvolvimento. 3. Bem-estar.
I. Marques, Renato. II. Título.

CDD 150.1943
2025-3987 CDU 159.9.019.4

ELABORADO POR ODILIO HILARIO MOREIRA JUNIOR - CRB-8/9949

ÍNDICES PARA CATÁLOGO SISTEMÁTICO:
1. Autoconhecimento 150.1943
2. Autoconhecimento 159.9.019.4

goya
é um selo da Editora Aleph Ltda.

Rua Bento Freitas, 306, cj. 71
01220-000 — São Paulo — SP — Brasil
Tel.: 11 3743-3202

WWW.EDITORAGOYA.COM.BR

A sabedoria é uma torrente viva, não um ícone preservado em um museu. Somente quando encontramos a nascente da sabedoria em nossa própria vida é que ela pode fluir para as gerações futuras.

— Thich Nhat Hanh

sumário

prefácio

Todos nós lutamos para entender o significado da vida, para buscar um propósito. Quase todos nós seguimos os padrões e as marcas que nossos pais deixaram gravados em nós, e nos sentimos catapultados vida adentro, em que somos arremessados de um lado para o outro feito uma bola numa máquina de fliperama — no fim das contas, saímos caçapa abaixo, aliviados por ainda estarmos aqui e quase inteiros, mas machucados e maltratados pela acidentada jornada.

Essa tensão diária entre a promessa de um novo dia e a realidade da vida nos termos da vida, ou, nas palavras de John Steinbeck, "as estonteantes marteladas da vida moderna", é a luta diária de um ser humano de mente livre e aberta. Muitos de nós vasculhamos os quatros cantos do mundo à procura de maneiras de dar sentido a todas as coisas. Muitos se apegam à religião de seus ancestrais, ao passo que alguns fogem da religião, sentindo-se traídos pela inconsistência e, frequentemente, pela injustiça de certas doutrinas. Muitos de nós lemos as experiências de outras pessoas para nos ajudar a encontrar nosso próprio lugar no universo. Essa foi sem dúvida a minha jornada. Na minha estante, você encontrará livros como *A cura e a mente*, de Bill Moyers; *As religiões do mundo*, de Huston Smith; *Uma breve história do tempo*, de Stephen Hawking; *Os quatro compromissos*, de Don Miguel Ruiz; e dezenas de volumes sobre vício e recuperação.

Certa vez, ganhei de presente um pequeno livro sobre meditação perceptiva de Joseph Goldstein e Jack Kornfield. Ficava na minha mesinha de cabeceira, em cima de uma pilha de livros que eu pretendia ler, mas nunca li, como *Guerra e paz*. No dia em que a princesa Diana morreu, eu me lembro de ter ficado no meu quarto assistindo ao noticiário. Em determinado momento, desliguei a televisão, sabendo como seria o frenesi da mídia. Então me sentei na beirada da cama e fiquei olhando aquele livro, que dizia que as pessoas que aprenderam a viver de maneira consciente e com atenção plena se perguntam duas coisas na hora da morte: *Eu aprendi a viver com sabedoria? Eu amei bem?* A mim me pareceu a coisa mais extraordinária do mundo que você pudesse resumir sua vida a essas duas perguntas simples. E, naquele momento de luto coletivo, de alguma forma senti que a vida de Diana estava completa, pois ela respondeu essas perguntas com suas ações e seu amor, e isso me ofereceu certo conforto.

Desde então, eu me faço essas mesmas duas perguntas todos os dias antes de ir para a cama. Elas se tornaram a estrutura da minha vida, embora o centro do alicerce ainda fosse uma questão em aberto e eu tenha passado anos procurando por ele. Ao longo do caminho, contei com imensa ajuda da psicoterapia, recuperação e apoio familiar, mas encontrei uma obra que me transformou por completo, e estou falando de *O livro do despertar*, de Mark Nepo.

Eu me lembro do dia em que ganhei *O livro do despertar*. Eu resistia a livros que seguem a linha "uma meditação para cada dia do ano", pois não me identificava com o formato de guias para o dia a dia. Além disso, tinha certo preconceito contra esse tipo de obra, pois minha mãe lia um livreto de "pensamentos do dia" chamado *Palavra diária* e, como a maioria de nós, eu não queria ser minha mãe. Obviamente, a piada é que eu sou parecidíssima com ela. Verdade seja dita, os dons de gentileza e generosidade que herdei da minha mãe são minhas melhores qualidades.

Na verdade, há algo na escrita de Mark que elimina todo o artifício, revelando as verdades essenciais que eu sempre busquei. Leio este livro diariamente há muitos anos, e já presenteei muitas pessoas com um exemplar dele. Enviei este livro para todas as partes do mundo. Como uma oferenda. Como um presente de inauguração da casa nova. Como um bálsamo para a tristeza. Como um baú do tesouro ou uma caixa de mimos para saudar um recém-nascido. Já presenteei pessoas com este livro em sinal de amizade e em momentos de conflito, em horas de alegria e de tristeza. A beleza deste livro é que ele atravessa todas as fronteiras de idade, classe social, raça, religião, política e escolaridade. Sua simplicidade reside no profundo refinamento de ideias, pensamentos e histórias, muitas vezes apresentados como conceitos, palavras ou ações de algum outro sábio. Mark usa a sabedoria de grandes pensadores como base para escrever uma homilia que desdobra, esclarece e expande os belos preceitos de muito tempo atrás. Essas passagens nos conectam através do tempo, e eu sempre me sinto melhor quando começo meu dia com elas. No geral, a mensagem diária se relaciona diretamente a um problema ou dificuldade que estou enfrentando, como se tivesse sido escrita especialmente para mim naquele momento. Não há uma única página sequer no meu exemplar que não tenha sido destacada e sublinhada. É minha referência constante. Meu verdadeiro norte.

Quando Mark me pediu para escrever este prefácio, eu sabia que seria assustador e, claro, estou derramando lágrimas enquanto escrevo, afinal, como podemos agradecer a alguém por algo que nos afeta tão profundamente? Posso dizer apenas: Obrigada, Mark, por compartilhar sua alegria, sua dor, seu medo e sua fúria. Sua capacidade de oferecer ideias com uma tessitura de palavras singular e de tirar o fôlego me ajudou a viver.

O rio da vida é extenso, e a jornada que fazemos juntos se torna muito mais bonita, importante e comovente quando nossas vidas são conectadas por este livro.

Jamie Lee Curtis

introdução à edição de 20º aniversário

A palavra *santo* vem do vocábulo sânscrito *sant*, que significa “aquele que busca a verdade”. Cada um de nós, à sua maneira, busca a verdade, procurando por um caminho autêntico que permita que o santo que habita o nosso interior se mostre no mundo. Ao longo do caminho, se formos abençoados, encontramos uma abertura que parece infinita e, de repente, não há para onde ir. Então, fazemos uma fogueira e fitamos a vida, surpresos com a ternura aonde nossa resistência e presença nos levaram.

Para mim, quase ter morrido de câncer aos trinta e poucos anos foi a abertura através da qual encarei a eternidade, e a fogueira que fiz foi *O livro do despertar*. Eu não tinha ideia de que esse fogo aceso no limite de tudo aqueceria tanta gente. É difícil de acreditar que já se passaram vinte anos desde a publicação da primeira edição deste livro. Durante todo esse tempo, tem sido uma lição de humildade tomar conhecimento das muitas maneiras como meu trabalho foi aceito e abraçado. Mais importante, a vastidão para a qual ele aponta continua sendo um recurso irrefreável, disponível para todos.

Comecei a escrever os primeiros registros diários para o livro em 1997. No começo, um velho amigo perguntou se eu poderia compartilhar por e-mail minhas reflexões. Aos poucos, isso levou a um compartilhamento semanal que discretamente e ao longo dos anos se disseminou para o mundo inteiro, de Londres à Índia e à África do Sul. Em 2000, o livro começou sua jornada impressa. E, em 2010, alguém generosamente deu um exemplar de *O livro do despertar* de presente de aniversário a Oprah Winfrey, cuja profunda conexão com o texto e generoso apoio impulsionaram a obra a se tornar um *best-seller*, alcançando o primeiro lugar na lista dos mais vendidos do jornal *The New York Times*. Desde então, o texto foi traduzido para mais de vinte idiomas e agora está em sua 56ª reimpressão, tendo alcançado mais de um milhão de leitores.

Muitos desses leitores tiveram a gentileza de entrar em contato comigo para compartilhar sua jornada. Assim conheci o caminhante que durante quatro meses percorreu a trilha na reserva das montanhas Adirondack, e noite após noite lia em voz alta a meditação daquele dia e depois queimava as páginas em sua fogueira. E a filha que lia para a mãe as passagens favoritas dela em seu leito de morte. E o rapaz que acordou de um coma e descobriu que o livro era um espelho de sua alma desperta. E tantos outros.

Eu me curvo em reverência a esses parentescos sublimes, porque não tenho a sabedoria suficiente para tê-los conjurado. Essas misteriosas conexões apenas corroboram a que este livro é dedicado: o fato de que estamos inextricavelmente ligados pelo cerne de nossa experiência e pela verdade de nosso Espírito Comum.

Minha avó Minnie, imigrante, foi a primeira pessoa a me ensinar a procurar o Espírito e a ouvir a verdade. Por isso, significa muito para mim que uma das edições estrangeiras do livro seja em russo, a língua materna dela. Não posso deixar de pensar na minha Vovó, que há mais de um século saiu de uma cidadezinha nos arredores de Kiev e veio para os Estados Unidos, lentamente aprendeu o idioma do novo país, no Brooklyn, 37 anos antes de eu nascer, e segurou minhas mãos quando eu era um menino e me disse em seu inglês capenga: "Estas são as coisas mais antigas que você possui". Através de oceanos e séculos, o ciclo mais profundo de dar e receber é muito misterioso e alentador.

Muitas vezes me perguntam o que aprendi com *O livro do despertar*. Aprendi isto: quando somos sinceros e verdadeiros, fazemos o papel de um sólido canal para o amor e o carinho que mantêm o mundo funcionando. Se eu tivesse que arriscar um palpite, acho que este livro tocou tantas pessoas porque é um gole de água do oceano de amor e solicitude. Sou eternamente grato por tê-lo encontrado e, ao buscá-lo, ter sido transformado.

Mark
Janeiro de 2020

um convite

Este livro foi criado para ser útil, para ser um companheiro, um amigo da alma. É um livro de despertares. Para escrever este texto, tive que vivê-lo. Ele me deu a chance de reunir e compartilhar os professores silenciosos que conheci ao longo da minha vida. A jornada de desenterrar e moldar estas anotações ajudou-me a aproximar mais minhas vidas interior e exterior. Ajudou-me a conhecer e usar meu coração. Tornou-me mais completo. Espero que também possa ser uma ferramenta para você.

Reunir os insights para este livro foi como encontrar estilhaços de pedra que reluziam no caminho. Eu tirava um tempo para refletir sobre eles, para aprender com eles, em seguida os guardava e seguia em frente. Depois de dois anos, espanta-me despejar minha bolsa de fragmentos de pedras para ver o que encontrei. Os estilhaços que cintilaram ao longo do caminho são o que compõem este livro.

Essencialmente, todos eles falam sobre espírito e amizade, sobre nossa contínua necessidade de permanecermos vitais e apaixonados por esta vida, a despeito das dificuldades que enfrentamos. Oriundas de muitas tradições, de muitas experiências, de muitas vozes belas e honestas, todas as canções aqui cantam sobre dor, deslumbramento e o mistério do amor.

Fui atraído por este formato porque, sendo poeta, eu ansiava por uma maneira de expressão que pudesse ser tão útil quanto uma colher, e, como sobrevivente do câncer, os diários tornaram-se um alimento da alma. A bem da verdade, nos últimos 25 anos, o diário vem respondendo a uma necessidade coletiva e se tornou um soneto espiritual de nossa época, um vigoroso reservatório para pequenas doses do que importa.

Tudo o que posso pedir desta obra é que ela arrebate você tal qual o oceano cobre uma rocha presa em mar aberto, que ela o surpreenda e o revigore, que nos faça brilhar e nos deixe de alma lavada, exatamente os mesmos, mas apenas por um momento mais suaves, e mais lúcidos.

Tenho a profunda esperança de que algo nestas páginas surpreenda você e lhe dê alento, faça você brilhar e o ajude a viver, amar e a encontrar seu caminho para a alegria.

Mark

O livro do despertar

janeiro

1º de janeiro
O precioso nascimento humano

De todas as coisas que existem,
nós respiramos, acordamos e transformamos isso em canção.

Há um preceito budista que nos convida a estarmos plenamente atentos a quanto é raro nos encontrarmos em forma humana na Terra. De fato, é uma bela visão da vida, que nos oferece a chance de sentir enorme gratidão por estarmos aqui como espíritos individuais dotados de consciência, bebendo água e cortando lenha.

O preceito nos convida a olharmos ao redor e vermos a formiga e o antílope, a minhoca e a borboleta, o cachorro e o boi, o falcão e o solitário tigre selvagem, o carvalho centenário e o milenar trecho de oceano. Ele nos convida a compreendermos que nenhuma outra forma de vida tem a consciência de ser que nos foi concedida de forma tão privilegiada. O preceito nos convida a reconhecermos que, de todas as infinitas espécies de plantas, animais e minerais que compõem a Terra, uma porção muito pequena da vida tem o espírito desperto que chamamos de "ser humano".

A possibilidade de emergir de alguma profundidade de consciência para expressar isso a você e que você possa me receber neste instante é parte do nosso precioso nascimento humano. Você poderia ter sido uma formiga. Eu poderia ter sido um tamanduá. Você poderia ter sido chuva. Eu poderia ter sido um punhado de sal. No entanto, fomos abençoados — neste tempo, neste lugar — por termos nascido seres humanos, vivos de maneiras raras a que muitas vezes não damos o devido valor.

Tudo isso para dizer que esse precioso nascimento humano não se repetirá. Então, o que você fará hoje, ciente de que é uma das formas de vida mais raras que já caminhou pelo planeta? Como você se comportará? O que fará com suas mãos? O que pedirá, e a quem?

Amanhã pode ser que você morra e se torne uma formiga, e alguém montará armadilhas para capturar você. Mas hoje você é precioso, raro e desperto. Isso nos conduz a uma vida de gratidão. Isso torna inútil a hesitação. Grato e desperto, pergunte o que você precisa saber agora. Diga o que você sente agora. Ame o que você ama agora.

❊ *Sente-se ao ar livre, se possível, ou junto a uma janela, e observe as outras formas de vida ao seu redor.*

- *Respire lentamente e pense na formiga, na grama, na gralha-azul e no que essas formas de vida são capazes de fazer e você não é.*
- *Pense no seixo, no pedaço de casca de árvore e no banco de pedra, e centre sua respiração nas coisas interiores que você é capaz de fazer e eles não são.*
- *Levante-se devagar, sentindo-se maravilhosamente humano, e comece o seu dia com a intenção consciente de fazer uma coisa que somente os humanos podem fazer.*
- *Quando chegar a hora, faça essa coisa com grande reverência e gratidão.*

2 de janeiro
Todos caem

Leve-nos do irreal ao real.

— Invocação hindu

Era uma noite de neve, e Robert relembrou a ocasião em que, duas primaveras atrás, estava determinado a pintar a sala de estar. Ele acordou bem cedo, saiu pela porta, foi até a loja de ferragens para pegar os galões de tinta vermelha, os palitos de madeira para misturar, os panos de proteção e os pincéis descartáveis que sempre endurecem, por mais que você os deixe de molho.

Ele misturou a tinta do lado de fora da casa e, aos trancos e barrancos, caminhou até a porta, segurando um galão em cada mão, o pano de proteção debaixo do braço e um pincel largo encaixado na boca. Ao me contar o que aconteceu, ele começou a gargalhar: "Durante alguns minutos eu fiquei lá parado, cambaleante, tentando abrir a porta, mas sem querer largar nada. Eu fui tão teimoso. Quando estava quase conseguindo abrir a porta, perdi o equilíbrio, tombei para trás e me estatelei no chão, a tinta vermelha dos galões se espalhando pelo meu corpo inteiro".

Nesse ponto, ele riu de si mesmo, como fazia muitas vezes, e em silêncio assistimos à neve cair. Durante todo o caminho de volta para casa, eu me peguei pensando nesse relato. Espantosamente, todos nós fazemos a mesma coisa, seja com sacolas de mercado ou galões de tinta, seja com as histórias que nos sentimos determinados a compartilhar. Fazemos isso com nosso amor, com nosso senso de verdade, até mesmo com a nossa dor. É algo muito simples, mas, em um momento de ego, nós nos recusamos a largar o que estamos carregando para abrir a porta. Repetidas vezes, a vida nos oferece a chance de realmente aprender isto: não somos capazes de, ao mesmo tempo, nos manter apegados às coisas e entrar pela porta. É impossível. Devemos primeiro soltar o que estamos segurando, abrir a porta e depois pegar apenas o que for necessário e levar para dentro.

É uma sequência humana básica: reunir, preparar, largar, entrar. Contudo, criaturas falhas que somos, a cada erro sempre temos uma segunda chance: aprender a cair, levantar e rir.

- *Medite sobre algum limiar que você esteja tendo dificuldade em cruzar em sua vida. Pode ser no trabalho, em casa, em um relacionamento, ou a porta para uma paz maior.*
- *Respire em ritmo constante e olhe para si mesmo para ver se está carregando coisas demais que o impedem de abrir a porta.*
- *Respire devagar e, a cada vez que soltar o ar, coloque no chão as coisas que estiver carregando.*
- *Respire livremente agora e abra a porta.*

3 de janeiro
Desaprender para voltar a Deus

A chegada à consciência não é uma descoberta
de algo novo; é um longo e doloroso
retorno ao que sempre foi.

— Helen Luke

Toda pessoa nasce com um ponto livre e desimpedido — livre de expectativas e de arrependimentos, livre de ambições e de constrangimentos, livre de medos e de preocupações —, um ponto umbilical de graça no qual cada um de nós foi primeiro tocado por Deus. É esse ponto de graça que emite paz. Os psicólogos chamam esse ponto de *Psique*, os teólogos chamam de *Alma*, Jung chama de *Sede do Inconsciente*, os mestres hindus chamam de *Atman*, os budistas chamam de *Darma*, Rilke chama de *Interioridade*, os sufis chamam de *Qalb* e Jesus chama de *Centro do nosso Amor*.

Conhecer esse ponto de interioridade é saber quem somos, não por meio de marcadores de identidade superficiais, não por onde trabalhamos ou o que vestimos ou a forma como gostamos de ser tratados, mas sentindo nosso lugar em relação ao Infinito e habitando-o. Essa é uma tarefa árdua e para toda a vida, pois a natureza do devir é um constante processo de encobrimento, com uma fina película, do lugar onde começamos, ao passo que a natureza do vir a ser é uma constante erosão do que não é essencial. Cada um de nós vive em meio a essa contínua tensão, em que a película vai adquirindo manchas até ser encoberta de vez, apenas para se desgastar até voltar àquele ponto incorruptível de graça em nosso âmago.

Quando a película se desgasta e se rompe, temos momentos de iluminação, momentos de completude, momentos de *satori*, como os sábios zen o chamam, momentos de vida lúcida em que o interior encontra o exterior, momentos de integridade total do ser, momentos de completa Unidade. E se a película é um véu de cultura, de memória, de treinamento mental ou religioso, de trauma ou sofisticação, a remoção dessa camada e a restauração daquele ponto atemporal de graça é o objetivo de toda terapia e educação.

Independentemente do assunto, esta é a única coisa que vale a pena ensinar: como descobrir aquele centro original e como viver lá tão logo ele seja restaurado. Chamamos essa película que a tudo encobre de um "amortecimento do coração", e o processo de retorno, seja pelo sofrimento, seja pelo amor, é a maneira como desaprendemos para encontrar nosso caminho de volta para Deus.

- *Feche os olhos e respire enquanto você se põe abaixo de seus problemas, da mesma forma como um mergulhador desliza para aquela profundidade de quietude que está sempre à espera sob a agitação das ondas.*
- *Agora, tenha em mente duas coisas que você ama fazer, como correr, desenhar, cantar, observar pássaros, cuidar do jardim ou ler. Medite sobre o que há em cada uma dessas atividades que faz você se sentir vivo.*
- *Visualize diante de si o que essas atividades têm em comum e, respirando lentamente, sinta o ponto de graça que essas coisas queridas refletem dentro de você.*

4 de janeiro

Entre a paz e a alegria

Nunca poderíamos ter imaginado
Que já éramos abençoados
onde estamos...

— James Taylor

Isso me lembra de uma mulher que encontrou uma esponja marinha dobrada, toda ressecada e espremida, e, enfiada dentro da dobra endurecida, estava uma mensagem que ela vinha procurando. A mulher levou a esponja enrijecida para o mar e, entrando na água até a cintura, observou-a se desdobrar e ganhar vida na água. Magicamente, o segredo da vida tornou-se visível nas bolhas que iam saindo da esponja e, para espanto da mulher, um pequeno peixe, preso no sono dentro da esponja endurecida, ganhou vida e nadou mar afora. Daquele dia em diante, não importava para onde ela fosse, a mulher sentia o peixinho nadando nas profundezas, e isto — o nado do peixinho que estivera tanto tempo adormecido — dava-lhe uma satisfação situada em algum lugar entre a paz e a alegria.

Seja qual for o nosso caminho, sejam quais forem a cor ou a textura ou o caráter dos nossos dias, sejam quais forem os enigmas que precisamos resolver para permanecermos vivos, de alguma forma o segredo da vida sempre está ligado ao despertar e à libertação do que estava adormecido. Tal qual aquela esponja marinha, nosso próprio coração implora para desabrochar nas águas da nossa experiência, e, como aquele peixinho, a alma é uma coisa minúscula que nos traz paz e alegria quando a deixamos nadar.

Mas tudo permanece duro, comprimido e ilegível até que, como fez a mulher com água até a cintura no oceano, pegamos em nossas mãos o nosso coração adormecido e o mergulhamos com ternura na vida que estamos vivendo.

- *De olhos fechados, medite sobre a imagem de uma esponja endurecida desabrochando feito uma flor debaixo d'água.*
- *Enquanto você respira, pratique ver seu coração como essa esponja.*
- *Na próxima vez que estiver lavando a louça, faça uma pausa, segure a esponja endurecida na água e sinta seu próprio coração desabrochar.*

5 de janeiro
Mostre seu cabelo

Minha avó me dizia:
"Nunca esconda seu cabelo verde —
Eles podem vê-lo de qualquer maneira."

— Angeles Arrien

Desde as agonias do jardim de infância, quando pela primeira vez na vida fomos provocados ou ridicularizados em meio a toda a nossa inocência, todos nós lutamos de uma forma ou de outra para esconder o que é óbvio sobre nós.

Ninguém planeja isso. Não se trata de uma conspiração, mas sim de uma inevitável e dolorosa passagem de conhecermos apenas a nós mesmos para conhecermos o mundo. A tragédia é que muitos de nós nunca falamos sobre isso, ou nunca ouvimos que nosso "cabelo verde" é lindo, ou que não precisamos nos esconder, não importa o que alguém diga no caminho para o refeitório. E, assim, muitas vezes concluímos que, para conhecer o mundo, devemos nos esconder.

Nada poderia estar mais distante da verdade. É um fato antigo e tácito do ser que a chantagem só é possível se acreditarmos que temos algo a esconder. O corolário interior disso é que sentimentos inúteis vêm à tona quando acreditamos, mesmo que brevemente, que a pessoa que somos não é suficiente.

❊ *Sente-se em silêncio, calmamente, de olhos fechados, e, a cada vez que você inspirar o ar, sinta o fato de que você é suficiente.*

6 de janeiro
A roda raiada

O que buscamos pode ser diferente,
mas o que nos faz alcançar é o mesmo.

Imagine que cada um de nós é um raio em uma Roda Infinita e, embora cada um dos raios seja essencial para manter a Roda inteira, não há dois raios iguais. O aro dessa Roda é nosso senso vivo de comunidade, família e relacionamento, mas o eixo comum em que todos os raios se juntam é o único centro onde todas as almas se encontram. Então, conforme eu me movo mundo afora, vivencio minha singularidade, porém, quando ouso olhar para o meu âmago, encontro o único centro comum onde todas as vidas começam. Nesse centro, somos um só e o mesmo. Dessa forma, vivenciamos o paradoxo de sermos singulares e idênticos. Pois, de maneira misteriosa e poderosa, quando olho profundamente para dentro de você, encontro a mim mesmo, e quando você ousa ouvir meu medo nos recônditos do seu coração, você o reconhece como seu segredo, o qual julgava que ninguém mais sabia. E essa totalidade inesperada que é mais do que cada um de nós, mas comum a todos — esse momento de unidade é o átomo de Deus.

Não é de surpreender que, tal qual a maioria das pessoas, na primeira metade da minha vida eu trabalhei com afinco para entender e fortalecer minha singularidade. Trabalhei muito para garantir meu lugar no aro da Roda e, assim, eu me defini e me valorizei por ser diferente de todos os outros. No entanto, na segunda metade da minha vida, fui humildemente levado ao eixo daquela Roda, e agora me deslumbro com a misteriosa unidade do nosso espírito.

Em meio ao câncer, à tristeza, às decepções e inesperadas reviravoltas na carreira — o próprio colapso e a reorganização das coisas que amei —, percebi que, assim como a água uniformiza a pedra e penetra na areia, nós nos transformamos uns nos outros. Como pude ser tão lento? O que sempre julguei que me diferenciava dos outros, na verdade, me une aos outros.

O momento em que isso ficou mais claro para mim foi quando eu estava sentado em uma sala de espera no Hospital Presbiteriano de Columbia, na cidade de Nova York, olhando diretamente nos olhos de uma mulher hispânica, e ela nos meus. Ali, comecei a aceitar que todos vemos a mesma maravilha, todos sentimos a mesma agonia, embora todos falemos com uma voz diferente. Agora eu sei que cada ser que nasce, por mais inconcebível que pareça, é outro Adão ou Eva.

- *Sente-se com um ente querido de confiança e revezem-se.*
- *Cite uma característica definidora de quem você é que o distingue dos outros.*
- *Cite uma característica definidora de quem você é que você tem em comum com os outros.*
- *Discorra sobre como você lida com a solidão do que o torna único e o distingue dos outros e como você lida com a experiência do que o torna igual aos outros.*

7 de janeiro
Devemos nos revezar

Devemos nos revezar:
mergulhar em tudo o que existe
e contar o tempo.

O dom e a responsabilidade do relacionamento entre duas pessoas é se revezarem: um dos dois lava a louça e fecha as janelas de proteção contra tempestades, dando ao outro a chance de mergulhar em busca de Deus sem ter de se preocupar com o jantar. Enquanto um esmiúça o interior, cabe ao outro cuidar do exterior.

Um ótimo exemplo disso é a maneira como os mergulhadores de pérolas vasculham as profundezas em pares. Sem tanques de oxigênio ou reguladores, um espera na superfície, cuidando das cordas amarradas ao outro, que pisa suavemente na areia em busca de tesouros que ele espera reconhecer.

Ele caminha no fundo do mar, observando as folhas da vegetação balançarem, e ele próprio balança o corpo até que sua dupla puxe a corda. Ele engole o pouco ar que resta enquanto sobe. A bordo, os dois conversam por horas a fio, colocando sobre as pranchas do barco o que foi visto e encontrado, esfregando a pérola áspera e natural. De manhã, aquele que ficou na superfície anteriormente mergulha e enche os cestos e o outro conta o tempo, as mãos envolvendo a corda que os une.

Esses mergulhadores de pérolas nos mostram de maneira clara o trabalho de estar juntos e o milagre da confiança. Devemos nos revezar: quem está na superfície deve contar o tempo de ar restante, para que o que está abaixo possa mergulhar livremente.

- *Sente-se em silêncio e, calmamente, medite sobre um relacionamento significativo que você tenha com um amigo, uma pessoa amada ou um parente.*
- *Respire em ritmo constante e pergunte a si mesmo se vocês se revezam entre mergulhar e contar o tempo.*
- *Quando se sentir impelido a fazer isso, debata o assunto com seu ente querido.*

8 de janeiro
Alimentar seu coração

Não importa quão escuro esteja,
a mão sempre sabe
o caminho para a boca.

— Provérbio Idoma (Nigéria)

Mesmo quando não conseguimos enxergar, sabemos como nos alimentar. Mesmo quando o caminho não está claro, o coração ainda bate. Mesmo quando estamos com medo, o ar entra e sai dos pulmões. Mesmo quando as nuvens ficam espessas, o sol ainda derrama sua luz em direção à terra.

Esse provérbio africano é um lembrete de que as coisas nunca são tão ruins quanto parecem quando estamos dentro do problema. Temos reflexos interiores que nos mantêm vivos, impulsos profundos de ser e vivacidade que atuam sob as adversidades contra as quais estamos lutando.

Devemos nos lembrar: a mão não é capaz de eliminar a escuridão, apenas encontrar o caminho para a boca. Da mesma forma, nossa crença na vida não consegue eliminar o sofrimento, apenas encontrar o caminho para alimentar nosso coração.

- *Sente-se em silêncio e, calmamente, de olhos fechados, leve as mãos abertas à boca.*

- *Enquanto você faz isso, inspire e observe como, mesmo sem orientação, suas mãos sabem o caminho.*
- *Respire lentamente e, de olhos fechados, leve as mãos abertas ao coração.*
- *Observe como, mesmo sem orientação, seu coração sabe o caminho.*

9 de janeiro
Vida no aquário

Ama e faz o que quiseres.

— Santo Agostinho

Foi algo curioso. Robert encheu a banheira e colocou os peixes lá, para poder limpar o aquário. Depois de esfregar a película de sujeira das pequenas paredes das profundezas imaginárias dos peixes, ele foi buscá-los.

Robert ficou surpreso ao constatar que, embora tivessem a banheira inteira para nadar, os peixes estavam amontoados em uma pequena área do tamanho do aquário. Não havia nada que os contivesse, nada que os obstruísse. Por que não circulavam em disparada livremente? O que a vida no aquário fez com a habilidade natural de nadar desses peixes?

Esse momento tranquilo, mas pungente, permaneceu conosco por um bocado de tempo. Foi impossível não ver aqueles peixinhos indo a lugar nenhum, a não ser para dentro de si mesmos. Passamos a enxergar o mundo através de uma lente da vida no aquário, e nos perguntávamos diariamente: de que maneiras somos iguais a eles? De que maneiras ficamos estagnados e nos voltamos apenas para dentro de nós mesmos? De que maneiras encolhemos nosso mundo de modo a não sentir a pressão de nosso próprio cativeiro autoimposto?

A vida no aquário me fez pensar na criação que recebemos em casa e na escola. E me fez pensar em ter ouvido que certos empregos não são aceitáveis e que certos empregos são inalcançáveis, em ter sido ensinado a viver de uma maneira específica, em ter sido treinado para pensar que apenas coisas práticas são possíveis, em ter sido reiteradamente alertado de que a vida fora do aquário de nossos valores é arriscada e perigosa.

Comecei a ver que, quando crianças, fomos ensinados a temer a vida fora do aquário. Sendo pai, Robert começou a questionar se estava preparando seus filhos para a vida no aquário ou para a vida no mundo incontível.

Isso me faz pensar agora, na meia-idade, se ser espontâneo, gentil e curioso são partes de nossa habilidade natural de nadar. Toda vez que hesito em fazer o não planejado ou o inesperado, ou hesito em estender a mão e ajudar outra pessoa, ou hesito em pesquisar sobre algo de que nada sei, toda vez que ignoro o impulso de correr na chuva ou de ligar para uma pessoa só para dizer que a amo — eu me pergunto: estou me ensimesmando, nadando em segurança no meio da banheira?

- *Sente-se em silêncio, calmamente, até se sentir por completo em seu centro.*
- *Agora, levante-se e ande lentamente pelo cômodo em que você está.*
- *Ande perto das paredes do seu quarto e medite sobre a vida em seu aquário.*
- *Respire com limpidez, vá até a porta e medite sobre a natureza do que é realmente possível na vida.*
- *Então passe pela porta e entre no seu dia. Atravesse seu dia e entre no mundo.*

10 de janeiro
Akiba

Em seu leito de morte, Akiba lamentou ao seu rabino que se sentia um fracasso. O rabino se aproximou e perguntou por quê, e Akiba confessou que não tinha vivido uma vida como a de Moisés. O pobre homem começou a chorar e, murmurando, admitiu que temia o julgamento de Deus. Ao ouvir isso, o rabino inclinou-se em seu ouvido e sussurrou em tom suave: "Deus não julgará Akiba por não ser Moisés. Deus julgará Akiba por não ser Akiba".

— Do Talmude

Nascemos com uma única obrigação: ser completamente quem somos. No entanto, não é imensa a quantidade do nosso tempo que desperdiçamos comparando-nos com os outros, mortos e vivos? Essa prática é estimulada porque, dizem, é necessária na busca pela excelência. No entanto, uma flor em sua excelência não anseia ser um peixe, e um peixe em sua elegância vertiginosa não anseia ser um tigre. Mas nós, humanos, sempre descambamos no sonho com outra vida. Ou aspiramos, em segredo, à fortuna ou fama de pessoas que não conhecemos de verdade. Quando nos sentimos mal em relação a nós mesmos, muitas vezes tentamos vestir outras peles em vez de entender e cuidar da nossa.

No entanto, quando nos comparamos com os outros, não vemos nem a nós mesmos nem aqueles a quem admiramos. Apenas sentimos na pele a tensão da comparação, como se houvesse somente um grama de ser para alimentar todas as nossas fomes. Mas o Universo revela sua abundância com mais clareza quando podemos ser quem somos. Misteriosamente, cada erva daninha, formiga e coelho ferido, cada criatura viva tem sua anatomia singular de ser que, quando designada, é mais do que suficiente.

Sendo humanos, porém, muitas vezes somos atormentados e bloqueados pela insegurança, aquele aperto no coração que nos faz sentir indignos. E quando estamos perturbados e sufocados, vez por outra nos sentimos compelidos a nos inchar de vaidade. Pois, em nossa dor, parece fazer sentido que, se aumentássemos de tamanho, estaríamos mais longe de nossa dor. Se fôssemos maiores, seria mais difícil não nos verem. Se fôssemos maiores e mais volumosos, teríamos mais chances de sermos amados. Então, não é surpresa alguma que precisemos reduzir o tamanho dos outros para podermos manter nossa ilusão de parecer maiores do que nossa dor.

Claro, a história é a narrativa humilhante de nossa infame presunção, e a verdade é a história corretiva de como retornamos à nossa essência. E a compaixão, a doce compaixão, é a história sem fim de como nos aceitamos uns aos outros e nos perdoamos por não aceitar nosso lugar lindamente específico no tecido de tudo o que existe.

- *Encha uma bacia grande com água. Em seguida, esvazie sua mente em meditação e olhe atentamente para seu reflexo na água.*
- *Enquanto mira seu reflexo, permita-se sentir a tensão de uma comparação que você carrega. Sinta a dor de se comparar aos outros.*
- *Feche os olhos e deixe esse sentimento passar.*
- *Agora, mais uma vez, olhe atentamente para seu reflexo na bacia e tente ver a si mesmo em comparação com ninguém.*
- *Olhe para seu reflexo e permita-se sentir o que torna você singular. Deixe isso passar.*

11 de janeiro
Ted Shawn

Conhecer Deus
sem ser como Deus
é o mesmo que tentar nadar
sem entrar na água.

— Orest Bedrij

Por debaixo de tudo o que nos ensinam, há uma voz que nos chama além do que é racional; ao ouvir esse lampejo de espírito, muitas vezes encontramos uma cura profunda. É a voz da corporificação chamando-nos para viver nossa vida como uma partitura tocada, e que amiúde fala conosco em breves instantes nos momentos de crise profunda. Às vezes, é só um fiapo de voz, tão fraco que confundimos seu sussurro com o vento através das folhas. Mas levá-la ao cerne da nossa dor pode, quase sempre, abrir a paralisia de nossa vida.

Isso traz à mente a história de um jovem estudante de teologia que foi acometido de poliomielite; de algum lugar profundo dentro de si, surgiu uma voz improvável chamando-o para, imagine só, dançar. Então, com grande dificuldade, ele abandonou a faculdade de teologia e começou a dançar, e, lenta e milagrosamente, não apenas recuperou o movimento das pernas, mas se tornou um dos pais da dança moderna.

Eu me refiro à história de Ted Shawn, e é espantoso quando tomamos consciência de que estudar Deus não o curou. Incorporar Deus, sim. O milagre de Ted Shawn nos mostra que a dança, em todas as suas formas, é teologia na prática. Isso leva todos nós ao inescapável ato de viver o que está guardado, de ousar respirar nos músculos e ossos aquilo que sabemos e sentimos e em que acreditamos — repetidamente.

Seja qual for a crise que enfrentemos, há essa voz da corporificação que fala muito velozmente por debaixo da nossa dor, e, se pudermos ouvi-la e nela acreditar, essa voz nos mostrará uma maneira de renascer. A coragem de ouvir e corporificar nos abre para um segredo surpreendente: a melhor chance de ser inteiro é amar tudo o que estiver no caminho, até que deixe de ser um obstáculo.

❊ *Antes do trabalho ou durante o dia, sente-se em silêncio ao ar livre por alguns minutos.*

- *Feche os olhos e fique em silêncio. Sinta o ar em suas pálpebras fechadas.*
- *Deixe seu amor inundar seu coração até o peito.*
- *Deixe seu amor subir por sua garganta e detrás de seus olhos.*
- *Quando abrir os olhos, alongue-se e concentre-se na primeira coisa que vir.*
- *Se for um banco, diga "Eu acredito no banco". Se for uma árvore, diga "Eu acredito na árvore". Se for uma flor arrancada, diga "Eu acredito na flor arrancada".*
- *Levante-se com uma crença simples no que você sente e vê, e toque o que estiver diante de você, oferecendo ao seu amor uma saída.*

12 de janeiro

Ver na escuridão

Ver na escuridão é lucidez...
Chamamos isso de praticar a eternidade...

— Laozi

O medo obtém seu poder quando não olhamos, na nossa recusa em olhar para o medo ou para as coisas que tememos. Você se lembra daquela porta do sótão ou do armário atrás da qual algo aterrorizante esperava, e, quanto mais você não olhava, mais difícil era abrir a tal porta?

Na minha infância, isso me deixava obcecado a ponto de eu evitar aquela parte da casa. Até que um dia, enfim, quando ninguém mais estava em casa, eu me senti compelido a encarar o desconhecido. Eu me pus de pé diante da porta do sótão por um longo tempo, meu coração martelando forte no peito. Precisei de toda a minha pequena força interior de menino para abri-la.

Esperei na soleira, e nada aconteceu. Aos poucos, fui entrando, pé ante pé, e fiquei no escuro por um tempo ainda maior, até que minha respiração desacelerou e, para minha surpresa, meus olhos se acostumaram à escuridão. Logo eu me vi fuçando as velhas caixas mofadas e encontrei fotos do meu avô, pai do meu pai, o único na família com quem sou parecido. Ver essas fotos me abriu para aspectos do meu espírito.

Parece que, qualquer que seja a porta, qualquer que seja o nosso medo — do amor, da verdade ou até mesmo da perspectiva da morte —, todos nós temos a opção de escolha, repetidamente: evitar aquela parte da nossa casa ou abrir a porta e descobrir mais sobre nós mesmos aguardando até que a escuridão se torne visível.

- *Sente-se em silêncio e, calmamente, evoque a imagem de uma porta pela qual você tem medo de passar.*
- *Por enquanto, simplesmente respire e, com sua memória visual, acostume-se à soleira.*
- *Por enquanto, respire fundo e simplesmente sinta-se seguro diante da porta fechada, prometendo retornar quando se sentir mais forte.*

13 de janeiro
Por que precisamos uns dos outros

Uma criança cega,
guiada pela mãe,
admira as flores de cerejeira...

— Kikakou

Quem sabe o que uma criança cega vê das flores ou dos pássaros canoros? Quem sabe o que qualquer um de nós vê da privacidade de nossa própria cegueira? E, não se engane, cada um de nós é cego de uma maneira particular, assim como cada um de nós é dotado de uma visão ímpar.

Pare e reflita sobre como aquilo que tememos cega cada um de nós. Se tememos alturas, somos cegos para a humildade que as vastas perspectivas ensejam. Se tememos aranhas, somos cegos para o esplendor e o perigo das teias. Se tememos espaços pequenos, somos cegos para os segredos da súbita solidão. Se tememos a paixão, somos cegos para o conforto da Unidade. Se tememos mudanças, somos cegos para a abundância da vida. Se tememos a morte, somos cegos para o mistério do desconhecido. E, uma vez que temer é algo completamente humano, ser cego é inevitável. É o que cada um de nós deve enfrentar e superar.

Tendo isso em mente, o pequeno poema de Kikakou serve como uma parábola interior. Pois, no decurso de nossa vida, todos nós tropeçamos e pelejamos, aos solavancos, repetidamente, às turras com nossos relacionamentos e às voltas com a graça da inteireza oculta da vida. É por isso, em parte, que precisamos uns dos outros. Pois muitas vezes nossos relacionamentos nos ajudam a vivenciar a Unidade das coisas. Fazemos isso no decorrer de nossa vida, revezando-nos entre ser a criança cega, o guia amoroso e a flor incauta — sem nunca saber o que somos chamados a ser até que tenhamos aprendido o que devemos aprender.

- *Feche os olhos e repita três vezes o haicai de Kikakou e, a cada vez, identifique-se com uma perspectiva diferente.*
- *Na primeira vez, respire lentamente e torne-se a criança cega admirando as flores que ela não consegue ver.*
- *Na segunda vez, respire fundo e torne-se o outro amoroso, guiando seu filho cego para uma beleza que ambos podem até compartilhar, mas nunca vivenciar da mesma forma.*
- *Na terceira vez, respire sem pensar e torne-se a própria flor de cerejeira, que detém tanto aqueles que podem ver quanto aqueles que não podem.*

14 de janeiro

A vida de experiência

Mesmo que vislumbremos Deus,
ainda há cortes e farpas
e queimaduras ao longo do caminho.

Muitas vezes esperamos receber uma recompensa pela descoberta da verdade. Pelo esforço, antevemos dinheiro e reconhecimento. Por nosso sacrifício e generosidade, em segredo estamos à espera de aceitação e amor. Por nossa honestidade, contamos com justiça. No entanto, como todos sabemos, a vida de experiência se desenrola com uma lógica própria. E, muitas vezes, o esforço é visto, a generosidade é abraçada, e o risco da verdade continua a ser o alicerce de como os humanos se relacionam. No entanto, a recompensa por respirar não são aplausos, mas o ar, e a recompensa por escalar uma montanha não é uma promoção, e sim uma nova perspectiva, e a recompensa pela generosidade não é você ser visto como uma pessoa generosa e dotada de caráter e sentimentos nobres, mas a eletricidade da doação que nos mantém vivos.

Parece que, quanto mais nos aproximamos do cerne de todo ser, mais sinônimos são o esforço e sua recompensa. Quem poderia imaginar? A recompensa por descobrir a verdade é a experiência de ser honesto. A recompensa pela compreensão é a paz do conhecimento. A recompensa por amar é ser o portador do amor. Tudo se torna indefinivelmente simples. O único propósito do rio é carregar água, e, conforme a força da água aprofunda e alarga o leito do rio, ele cumpre mais e mais seu propósito. Da mesma forma, ao longo do tempo o leito do coração vai sendo desgastado para carregar o que está vivo.

Tudo isso nos diz que nenhuma quantidade de pensamento é capaz de eliminar a maravilha e a dor de viver. Nenhum muro, fuga ou negação — nenhuma causa ou desculpa — pode impedir que a crueza da vida corra em nossas entranhas. Embora às vezes isso possa parecer devastador, na verdade, é reconfortante, porque se a impermanência da vida, uma vez fixada, pode ser aterrorizante, deixando-nos preocupados com a morte, a mesma impermanência, contanto que permitida sua estrutura infinita, pode nos abrandar com o entendimento de que até mesmo a dor mais profunda passará.

- *Traga à tona um momento recente de decepção.*
- *Houve um resultado ou resposta específica que você secretamente esperava?*
- *Em vez de focar o fato de que o que você esperava não aconteceu, tente entender o que está no cerne do que você esperava: ser ouvido, ser aceito, ser amado, ser visto como alguém de valor, ou simplesmente a necessidade de ser abraçado?*
- *Aceitando essa decepção, tente entender o que você recebeu da vida de experiência.*

15 de janeiro
Qual é o gosto?

Quanto mais ampla e abundante for a nossa natureza fundamental,
mais suportáveis serão as dores da vida.

— Wayne Muller

Cansado das constantes reclamações de seu aprendiz, certa manhã um velho mestre hindu mandou o rapaz buscar um pouco de sal. Quando o aprendiz retornou, o mestre instruiu o jovem infeliz a colocar um punhado de sal em um copo de água e depois beber.

— Qual é o gosto? — perguntou o mestre.

— Amargo — cuspiu o aprendiz.

O mestre não conteve o riso. Em seguida, pediu ao jovem que pegasse o mesmo punhado de sal e o colocasse no lago. Os dois caminharam em silêncio até o lago próximo, e assim que o aprendiz jogou seu punhado de sal na água, o velho ordenou:

— Agora beba do lago.

Enquanto a água escorria pelo queixo do jovem, o mestre perguntou:

— Qual é o gosto?

— Refrescante — respondeu o aprendiz.

— Você sente o gosto do sal? — quis saber o mestre.

— Não — disse o jovem.

Então, o mestre sentou-se ao lado desse jovem sério que tanto o lembrava de si mesmo, pegou as mãos dele e observou:

— A dor da vida é sal puro; nem mais, nem menos. A quantidade de dor na vida continua a mesma, exatamente a mesma. Mas a quantidade de amargura que sentimos depende do recipiente em que colocamos a dor. Então, quando você está com dor, a única coisa que pode fazer é ampliar seu senso das coisas... Pare de ser um copo. Torne-se um lago.

- *Centre-se e concentre-se em uma dor que esteja com você.*
- *Em vez de tentar eliminar a dor, tente respirar do princípio ao fim dela.*
- *A cada vez que você inspirar o ar, observe seu esforço para envolver a dor.*
- *A cada vez que você expirar o ar, tente ampliar seu senso de Self e deixe a dor flutuar na profundidade de tudo o que nunca conheceremos.*

16 de janeiro

Eu digo "sim" quando quero dizer "não"

Eu digo "sim" quando quero dizer "não"
e o problema aumenta.

— Naomi Shihab Nye

Muitas vezes na vida eu disse "sim" quando queria dizer "não", por ter medo de desagradar os outros e mais medo ainda de passar a imagem de egoísta. Acho que na primeira vez em que decidi me casar, eu disse "sim" quando queria dizer "não". Jovem e inexperiente em ser eu mesmo, concordei em ser um peixe fora d'água pelo tempo que pudesse, para não machucar, decepcionar ou desagradar. Como era de esperar, terminou mal.

E quantas e quantas vezes, treinados no autossacrifício, temos a conversa oposta com nós mesmos; nossa paixão pela vida dizendo "sim, sim, sim" e nossa cautela prática dizendo "não seja tolo, seja realista, não se deixe ficar vulnerável". Mas, depois de já estarmos há um bom tempo nesta jornada, percebemos um aspecto ainda mais profundo de tudo isso: aqueles que nos amam de verdade nunca nos pedirão conscientemente para sermos diferentes do que somos.

A verdade inquebrantável é que quando concordamos com qualquer demanda, solicitação ou condição que seja contrária à natureza da nossa alma, o custo é a preciosa força vital ser drenada do nosso âmago. Apesar das aparentes recompensas da anuência complacente, a alma se cansa ao se envolver em atividades que são inerentemente contra sua natureza.

Quando deixamos as ruas apinhadas e observamos qualquer elemento da natureza — árvore, alce, cobra ou relâmpago — fazendo o que faz, fica evidente que a própria energia da vida é o espírito liberado pelas coisas sendo o que são. E aqueles de nós comprometidos com o amor devem aceitar que o cuidado é o rio interior inundando suas margens. No entanto, se o rio da alma não puder ser alimentado por sua fonte, não haverá cuidado.

❊ *Sente-se em silêncio e, calmamente, medite sobre a última vez que você disse "sim" quando queria dizer "não".*

- *Respire em ritmo constante e traga à tona, se puder, por que você não disse "não".*
- *Respire fundo e identifique o custo de não ter dito o que você queria dizer.*
- *Inspire lentamente o ar e convide seu espírito a falar de forma direta na próxima vez que lhe pedirem para ser diferente do que você é.*

17 de janeiro
O atrito de ser visível

> É somente arriscando a nós mesmos
> de uma hora para a outra
> que vivemos de fato.
>
> — William James

Depois de vivermos tempo suficiente e comermos nosso naco do pão que o diabo amassou, todos nós chegamos ao seguinte entendimento, embora seja difícil de aceitar: não importa qual caminho escolhemos honrar, sempre haverá um conflito a ser negociado. Se escolhermos evitar todo tipo de conflito com os outros, no fim das contas criaremos dentro de nós mesmos um venenoso conflito. Da mesma forma, se conseguirmos atender à nossa vida interior, a pessoa que somos — mais cedo ou mais tarde — criará alguma discórdia com aqueles que preferem que sejamos outra coisa.

Na verdade, o custo de ser quem você é pode ser definido da seguinte maneira: você não é capaz de atender às expectativas de todo mundo e, portanto, haverá, inevitavelmente, conflitos externos com que lidar — o atrito de ser visível. Ainda assim, o custo de não ser quem você é está no fato de que, enquanto você está ocupado agradando a todos ao seu redor, uma parte preciosa sua vai morrendo por dentro; nesse caso, haverá conflitos internos com os quais lidar — o atrito de ser invisível.

Quanto a mim, levei trinta dos meus 49 anos de vida para compreender que não ser quem eu sou é mais mortífero, e levei os últimos dezenove anos tentando fazer dessa compreensão uma prática. O que isso significa, no dia a dia, é que tenho de agir com o máximo de cuidado e consciência para ser verdadeiro e resistir à ânsia de tornar conveniente a minha verdade. Isso significa que ser quem eu realmente sou não é proibido ou silenciado só porque os outros se sentem desconfortáveis ou não querem ouvir.

Os grandes exemplos são lendários: Nelson Mandela, Gandhi, sir Thomas More, Rosa Parks. Mas não precisamos ser grandiosos para começar. Simplesmente temos que começar dizendo o que realmente gostaríamos de jantar, ou a qual filme realmente queremos assistir.

- *Centre-se e medite sobre uma decisão a ser tomada e que pode gerar algum conflito: seja um conflito interno, se esconder quem você é, seja um conflito com os outros, se mostrar a sua verdade.*
- *Respire em ritmo constante e sinta tanto o atrito de ser invisível quanto o atrito de ser visível.*
- *Respire lentamente e saiba que você é maior do que qualquer momento de conflito.*
- *Respire fundo e saiba que quem você é consegue suportar a experiência de conflito que viver exige.*

18 de janeiro

A aranha e o sábio

Prefiro ser enganado
a não acreditar.

Na Índia, conta-se uma história sobre um homem bondoso e quieto que rezava no rio Ganges todas as manhãs. Um dia, depois de rezar, ele viu uma aranha venenosa se debatendo na água e, com as mãos em concha, carregou-a até a praia. Assim que pousou a aranha no chão, ela o picou. Sem que o homem soubesse, suas orações pelo mundo diluíram o veneno.

No dia seguinte, a mesma coisa aconteceu. No terceiro dia, o homem bondoso estava dentro do rio até os joelhos e, como era de esperar, lá estava a aranha, agitando freneticamente as patinhas na água. Quando o homem fez menção de levantar a criatura mais uma vez, a aranha disse:

— Por que continua me tirando da água? Não vê que eu vou picar você todas as vezes, porque é isso o que eu faço?

E o homem bondoso colocou as mãos em concha sobre a aranha, respondendo:

— Porque é isso o que eu faço.

Há muitas razões para ser bondoso, mas talvez nenhuma seja tão convincente quanto o fato espiritual de que é isso o que fazemos. É a maneira como o órgão interior de ser continua a pulsar. Aranhas picam. Lobos uivam. Formigas constroem montículos que ninguém vê. E seres humanos levantam uns aos outros, não importa a consequência. Mesmo quando os outros dão ferroadas e nos ferem.

Alguns dizem que isso nos torna um lamentável grupo de criaturas que nunca aprendem nada, mas, para mim, isso tem a mesma beleza de frutos rompendo o gelo e a neve a cada primavera. É o que alimenta, em silêncio, o mundo. Afinal, frutos não têm nenhum senso de propósito ou caridade; não são altruístas tampouco abnegados. Simplesmente crescem para ser deliciosos, porque é isso o que eles fazem.

Quanto a nós, se as coisas caírem, nós estenderemos as mãos para alcançá-las. Se as coisas quebrarem, tentaremos juntar os cacos e consertá-las. Se entes queridos chorarem, faremos o possível para reconfortá-los — porque é isso o que nós fazemos. Muitas vezes eu estendi a mão, mas, em algumas ocasiões, parece um erro. Às vezes, tal qual o homem quieto levantando a aranha da água, fui picado. Mas não importa, porque é isso o que eu faço. É isso o que nós fazemos. O gesto de estender a mão é mais importante do que a ferroada que nos fere. Na verdade, prefiro ser enganado a não acreditar.

- *Lembre-se de uma ocasião em que você foi bondoso sem motivo. Pode ter sido tão simples quanto pegar no chão algo que uma pessoa desconhecida deixou cair. Ou deixar uma maçã no caminho de pássaros famintos.*
- *Medite sobre o que esses atos fizeram por você. Depois de ser bondoso, você se sentiu mais leve, mais energizado, mais jovem, mais aberto em seu coração?*
- *Comece o seu dia não tentando ser bondoso de maneira consciente, mas com uma perspectiva bondosa que lhe permita ser naturalmente quem você é e fazer o que você faz.*

19 de janeiro

Lembrar e esquecer

O que posso fazer para sempre me lembrar de quem eu realmente sou?

— Juan Ramón Jiménez

A maior parte da nossa busca é procurar maneiras de descobrir quem já somos. Nesse quesito, somos uma espécie desmemoriada, e talvez o que Adão e Eva perderam ao serem expulsos do Éden foi a capacidade de se lembrar do que era sagrado.

Assim, continuamente corremos rumo a montanhas e rios, corremos em direção ao mar mais distante e para os braços de desconhecidos, e nossa memória precisa de um chacoalhão para evocar essas lembranças. E alguns de nós levam uma vida simples, na esperança de praticar maneiras de não esquecer. Mas parte da nossa jornada é esse ciclo de esquecer e se lembrar. Isso é uma parte especial do que nos torna humanos.

Então, o que podemos fazer? Bem, não é segredo que a lentidão se lembra e a pressa esquece; que a suavidade se lembra e a dureza esquece; que a renúncia se lembra e o medo esquece.

É lindamente difícil nos lembrarmos de quem realmente somos. Mas ajudamos uns aos outros toda vez que enchemos o cálice da verdade e nos apoiamos depois de bebê-lo.

- *Sente-se em silêncio, se puder, e permita que venha à tona um lugar onde você não sinta nada.*
- *Respire lentamente nesse lugar, pois onde estamos entorpecidos, esquecemos. Então, abra caminho devagar lembrança adentro.*
- *Respire suavemente sobre esse lugar, imaginando que sua respiração é uma água purificadora.*
- *Depois de algum tempo, tente se lembrar da última vez que sentiu algo nesse lugar.*

20 de janeiro
Ser fácil de agradar

Uma chave para conhecer a alegria
é ser fácil de agradar.

Muitos de nós fomos instruídos a pensar que ser exigente quanto ao que queremos é indicativo de bom gosto, e que não se dar por satisfeito a menos que nossas preferências sejam atendidas é um sinal de sofisticação e contentamento com os prazeres do mundo. Eu me lembro de estar em uma festa em que uma mulher se recusou a aceitar uma bebida a menos que fosse preparada com uma marca específica de vermute. De fato, ela ficou indignada com isso. E me lembro também de que saí para jantar com um colega cujo bife tinha de ser preparado de uma forma complexa e fora do comum, como se essa necessidade particular de ser diferente fosse sua assinatura pública especial. Ou de ver homens e mulheres muito inteligentes entalharem seu círculo de solidão com critérios de amizade e companheirismo que pessoa nenhuma seria capaz de atender. Eu costumava manter padrões de excelência parecidos em torno dos estilos de obras de arte que eu achava aceitáveis.

Muitas vezes, esse tipo de discernimento é visto como a marca de alguém que tem padrões elevados quando, na verdade, é apenas um meio de nos isolarmos da possibilidade de sermos tocados pela vida, enquanto racionalizamos que somos mais especiais do que aqueles que não conseguem atender aos nossos padrões muito exigentes.

A verdade devastadora é que a excelência não pode abraçar você à noite e, como aprendi quando estava doente, ser exigente ou sofisticado não ajudará você a sobreviver. Uma pessoa que está morrendo de sede não pergunta se a água tem cloro ou se foi coletada nos sopés dos Alpes franceses.

No entanto, aceitar a vida que surge em nosso caminho não significa negar as dificuldades e decepções da jornada. Em vez disso, significa que a alegria pode ser encontrada até mesmo nas dificuldades, sem a necessidade de exigir que sejamos tratados como seres especiais a cada momento, mas aceitando a demanda do sagrado de que tratemos como algo especial tudo o que surgir em nosso caminho.

Ainda assim, somos ensinados a desenvolver preferências como sinais de importância e posição. Na verdade, aqueles que não têm preferências, aqueles que aceitam tudo o que é colocado diante de si, geralmente são vistos como simplórios ou caipiras. No entanto, há uma profunda inocência no fato de que sábios e crianças são fáceis de agradar e facilmente se dão por satisfeitos com o que cada dia lhes dá.

Quanto mais eu desperto nesta vida, mais percebo que Deus está em todo lugar e que o extraordinário espera em silêncio sob a pele de tudo o que é comum. A luz está tanto na garrafa quebrada quanto no diamante, e há música tanto no suave deslizar do arco sobre as cordas do violino quanto na água pingando do cano da calha. Sim, Deus está tanto sob a varanda como no topo da montanha, e a alegria está tanto na primeira fila quanto nas arquibancadas mais altas e distantes, se estivermos dispostos a estar onde estamos.

- *Centre-se e relembre um momento em que você foi exigente ou difícil de agradar além do ponto necessário de cuidar bem de si próprio.*
- *Medite sobre o que você realmente estava pedindo ao ser tão exigente.*
- *Se você precisava de atenção, reconheça essa necessidade agora com sua próxima respiração e dê atenção ao que estiver próximo.*
- *Se era a necessidade de ser visto como alguém especial, expire essa necessidade agora junto com o ar e veja as coisas diante de você como especiais.*
- *Se era a necessidade de ser amado, libere essa necessidade agora e ame o que estiver em seu caminho.*
- *Comece o seu dia e dê o que você precisa e, com o tempo, sinta o caráter especial do mundo devolvendo isso a você.*

21 de janeiro

Ver com amor

A iluminação é a intimidade com todas as coisas.

— Jack Kornfield

Cada um de nós vive em círculos, repetidamente, da cegueira à luz, da divisão para a inteireza, e é o nosso impulso de permanecermos em contato com tudo o que está vivo que nos impede de ficar perdidos. É o impulso de sermos íntimos.

Isso evoca a história do rapaz francês cego, Jacques Lusseyran, que, ao aprender a encontrar seu caminho transitando entre as outras formas de vida em sua escuridão, tropeçou no segredo da vida indivisa.

O jovem Lusseyran disse: "É mais do que vê-las, é entrar em sintonia com elas e permitir que a corrente que elas contêm se conecte com a sua, como eletricidade. Em outras palavras, isso significa o fim de viver diante das coisas e o começo de viver com elas. Não importa se a palavra soe chocante, pois isso é amor".

Viver com as coisas e não diante delas, não mais meramente assisti-las, mas perceber que somos parte de tudo o que vemos — esse é o amor que continua nos levando de volta à inteireza quando ficamos divididos. Amar admitindo nossa conexão com todas as coisas é a maneira de nos mantermos bem. Permitir que a corrente da interioridade do outro se conecte com a nossa é o começo da intimidade e da iluminação.

- *Feche os olhos e fique imóvel e em silêncio até sentir a presença das coisas ao seu redor.*
- *Respire suavemente e sinta a corrente do silêncio delas.*
- *Respire em ritmo contínuo e abra seu coração para tudo o que você sente.*
- *Sinta a eletricidade de ser que dá consistência ao mundo.*

22 de janeiro
Não dois

Para chegar à Harmonia,
basta dizer: "Não dois!".

— Seng-Ts'an

Há quase 1.400 anos, um dos primeiros sábios chineses que conhecemos ofereceu esta breve resposta àqueles que o importunavam em busca de conselhos: "Não dois!".

Essa resposta é pertinente e misteriosa em igual medida. Para dar sentido a ela, precisamos entender o que não é dito; que tudo o que divide e separa nos afasta do que é sagrado, e assim enfraquece nossas chances de alegria.

Como isso é possível? Bem, para entender, precisamos nos abrir para uma verdade ainda mais profunda: tudo — você e eu e as pessoas de quem desconfiamos e até mesmo as coisas que tememos — segue fundamentalmente a mesma batida da vida pulsando sob todas as distrações e preferências que somos capazes de criar.

Uma vez apartados da batida comum da vida, somos alijados da abundância e da força da vida, da mesma forma que um órgão arrancado do corpo morre. Então, para encontrarmos a paz, para vivermos a paz, precisamos continuar restaurando nossa Unidade original. Precisamos vivenciar aquela batida ancestral e central que compartilhamos com tudo o que existe. Ao sentir essa batida comum, começamos a expandir novamente, com a força comum de tudo o que está vivo.

No entanto, tendemos a perder o rumo quando precisamos fazer escolhas. A tensão aumenta em torno de decisões porque rapidamente separamos os caminhos e rotulamos um como "bom" e o outro como "ruim". Num piscar de olhos, isso se distorce e se transforma em uma sensação de ou um ou outro — um caminho é certo e o outro é errado. Ao prezar aquilo que é da nossa predileção, começamos a sentir uma sede por algo específico, a que chamamos de "sucesso", e um medo de não conseguir, que então chamamos de "fracasso". A partir de tudo isso, começamos a sentir uma pressão cada vez mais forte para não cometermos um erro terrível. Assim, muitas vezes empacamos, frustrados e confusos porque nos esquecemos de que — por baixo da nossa classificação das coisas como boas ou ruins, certas ou erradas, bem-sucedidas ou fracassadas — todas as escolhas ainda contêm a verdade e a força da vida, qualquer que seja nossa preferência.

Com certeza, compartilhar uma batida comum não significa que tudo é idêntico, pois as coisas são infinitas em suas diferenças. E, diante da riqueza da vida, não podemos valorizar tudo da mesma forma. No entanto, quando acreditamos que apenas o que queremos equivale a ouro, é fácil afundarmos na depressão por causa do que nos falta. Então somos atormentados por aquilo que percebemos como a diferença entre aqui e ali, entre o que temos e o que precisamos.

Ainda precisamos discernir as dez mil coisas que encontramos, mas, mantendo-as na luz do nosso coração, podemos dizer "Não dois! Apenas um!" e compreender que não existem caminhos errados, apenas percursos inesperados.

- *Medite sobre uma escolha que esteja diante de você.*
- *Identifique as distintas opções que você tem.*
- *Tente não ver essas opções com a urgência da que você prefere; em vez disso, concentre-se na experiência que cada opção pode lhe oferecer.*

- *Tente não vincular seu senso de identidade a nenhuma opção.*
- *Se você não obtiver o que deseja, tente não ver isso como um fracasso, mas como uma inesperada oportunidade.*

23 de janeiro

Chegar ao que importa

> Se você quer ser verdadeiramente compreendido, precisa dizer tudo três vezes, de três maneiras diferentes. Uma para cada ouvido... e uma para o coração.
>
> — Paula Underwood Spencer

Durante anos, eu me senti tão ignorado que, quando me faziam alguma pergunta depois de eu ter falado com toda a sinceridade o que sentia, eu considerava isso uma rejeição ou crítica. Muitas vezes, porém, era apenas alguém tentando entender meu desabafo. Era necessário que eu contornasse o indizível e tentasse novamente.

Aprendi que o verdadeiro diálogo exige que tanto o falante quanto o ouvinte façam várias tentativas até chegar ao que importa. Pois, às vezes, a verdade é proferida justamente no instante em que eu tenho de tossir. Ou seu coração se abre e se fecha enquanto estou me esforçando para chegar ao ponto.

Depende muito do momento, então eu aprendi a não me repetir, mas a tocar o que importa como uma melodia atemporal, de novo e de novo, se a pessoa diante de mim for honesta e sincera.

- *Esta é uma meditação falada. Sente-se com um ente querido e revezem-se contornando o indizível.*
- *Primeiro, diga ao seu ente querido o que você sente em relação a ele.*
- *Então, fique algum tempo em silêncio e depois diga novamente o que você sente.*
- *Após mais algum tempo em silêncio, de mãos dadas, digam uma última vez o que vocês sentem um pelo outro.*

24 de janeiro
Pensamento milagroso

Existem duas maneiras de viver sua vida:
uma é como se nada fosse um milagre,
a outra é como se tudo fosse um milagre.

— Albert Einstein

Não há fim para a preocupação, porque não há fim para o que existe fora de vista, além do alcance dos nossos olhos muito pequenos. Então, a preocupação é uma espécie de jogatina, uma maneira de apostar no que pode ou não acontecer.

Isso me faz lembrar de um amigo cujo pneu furou enquanto ele dirigia por uma estradinha rural. Depois de descobrir que não tinha macaco no porta-malas do carro, ele começou a andar, na esperança de encontrar nas proximidades a residência de um fazendeiro que pudesse ajudá-lo. Estava escurecendo, e o cricrilar dos grilos foi ficando cada vez mais alto. Enquanto caminhava pela estradinha coberta de mato, ele começou a lançar em sua mente os dados da preocupação: E se o fazendeiro não estiver em casa? E se ele estiver e não me emprestar o macaco? E se ele não me deixar usar o telefone? E se ele tiver medo de mim? Eu nunca fiz nada contra o sujeito! Por que ele simplesmente não me deixa usar o telefone?!

Quando bateu à porta do fazendeiro, meu amigo estava tão preocupado com o que poderia dar errado que, assim que um simpático senhor idoso atendeu, meu amigo berrou: "Tudo bem, você pode ficar com seu maldito macaco!".

Sendo humanos, lutamos constantemente para permanecer com o milagre do que existe e não despencar dentro do buraco negro do que não existe. Trata-se de uma dificuldade antiquíssima. Séculos atrás, o poeta sufi Ghalib afirmou: "Cada partícula da criação canta sua própria canção do que existe e do que não existe. Ouvir o que existe pode torná-lo sábio; ouvir o que não existe pode deixá-lo louco".

- *Sente-se em silêncio e, calmamente, pense em uma situação que o esteja deixando preocupado.*
- *Respire lentamente e, ao inspirar o ar, concentre-se em aceitar o que existe. Tente deixar entrar tanto as dádivas quanto as dificuldades da realidade em que você se encontra.*

- *Respire em ritmo contínuo e, ao expirar o ar, concentre-se em se livrar do que não existe. Tente deixar de lado todos os resultados imaginados que ainda não são reais.*
- *Acomode-se no milagre do que existe.*

25 de janeiro
Amar a si mesmo

> Começo a perceber que, ao indagar sobre minha própria origem e objetivo, estou indagando sobre algo diferente de mim mesmo [...] Nesse mesmo descortino, começo a reconhecer a origem e o propósito do mundo.
>
> — Martin Buber

Quando amamos a nós mesmos, amamos o mundo. Pois, assim como o fogo, a rocha e a água são feitos de moléculas, tudo o que existe, incluindo você e eu, está conectado por um pequeno pedaço do começo.

No entanto, como é que nos amamos? Às vezes, é tão difícil quanto enxergar a parte de trás da própria cabeça. Pode ser algo tão esquivo e enganoso quanto necessário. Eu já tentei e tropecei muitas vezes. E só posso dizer que amar a si mesmo é como alimentar um pássaro translúcido que ninguém mais consegue ver. Você deve ficar quieto e imóvel e oferecer a palma da mão cheia de segredos como uma semente delicada. Enquanto a ave come seus segredos, que já não são mais segredos, ela brilha e você se ilumina, e a voz dela, que somente você é capaz de ouvir, é sua voz desprovida de planos. E a luz que atravessa o corpo do pássaro banhará você até que tenha curiosidade de saber por que segurou as joias na palma da mão cerrada. Alguns pensarão que você enlouqueceu por dar de comer a algo que ninguém vê. Mas o pássaro translúcido quer apenas se alimentar, voar e cantar. Ele quer apenas luz na barriga. E, em raras ocasiões, se alguém ama você o bastante, conseguirá ver o pássaro erguer-se do ninho sob o medo que você sente.

Dessa forma, aprendi que amar a si mesmo requer uma coragem diferente de qualquer outra. Exige que acreditemos e permaneçamos leais a algo que ninguém mais pode ver e que nos mantém no mundo: nossa própria autoestima.

Todos os grandes momentos da criação — o nascimento das montanhas, das árvores, dos peixes, dos profetas, e a verdade dos relacionamentos que duram — começam onde ninguém pode ver, e é nosso trabalho não extinguir o que começou de uma maneira tão linda. Pois, uma vez repleto de luz, tudo está em segurança em seu caminho — não isento de dor, mas desobstruído de obstáculos —, e o ar sob suas asas é o mesmo ar que gorjeia em minha garganta, e os bancos vazios na neve são uma parte tão integrante de nós quanto as figuras vazias que se curvam sobre eles na primavera.

Quando acreditamos no que ninguém mais é capaz de ver, descobrimos que nós somos um ao outro. E todos os momentos da vida, por mais difíceis que sejam, retornam a algum ponto central onde o eu e o mundo são um só, onde a luz entra e sai ao mesmo tempo. E uma vez lá, eu compreendo — materializa-se diante de mim — que esse momento, seja ele qual for, é um bom momento para viver e um bom momento para morrer.

- *Enquanto você se senta em silêncio e calmamente, deixe cada respiração levá-lo mais fundo em seu centro e, sem classificar ou selecionar o que encontrar, tome consciência de uma parte antiga e original de quem você é. Pode ser sua risada ou sua teimosia ou seu amor por flores ou seu amor pela chuva.*
- *Ao começar o dia, segure em sua respiração essa parte antiga e original de você.*
- *Esteja aberto para encontrar essa parte profunda de você nos outros, pois o mesmo vento toca muitas folhas.*

26 de janeiro
Ser generoso I

Você costuma dizer: "Eu daria, mas apenas a quem merecesse".
As árvores em seu pomar não dizem isso, nem os rebanhos em seus pastos.
Eles dão para que possam viver, pois reter é perecer.

— Kahlil Gibran

O formidável e feroz místico William Blake disse: "O mais sublime dos atos é colocar o outro antes de você". Isso resume uma doação altruísta que parece estar na base do amor significativo. No entanto, depois de uma vida inteira lutando com unhas e dentes contra deixar as necessidades dos outros me definirem, cheguei ao entendimento de que, sem a forma mais saudável de amor-próprio — sem honrar a essência da vida que essa coisa chamada "eu" carrega, do mesmo jeito que uma vagem carrega uma semente —, colocar o outro antes de você pode resultar em autossacrifício prejudicial e codependência sem fim.

De muitas maneiras, ao longo de muitos anos, sufoquei minhas próprias necessidades e percepções em um esforço para não decepcionar os outros, mesmo quando ninguém me pediu para fazer isso. Essa atitude não é uma exclusividade minha. De alguma forma, no decurso do processo de aprender a ser bom, todos nós fomos convidados a nos engalfinhar com um falso dilema: sermos generosos com nós mesmos ou sermos generosos com os outros. Na verdade, porém, sermos generosos com nós mesmos é um pré-requisito para sermos generosos com os outros. Honrar a nós mesmos é, de fato, a única maneira duradoura de desencadear uma generosidade verdadeiramente altruísta para com os outros.

Tal qual diz Mêncio, neto de Confúcio, acredito que, assim como a água desobstruída fluirá ladeira abaixo, também nós, se recebermos a chance de ser o que somos, nos estenderemos na forma de generosidade. Então, a prática real e duradoura para cada um de nós é eliminar o que nos obstrui de modo que possamos ser quem somos, sem que nada possa nos refrear. Se pudermos trabalhar para conquistar esse tipo de autenticidade, então a generosidade viva — a água da compaixão — fluirá naturalmente. Não precisamos de disciplina para sermos generosos, apenas de um coração aberto.

- *Centre-se e medite sobre a água da compaixão que se acumula em seu coração.*
- *Enquanto você respira, simplesmente deixe-a fluir, sem intenção, no ar ao seu redor.*

27 de janeiro
Ser generoso II

Amamos aquilo de que cuidamos.

— Mwalimu Imara

Havia dois irmãos que nunca se deram bem. Um deles vivia emboscando tudo em seu caminho, eternamente à procura do próximo tesouro tão logo se apossava do primeiro. Ele balançava seu escudo e amaldiçoava todas as coisas que segurava nas mãos. O outro irmão vagava ao relento com pouquíssima proteção, cuidando de tudo o que encontrava. Ele se detinha diante de cada folha, galho e pedra quebrada. Ele abençoava todas as coisas que segurava nas mãos.

Essa história sugere que, quando ousamos ir além do esconderijo, uma lei mais profunda vem à tona. Quando desnudamos por completo nossa interioridade, expondo nossas forças e fragilidades, descobrimos um parentesco em todas as coisas vivas, e desse parentesco uma generosidade se move através de nós e entre nós. O mistério é que ser autêntico é a única coisa que nos revela o nosso parentesco com a vida.

Dessa forma, podemos desdobrar o oposto da verdade de Blake e afirmar que o mais sublime dos atos é colocar a si mesmo antes do outro. Não no sentido de vir primeiro, mas no sentido de abrir-se ante o outro, expondo sua essência diante do outro. Somente quando somos absolutamente autênticos é que podemos conhecer o verdadeiro parentesco e desencadear a verdadeira generosidade.

É por isso que ficamos comovidos, mesmo que não queiramos admitir, quando desconhecidos se livram das inibições, põem as emoções para fora e se mostram. É por isso que paramos a fim de ajudar os feridos e os sinceros. Quando nos colocamos totalmente diante do outro, isso torna possível o amor, do mesmo modo que a terra teimosa fica macia diante do mar.

- *Ponha um objeto favorito na sua frente e, enquanto respira, coloque-se totalmente diante dele e sinta o que o torna especial para você.*
- *Enquanto respira, medite sobre o lugar em você de onde vem essa qualidade especial.*
- *Continue respirando em ritmo contínuo e conheça essa qualidade especial como um parentesco entre você e seu objeto favorito.*
- *Durante seu dia, reserve algum tempo para se colocar de corpo e alma diante de algo que seja novo para você e, enquanto respira, tente sentir seu parentesco com ele.*

28 de janeiro

Encontrar o mundo

Você deve fazer o mundo exterior
encontrar-se com seu mundo interior,
senão a existência vai esmagar você.

Há um vento que continua a soprar desde o início dos tempos, e em todas as línguas já faladas ele continua sussurrando: *Você deve fazer o mundo exterior encontrar-se com seu mundo interior, senão a existência vai esmagar você.* Se o interior não encontrar o exterior, nossa vida entrará em colapso e desaparecerá. Embora muitas vezes pensemos que esconder nossa interioridade vai de alguma forma nos proteger ou salvar, é exatamente o contrário. O coração é muito parecido com um balão milagroso. Sua leveza vem de permanecer cheio. Enfrentar os dias com nosso coração impede o colapso.

É por isso que viúvas de 90 anos de idade continuam comprometidas em cuidar de pequenas flores na primavera; é por isso que crianças de 10 anos com muito pouco para comer cuidam de gatinhos abandonados, aninhando-os no peito magro; é por isso que pintores que estão ficando cegos pintam mais; é por isso que compositores que estão ficando surdos escrevem sinfonias espetaculares. É por isso que, quando pensamos que não somos capazes de tentar novamente, soltamos um suspiro que remonta a muitos séculos e, então, apesar de toda a nossa experiência, inspiramos o ar e tentamos de novo.

- *Centre-se e respire fundo e devagar.*
- *Enquanto você respira, sinta os pulmões se enchendo e se esvaziando como um balão.*
- *Enquanto respira, perceba que o coração está se enchendo e se esvaziando de um ar interior.*
- *Ao longo do dia, sempre que se sentir sobrecarregado, deixe esse ar interior encontrar o mundo.*

29 de janeiro

A clareira intocada

Estou no mundo tão só,
e ainda não só o bastante
para cada hora sacralizar.

— Rainer Maria Rilke*

Parece que há duas maneiras básicas de sentir a plenitude da vida, e ambas derivam da autenticidade de nossos relacionamentos. Uma é do nosso amor pela vida, e a outra é do nosso amor um pelo outro.

Muitas vezes, em nossa solidão, se dermos tempo ao tempo e nos arriscarmos a ficar sozinhos até que o brilho da vida se apresente, conseguimos descobrir os milagres da vida. Essa é a recompensa de toda meditação. É como percorrer o caminho da nossa solitude através das profundezas da floresta a fim de alcançarmos aquela clareira intocada.

Também podemos alcançar a clareira intocada dando tempo ao tempo e nos arriscando a estar completamente um com o outro. Essa é a recompensa do amor.

Contudo, o obstáculo mais frequente que nos impede de vivenciar a plenitude da vida — e com o qual eu já sofri muitas vezes — é a hesitação que nos priva de estarmos totalmente sozinhos com a vida ou totalmente sozinhos com o outro.

Estar pela metade em qualquer lugar é o verdadeiro começo da solidão.

- *Sente-se em silêncio e, calmamente, permita que um ponto de solidão que você carrega suba à sua consciência.*
- *Respire lentamente e sinta, se puder, em que direção você precisa se inclinar: mais para dentro de si mesmo ou mais para o mundo.*
- *Respire fundo e tente mover seu coração nessa direção.*

* *O livro de horas*. Tradução de Geir Campos. Rio de Janeiro: Civilização Brasileira, 1994. [N. T.]

30 de janeiro
Ser um peregrino

Fazer a jornada sem ser mudado pela jornada
é ser um nômade.
Mudar sem fazer a jornada
é ser um camaleão.
Fazer a jornada e ser transformado
pela jornada
é ser um peregrino.

Todos nós começamos como peregrinos, desejosos de fazer a jornada e esperançosos para sermos transformados por ela. Porém, assim como, ao ouvirmos uma orquestra, é impossível acompanhar a sinfonia inteira por muito tempo antes de sermos atraídos a escutar apenas o piano ou o violino, nossa atenção à vida nos escapa, e vivenciamos pessoas e lugares sem sermos afetados por sua inteireza. E, às vezes, sentindo-nos isolados e inseguros, mudamos ou escondemos o que vive dentro de nós, a fim de agradar ou evitar os outros.

O valor dessa percepção não é usá-la para julgar ou repreender a nós mesmos, mas ajudarmos uns aos outros a ver que a integridade é um interminável processo que consiste em deixar nossa experiência interior e nossa experiência exterior se completarem, a despeito de nossos lapsos muito humanos.

Eu entendo muito bem essas coisas, porque as violo com muita frequência. No entanto, eu, assim como você, considero-me um peregrino do tipo mais profundo, percorrendo uma jornada além de qualquer credo ou tradição, rumo ao espaço envolvente e recorrente em que conhecemos o momento e somos transformados por ele. Misteriosamente, por mais evasivo que seja, esse momento — em que o olho é o que ele vê, em que o coração é o que ele sente —, esse momento nos mostra que o que é real é sagrado.

❊ *Centre-se e, sem julgamento, evoque um momento em que você se recusou a deixar sua experiência mudar você. Simplesmente sinta a presença desse momento.*

❊ *Enquanto respira, evoque um momento em que você mudou a si mesmo para agradar ou evitar outra pessoa. Mais uma vez, simplesmente sinta a presença desse momento.*

- *Serenamente, lembre-se de um momento em que você viajou e foi transformado pela jornada. Sinta a presença desse momento.*
- *Sem julgamento, aceite tudo isso e seja grato. Agradeça por ser humano.*

31 de janeiro
Praticar

Assim como um homem em seu último suspiro
solta tudo o que ele carrega,
cada respiração é uma pequena morte
que pode nos libertar.

A respiração é a unidade de risco fundamental, o átomo de coragem interior que nos leva a uma vida autêntica. A cada respiração, praticamos a abertura, a absorção e a liberação. O professor está literalmente debaixo do nosso nariz. Quando ficamos ansiosos, apenas precisamos nos lembrar de respirar.

Com muita frequência, assumimos o compromisso de mudar nossos hábitos, mas estagnamos diante de velhos reflexos à medida que novas situações surgem. Quando somos dominados pelas garras do medo ou da ansiedade, o reflexo é nos aferrarmos às coisas, acelerarmos ou sairmos de cena. No entanto, quando sentimos o reflexo de nos aferrarmos às coisas, esse é geralmente o momento em que precisamos abrir mão delas. Quando sentimos a urgência de acelerar, esse é normalmente o instante em que precisamos pisar no freio. Muitas vezes, quando sentimos o impulso de fugir, essa é a oportunidade de encararmos a nós mesmos. Respirar de forma profunda e meditativa, precisamente nesse momento, pode muitas vezes quebrar o ímpeto da ansiedade e colocar nossa psique em ponto morto. A partir daí, podemos ser capazes de dar um passo em outra direção.

Não estou falando aqui de momentos exteriores de ansiedade, mas de momentos interiores de verdade. Certamente, quando um acidente está acontecendo, precisamos sair do caminho; quando um ente querido cai, precisamos tentar segurá-lo. Em vez disso, estou falando a respeito do medo do amor, da verdade e de Deus, o medo da mudança e do desconhecido. Estou falando sobre como todos nós nos agarramos firmemente ao que sabemos, mesmo que nos machuquemos no processo.

Largar tudo o que carregamos — todos os nossos preconceitos, nossas listas internas das maneiras como fracassamos e fomos injustiçados, todos os fardos secretos que trabalhamos para manter —, abandonar todo arrependimento e expectativa faz com que nossa mentalidade morra. Deixar de lado tudo o que construímos como imperativo nos permite renascer na simplicidade de espírito que emerge de ser livre e desimpedido.

Muitas vezes, é avassalador imaginar mudar todo o nosso modo de vida. Por onde devemos começar? Como derrubamos um muro que levou 25 ou cinquenta anos para ser erguido? Respiração por respiração. Pequena morte por pequena morte. Desapegando-nos de tudo o que carregamos, instante por instante. Confiando que aquilo que se incumbia de carregar, assim que for liberado, nos carregará.

- *Sente-se completamente sozinho, em um lugar seguro, e pense na última situação que deixou você ansioso.*
- *Pergunte a si mesmo: "O que especificamente me deixou desconfortável?". Ao ficar tenso, a que você se aferrou em sua mente?*
- *Agora, coloque seu desconforto e seu apego diante de você.*
- *Nesse lugar seguro, toque o que antes assustava você. Seja lá o que for, não pode machucá-lo agora.*
- *Nesse lugar seguro, livre-se daquilo a que sua mente se aferrou. Seja lá o que for, não pode ajudá-lo agora.*
- *Repita isso várias vezes enquanto você respira fundo e devagar.*
- *Respire. Sinta em detalhes o que surge em você sem o desconforto ou o apego.*
- *Respire. Esse é o Deus em você. Curve-se em reverência.*

“Não existem caminhos errados, apenas percursos inesperados.”

fevereiro

1º de fevereiro
Viva devagar o suficiente

Viva devagar o suficiente,
e só há o começo do tempo.

Quem acompanha qualquer coisa em seu pleno ato de existir — um floco de neve caindo, gelo derretendo, um ente querido acordando — é conduzido ao ininterrupto momento do início, o instante silencioso do qual cada respiração começa. O que torna esse momento tão crucial é que ele libera continuamente o frescor da vida. A chave para encontrar esse momento e todo o seu frescor, de novo e de novo, está em desacelerar.

Amiúde, quando nos sentimos incomodados, estamos sendo convidados a desacelerar. Quando nossa viagem sofre um atraso, ou enquanto aguardamos a conta em um restaurante, somos instigados a nos abrir e a olhar ao redor. Quando nos encontramos estagnados em nossos planos muito sérios e ambiciosos, muitas vezes estamos sendo incitados a reencontrar o início do tempo. Infelizmente, vivemos uma vida tão acelerada, correndo a mil por hora rumo aos nossos objetivos, que muitos de nós só conseguimos desacelerar na marra, em decorrência de doença ou colapso. Nesse aspecto, somos criaturas muito engraçadas. Se pudéssemos ver a nós mesmos de longe, a uma distância considerável, pareceríamos uma colônia de insetos que se precipitam repetidamente em direção às coisas: milhares de seres minúsculos e resolutos, trombando em obstáculos, balançando a cabeça e o corpo diminutos e se lançando para colidir com as coisas, de novo e de novo

Tal qual o planeta que nos carrega, o solo do nosso ser se move tão devagar que nem sequer percebemos. Porém, se você se sentir paralisado, entorpecido ou exausto pelas provações da vida, simplesmente desacelere seus pensamentos e observe com atenção o ritmo das rachaduras se alargando, aquiete seu coração para o ritmo da terra absorvendo a água da chuva, e espere o frescor do começo acolher você.

❊ *Coloque uma esponja seca e um copo de água à sua frente. Deixe-os de lado por um momento.*

❊ *Centre-se, deixando a energia de tudo o que parece urgente jorrar através de você. Solte o ar e tente se libertar.*

* *Agora, pingue uma pequena quantidade de água na esponja e, enquanto você respira lentamente, observe como a esponja se abre.*
* *Enquanto respira lentamente, continue pingando água na esponja e sinta seu coração se abrir.*

2 de fevereiro
Duas células cardíacas batendo

Se você colocar duas células cardíacas vivas de pessoas diferentes em uma placa de cultura, no devido tempo elas encontrarão e manterão uma terceira batida em comum.

— Molly Vass

Esse fato biológico guarda o segredo de todo relacionamento. É uma prova celular de que, sob qualquer resistência que possamos impor e além de todas as nossas tentativas que fracassam, existe na própria natureza da vida alguma força essencial de união. Essa capacidade inata de encontrar e avivar uma batida em comum é o milagre do amor.

Essa força é o que torna a compaixão possível, até mesmo provável. Pois se duas células podem encontrar a pulsação comum subjacente a tudo, os corações plenos não serão capazes de sentir muito mais quando todas as desculpas caírem por terra?

Esse impulso em direção a uma batida em comum é a força motriz por trás da curiosidade e da paixão. É o que faz pessoas desconhecidas falarem com outras pessoas desconhecidas, apesar do desconforto. É assim que arriscamos novos conhecimentos. Afinal, se ficarmos suficientemente quietos e imóveis, por tempo o bastante, ao lado de qualquer coisa viva, encontraremos uma maneira de cantar a canção sem voz.

No entanto, muitas vezes nos cansamos lutando contra a forma como nossos corações querem se unir, raramente percebendo que tanto a força quanto a paz vêm de nossos corações batendo em uníssono com tudo o que está vivo. É incrivelmente edificante e inspirador que, mesmo sem nos conhecermos, exista uma batida em comum entre todos os corações, apenas esperando para ser sentida.

Isso nos traz à mente a ocasião em que o formidável poeta Pablo Neruda, já perto do fim da vida, fez uma parada enquanto viajava até a mina de carvão de Lota, na região rural do Chile. Neruda ficou lá atordoado, enquanto um mineiro, rústico e sujo por seu trabalho nas entranhas da terra, caminhou até ele, abraçou-o e disse: "Eu te conheço há muito tempo, meu irmão".

Talvez seja este o segredo: toda vez que ousamos expressar a batida que ressoa dentro de nós, convidamos alguma outra célula do coração a encontrar o que vive entre nós e a cantar.

- *Respire fundo em silêncio e sinta a batida do seu coração.*
- *Medite sobre a batida em comum que as células do seu coração carregam.*
- *Deixe essa batida ressoar como um farol de dentro de você.*
- *Ao começar o dia, continue enviando a batida do seu coração a tudo o que estiver ao redor. Faça isso com sua respiração regular.*
- *Esteja ciente dos momentos em que você se sente energizado ou cheio de emoção. É na duração desses momentos que você está em pleno relacionamento com o mundo.*

3 de fevereiro

Anseio

Antes mesmo de piscarmos,
já conhecemos uns aos outros.

Falamos antes de soltar a voz, com os olhos e os lábios, na forma como pendemos a cabeça, na maneira como nos inclinamos feito árvores cansadas de esperar pelo sol. Antes mesmo de abrir a boca, contamos a nossa história inteira. No entanto, frequentemente fingimos que nada é comunicado. Fingimos que somos desconhecidos e negamos o que aprendemos antes das palavras.

Somos todos feitos de anseio e luz, buscando uma saída, com medo de sermos tolhidos, obstruídos ou rechaçados de volta solo adentro, de onde estamos ávidos para escapar.

Isto é o suficiente para começar: saber, antes que todos os nomes e todas as histórias cubram feito uma cortina quem somos, que queremos ser abraçados e deixados sozinhos, de novo e de novo; abraçados e deixados sozinhos até que essa dança seja nossa forma de sobrevivermos e crescermos, tal qual a primavera se converte em inverno e em primavera novamente.

- *Ao longo do dia, deixe entrar o que você aprende dos outros por meio de como a existência deles passa por você.*
- *Sem dizer uma palavra, conceda uma bênção a cada um enquanto eles se afastam.*

4 de fevereiro

Um conjunto de portas internas

As coisas da nossa vida não mudam.
Somos nós que mudamos em relação a elas.

— Molly Vass

Quaisquer que sejam nossos dons, feridas ou situação de vida — se já nos casamos várias vezes ou se nunca nos apaixonamos, se temos muito dinheiro ou precisamos desesperadamente de mais —, as questões centrais da nossa existência não desaparecerão.

Para cada vida na Terra existe um conjunto de portas internas que ninguém pode atravessar por nós. Podemos mudar de emprego ou de amor, viajar mundo afora, tornarmo-nos médicos, advogados ou alpinistas profissionais, ou nobremente colocar a própria vida em suspensão para cuidar de uma mãe ou de um pai doente, e quando terminarmos, embora a meritória distração possa levar anos, a última soleira que não cruzamos estará lá esperando. Não há substituto para o risco genuíno.

Mais estranho ainda é a forma como as questões centrais que evitamos sempre retornam, às vezes com faces diferentes; ainda assim, fecha-se um círculo e voltamos ao ponto de partida, de volta a elas, repetidas vezes. Sejam quais forem os subterfúgios a que recorremos tentando passar por cima ou nos esquivar do que precisamos enfrentar, descobrimos com humildade que nenhuma outra soleira é possível enquanto não empregarmos nossa coragem para abrir a porta diante de nós. Talvez a mais antiga e mais eficaz verdade da autodescoberta seja a de que a única saída é sempre através. A de que retornar repetidamente à mesma circunstância nem sempre é um sinal de evasão, mas pode significar que nosso trabalho para resolver determinado problema não foi concluído.

Na minha vida, não é por acaso que, lutando para chegar à idade adulta às voltas com uma mãe dominadora e crítica, inúmeras vezes fui empurrado para situações com homens e mulheres dominantes, pelejando dolorosamente para obter a aprovação deles e temendo a rejeição. Durante anos, tentei administrar melhor as circunstâncias, o que era a mesma coisa que lixar e envernizar a porta sem nunca a abrir. Eu estava fadado a repetir a dor da rejeição, por mais habilidade que eu tivesse para lidar com isso, enquanto não abrisse a porta da autoestima e do autorrespeito.

Até minha vocação para a poesia passou a ser uma distração que durou muitos anos. No fundo, sentindo-me rejeitado e inseguro, silenciosamente encarei como missão a ideia de me tornar um escritor famoso, apenas para um dia me encontrar repetindo as questões de aprovação e rejeição, agora multiplicadas por cem, na caixa de correio, enquanto aguardava notícias e respostas de inúmeros críticos excêntricos conhecidos como editores. Fiquei atordoado e aliviado por enfim me descobrir na mesma soleira da porta de amar a mim mesmo da qual eu havia fugido anos antes.

As soleiras das portas não levam a lugar algum. Somos nós que, em nossa disposição e experiência, continuamos retornando, porque a alma conhece apenas uma maneira de se realizar, que é absorver o que é verdadeiro.

- *Medite sobre um problema que insiste em retornar.*
- *Relacione-se com ele como um mensageiro e pergunte ao mensageiro qual porta ele está tentando abrir para você.*
- *De que forma sua vida mudará se você passar por essa soleira?*
- *De que forma sua vida será afetada se você não passar?*

5 de fevereiro

Por trás da solução de problemas

Por trás da maioria das dores de cabeça
há uma dor no coração.

Muitas vezes, achamos mais fácil pensar em uma maneira de resolver as coisas do que de senti-las: o que podemos fazer para sair de um estado de tristeza ou mau humor? O que podemos comprar, eliminar ou consertar que reduzirá ou acabará com a raiva ou a tristeza de um ente querido?

Pensando em retrospecto, eu me dou conta de que passei muitas horas resolvendo fatos emocionais que eu precisava apenas sentir. Olhando para trás, agora sei que meus contantes esforços para entender o que deu errado, embora mais ou menos úteis, muitas vezes não passavam de distrações que me impediam de sentir a tristeza e a decepção necessárias para me curar e seguir em frente.

Isso é muito humano. Ninguém quer sentir dor, sobretudo quando não conseguimos apontar para um corte ou ferimento específico. O mesmo acontece com o coração. Não há nada para mostrar ou costurar, mas ainda assim tudo é afetado.

A verdade é que, por mais que análises, formulação de estratégias e preparação possam ocupar nossa mente e até mesmo ajudar a evitar que sejamos feridos da mesma forma duas vezes, não existe substituto para se livrar de vez da ferida, o que, no caso do coração, significa exclamar profundamente, em alto e bom som, sem um pingo de aversão ou autopiedade: "Ai!".

- *Sente-se em silêncio e, calmamente, permita que um desconforto recente do coração venha à tona na segurança da sua respiração.*
- *Respire lentamente e permita-se passar pelo desconforto sentindo-o.*
- *Respire fundo e confie que seu coração tem a sabedoria de filtrar e processar esse desconforto; basta que você dê a ele uma chance.*

6 de fevereiro

Ao longo do caminho

Indo, eu aprendo para onde tenho que ir.

— Theodore Roethke

Dirigimos até um lago do qual um de nós tinha ouvido falar. Ao redor do lago havia uma trilha. Levamos conosco alguns mantimentos simples: pão, água, bananas. Circundamos o lago, parando em certos trechos de luz. Enormes bolotas caíam do dossel formado pelas copas das árvores e, pendurados em galhos que pendiam sobre a água, pequenos corvos usavam o bico e as patas para se limpar.

Ao longo do caminho, Christine se deteve, atraída por uma clareira pela qual não conseguia passar. Seguimos adiante, pisando mais devagar, respirando mais fundo; ao largo da trilha, as árvores antigas se avultavam e perdemos a vontade de continuar. Na companhia apenas um do outro e da nossa respiração, ouvimos um filete de riacho desemaranhando-se em uma canção que os pássaros imitavam.

Não conversamos sobre isso, mas é o caminho ao largo do caminho que nos leva a Deus. Pois nossos corações são apenas pequenos pássaros esperando.

- *Centre-se e imagine sua vida como um caminho em torno de um lindo lago.*
- *Respire lentamente e trace seu caminho até onde você está hoje.*
- *Respire fundo e imagine a parte do caminho de amanhã surgindo. Sinta o cheiro das trilhas não demarcadas.*
- *Ao começar o dia, mantenha-se aberto às clareiras inesperadas que chamam você.*

7 de fevereiro
Um legado de tristeza

Atlas não foi forçado a sustentar o mundo.
Ele estava convencido de que, se não fizesse isso,
o mundo desabaria.

Muitos de nós fomos criados por pais e mães bem-intencionados para sermos os portadores da tristeza deles. Muitas vezes a criança que é mais delicada do que as outras, que é mais doce e sensível do que o padrão com o qual a família está acostumada, é a escolhida para lidar com o que ninguém mais lida. É um destino estranho.

Eu era uma dessas crianças. Muitas vezes fui chamado de sensível demais, emotivo demais, sonhador demais. Porém, à medida que fui crescendo, conforme a vida nos visitava com o quinhão de agruras que ela inevitavelmente traz para todas as famílias, era eu quem precisava carregar o fardo da incapacidade dos meus familiares de sentir. Embora minha capacidade de sentir jamais tenha sido valorizada ou reconhecida, eu era o único a aguentar o tranco e a carregar a tristeza da família com a força do meu coração.

No fim, entendi que há uma enorme diferença entre compartilhar a dor de alguém e carregá-la. Geralmente, aqueles que sofrem usam a preocupação de entes queridos como uma forma de soterrar o que eles próprios não querem sentir. Da mesma forma que a eletricidade escorre solo adentro durante uma tempestade, eles utilizam os outros de maneira equivocada para descarregar sua tristeza e dor no solo daqueles que se importam. Muitas vezes, queremos que os outros suportem o peso da nossa tristeza ou da nossa dor porque não nos arriscamos a pedir que nos abracem e nos amparem enquanto estamos sofrendo.

Já na vida adulta, tentando ser eu mesmo e dono do próprio nariz, entender quais sentimentos são genuinamente meus e quais são aqueles que herdei costuma ser confuso. Pessoas como eu — e talvez você se identifique comigo, então permita-me dizer que pessoas como nós — frequentemente se sentem responsáveis pela condição emocional dos outros.

Essa triagem do que é verdadeiramente nosso e do que não é se apresenta como um trabalho delicado e sem fim. Quando somos incapazes de permanecer dentro de nós mesmos, acabamos por nos tornar codependentes, e nunca nos sentimos em paz até que as emoções de todos ao nosso redor sejam devidamente administradas e cuidadas — não tanto por compaixão, mas como a única maneira de aplacar nosso ansioso fardo na condição de portadores da tristeza alheia. Ou, quando a situação ricocheteia para o outro lado, podemos nos isolar, tornando-nos não apenas frios e impassíveis em relação ao próximo, mas também insensíveis em relação a nós mesmos.

O trabalho passa a ser o de fazer do coração uma porta de entrada precisa, sem se fechar para os sentimentos dos outros, tampouco para a profundidade dos sentimentos que cabem a nós sentir. Embora alguns de nós tenham sido ensinados a carregar a tristeza e a dor dos outros, a fibra do único coração que nos foi dado é forte e leve o suficiente por si só para nos levar ao vento que está sussurrando: *Solte-se, liberte-se, desapegue, o mundo vai carregar você.*

- *Se você é pai ou mãe, pense na maneira como compartilha seus sentimentos com seu filho. Se você tem uma pessoa amada, pense na maneira como compartilha seus sentimentos nessa relação. Se você tem um amigo próximo, pense na maneira como compartilha seus sentimentos nessa amizade.*
- *Medite sobre a última vez que compartilhou uma tristeza ou uma dor com essa pessoa especial.*
- *Por meio desse exemplo, observe honestamente a forma como você compartilha essas coisas e veja se tenta transferir ou descarregar sua tristeza ou dor, ou se simplesmente dá voz ao que o incomoda.*
- *Se puder, lembre-se do seu estado de espírito ao compartilhar as coisas. Você queria o alívio de trazer à tona o que estava se formando dentro de você? Ou queria que seu ente querido fizesse você se sentir melhor? Depois de compartilhar, você se sentiu mais próximo ou mais distante de si mesmo?*
- *Se acha que transferiu para outras pessoas o fardo que cabe a você mesmo carregar, vá até elas e as agradeça por suportarem sua tristeza. Tire o peso do coração das outras pessoas e pegue-o de volta. Peça a elas que, em vez disso, abracem e amparem você.*

8 de fevereiro
Ganância

O ganancioso juntou todas as cerejas,
ao passo que o modesto saboreou
todas as cerejas em uma só.

Sofremos, muitas vezes sem saber, por querer estar em dois lugares ao mesmo tempo, por querer ter mais experiências do que uma pessoa é capaz. Isso é uma forma de ganância, de avidez de querer tudo. Por sentirmos que estamos perdendo algo ou que estamos sendo deixados de fora, desejamos tudo. Porém, sendo humanos, não podemos ter tudo. A tensão desse desejo pode levar a uma busca insaciável, em que nossa paixão pela vida é instigada, mas nunca satisfeita. Quando nos enredamos nesse pensamento, nenhuma quantidade de viagem é suficiente, nenhuma quantidade de amor é suficiente, nenhuma quantidade de sucesso é suficiente.

Não estou dizendo que não devemos tirar proveito de nossa curiosidade e nos aventurar no desconhecido. Eu quero muito ter a experiência de conhecer o mundo, e amo conhecer novas pessoas na minha vida. Aqui estou me referindo àquela semente de carência que nos faz sentir insuficientes e, então, de alguma forma, para compensar, começamos a correr em disparada pela vida com um olho no que temos e outro no que não temos.

A ganância não se restringe ao dinheiro. O apetite da ganância pode entrar em ação para devorar qualquer coisa. Quando acreditamos que estamos ficando para trás ou aquém ou que somos inferiores, de alguma forma começamos a querer mais do que precisamos, como se aquilo que não temos pudesse preencher nossa dor e nos fazer sentir inteiros, como se o que nunca saboreamos fosse a coisa capaz de nos fazer viver. A verdade é que uma experiência levada a sério satisfará nossa fome de sermos amados por todos.

- *Evoque alguma experiência que você deseja ter.*
- *Medite sobre o que essa experiência pode dar a você.*
- *Respire abertamente e medite sobre qual parte desse presente já está atuando em você.*

9 de fevereiro

A coisa no caminho

Nós tendemos a fazer da coisa no caminho
o caminho.

Acordamos cedo, entusiasmados para caminhar pelo Jardim Botânico de Montreal, onde há a maior coleção de bonsai do mundo fora da Ásia. Andamos em direção ao Jardim do Templo Chinês, um retiro exuberante, mas simples, numa área afastada das ruas e que se estende por muitos hectares, um lugar de renovação originalmente construído no século 17 na China e transferido pedra por pedra para Montreal em 1990.

Quando nos aproximamos do enorme portão, estava trancado. Entrei em pânico, pronto para exigir que me deixassem entrar, depois de ter dirigido cerca de 645 quilômetros de outro país para ver o lugar. Com toda a calma do mundo, Robert, tal qual um sábio oriental, tratou a situação como se fosse um *koan*,* um enigma a ser resolvido até que suas próprias suposições mudassem.

Ele começou a andar pelo muro externo do Jardim. Parecia intransponível. Fiquei frustrado. Então continuou caminhando a passos lentos ao longo do muro alto. Como o Jardim do Templo Chinês se estendia por muitos hectares, eu me perguntei se teríamos que percorrer todo o perímetro. O pensamento me deixou irritado. Robert continuou andando.

De repente, depois de caminharmos por um trecho bem mais longo do que originalmente estava em nosso campo de visão, os muros desapareceram. No fim, ficou claro que o Jardim do Templo Chinês não tinha muros, exceto pela fachada em sua entrada. Então, simplesmente caminhamos pelo gramado aberto até um caminho que nos acolheu.

Quantas soleiras aparentemente bloqueadas, obstruídas, barradas ou trancadas só parecem proibidas à primeira vista? Quantas oportunidades para a vida verdadeira são isentas de barreiras, contanto que sejamos capazes de remover a nós mesmos e nossa mente de seus pontos de entrada tradicionais?

---

* No zen-budismo, sentença ou pergunta de caráter enigmático e paradoxal, usada em práticas monacais de meditação com o objetivo de dissolver o raciocínio lógico e conceitual, conduzindo o praticante a uma súbita iluminação intuitiva. [N. T.]

- *Centre-se e evoque uma barreira ou limite que você esteja enfrentando.*
- *Respire lentamente e não insista mais. Pare de esmurrar a porta.*
- *Respire em ritmo contínuo e, com seu espírito, circunde a barreira ou soleira.*
- *Respire pacientemente e veja se há outra maneira de entrar.*

10 de fevereiro

O que sua vida pede de você

Como você está lidando
com a história emergente de sua vida?

— Carol Hegedus

Como muitos de nós, pareço ser continuamente desafiado a não esconder quem eu sou. Repetidas vezes, continuo me encontrando em situações que exigem que eu seja tudo o que sou para conseguir seguir em frente.

Seja quebrando um padrão de desequilíbrio com um amigo de longa data, seja admitindo minha impaciência para ouvir a pessoa amada, ou assumindo a inveja que sinto de um colega, ou até mesmo confrontando o egoísmo de desconhecidos que roubam vagas de estacionamento, descubro que tenho de estar presente — mesmo que eu não diga nada. Descubro que não devo sufocar minha natureza plena, caso contrário a minha vida não emerge.

Além do sentimento de integridade ou satisfação que me invade toda vez que consigo ser eu mesmo por completo, estou descobrindo que ser quem eu sou — não esconder nada de mim — é um limiar necessário que devo atingir, sob pena de minha vida não evoluir. É uma porta pela qual devo passar, senão nada acontece. Minha vida simplesmente fica estagnada.

Cuidar de nossas histórias significa que nossas mentiras devem ser reveladas se quisermos viver no mistério; por mais sutis que sejam, devemos mitigar e dar visibilidade às nossas maneiras de nos esconder, se quisermos ser.

- *Centre-se e medite sobre a história emergente de sua vida.*
- *Respire lentamente e reflita sobre o que sua vida pede de você para que possa emergir.*

❊ *Respire com intensidade e pondere sobre a melhor maneira de atender a essa exigência interior.*

11 de fevereiro
Simplicidade

Eu tenho apenas três coisas a ensinar:
simplicidade, paciência, compaixão.
Esses são seus maiores tesouros.
Simples em ações e pensamentos,
você retorna à Fonte do Ser.

— Laozi

No século 6 AEC, o lendário sábio chinês Laozi nos deu essa instrução tripla. Falarei aqui sobre simplicidade, e mais tarde dedicarei entradas separadas à paciência e à compaixão.

Porém, em relação às três como um todo, permita-me confessar que, enquanto percorro meu próprio caminho, apesar dos tropeços e percalços, descobri que devo aprender e reaprender continuamente essas coisas — não apenas uma vez, mas repetidamente, de maneiras cada vez mais profundas. Elas aparecem agora como uma escada em espiral e, a cada passo, eu me vejo mais e mais embrenhado nas profundezas da vida da minha alma.

Então, o que significa ser simples? Em um mundo que é complicado, invariavelmente somos induzidos a acreditar que ser simples é ser estúpido, quando, na verdade, a simplicidade contém a recompensa por vivermos diretamente, que é quando as coisas parecem, enfim, como de fato são.

Quantas vezes vi os gestos de um ente querido ou um colega e então pelejei reservadamente para descobrir o que tudo isso significava? Quantas vezes fiz de tudo, exceto perguntar diretamente? Quantas e quantas vezes me recuso a ser direto: não digo o que quero dizer, não mostro o que sinto, não deixo a vida ao meu redor realmente me tocar?

Surpreendentemente, nada mais na natureza é indireto. O leopardo tentando escalar a montanha se empenha e mostra seu esforço. O esquilo assustado na árvore paira e treme, mostrando seu medo. A onda que se agiganta em direção à costa não poupa nada, pois se curva e se espalha repetidas vezes contra uma praia que abertamente se desintegra para ser tão amada. Somente os humanos dizem uma coisa e querem dizer outra. Somente nós seguimos um caminho e desejamos estar em outro lugar.

Como tantas outras tarefas que nos aguardam, a recompensa está longe de ser o que imaginamos. Parece que Laozi nos revela uma ferramenta secreta de vida, mantida em segredo por nossa relutância em aceitar sua verdade. Esse antigo sábio nos diz com todas as letras que o ato de simplicidade — de viver diretamente — é a porta de entrada para a Fonte de todo o Ser.

Imagine que isso é verdade. Eu imploro a você: quando se sentir perdido ou distante, tente, tente ser direto, e o Universo sem uma palavra ganhará vida.

- *Respire lentamente e relembre uma época em que as coisas eram diretas e descomplicadas.*
- *Continue respirando lentamente e relembre uma época em que as coisas eram indiretas e um fardo.*
- *Ao inspirar o ar, sinta o fardo.*
- *Ao expirar o ar, sinta a simplicidade.*
- *O que o fardo tirou de você?*
- *O que a simplicidade despertou em você?*

12 de fevereiro
Fazer chá

Havendo sinceridade, haverá iluminação.

— A Doutrina do Meio, 200 AEC

Se pararmos para refletir com seriedade, fazer chá é um processo milagroso. Primeiro, pequenas folhas são coletadas de plantas que crescem de raízes invisíveis. Em seguida, a água fervente é despejada sobre as folhas secas e é absorvida por elas. Finalmente, deixar a mistura em infusão cria um elixir que, quando digerido, pode ser curativo.

Todo o processo é um exemplo de como fazer uso interior de nossa experiência diária. Pois fazer chá não é a maneira como codificamos os eventos de nossa vida? O trabalho da sinceridade não é derramar nossa atenção mais profunda sobre os pedaços secos de nossos dias? A paciência não é a necessidade de deixar a mistura do interior e do exterior macerar até nossa garganta sorver as lições aromáticas e calmantes? Não é o calor da nossa sinceridade que, via ação do vapor, extrai as lições da vida? Não é o calor dessas lições que nos faz saboreá-las lentamente?

No entanto, talvez a coisa mais reveladora sobre tudo isso é que, sozinho, nenhum desses elementos é capaz de produzir chá. Da mesma forma, somente usando-os juntos é que podemos fazer chá dos nossos dias, da nossa sinceridade e da nossa paciência. E nada disso é curativo sem a disposição de beber do chá da vida.

- *Lentamente, e com cuidado simbólico, faça uma xícara de chá.*
- *Enquanto o chá está em infusão, esteja plenamente atento à sua vida e ao modo como você traz sua sinceridade e paciência para seus dias.*
- *Beba devagar e sinta a gratidão cobrir sua garganta.*

13 de fevereiro

O que não se exprime

O que não se *ex*-prime *de*-prime.

Parece que, quanto mais exprimimos, isto é, trazemos à tona por meio de palavras o que está dentro de nós, mais vivos estamos. Quanto mais damos voz à nossa dor de viver, menos coisas acumuladas temos entre nossa alma e nosso caminho no mundo. No entanto, quanto mais nos deprimimos, quanto mais nos reprimimos e guardamos dentro de nós, menores nos tornamos. Quanto mais atulhamos coisas entre nosso coração e nossa experiência diária, mais temos que trabalhar para sentir a vida diretamente. Nossa vida que não expressamos pode se tornar um calo que carregamos e do qual tratamos, mas nunca removemos. A experiência pode, na verdade, perder sua ternura e pungência essenciais, pois erroneamente concluímos que a vida está perdendo seu significado. Para um homem que não tem consciência das cataratas que cobrem seus olhos, o mundo parece mais escuro, não sua visão.

Quantas vezes achamos o mundo menos estimulante, sem saber que nosso coração diminuiu por causa de seu enclausuramento em tudo o que não é dito e permanece apenas tácito?

Permita-me dar um exemplo pessoal. Por muitas razões, incluindo questões de minha própria criação, sempre me senti invisível em ambientes familiares ou de grupo. Inicialmente, isso resultou de minhas temerosas tentativas de agradar a todo custo uma mãe egocêntrica. A situação levou a anos de mágoas e rejeições não expressas que se acumularam até formar um calo que revestia o coração dentro do meu coração. Sou e sempre fui uma pessoa muito aberta e emocionalmente acessível, mas, em certa profundidade, meu âmago não podia ser tocado. Embora isso tenha começado com a Mãe, afetou o nível de meu relacionamento com qualquer pessoa.

No fim das contas, isso não foi suficiente. Concluí que não era o mundo que estava perdendo a cor, mas eu é que estava filtrando as cores emocionais mais intensas. O fato de eu afirmar isso com tanta calma e lucidez em uma frase não reflete nem de longe a maneira difícil, lenta e enigmática com que essa percepção se infiltrou na minha consciência diária. Na verdade, essa percepção surgiu em mim gradualmente à medida que comecei a reconhecer e a expressar os sentimentos de invisibilidade que carreguei por toda a vida.

Seja qual for o seu exemplo pessoal, tudo indica que a nossa autenticidade está ligada ao que *de*-prime e ao que se *ex*-prime. Assim como as flores precisam de raízes saudáveis para florescer, os sentimentos só podem expressar sua beleza quando estão enraizados de forma limpa dentro de nós, abrindo caminho para de alguma maneira irromper, brotando em nosso exterior. É aquele delicado e paradoxal centímetro de solo entre a superfície e a profundidade, entre a flor e a raiz, entre o que tem permissão para sair e o que tem permissão para entrar, que determina continuamente se estamos vivendo nossa vida ou não.

- *Relembre a última vez que você se sentiu deprimido.*
- *Sente-se em silêncio, calmamente, olhe para dentro de si e veja se há algo alojado ou pressionando sua mente ou coração.*
- *Pode ser uma decepção ou mágoa que você não quer aceitar sobre si mesmo ou sobre os outros.*
- *Trate o que você encontrar como se fosse uma farpa e abrande-se com a lentidão da sua respiração para que ela possa ser removida.*
- *Enquanto respira, lembre-se de que você é maior do que essa dor que o aflige.*

14 de fevereiro

Amor à primeira vista

Onde dois deliberam, o amor é frágil.
Quem de fato amou, amou à primeira vista.

— Christopher Marlowe

O verdadeiro poder do amor à primeira vista é frequentemente ignorado porque insistimos em limitar seu significado ao impulso de se lançar com ímpeto sobre outra pessoa no primeiro encontro. Para apreciar o sentido mais profundo disso, devemos descortinar e reivindicar a importância da primeira vista em si, que tem mais a ver com enxergar as coisas em sua essência, em vez de sua dimensão física, pela primeira vez.

Todos nós andamos por aí dentro dos limites do entorpecimento de nossos hábitos e rotinas, e fazemos isso com tanta frequência que damos como favas contadas as maravilhas da vida comum. É a primeira vista que abre o frescor de cada momento, desobstruído de quaisquer hábitos e rotinas. A primeira vista é o momento da visão de Deus, da visão do coração, da visão da alma. É a visão da revelação, o sentimento de unidade que nos domina brevemente quando nada permanece no caminho.

Em seu nível mais profundo e real, a noção de amor à primeira vista é mencionada em todas as tradições espirituais como a recompensa para quem está totalmente desperto. Essa visão restaura nossa sensação de estar vivo. De uma perspectiva paradoxal, a primeira vista é recorrente. Da mesma forma que acordamos todos os dias, retornamos regularmente à primeira vista no ritmo da vigília do nosso espírito totalmente desperto. Sempre que podemos enxergar com essa visão original — sem nada a se interpor entre nós e a vida ao nosso redor —, é inevitável amar o que vemos. Enxergar de maneira tão fundamental nos abre para o amor. Amar de maneira tão fundamental é ver o mundo do qual fazemos parte como a criação vibrante e contínua que ele é. Então, a manifestação se dá de fato assim: à primeira vista, encontramos o amor; na nossa primeira visão verdadeira, o amor que já está lá nos toca.

Nesse sentido, a primeira visão é um limiar sempre presente para a majestade do que existe. Decerto e lindamente, isso acontece com outras pessoas quando nós, ao enxergarmos de verdade o outro pela primeira vez, sucumbimos com doçura diante do milagre de sua presença. Mas isso também é possível, dia a dia, ao vermos verdadeiramente a nós mesmos, nosso mundo, nosso senso de Deus — de novo e de novo.

Posso trabalhar de frente para a mesma pessoa durante anos a fio e, um dia, porque meu próprio sofrimento me abriu mais completamente do que consigo me lembrar e porque a luz inunda o rosto dessa pessoa, posso pela primeira vez perceber verdadeiramente quem ela é e sentir amor por ela. Posso caminhar pelo mesmo salgueiro, estação após estação, e um dia, por causa do brilho pós-chuva e do vento minguado, realmente enxergá-lo como nunca vi antes, e sentir amor pelo salgueiro em todos nós. Eu posso, diante do espelho tarde da noite, depois de me olhar centenas de vezes, ver no meu rosto cansado o salgueiro e a luz e o outro, e conhecer essa semelhança como a matéria de Deus.

Na verdade, nunca teve a ver com o primeiro encontro, embora isso possa acontecer, e sim com o primeiro aparecimento. Assim como o rodopio da brisa limpa a água, enfim paramos de falar, paramos de atuar, paramos de fingir e, todos cansados, ficamos limpos, e o coração que repousa em todas as coisas pulsa diante de nós.

- *Feche os olhos e respire para exalar sua visão da mente, sua visão passada, sua visão futura, sua visão ferida.*
- *A cada respiração lenta, sinta o ar fresco de sua visão de nascimento, sua primeira visão.*
- *Respire lentamente e imagine que a batida do seu coração carrega a visão do início dos tempos.*
- *Quando você se sentir genuíno, mesmo que brevemente, abra os olhos e curve-se numa reverência de amor à primeira coisa que você vir.*

15 de fevereiro

Ser um guerreiro espiritual

Enquanto o coração não se tornar uma porta de entrada,
ele não pode ser livre.

É verdade; há muita tristeza no mundo. Mas há uma diferença entre sentir a dor das coisas quebrando, terminando, se separando ou se afastando, e a dor mais aguda que vem de medir os eventos inevitáveis da vida em comparação com algum ideal de como imaginamos que as coisas deveriam ser. Para quem encara os contratempos dessa forma, a vida é sempre uma queda. A vida já é suficientemente dura sem vermos toda a nossa dor como evidência de alguma insuficiência básica que devemos suportar.

Há um lindo mito tibetano que nos ajuda a aceitar nossa tristeza como um limiar para todas as experiências transformadoras que mudam a vida e são duradouras. Esse mito afirma que os guerreiros espirituais têm um coração partido — infelizmente, devem ter um coração partido —, porque é somente por meio da ruptura ocasionada pelo pesar que o deslumbramento e os mistérios da vida podem entrar em nós.

Então, o que significa ser um guerreiro espiritual? Está longe de ser um soldado, tem mais a ver com a sinceridade com a qual uma alma enfrenta a si mesma diariamente. É essa coragem de ser autêntico que nos mantém fortes o bastante para suportarmos os desgostos e as aflições por meio dos quais a iluminação pode ocorrer. E é honrando a forma como a vida se manifesta através de nós — e não nos mantendo fora do caminho — que tiramos o máximo proveito da vida. O objetivo é enfiar nossas mãos na terra, não permanecer limpos.

Eu me lembro da ocasião em que, conhecendo melhor um novo amigo, compartilhamos nossas histórias de uma forma cada vez mais pessoal. Enquanto eu continuava a fazer minha parte, ouvi-me contar sobre entes queridos que morreram, sobre minha luta contra o câncer, sobre um casamento que, apesar do mais profundo comprometimento, não durou, sobre anos sendo rejeitado como escritor, sobre ter perdido um emprego de professor pelo qual tinha grande apreço, sobre sofrer um brutal afastamento de meus pais. E no exato momento em que eu estava sentindo uma força tomar conta de mim para encarar a vida e ser autêntico, meu interlocutor limpou a boca com o guardanapo e disse: "Que vida triste você teve".

Levei algum tempo para resistir ao seu julgamento e sua compaixão, mas ao longo da noite olhei para ele e continuei respirando fundo através da rachadura em meu coração. Diariamente somos julgados, menosprezados, ignorados e até mesmo lamentados por méritos que somente nós podemos validar. No final das contas, a vida é magnífica e difícil demais para renunciarmos ao nosso lugar natural na jornada.

- *Fique em silêncio junto da pia e deixe a água escorrer.*
- *Feche os olhos e medite sobre como a vida — como a água que você ouve — escorre por nosso coração partido, lavando nossa dor.*
- *Respire fundo e sinta o mistério lavar as fissuras em seu coração.*
- *Abra os olhos e comece o dia.*

16 de fevereiro

Descontentamento

Se a paz vem de ver o todo,
então o descontentamento decorre de uma perda de perspectiva.

Começamos muito conscientes e gratos. O sol de alguma forma paira lá no céu. O passarinho canta. O milagre da vida simplesmente acontece. Então, damos uma topada com o dedinho do pé e, nesse momento de dor, o mundo inteiro é reduzido ao nosso pobre dedo machucado. Agora, por um ou dois dias, é difícil andar. A cada passo, somos lembrados do coitado do nosso dedinho.

Nossa atenção se volta para o que define nosso dia: a pontada de dor que sentimos ao andar com um dedo machucado ou o milagre que ainda está acontecendo?

É a entrega à pequenez que nos abre para o descontentamento. Na verdade, no começo damos valor a tudo, gratos por termos o suficiente para comer, por estarmos bem o suficiente para comer. No entanto, de alguma forma, ao longo dos nossos dias de vida, nosso foco se estreita como uma câmera que se fecha, cortando o horizonte, e um dia ficamos irritados em um restaurante porque a gema do ovo está mole ou porque o picadinho de carne não está temperado do jeito que gostamos.

Quando estreitamos nosso foco, tudo parece ser um problema. Esquecemos de quando éramos solitários, sonhando com um parceiro. Esquecemos da primeira vez em que contemplamos a beleza do outro. Esquecemos do conforto de sermos vistos, abraçados e ouvidos. Quando nossa visão se fecha, ficamos acordados à noite, incomodados pela maneira como a pessoa amada puxa as cobertas ou deixa os pratos sujos na pia sem cobri-los de água.

Na verdade, o descontentamento é um instante de sofrimento que recebe permissão para tornar-se tudo. Então, quando nos sentimos descontentes, devemos olhar mais além do que dói. Ao sentir uma farpa, devemos, ao tentar removê-la, ter em mente que há um corpo que não é farpa, um espírito que não é farpa e um mundo que não é farpa.

❊ *Respire em ritmo constante e concentre-se naquilo que está incomodando você ou lhe causando dor. Pode ser um problema no motor do seu carro, ou a situação de seu relacionamento, ou como seu sono foi perturbado pelo barulho de outras pessoas.*

* *Respire fundo e, mantendo em vista o incômodo, amplie seu foco.*
* *Respire plenamente e aceite a energia de tudo o que existe fora do seu incômodo.*

17 de fevereiro
Desfecho

Agora não resta mais nada
a não ser continuar dançando.

Não sei se é a natureza humana ou o modo de vida na Terra, mas raramente nos tornamos tudo o que somos até o momento em que somos forçados a isso. Alguns dizem que, em situações inesperadas ou difíceis, algo em nós se eleva para estar à altura da ocasião e dar conta do recado, e que há, como Hemingway definiu, uma "graciosidade sob pressão" que vem à tona na maioria de nós em circunstâncias que nos desafiam. Outros dizem que essa conversa sobre graciosidade é apenas uma maneira de racionalizar tempos difíceis e experiências dolorosas, uma maneira de dourar a pílula e pintar com tintas favoráveis a tragédia.

No entanto, por trás de toda essa conversa sobre tragédia e graciosidade, cheguei à conclusão de que estamos destinados a ser desvelados pela vivência de nossos dias e, quer gostemos ou não, quer escolhamos participar ou não, com o tempo, cada um de nós usará a parte mais profunda de quem somos como uma nova pele.

Seja pela erosão que corrói de fora para dentro, seja pela descamação de dentro para fora — muitas vezes por ambas —, somos forçados a viver de forma mais autêntica. E, assim que passa a crise que nos desvelou, a verdadeira escolha então se torna: continuaremos vivendo essa vida autêntica?

Não é segredo que, em sua agudeza, o câncer me perfurou a ponto de me sensibilizar para levar uma vida aberta, e desde então tenho trabalhado para santificar essa vida aberta sem que a crise seja seu gatilho. Mas é possível fazer isso sem que a crise nos empurre janela abaixo? Esta é a questão agora, anos depois do salto: como continuar saltando a partir de um desejo de ser real, a fim de não ser empurrado por uma crise sempre à espreita.

Talvez, no meu caso, o maior momento de troca de pele e ruptura tenha sido quando eu estava sendo levado em uma cadeira de rodas para uma cirurgia de costela.

Em meio ao torpor, eu me vi assustado, a cabeça rodopiando por causa da injeção de Demerol, observando o teto do hospital passar por mim, e me vi repetindo as seguintes palavras várias vezes enquanto esperava na minha maca:

"A morte me empurrou para o limite. Não há para onde recuar. E, para a vergonha dos meus medos, dancei sem o menor pudor na cara dela. Eu nunca dancei com tamanha liberdade. E a morte recuou, do jeito que a escuridão recua de uma súbita explosão de chamas. Agora não resta mais nada a não ser continuar dançando. É o caminho que eu teria escolhido se tivesse nascido três vezes mais corajoso".

Muitas vezes somos chamados a nos aprofundar mais do que gostaríamos na experiência, mas é esse salto extra que nos coloca no centro vibrante do que significa estar vivo.

- *Sente-se em um local sossegado com um ente querido de confiança e discorra sobre um momento de adversidade que você suportou e o que isso abriu em você.*
- *Agora que a adversidade ficou para trás, de que maneira sua visão interior da vida mudou?*
- *Fale sobre como é para você manter esses novos caminhos interiores.*

18 de fevereiro
Quando você se sentir preso

A mesma torrente de vida
que corre mundo afora
corre em minhas veias.

— Rabindranath Tagore

Somos tão orientados para as realizações que muitas vezes tomamos um susto ao depararmos de repente com o verdadeiro valor de nos relacionarmos com o que está diante de nós, porque achamos que realizar coisas nos completará, quando, na verdade, o que fará isso é vivenciarmos a vida.

No entanto, se conseguirmos superar o desejo de julgar tudo o que encontramos, um milagre começa a nos circundar, no qual pintura, música, poesia, água corrente, flores, o vento que sopra entre as árvores, o horizonte — tudo toca e extrai sua contraparte que vive silenciosamente dentro de nós.

O poeta inglês do século 19 Gerard Manley Hopkins chamou esse terreno interior de "paisagem interna". E assim como nenhuma paisagem consegue florescer sem sol e água, nossa paisagem interna deve ser irrigada e encharcada com muitas formas de vida se quisermos vicejar.

Então, quando você se sentir preso ou desconectado do milagre da vida, como acontecerá com todos nós, tente ouvir, ver, sentir e apenas absorver. Tente deixar as energias da vida agitarem as contrapartes dela dentro de você.

Para ser inteiro, suspenda seu criticismo. Pois a vida não é uma questão de gosto, mas de despertar; não é uma questão de achar coisas agradáveis ou perturbadoras, mas de encontrar coisas completas; não é uma questão de gostar ou não gostar, mas de abrir a geografia da alma.

❋ *Esta é uma meditação feita com música. Feche os olhos e ouça uma música que seja nova para você.*

❋ *Enquanto respira em ritmo contínuo, permita-se sentir do que você gosta ou não gosta e tente se desvencilhar disso.*

❋ *Enquanto respira, permita-se encontrar a pura energia da música com a pura energia do que é novo em você.*

19 de fevereiro

Em vez de quebrar

O soprador de vidro sabe:
no calor do começo,
qualquer forma é possível.
Uma vez endurecido, a única maneira
de mudar é quebrar.

Graças às ferramentas precisas da medicina moderna, agora os fetos que estão com alguma malformação congênita ou obstrução podem ser operados ainda dentro do útero. Profundamente, essas técnicas de última geração revelam uma verdade imensa e atemporal sobre crescimento e cura. Pois tão surpreendente quanto o fato de existirem operações dessa natureza é o fato de que tais cirurgias não deixam cicatrizes depois que o bebê nasce.

O que isso nos diz é que, se cuidarmos das coisas no nível mais profundo, nosso reparo será uma parte tão intrínseca de quem somos que não haverá cicatriz. É mais fácil curvar-se sob a superfície, no fluido profundo e atemporal do início, do que quebrar depois que já estiver totalmente crescido.

Mas você pode dizer: é tarde demais para mim, já estou totalmente crescido. As coisas não são assim, pois no mundo da nossa interioridade estamos sempre crescendo e somos abençoados por carregar esse começo fluido dentro de nós. Na verdade, ele nunca está fora de alcance.

Podemos retornar e começar de novo encarando a nós mesmos. Dessa forma, podemos ir abaixo de nossos hábitos endurecidos e chegar aos impulsos suaves que os geram. Em vez de quebrar o osso da nossa teimosia, podemos nutrir a medula do nosso sentimento de que não somos ouvidos. Em vez de quebrar o osso do nosso medo, podemos limpar o sangue do nosso sentimento de insegurança. Em vez de contar as cicatrizes das mágoas sofridas no mundo, podemos encontrar e beijar novamente o ponto exato em nossa alma onde começamos a tolher nossa confiança.

- *Sente-se em silêncio e, calmamente, evoque um aspecto da sua personalidade que tende a lhe atrapalhar. Pode ser sua teimosia, sua desconfiança ou sua inveja.*
- *Enquanto você respira em ritmo constante, permita-se rastrear essa característica até seu início suave.*
- *Sem tentar nomeá-lo ou mudá-lo, simplesmente envolva com seu amor esse ponto interno de suavidade.*

20 de fevereiro
Nicodemos e a Verdade

Como pode um homem nascer, sendo já velho?
Poderá entrar segunda vez no seio de sua mãe e nascer?

— Nicodemos para Jesus

Muitas vezes penso em Nicodemos, o fariseu que em segredo acreditava em Jesus e que se encontrava com ele anonimamente à noite para ter conversas espirituais profundas, mas que à luz do dia nunca reconhecia suas questões espirituais ou sua associação com o Nazareno. Claro, isso não fez nada à essência de Jesus, mas frustrou e atormentou Nicodemos de maneira traumática pelo resto de seus dias.

Essa história nos mostra a dor silenciosa que vem de não honrarmos o que sabemos ser verdade, mesmo que tudo aquilo que sabemos ser verdade sejam as perguntas que estamos fazendo. É ainda mais útil perceber que cada um de nós carrega dentro de si um Jesus e um Nicodemos; isto é, cada um de nós tem uma voz interior divina que nos abre para a verdade e uma voz social mediadora que reluta em mostrar sua verdade aos outros.

O famoso psicólogo infantil britânico D. W. Winnicott chamou esses aspectos da personalidade de "Verdadeiro Self" e "Falso Self". É o Verdadeiro Self que nos permite saber o que é autêntico e o que se tornou artificial, ao passo que o Falso Self é um diplomata da desconfiança, impondo um estilo de vida de cautela, segredo e reclamação.

Em termos cotidianos, isso significa que cada vez que vivenciamos uma mudança na realidade tal qual a conhecemos, devemos escolher se declaramos ou escondemos o que sabemos ser verdade. Nesses momentos, ou precisamos fazer com que a maneira como temos vivido entre em acordo com essa mudança de realidade, ou então precisamos resistir à mudança. Desse modo, no cotidiano, o que vai dizer se vivemos em nosso Verdadeiro Self ou em nosso Falso Self é a nossa disposição de permanecer reais. E assim, com o tempo, permanecer real torna-se o trabalho de manter nossas ações no mundo conectadas à verdade do nosso ser interior, permitindo que nosso Verdadeiro Self veja a luz do dia.

Muitas vezes, por hábito ou medo, continuamos reproduzindo comportamentos antigos, mesmo sabendo que as coisas mudaram. Repetidamente eu me vi nesta circunstância crucial: tendo de admitir que o que era essencial não é mais, e precisando criar coragem para tornar o ato de viver essencial novamente.

Sei que toda vez que ouço ou vejo a verdade, mas me aferro às velhas maneiras de ser, pensar ou me relacionar, estou entregando minha vida ao Nicodemos que há em mim. E, ao fazer isso, embarco em uma existência dividida, na qual, durante a noite, ouço em segredo a divina voz interior, mas a nego dia após dia.

Esse momento de constrangimento interior, quando nos flagramos no ato de viver divididos, também é a oportunidade recorrente para honrarmos mais uma vez o que sabemos ser verdade. Pois qualquer pessoa, por mais ferida ou angustiada, pode em um momento de verdade deixar o Deus interior se mostrar aqui no mundo. Por menor ou mais fugaz que seja, esse ato repetível pode restaurar nosso senso comum e imprescindível de estar vivo.

- *Sente-se em silêncio e, calmamente, relembre a última vez que você sentiu um momento de constrangimento interior — isto é, a última vez que você percebeu que o que estava fazendo não era mais autêntico, mas mesmo assim continuou fazendo.*
- *Se puder, medite sobre o que levou você a continuar fazendo o que sabia ser falso. O que você temia que aconteceria se honrasse a verdade tal como a sentia?*
- *Se uma situação semelhante acontecesse amanhã, como você poderia agir de forma diferente?*
- *Se for possível, não se culpe por enfrentar dificuldades como Nicodemos. Em vez disso, reconforte o Nicodemos em você lembrando que é seguro honrar o que ele sabe à luz do dia.*

21 de fevereiro

Limpar a ferida

Se eu tivesse passado por coisas diferentes,
teria coisas diferentes a dizer.

Inúmeras vezes já me senti incomodado e culpado ao dar testemunho da minha dor, no entanto, não fazer isso piora as coisas. De alguma forma, ao dizer exatamente o que a Mãe fazia em sua cruel necessidade de ser o centro das atenções, ou apenas o que o Pai não conseguia fazer por medo de enfrentar minha mãe; de alguma forma, contar a verdade tal qual a conheço me faz me sentir uma pessoa má — como se eu estivesse inventando minha dor, como se estivesse machucando os outros ao dizer coisas ruins sobre eles.

Mas o inabalável xis da questão de tudo isso é que não estou inventando coisas. Se tenho algo desagradável a dizer, é porque passei por situações desagradáveis. E, então, meu único guia neste testemunho é ser preciso e honesto. Embora eu não seja uma vítima, não pedi que certas experiências de formação acontecessem comigo. Não pedi para ser estapeado ou ridicularizado na infância, ou para, anos mais tarde, ser maltratado por amigos de longa data. Na verdade, se eu tivesse passado por coisas diferentes, teria coisas diferentes a dizer.

O que é mais curativo em dar testemunho das coisas exatamente como elas são, incluindo meu próprio papel na minha dor, é que quando a voz da dor se encaixa na dor, não sobra espaço para distorção ou ilusão. Dessa forma, a verdade se torna uma bandagem limpa que cura, mantendo a sujeira fora da ferida.

Dizer as coisas como elas são é o remédio mais acessível.

- *Centre-se e, na segurança do seu coração que o sustentou até aqui, dê voz a uma ferida que você carrega.*
- *Respire fundo e tente ser preciso, nomeando todos os responsáveis pela ferida, incluindo você, se for o caso.*
- *Com sua respiração mais profunda, alivie a ferida.*
- *Reconforte-se com a limpeza da verdade.*

22 de fevereiro
Vozes opostas

Deixe as vozes opostas em sua cabeça falarem.
Elas estão apenas encontrando sua parte
em uma música maior, ainda a ser ouvida.

Estar vivo é um paradoxo, uma contínua mistura de coisas que, na superfície, nem sempre parecem fazer sentido. Mas expressar o que não parece fazer sentido ajuda. É como os músicos de uma orquestra afinando seus instrumentos para tocarem juntos. Não temos a menor chance de descobrir a plenitude da nossa música interior se não deixarmos os músicos em nosso coração, mente e espírito afinarem seus instrumentos.

Amiúde, a confusão está na tensão de tentar dar sentido às coisas muito cedo, antes que muitos músicos interiores tenham aprendido suas partes. Com frequência, a experiência é a maneira como o coração, a mente e o espírito ensaiam as partes que precisam tocar.

A trilha de nossos relacionamentos não é o tempo que leva para o coração ensaiar sua parte no movimento que chamamos de Amor? A trilha de nossas perguntas honestas não é o tempo necessário para a mente ensaiar sua parte no movimento que chamamos de Sabedoria? A trilha de nossas crenças cambiantes não é o tempo que leva para o espírito ensaiar sua parte no movimento que chamamos de Deus?

E a trilha da nossa Unidade, aqueles breves momentos em que tudo se conecta, não é o tempo que leva para o Amor, a Sabedoria e Deus darem vida ao lugar comum em nós?

- *Esta é uma meditação guiada. Concentre-se e traga à tona uma questão que carrega indecisão ou confusão para você agora.*
- *Embora pareça caótico no início, respire devagar e deixe as visões opostas dessa questão borbulharem sem censura.*
- *Sem pressa, respire fundo e deixe as energias opostas se manifestarem.*
- *Em vez de lutar para entender como essas coisas se encaixam, respire em ritmo constante e, como se cada energia fosse um instrumento, sinta o dueto que elas estão tentando tocar em você.*
- *Comece o seu dia cantarolando essa melodia.*

23 de fevereiro
Não reter nada

Não reter nada
em cada respiração
é uma prática espiritual.

Ao longo de 49 anos, descobri que a hesitação, mais do que qualquer coisa, tem sido o obstáculo invisível que me impede de ter alegria. Descobri que muitas vezes o momento, com toda a sua carga de significado, passa por mim enquanto perco tempo reconsiderando se devo ou não entrar nele. Não estou dizendo que devemos ser sempre impulsivos. Para ser mais exato, descobri, repetidas vezes, que em geral eu sei o que preciso fazer, mas simplesmente me nego, e é essa pequena hesitação, essa pequena resistência em entrar no que é real, que faz a vida parecer neutra ou fora de alcance.

Não reter nada em cada respiração significa permanecer empenhado em deixar que tudo o que vivenciamos encontre seu caminho para dentro de nós e permitir que tudo o que está dentro de nós abra caminho para fora. Não reter nada significa manter a intenção de ser um recipiente aberto, diariamente.

Simples e profunda, a nossa própria respiração pode servir como um lembrete de que a vida só é possível se a troca entre o interior e o exterior prosseguir imperturbada. Deixar as coisas entrarem, sentir seu impacto e, por sua vez, deixar as coisas saírem, expressando de forma limpa o que sentimos, é uma prática espiritual que purifica a mente e o coração.

- *Medite diante de um copo de água.*
- *Quando se sentir centrado, beba a água devagar, sem hesitação.*
- *Expire o ar profundamente e diga em tom suave para si mesmo: "Não vou reter nada no meu esforço para viver. Não hesitarei em ser".*

24 de fevereiro

Atrás da urgência

Quando se sentir urgente,
você deve desacelerar.

Aprendi isso, várias e várias vezes, durante as muitas crises do câncer. A menos que alguém esteja sangrando ou não consiga respirar, a menos que haja alguma necessidade física concreta de agir rapidamente, a sensação de urgência é uma terrível ilusão, um truque que acontece repetidas vezes, porque a vida dentro da nossa pele e a vida fora da nossa pele são sempre diferentes.

Isso é difícil e humilhante em igual medida. Quando sinto que não consigo ficar parado, eu preciso, mais do que nunca, ficar parado. Quando sinto que vou morrer se não tiver a aprovação alheia, eu preciso, mais do que nunca, morrer para minha necessidade de aprovação alheia. De maneira dura e linda, as coisas de que precisamos estão sempre bem diante de nós, disfarçadas no invólucro de nossa urgência mais imediata. Nós simplesmente nos recusamos a aceitar isso, porque parece muito difícil de enfrentar.

A porta para o nosso próximo passo de crescimento está sempre atrás da urgência do agora. Agora mais do que nunca, quando tudo parece urgente, você deve cortar as cordas de todos os eventos. Agora mais do que nunca, quando os pesos que você carrega parecem amarrados aos seus pulsos, você não deve correr nem se debater de desespero. Agora mais do que nunca, quando cada decisão parece o fim, você deve acreditar que cada pergunta é um começo. Agora mais do que nunca, quando você teme que ser quem você é seja uma faca para aqueles a quem você ama, você deve ser forte por dentro onde ninguém o viu, pois amar desde lá só pode fazer aqueles a quem você ama crescerem. Agora mais do que nunca, ao se sentir a fonte e o recipiente de toda a dor, você deve abaixar a cabeça até que o antigo canal do céu para o coração possa reabrir, até você se lembrar de que é um pedaço abençoado de pó-espírito em vento-espírito. Agora mais do que nunca, você deve respirar até que seu grama de respiração se torne o céu, de novo e de novo.

Dessa forma, reze para conhecer seu lugar na família humana como você nunca conheceu. Dessa forma, reze para que seu Verdadeiro Self avance lentamente através de sua turbulência. Dessa forma, ame a si próprio da maneira como você ama o vazio do tempo. Ame a si próprio da maneira como você ama seus filhos ou seu cachorro ou seu melhor amigo, sem reservas. Dessa forma, o hoje, com todas as suas agruras, se espalhará para o amanhã, e as decisões se tornarão tão cristalinas quanto riachos no degelo.

- *Centre-se e sinta as urgências que pressionam você.*
- *Sinta a tensão de cada uma como uma corda esticada.*
- *A cada respiração, desamarre-se, uma urgência de cada vez.*
- *Por mais breve que seja, respire livremente, mesmo que por um momento, desatrelado de qualquer urgência.*

25 de fevereiro
Abrir caminho

Não importa onde cavamos ou escalamos,
deparamos com o fogo que deixamos sem cuidado.

Carl Jung teve um sonho em que ele abria caminho numa floresta, sem saber para onde estava indo, mas mesmo assim empenhando-se com afinco para desbastar uma trilha. Cansado e suando em bicas, ele chegou a uma cabana numa clareira. Largou suas ferramentas e se aproximou da cabana. Pela janela, viu um ser em oração diante de um altar simples. A porta estava aberta, e Jung entrou. À medida que se aproximava, percebeu que o ser em oração era ele mesmo, e que sua vida de abrir uma trilha era o sonho desse ser.

O que Jung nos apresenta é a tarefa sem fim de decidir a quem confiamos nossa vida: ao nosso Verdadeiro Self ou ao nosso Falso Self. A despeito de toda a seriedade com que zanzamos pelo mundo — consertando, negando, projetando e sacrificando —, apesar de todos os planos, estratégias, alianças e posicionamentos em busca de recompensas, tudo é um sonho irreal para o centro do nosso ser que nos espera lá dentro enquanto abrimos caminho.

Sem saber, nós, assim como Jung, trabalhamos duro com o intuito de abrir um caminho até o nosso eu mais profundo, que espera pacientemente o momento em que chegaremos, cansados, doloridos e sem fôlego. Assim que abrirmos essa trilha, e tão logo o ser em nosso centro seja descoberto, podemos retornar ao mundo em relação com nossa alma. Podemos descobrir um senso de lar mais profundo e pacífico.

- *Em silêncio, feche os olhos e, enquanto medita, faça a jornada interior para a cabana onde sua alma o aguarda.*
- *Largue junto à porta tudo o que você estiver carregando. Largue tudo o que espera para ser feito. Ou refeito.*
- *Enquanto você respira, entre na cabana e espere de braços abertos que o centro do seu ser perceba que você está lá.*
- *Enquanto você respira, sinta sua alma abraçá-lo. Retribua o abraço. Saboreie esse momento.*

26 de fevereiro

No ritmo do que é real

Pare de falar, pare de pensar,
e não há nada que você não seja capaz de entender.

— Seng-Ts'an

Como a maioria das pessoas que conheço, eu luto contra assumir coisas demais, fazer coisas demais, deslocar-me rápido demais, comprometer-me demais, planejar demais. Aprendi que devo me movimentar, simplesmente, no ritmo do que é real. Embora esse ritmo possa variar, a vida sempre parece vazia e diminuída quando acelero além da minha capacidade de sentir o que está diante de mim.

Parece que conduzimos nossa vida como trens desgovernados, sempre em disparada ao longo de uma trilha traçada por outros, numa velocidade tão vertiginosa que as coisas passam voando por nós como meros borrões. E então dizemos "Já fiz isto, aquilo eu já conheço, sei como é". A verdade é que passar zunindo por algo não é o mesmo que vivenciar algo.

Então, por mais maravilhosas que sejam as oportunidades que surgem em meu caminho, por mais que outras pessoas — que do fundo do coração só querem o que é melhor para mim — atribuam demasiada importância a tudo isso, eu devo de alguma forma encontrar uma maneira de desacelerar o trem que tenho sido, até que eu passe por coisas que sejam novamente visíveis, tangíveis, tocáveis, palpáveis. Caso contrário, passarei por tudo — e posso colocar tudo no meu currículo —, mas não terei vivenciado nem vivido nada.

❊ *Pense em três coisas que você deve fazer hoje.*
❊ *Anote duas cuidadosamente no papel.*
❊ *Mergulhe de cabeça na única coisa que restou.*

27 de fevereiro
As cordas e as rodas que nos carregam

A beleza é a verdade, a verdade a beleza
— É tudo o que há para saber,
e nada mais.

— John Keats*

Esses são os famosos versos finais de "Ode sobre uma urna grega", palavras proferidas pelo jovem poeta inglês que, aos 24 anos, estava morrendo de tuberculose. O poema é uma compreensível queixa de um ser terno contra a dureza da vida. Mas, de súbito, ao expressar sua dor de viver, o jovem poeta chega a uma profunda compreensão.

* Tradução de Augusto de Campos. In: *Linguaviagem.* São Paulo: Companhia das Letras, 1987. [N. T.]

Quando Keats diz: "A beleza é a verdade, a verdade a beleza", somos forçados a perguntar: as duas são a mesma coisa? No fundo, acho que não. Em vez disso, assim como os cromossomos X e Y, ambas constituem os elementos fundamentais da vida, sem os quais ninguém consegue viver. As duas são o yin e o yang da existência — uma limpa a ferida, ao passo que a outra cura a ferida.

Isso é "tudo o que há para saber". A Beleza, onde quer que a encontremos, é o bálsamo que nos mantém cheios de vida e frescor. Mas a Verdade, em sua história indisfarçada e inexorável, por mais dura, nua e crua que seja, tem uma Beleza própria que é purificadora.

É por isso que devemos nos lembrar do Holocausto e de outras atrocidades exatamente como aconteceram. É por isso que é essencial dar testemunho honesto de nossas próprias histórias em toda a sua crueza.

Ainda assim, por mais sábia que seja a mensagem com a qual Keats se deparou, há uma lição igual na forma como o jovem poeta a encontrou. Pois é somente dando voz a nossas dores ternas que poderemos achar nosso caminho para as Belezas e Verdades mais profundas que, como cordas e rodas, podem nos carregar.

❊ *Sente-se em silêncio e, calmamente, sinta sua própria ternura em estar vivo.*

❊ *Respire lentamente e, ao inspirar o ar, permita que a verdade nua de uma ternura o limpe.*

❊ *Respire com intensidade e, na próxima respiração, permita que a beleza ao seu redor revitalize o lugar em você que está nu e cru.*

28 de fevereiro

As pedras em Chimayo

Prefiro aprender a cantar com um pássaro
a ensinar dez mil estrelas a não dançar.

— E. E. Cummings

A caminho de Chimayo, uma mulher viu dois lavradores espanhóis reposicionando pedras no leito de um rio para redirecionar o fluxo das águas; ela se sentiu compelida a ajudar. A mulher teve a sensação de que isso vinha sendo feito havia séculos — pelas mães e pelos pais daqueles homens, seus avôs e suas avós, cada um em seu próprio tempo e à sua própria maneira, pegando as mesmas pedras que a tempestade ou a seca empurravam para longe e colocando-as de volta para que as águas pudessem continuar.

Parece que esse é o trabalho sem fim de um relacionamento, cada um em seu próprio tempo e à sua própria maneira movendo as pedras entre nós, reposicionando as coisas pesadas que estorvam, para que a vida de sentimentos possa continuar.

O clima de simplesmente viver atrapalha as coisas, e nós, como todas as gerações anteriores, devemos arregaçar as calças e as mangas, entrar no rio e desbloquear o fluxo. Claro, precisamos perguntar: Quais são as pedras que as intempéries empurraram entre nós? Quais são as coisas pesadas que insistem em ficar no meio do caminho?

Sem dúvida, são infinitas e específicas, mas, frequentemente, são feitas de hábitos de não: não ver, não ouvir, não sentir, não estar presente, não arriscar a verdade, não se aventurar a atender à necessidade do coração de viver de modo escancarado.

Nós nos fechamos, nos bloqueamos, transbordamos e secamos, e tudo isso é parte de ser humano na gravidade do tempo. O fato de que nos sentimos compelidos a parar e ajudar até mesmo desconhecidos a tirar a coisa pesada do caminho é um impulso chamado amor.

- *Identifique algo pesado dentro de você que parece estar atrapalhando e atravancando o caminho.*
- *Isso tem a ver com um hábito de não? Se tiver, tente nomear o que você não está permitindo que flua livremente dentro de si mesmo.*
- *Se você não estiver vendo, respire lentamente e inicie o voto de ver. Se você não estiver ouvindo, respire lentamente e inicie o voto de ouvir.*
- *Seja honesto ao avaliar quanto essa pedra é pesada em você.*
- *Se precisar de ajuda para movê-la, a quem você vai pedir, e quando?*

29 de fevereiro
Quem pode dizer

Quem pode dizer
que o esforço para ser real
não é o começo das asas?

Quem pode dizer que o brotar de asas nas costelas de pequenos pássaros não começa com o impulso dentro deles de viver? Quem pode dizer que a borboleta rompendo seu casulo não é o resultado de estar cansada de viver em uma trama apertada que ela própria criou?

Quem pode dizer que a migração de flamingos da América do Sul em direção à África não começa com um desejo de comer a fita amarela que alinha o horizonte?

E quem pode dizer que a cor da paixão não reveste nosso rosto no instante em que nos cansamos de viver em um casulo apertado que nós mesmos criamos? Quem pode dizer que a jornada rumo ao amor não começa no instante em que damos voz àquela solidão que ninguém quer ouvir? Quem pode dizer que a jornada para a paz não brota como uma pequena asa no instante em que deixamos nossos sentimentos encontrarem seu lugar no mundo?

Na verdade, todo esforço que tem permissão para existir com pleno vigor dentro de nós irá ondular como uma espécie de nascimento no mundo.

- *Centre-se e respire fundo.*
- *No ponto alto da inspiração do ar, imagine o centro imóvel como o sol interior do espírito.*
- *Deixe que ele o inunde com sua luz cada vez que você soltar o ar.*
- *Comece o dia convidando um sentimento profundo a brotar de você.*

março

1º de março

A única direção

Viva profundamente,
e há apenas uma única direção.

Não importava com quem a aprendiz falasse, se ela ouvisse com atenção suficiente e por tempo suficiente, todas as palavras voltavam à mesma fonte, como se existisse apenas uma única coisa grande falando. Fossem quantos fossem os olhos que ela encarava profundamente, no fim, todos revelavam o mesmo brilho, como se existisse apenas uma única coisa grande vendo. Por mais dores que ela apaziguasse, todos os gritos soavam da mesma dor humana, como se existisse apenas uma única coisa grande sentindo.

Quando ela levou tudo isso a seu mestre, ele a conduziu em silêncio pela floresta até uma clareira, onde se sentaram em cima de uma árvore caída. Jorrava uma luz que inundava a paisagem e cobria tudo. O mestre colocou uma pedra numa das mãos dela, e uma pequena flor na outra, depois disse: "Sinta o calor da pedra e da flor. Veja como a mesma luz cobre ambas de forma diferente. Agora refaça o caminho de cada luz de volta até sua origem no sol".

A aprendiz ouviu a única coisa grande falando na voz do mestre, viu a única coisa grande brilhar nos olhos do mestre, e até sentiu a mesma dor humana no silêncio suave do mestre. A luz ficou ainda mais forte, e o mestre disse: "Não passamos de pequenas pedras e pequenas flores procurando por nosso sol. O que você viu sob as palavras, por trás de muitos olhos e por baixo de todos os gritos, é a única direção".

- ❊ *Medite sobre um momento recente de alegria e leveza que você sentiu. Respire fundo e sorria.*
- ❊ *Agora, medite sobre um momento recente de alegria e leveza que você testemunhou em um ente querido ou amigo. Respire fundo e sorria.*
- ❊ *Continue a respirar fundo e deixe esses dois momentos encontrarem sua similaridade.*
- ❊ *Concentre-se nessa alegria e leveza de coração como você faria com um sol fora de vista, e sinta a única direção.*

2 de março
Mais poder para você

Originalmente, a palavra *poder* significava "ser capaz de ser".
Com o tempo, foi contraída para significar "ser capaz".
Sofremos a diferença.

Eu estava esperando um voo quando ouvi a conversa de dois empresários. Um dos homens compartilhava a boa notícia de que havia sido promovido; o outro, para parabenizá-lo, disse: "Mais poder para você".

Eu já ouvira essa expressão antes, mas, por algum motivo, dessa vez soou de forma diferente e me fez pensar: "Que sentimento curioso". Como a expressão do desejo de coisas boas, a suposição é que o poder é o objetivo. Claro, faz uma grande diferença se desejamos aos outros poder mundano ou poder interior. Por *poder mundano* quero dizer poder sobre coisas, pessoas e situações — poder de controle. Por *poder interior*, refiro-me a poder que vem de ser parte de algo maior — poder de conexão.

Não posso afirmar com 100% de certeza, mas tenho convicção quase absoluta de que o desejo na conversa entre os dois homens era por poder mundano, por mais controle. Isso é trivial e perturbador, pois o desejo por mais origina-se sempre de uma sensação de falta. Portanto, na verdade, o desejo por mais poder surge de uma sensação de impotência.

É doloroso de tão irônico que, na terra dos livres, frequentemente andemos por aí com uma falta de liberdade pessoal tácita e enervante. No entanto, o desejo por mais poder de controle não nos libertará, assim como outra bebida não saciará o vazio de um alcoólatra nas garras de sua doença.

Isso me faz lembrar de um jogo que eu e meus amigos jogávamos quando eu tinha 9 anos chamado "Rei da Colina", no qual sete ou oito de nós encontrávamos um monte de terra — quanto mais alto, melhor —, e o objetivo era ficar sozinho no topo da colina. Uma vez lá no cume do montículo, todos os outros tentavam desalojar você e se instalar como o novo "rei da colina". Agora essa brincadeira me parece um campo de treinamento para o poder mundano.

Sem dúvida, a pior condição de todas é ser o "rei da colina". Você está completamente sozinho e paranoico, nunca consegue confiar em ninguém, é constantemente forçado a girar o corpo e se proteger de ataques vindos de todas as direções. As colinas podem assumir o aspecto de um emprego ou uma mulher ou uma valiosa propriedade imobiliária, mas as pessoas que estão no topo podem ser tão escravizadas pela necessidade de proteger sua posição que raramente aproveitam a vista.

Eu sempre odiei o jogo "Rei da Colina" — toda vez que eu me via na posição de rei, sentia um nó de tensão na boca do estômago; quando não era o rei, eu ficava triste; e, se não quisesse jogar, era condenado ao ostracismo. Esse padrão me acompanhou pela vida inteira. Mas agora, adulto cansado que sou, quando me sinto sozinho e impotente no topo de qualquer pequena colina que consegui escalar, secretamente anseio que alguém se junte a mim. Estou pronto para acreditar que, juntos, há mais poder.

- *Sente-se em silêncio, e, calmamente, relembre uma situação recente em que você exerceu controle.*
- *O que ter uma sensação de controle fez por você?*
- *O que ter uma sensação de controle exigiu de você?*
- *Em que medida a sua necessidade de controle era necessária?*
- *O que teria acontecido se deixasse outras pessoas se juntarem a você na colina do seu controle?*

3 de março
Nos vivos

A condição de cada pessoa é uma solução em hieróglifos
às questões que ela mesma formularia. Ela a desempenha enquanto
vida, antes de apreendê-la como verdade.

— Ralph Waldo Emerson

Cada vida é uma linguagem que ninguém conhece. A cada desgosto, mágoa, descoberta e momento inesperado de alegria, a cada música que nos toca onde não pensávamos que poderíamos ser tocados, a cada experiência, outra letra do nosso alfabeto é decodificada. Dê um passo; aprenda uma palavra. Sinta um sentimento; decodifique um sinal. Aceite uma verdade; traduza um pedaço do mistério escrito em seu coração.

Antes de vivermos o que vem a seguir, sempre parece haver uma resposta que precisamos encontrar. No entanto, ousando entrar, recebemos uma lição de humildade ao descobrir, repetidamente, que o próprio ato de viver desvenda tanto a resposta quanto a pergunta. Quando observamos, continuamos sendo enigmas a serem resolvidos. Quando entramos, nós nos tornamos canções a serem entoadas.

Naqueles momentos em que a vida parece remota, lembre-se de que uma flauta é apenas um tubo duro com orifícios até que alguém a toque como um instrumento musical. Com o coração é a mesma coisa. Assim como os fósforos são apenas gravetos até que alguém os acenda, assim como o gelo não se extingue enquanto não derreter, as perguntas e os problemas continuam a ser obstáculos enquanto não forem vividos.

Dessa forma, a vida de cada alma espera como uma partitura para ser tocada. Que serventia temos se nunca formos tocados feito instrumentos musicais?

- *Simplesmente feche os olhos e respire, sentindo sua boca como um buraco em seu ser.*
- *Respire de forma simples e uniforme, sabendo que somente quando a vida passa é que os buracos se tornam aberturas.*
- *Abra os olhos e respire com o coração.*
- *Sinta a música da vida movendo-se através de você como silêncio.*

4 de março
Para que estamos economizando?

Se o amor que tenho não está funcionando,
para que serve o dinheiro?

Muitas e muitas vezes colocamos o externo em primeiro lugar. Movidos por preocupação, por medo, por obrigação, achamos que estamos sendo bons puritanos ao dizer "não" ao que nos instiga.

Na década de 1960, o famoso psicólogo Abraham Maslow concebeu uma hierarquia de necessidades, na qual estabeleceu que os seres humanos devem prover as necessidades físicas básicas, como comida e moradia, antes de poderem atender às necessidades internas, como autoestima e relacionamento correto.

Embora isso seja em parte verdade, acredito que há uma dimensão da vida interior que é tão imperativa e equivalente quanto comida e moradia. Quando não satisfazemos essas necessidades internas básicas, somos apenas corpos alimentados e abrigados, desprovidos de vida. Sem amor, verdade e compaixão, todos os confortos da vida moderna pouco importam, porque somos simplesmente reduzidos a máquinas biológicas, menos presentes que os animais.

Sem esse entendimento, muitas vezes adiamos o risco para o amor: *Preciso me estabelecer antes de poder me envolver. Primeiro, preciso de roupas bonitas. Primeiro, vou me tornar fisicamente desejável. Primeiro, vou eliminar todos os meus problemas.* Também postergamos o amor quando ele está diante de nós, sob o pretexto de salvaguardarmos nosso futuro: *Não vou fazer uma ligação interurbana agora, porque vou precisar do dinheiro quando me aposentar. Não vou encontrá-la no show agora, porque vou precisar de dinheiro para um carro novo daqui a seis anos. Não posso pagar para fazer terapia de casal com minha parceira, porque precisamos de janelas reforçadas contra tempestades.* Certamente, temos que equilibrar e fazer escolhas, mas, sem amor em casa, não há necessidade de janelas reforçadas contra tempestades.

Quando fiquei doente, enfrentei a possibilidade muito real de morrer e, de repente, o pouco dinheiro que eu havia economizado, por mais prudente que isso fosse, não importava. Era tudo inútil. Logo ficou evidente que o único propósito verdadeiro do dinheiro era ajudar a fazer o amor funcionar. Quando eu estava doente, não hesitei em fazer todos aqueles telefonemas interurbanos que sempre adiei. Fui com amigos a shows, comprei discos e enviei flores em vez de esperar pela ocasião perfeita. Comprei passagens aéreas com destino a uma praia caribenha para minha esposa e meus amigos mais queridos — e fomos!

Assim que fiquei bem de saúde, não consegui mais voltar a adiar minha vida sob o pretexto de economizar. Ainda economizo um pouco, mas agora me sinto compelido a usar todo o dinheiro que posso para fazer o amor funcionar, para gerar verdade, para permitir que a generosidade e a compaixão floresçam. Isso é mais do que altruísmo. É necessário para estar completamente vivo. É parte da lenha que mantém aceso o fogo interior.

Agora, sou forçado a perguntar: além do dinheiro do aluguel e do seguro saúde, para o que estamos economizando? Se o amor que temos não for trazido à vida aqui no mundo, corremos o risco de economizar para um futuro que talvez nunca chegue ou que, de fato, pode nos encontrar como meros fantasmas do espírito, incapazes de vivê-lo porque ao longo do caminho desperdiçamos nossas chances de amar.

- *Sente-se em silêncio e, calmamente, medite sobre o amor que você carrega por uma pessoa querida.*
- *Respire fundo e permita-se sentir esse amor e como esse sentimento quer se expressar neste momento.*
- *Sem se prejudicar — sem pedir dinheiro emprestado para pagar o aluguel ou gastar dinheiro que você não tem —, aja de acordo com o amor que você sente agora.*
- *Não adie a expressão do seu amor. Ligue. Envie flores. Abasteça o carro e vá.*
- *Se você realmente não tem dinheiro algum, grite seu amor aos quatro ventos de qualquer maneira. Confie-o ao Universo.*
- *Seja o amor que você sente agora.*

5 de março

Desviar do rumo

É tão difícil sentir a pedra
e não a ondulação da água.

Quando nos desviamos de onde estamos, criamos uma tensão entre dois lugares — onde estamos e onde estamos pensando em estar. É essa tensão que nos bloqueia da sensação de estar totalmente vivos, porque estar dividido em nossa atenção nos impede de ser autênticos — ainda que gerenciar muitas tarefas ao mesmo tempo (ser hábil em dividir nossa atenção) seja considerado sinal de inteligência.

Para cada um de nós, desviar de onde estamos e voltar é uma tarefa sem fim, muito parecida com piscar ou respirar. Quando incorporamos à nossa vida diária essa plenitude de atenção, raramente a notamos. No entanto, se interrompermos nosso fluxo de ser, com certeza pisaremos em falso e tropeçaremos, como se parássemos de enxergar ou respirar.

O fato de que nos desgarramos do momento não é surpreendente. O mais crucial é retornarmos.

- *Centre-se no momento em que você está, entre no aqui e agora.*

- ❊ *Respire em ritmo constante e sinta-se desviar: para outro lugar, para o amanhã, para o futuro ou para o passado.*
- ❊ *Respire do princípio ao fim do seu desvio, sem julgamento, e entre novamente no aqui e agora.*

6 de março
Retornar

Carregamos um centro que está sempre retornando.

Todos nós nos desviamos do momento de maneiras muito particulares. Se conhecemos alguém e engatamos um novo relacionamento, não demora muito para que estejamos caminhando de mãos dadas, ao mesmo tempo que nos perguntamos se dormiremos juntos; e, assim que fazemos isso, conjecturamos se moraremos juntos; e, se e quando fazemos isso, começamos a imaginar se teremos filhos — e assim por diante.

Isso também acontece com o medo e a dor. Quando recebi o meu diagnóstico, eu temia a cirurgia. Na época da cirurgia, eu temia o tratamento. Quando comecei o tratamento, eu temia um tratamento mais forte. Na recuperação, temo a recorrência.

Ninguém pode evitar esse desvio, mas nossa saúde depende da respiração que nos impede de nos desgarrarmos ainda mais. Por maior que tenha sido o desvio e por mais longe que tenhamos ido, o que nos restaura é a prática de retornar a qualquer momento que estamos vivendo agora, porque somente quando estamos totalmente em cada momento é que podemos extrair força da Unidade das coisas.

- ❊ *Centre-se no momento em que você está, sinta o aqui e agora.*
- ❊ *Observe a vitalidade da energia que aparece quando você para de se concentrar em si mesmo.*
- ❊ *Respire em ritmo constante e sinta-se desviar. Observe como essa vitalidade diminui enquanto você se desvia.*
- ❊ *Respire do início ao fim do seu desvio e entre novamente no aqui e agora.*
- ❊ *Note o ressurgimento da vitalidade.*

7 de março

Abrir mão do arroz

Em um mundo que vive como um punho,
a misericórdia não é mais do que acordar com as mãos abertas.

Muito mais coisas podem acontecer com nossas mãos abertas. Na verdade, fechar e manter teimosamente os punhos cerrados costuma ser o que nos mantém presos, embora queiramos botar a culpa em tudo e todos, especialmente naquilo que estamos segurando na mão fechada.

Há uma antiga história chinesa que deixa essa questão bem clara. Tem a ver com a maneira como se montavam armadilhas para capturar macacos. Pegava-se um coco, abria-se nele um buraco do tamanho da mão aberta de um macaco e escavava-se a parte interna. Então, fixava-se o fundo do coco entalhado e se colocava arroz no fruto esculpido, que era deixado no caminho dos macacos. Mais cedo ou mais tarde, algum macaco faminto sentiria o cheiro do arroz e se aproximaria, enfiando a mão lá dentro. Porém, assim que pegasse o arroz e fechasse a mão dentro da cumbuca, não conseguiria mais passar o punho cerrado pelo orifício. Os macacos que ficavam presos na armadilha eram aqueles que literalmente não queriam abrir mão do arroz.

Enquanto o macaco se mantivesse aferrado ao arroz, era um prisioneiro da própria vontade. A armadilha funcionava porque a fome do macaco era a dona de seus atos. Tiramos uma lição profunda dessa história. Precisamos sempre nos perguntar: O que é o nosso arroz? E o que está nos impedindo de nos desvencilhar do nosso apego e abrir mão dele?

Foi ao ouvir essa história que finalmente entendi o tenso ritual de rejeição que existe entre mim e minha mãe. Como qualquer criança, eu sempre quis o amor e a aprovação dela, mas de súbito percebi que esse era meu arroz — quanto mais ele não vinha, mais forte eu cerrava minha mão. Minha fome pelo amor materno era a dona dos meus atos, mesmo em outros relacionamentos. Eu era um macaco preso na armadilha, sem vontade de abrir a mão.

Desde então, afrouxei o aperto em meu coração e, humildemente, posso ver agora que a verdadeira dificuldade da rendição, para todos nós, não é apenas largar — mas abrir mão de algo pelo qual ansiamos.

A verdade é que a comida está em todo lugar. Ainda que, em seu momento de fome, o macaco teimoso acredite que não existe outra comida no mundo, ele só precisa largar aquele arroz para que sua vida se desenrole. Nossa jornada em direção ao amor não é diferente. Pois, embora nos apeguemos teimosamente, acreditando, em nossos momentos de fome, que não existe outra possibilidade de amor, precisamos apenas nos desapegar do que tanto desejamos, e nossa vida desabrochará. Pois há amor em todo lugar.

❊ *Sente-se em silêncio e, calmamente, medite sobre o que representa o arroz em seu punho cerrado.*
❊ *Respire fundo e tente ver o que está impedindo você de soltá-lo.*
❊ *Pratique abrir o punho do seu coração literalmente cerrando o punho enquanto você inspira o ar e abrindo-o ao soltar o ar.*

8 de março
Responsabilidade

Zanguei-me com meu amigo:
A ira cessou, eu a digo.
Com o inimigo zanguei-me:
A ira cresceu, eu calei-me.

— William Blake*

A verdadeira responsabilidade interior gira em torno da nossa disposição de dar voz a tudo o que está acontecendo conosco em meio a um relacionamento. Isso é importante tanto para você como para a pessoa com quem você está se relacionando. Se você não estiver presente, não há nada a que responder. E o amor só se torna real no mundo por meio da nossa capacidade de responder. Trazer quem você é para um relacionamento — ser seu Verdadeiro Self — dá às outras pessoas

* Primeira estrofe do poema "A poison tree" ("Uma árvore de veneno"), publicado em 1794 como parte do volume *Songs of Experience* (*Canções da experiência*). Tradução de Paulo Vizioli em *William Blake. Poesia e prosa selecionadas*. São Paulo: Nova Alexandria, 1993. [N. T.]

a oportunidade de transcender as próprias limitações agindo de acordo com o amor que sentem. Isso permite que o outro tenha a chance de comparecer, de estar completamente presente.

Se você permanecer sem voz, então eu posso inconscientemente continuar vivendo qualquer desigualdade ou desequilíbrio em que esteja envolvido com você. Porém, tão logo mostre sua mágoa, frustração, confusão ou dúvida, aí tenho a chance de encerrar minha participação inconsciente no padrão do nosso relacionamento. A chave que define se eu responderei a você ou não geralmente tem a ver com amor, a única coisa capaz de destruir a inércia do comportamento antigo.

Pode ser que estejamos dirigindo ao longo de uma rodovia de verão sem fim, presos em algum padrão que se tornou sufocante para você. No entanto, enquanto a súbita rajada de vento que mostra o tronco do salgueiro na beira da estrada ao passarmos em alta velocidade não roçar a sua pele, enquanto você não for instigado a dizer "Eu não posso continuar assim", não terei a chance de dizer "Eu também não quero que seja assim". Enquanto você não romper o silêncio, não terei a chance de dizer "O que podemos fazer para mudar tudo isto?".

Amiúde, passamos muito tempo esperando que o outro perceba e veja nossa dor, e, quanto mais tempo o outro demora a perceber, vamos ficando cada vez mais frustrados e feridos. Mas esta é a definição de uma limitação: não ser capaz de ver o que é óbvio.

Portanto, enquanto temermos expressar nossos medos e nossas mágoas uns aos outros, o amor não terá como ser posto em prática sem algo verdadeiro a que responder.

- *Centre-se e evoque um medo ou mágoa que você esteja suportando em silêncio em um relacionamento importante.*
- *Respire com intensidade e, na segurança do seu espaço privado, expresse o que você está sentindo sem usar palavras. Apenas deixe que isso venha à tona livremente em sua mente e seu coração.*
- *Continue respirando fundo, e apenas se sinta confortável com a verdade desse sentimento.*
- *Isso é suficiente por hoje. Confie que você saberá quando, como e se vai expressar essa verdade para a pessoa em sua vida que precisa ter a oportunidade de ouvi-la.*

9 de março

Abrir nossos olhos mais profundos

A vida interior de qualquer grande coisa será incompreensível
para mim até que eu desenvolva e aprofunde
minha própria vida interior.

— Parker J. Palmer

Todo mundo tem uma vida interior; é apenas uma questão de abri-la. O que Parker Palmer sabiamente sugere é que só podemos sentir algo na medida em que estamos dispostos a encontrar sua profundidade. Assim como precisamos abrir os olhos — temos que levantar as pálpebras — para ver, também precisamos levantar nossas barreiras e abrir nosso coração e nossa mente se quisermos ver e sentir a essência da vida ao nosso redor.

Desenvolver nossa própria vida interior equivale a abrir nossos olhos mais profundos. Tem muito a ver com levantar nossos muros, com viver de nossas próprias profundezas para que possamos vivenciar as profundezas ao nosso redor.

Muitas vezes, enquanto estamos apartados de nossa interioridade, nós nos queixamos de que as coisas no nosso entorno são superficiais e chatas, não valem nossa atenção, quando, na maior parte dos casos, nós é que estamos desligados da realidade.

Para ver profundamente, precisamos nos abrir profundamente.

- *Evoque algo ou alguém que você tenha rejeitado; traga essa coisa ou pessoa diante dos olhos abertos do seu coração.*
- *Envolva a imagem com sua respiração mais profunda.*
- *Depois de algum tempo, pergunte a si mesmo: "Essa coisa ou pessoa parece diferente?".*

10 de março
O ciclo do Criador

Nós sobrevivemos... e então morremos.

— Ancião do povo ojíbua

Nada escapa do ciclo do Criador. Nem as plantas, os cavalos, as árvores, os pássaros ou os seres humanos. Nem a vida da mente. Nem a vida do coração. Tampouco a vida do espírito. Todas as coisas vivas emergem, reúnem-se, desencadeiam uma nova vida, desintegram-se, morrem e emergem de novas maneiras. Cada alma é uma rajada do sopro de Deus desdobrando-se na grande energia que nos cerca feito um riacho em constante movimento. O objetivo não é enganar a morte, mas viver no riacho com uma humildade e vivacidade que somente a aceitação da morte pode despertar.

Quando tentamos negar a morte, podemos adoecer por perseguir freneticamente qualquer desafio que ocupe nossa mente. Ao viver o outro extremo, podemos adoecer por pensar apenas na morte, por deixar a morte ser a única coisa que vemos. Isso cria uma triste carreira de medo.

Além de todo desígnio e todo desejo, sobrevivemos e, como pedras que são erodidas por forças que jamais podem ser vistas ou paradas, nossas recompensas são a dor e a maravilha de desnudar ao céu nossa beleza interior. O que carregamos nas profundezas dentro de nós, se vivermos com honestidade, será inevitavelmente exibido por fora. A experiência de viver isso em sua plenitude nada tem a ver com nos removermos do ciclo do Criador. Muitas vezes, lutamos com teimosia numa tentativa de nos proteger do atrito de estar vivo, quando é justamente esse atrito que transforma nosso espírito em uma joia visível. Somos mais maleáveis do que pensamos, mais duráveis e mutáveis do que toda esperança.

Pétalas finas e perfumadas não se escondem do vento. Elas sobrevivem para morrer e romper o solo de novo. Mesmo no decorrer de uma vida, nós nos despedaçamos e nos enraizamos novamente. Quebramos, sangramos e nos reorganizamos em mais uma coisa linda que aprendemos a alcançar. Resistir a esse processo dobra nossa dor. Cantar enquanto percorremos o processo é a fonte de sabedoria e beleza.

- *Qual é seu maior medo em relação à morte?*
- *Qual é seu maior medo em relação à vida?*

- *Esses medos têm algo em comum?*
- *Como você moldaria sua vida se não tivesse esses medos?*
- *E se você moldasse sua vida dessa forma de qualquer maneira?*

11 de março

Benefício da postura

Enquanto você não viver totalmente no corpo,
você não viverá totalmente no self.

— Bellur Krishnamachar Sundararaja Iyengar

No estudo da ioga, professores de todas as tradições aconselharão os alunos a ficarem imóveis após certas posições a fim de sentirem o benefício da postura. É uma excelente prática para toda a vida. De inúmeras maneiras, trabalhamos muito para chegar lá, apenas para ignorar o sentimento das profundas recompensas de habitar o espaço que alcançamos.

Isso é especialmente verdadeiro na forma como nos tocamos. Muitas vezes, estamos tão preocupados com o próximo movimento — ou se haverá um próximo movimento — que raramente sentimos as profundas recompensas de simplesmente nos abraçarmos.

Ao tratar cada momento de toque como uma consumação em si, podemos praticar o sentimento da eternidade.

Faça com seu parceiro:

- *Sentem-se em silêncio e, calmamente, respirem fundo enquanto tocam os braços um do outro.*
- *Sintam o ser um do outro no corpo que carrega vocês.*
- *Depois de vários minutos, beijem-se lentamente de olhos abertos.*
- *Agora, continuem tocando de leve os braços um do outro enquanto procuram os olhos um do outro.*

Faça com você mesmo:

- *Sente-se em silêncio, calmamente, em frente a um espelho, e concentre-se no corpo em que você está.*
- *Respire fundo e entre no campo de visão de seus olhos.*
- *Respire lentamente e sinta sua alma como uma piscina de água cristalina logo abaixo dos seus olhos.*
- *Respire com intensidade e sinta a água do seu espírito lamber a praia do seu corpo.*

12 de março
À semelhança de tudo

Tudo no Universo está interligado.
Dentro de cada um está refletido.

— Lourdes Pita

Acho que esta percepção explica por que certas coisas nos atraem tanto: por que, de todos os galhos caídos, irei justamente para aquele que mais se assemelha à maneira como tive de me curvar durante toda a minha vida; por que, de todos os lugares para os quais poderia retornar, você escolhe a borda de um penhasco sem graça e desgastado pelo vento, pois ele lhe permite sentir a borda desgastada do seu coração que você não mostra a ninguém.

Parece que nós, humanos, sempre fomos atraídos para encontrarmos a nós mesmos na vida ao nosso redor. Porém, com muita frequência, ao fazer isso, decompomos tudo até que tudo se pareça conosco. Amiúde, embora raramente tenhamos essa intenção, absorvemos a vida da mesma forma que absorvemos a comida, mastigando-a em pedaços irreconhecíveis que precisam ser engolidos. No entanto, o tipo de alimento que a vida oferece deve ser ingerido por inteiro, do jeito que é, sem tirar nem pôr, senão perde sua sabedoria, poder e graça.

Então, este é o nosso desafio contínuo: não transformar tudo em nós. Na verdade, a função mais profunda da humildade é que ela nos ajuda a absorver a experiência em seus próprios termos, sem violar sua própria natureza — tudo em um esforço para sermos nutridos pela vida que é diferente de nós. Por meio desse esforço, encontramos as sementes correspondentes dessa vida em nós. Elas são as sementes comuns da graça que podem nos dar sustento.

De fato, cada um de nós carrega em sua própria constituição inata, como cromossomos, os minúsculos aspectos de tudo o que forma o Universo. E, assim, a arte da liberdade torna-se a aventura necessária de compreender os segredos que estão em todos os lugares ao ar livre e instigar seus aspectos em nosso interior, de tal forma que nos tornemos vivos: aprendendo, com o peixe, a mergulhar e vir à tona; com a flor, a se abrir e aceitar; com a pedra, a rachar e deixar a luz entrar; e, com os pássaros, que às vezes as asas são mais úteis do que o cérebro.

Em vez de nos encontrarmos em tudo, somos desafiados dia após dia a encontrar tudo em nós mesmos, até que sermos humanos seja evoluir interiormente à semelhança de tudo, moldando-nos às maravilhas que encontramos até que, como os pássaros, que sabem disso há muito tempo, também façamos música à mera aparição da luz.

- *Sente-se em silêncio e, calmamente, evoque um lugar favorito na natureza aonde você gosta de ir. Pode ser um campo aberto, uma cachoeira, um riacho ou uma trilha na floresta.*
- *Vá até lá em sua mente e sinta o aspecto singular que sempre leva você de volta a esse lugar. Pode ser o vento através da grama, ou o som da água, ou a luz através de folhas coloridas.*
- *Em sua mente, amplie o aspecto mais cativante e entre nele de forma mais completa.*
- *Torne-se a grama, a água ou a folha.*
- *Respire lentamente e deixe que aquilo que você ama nesse lugar lhe ensine como você é feito grama, feito água ou feito folha.*

13 de março

Abrir-se para a fé

> Certa vez, um homem estava prestes a atravessar o mar. Um sábio amarrou uma folha numa ponta da túnica do homem e disse a ele: "Não tenha medo. Tenha fé e ande sobre as águas. Mas olhe aqui: no momento em que perder a fé, você se afogará".
>
> — Sri Ramakrishna

Muitas vezes nós nos afastamos da dor, o que só é útil antes de sermos feridos. Uma vez que a dor se instala, parece que a única saída é atravessá-la. Como é o caso de quando alguém cai de um barco: lutar para ficar acima da água só piora as coisas. Devemos aceitar que estamos lá e nos acomodar serenamente para que possamos ser carregados pelas profundezas. A disposição de fazer isso é a gênese da fé, a entrega a correntezas maiores do que nós. Até folhas caídas flutuam na superfície de lagos, em uma demonstração de como a rendição pode nos dar esteio.

Podemos aprender com as folhas em volta das quais os patos nadam. Na vida, assim como na água, quando nos enrodilhamos ou nos debatemos, agitando com veemência os braços e as pernas, afundamos. Quando nos estiramos e ficamos imóveis, somos carregados pelo maior mar de todos: o mar da graça que flui sem parar, firme e forte, sob a turbulência dos eventos. E, assim como os peixes não conseguem ver o oceano em que vivem, não conseguimos ver o espírito que nos dá alento.

Repetidamente, a chegada da dor nos faz travar de tensão e afundar. Mas a vida me ensinou que a forma como abrimos nosso corpo pela primeira vez depois de nos dobrarmos de dor é crucial para saber se iremos nos curar.

- *Se puder, caminhe ou sente-se perto de um lago ou lagoa e observe as folhas flutuando na superfície.*
- *Respire como uma folha caída e não pense em nada.*
- *Apenas respire e deixe seu coração e sua mente serem carregados, ainda que brevemente, pelo espírito que você não consegue ver.*

14 de março

Antigos amigos

Alguém sobe, alguém vê. Alguém desce, alguém não vê mais, mas alguém viu. Há uma arte em conduzir-se em regiões mais baixas pela memória do que se viu de um lugar mais alto. Quando já não se consegue mais ver, pode-se pelo menos ainda saber.

— René Daumal

No século 8, durante a dinastia Tang, na China, o poeta Li Po escreveu o que hoje é um poema famoso, "Carta no exílio", endereçada a seu "antigo amigo" So-Kin de Rakuyo. No poema, ficamos sabendo que os dois fizeram uma amizade profunda e de longa data, embora tenham se encontrado apenas algumas vezes. No fim do texto, Li Po é inundado pela presença do velho amigo: "Qual é a utilidade de falar, se não há fim para falar? Não há fim para as coisas no coração".

Somos levados a perguntar como isso é possível: eles passaram mais tempo separados do que juntos. No entanto, a presença de um amigo como esse pode moldar a vida inteira de uma pessoa. Se formos abençoados, teremos um amigo desse tipo durante nosso tempo de vida na Terra — ou talvez, se formos pródigos em bênçãos, dois. É como se Li Po e So-Kin fossem estrelas na constelação um do outro, pontos de luz efêmeros, mas duradouros. A dificuldade, então, sempre foi como atravessar a escuridão de um ponto de luz a outro. Essa é a esfera da fé, a preservação da presença quando não estamos iluminados.

Essa amizade em si é uma metáfora para outro tipo de amizade, nosso parentesco vitalício com a Verdade, com o Amor, com a Unidade, com Deus. Como Li Po sem So-Kin, podemos passar a maior parte do nosso tempo não conscientes e não iluminados, mas a presença da Verdade e de Deus, como um amigo profundo e antigo, pode moldar nossa vida inteira. Então a tarefa interior se torna: como fazemos uma amizade duradoura com as Unidades que são maiores do que nós? Como mantemos sua luz em nosso coração quando nenhuma estrela aparece à vista?

❊ *Respire fundo e recorde um momento especial de verdade em sua vida que o guiou ao longo dos anos.*

❊ *Respire amorosamente e traga essa verdade à vista.*

- *Sorria e curve-se em reverência a essa verdade como um velho amigo que você não vê há muitos anos.*
- *Reze a ela com gratidão.*

15 de março

O poder dos símbolos

Se você segurar de verdade uma pedra,
conseguirá sentir a montanha de onde ela veio.

Enquanto colhia frutos silvestres, um homem das cavernas foi encurralado por uma criatura selvagem, hoje extinta; poupado graças ao súbito estalo de um galho de árvore que assustou e afugentou a fera, o homem das cavernas pegou um pedaço do galho caído como um amuleto de boa sorte. E assim começou a história dos símbolos.

As pessoas sempre guardaram pedaços de suas experiências para ajudá-las a se lembrar das forças da vida que nem sempre podem ser vistas. Repletos do ritmo atemporal do oceano, colocamos no bolso uma concha e a carregamos por milhares de quilômetros para saber a presença do oceano quando estamos a horas de distância do mar. É por isso que valorizamos certas canções, a razão pela qual guardamos canhotos de ingressos e flores secas.

Os símbolos são espelhos vivos dos entendimentos mais profundos que não têm palavras. Conheço dois amigos que sobreviveram à Guerra do Vietnã. Eles fizeram reabilitação na Itália e, antes de voltarem para casa, dividiram uma moeda de lira de cobre, cada qual guardando com carinho a metade do outro, como se fosse a metade do coração para sempre deixado naquela selva esquecida por Deus.

Pedimos aos mais diminutos itens da vida cotidiana que carreguem um significado insuportável para nós, e os mais queridos funcionam como a lâmpada de Aladim. Tudo que precisamos fazer é esfregá-los lentamente, e sentimentos e épocas há muito perdidos voltam e revivem, ou verdades básicas difíceis de manter em vista retornam.

Eu me lembro de que, quando menino, visitava a casa do meu avô. Ele tinha uma tigela branca como leite abarrotada de M&M's. Para mim, era um tesouro mágico e simples. Não importava quantas vezes eu ficasse na ponta dos pés para alcançar a tigela e pegar os confeitos, ela nunca esvaziava. Já faz trinta anos que meu avô morreu, e hoje em dia, quando estou deprimido, seguro no meu colo aquela tigela branca como leite e devoro alguns M&M's.

E me sinto melhor. Não se trata de ilusão ou escapismo, mas de usar a tigela branca como leite cheia de M&M's como um símbolo vivo que pode trazer para o meu momento de tristeza um senso mais profundo de plenitude e generosidade que está sempre lá, mas nem sempre é acessível.

Esse é o uso adequado dos símbolos, que servem não para representar ideias friamente, mas para invocar à existência tudo o que vive em nós e ao nosso redor. Os símbolos nos ajudam a testemunhar o doloroso mistério da vida, e, seja um crucifixo, seja uma pequena estatueta do Buda chorando ou uma conchinha quebrada de um mar há muito esquecido, eles nos ajudam a suportar os dias.

- *Relembre um momento especial da sua infância.*
- *Medite sobre o sentimento desse momento até que a cena surja diante de seus olhos.*
- *Esquadrinhe lentamente a cena em torno desse momento especial e concentre-se em algum detalhe — uma cadeira, ou cheiro de lilás, ou o vidro da janela molhado de chuva.*
- *Com reverência, eleve esse detalhe como um símbolo vivo de tudo o que o momento especial significa para você.*
- *Da próxima vez que se sentir insignificante, entre em contato com esse símbolo muito pessoal.*
- *Permita que ele abra você para dádivas das quais você nem sempre se lembra.*

16 de março
O balanço da natureza

Quando o vento cessa,
as árvores ainda se movem,
do jeito que meu coração range
muito depois de se dobrar.

Sempre me surpreendo com as consequências de ser tocado profundamente por algo. Posso ficar magoado ou desapontado, sentir o calor de ser amado ou o suave balanço de ser temporariamente abandonado, e então estou pronto para pensar em outra coisa, raramente permitindo que os sentimentos sejam digeridos por completo. Na verdade, percebi que grande parte da minha confusão na vida vem de dedicar minha atenção à coisa seguinte cedo demais e, ato contínuo, embrulhar uma nova experiência nos resquícios de sentimentos que ainda não terminaram em mim.

Por exemplo, outro dia me senti triste porque um velho amigo está doente. Lidei diretamente com minha tristeza e, pensando já estar tomado por esse estado de espírito melancólico por tempo suficiente, segui adiante. No dia seguinte, eu me vi na costumeira frustração do trânsito caótico e das compras, e de súbito as reações de indiferença de garçonetes e balconistas estavam me entristecendo. Pelo menos foi isso que eu pensei. Embora pareça óbvio aqui na narrativa, no momento do acontecimento não era, e gastei uma boa quantidade de energia equivocada indagando-me se era hora de mudar meu estilo de vida. Mas a verdade é que eu estava sentindo ondas de tristeza por causa da doença do meu amigo.

A lição mais profunda envolve o balanço da natureza: seu enfoque, seu impacto e, sobretudo, seu eco. Todas as coisas vivas o encontram, especialmente nós, nas ondas invisíveis daquilo que pensamos e sentimos. Estar vivo leva tempo.

- *Sente-se em silêncio e, calmamente, concentre-se em um sentimento que nos últimos tempos tenha surgido com intensidade em você.*
- *Enquanto respira, preste atenção a quaisquer resquícios do impacto desse sentimento que ainda estejam afetando você.*
- *Respire lentamente como uma bandeira e deixe esses resquícios de sentimento ondularem.*

17 de março
Uma intensa batalha em andamento

Há uma intensa batalha em andamento: para que minha boca não endureça e minhas mandíbulas não se convertam nas pesadas portas de um cofre de ferro, para que minha vida não possa ser chamada de pré-morte.

— Yehuda Amichai, poeta israelense

Há um antigo mito grego que carrega em si, tal qual uma mensagem dentro de uma garrafa, uma das lutas mais cruciais que enfrentamos como seres vivos. É a história de um talentoso músico, Orfeu, cujo grande amor, Eurídice, morre e é levada por Hades, o deus do submundo. Orfeu fica tão aflito que viaja à terra dos mortos a fim de implorar a Hades que devolva sua amada. Após uma reflexão fria e deliberada, o deus do mundo inferior decreta:

"Permito que a leve consigo. A jornada de volta à terra dos vivos durará três dias. Porém, há uma condição: você deve conduzi-la ao longo do caminho e em momento algum pode olhar para o rosto dela até chegarem à luz do mundo superior. Se você fizer isso, ela retornará para mim para todo o sempre".

Infelizmente, sem Orfeu saber, Hades diz a Eurídice o oposto: "Ele a levará para a terra dos vivos, e você deve olhar para ele antes de chegar à luz. Se não fizer isso, você retornará para mim para todo o sempre". O colossal esforço do casal fracassa, e Orfeu perde Eurídice definitivamente.

Para nós, no entanto, o esforço é contínuo. Pois há em cada um de nós um Orfeu que acredita que "se eu olhar, morrerei". Há também em cada um de nós uma Eurídice que acredita que "se eu não olhar, morrerei". E então, a grande questão espiritual depois de "ser ou não ser" é "olhar ou não olhar". O equilíbrio pessoal que alcançamos determina se sairemos do submundo ou não.

Embora isso se altere ao longo de nossa vida, de acordo com nossas devoções, acredito que cada um nasce com uma inclinação natural para olhar ou não olhar. Não é de surpreender que eu seja uma espécie de vidente: acredito que, se eu *não* olhar, morrerei. Isso provavelmente tem muito a ver com minha vocação para ser poeta. Então, admito meu viés. Pois, embora haja momentos em que, para preservar nossa visão, *não* devemos olhar — por exemplo, não devemos encarar o sol por muito tempo —, geralmente precisamos olhar para permanecer vivos.

Assim como cada um de nós, debato-me entre ambas as forças: ser o guardião de segredos ou o descobridor de verdades. Embora ninguém possa nos dizer como, temos que travar essa intensa batalha repetidamente: deixar o submundo dos mortos — não endurecer — e voltar para a terra dos vivos.

- *Centre-se e respire em ritmo constante. Tenha em mente o fluxo de decisões da vida que trouxeram você até aqui.*
- *À medida que desacelera sua respiração, tente entender o que definiu seu tempo na Terra: a necessidade de olhar ou a necessidade de não olhar.*
- *À medida que respira em ritmo contínuo, tente sentir de que você precisa neste exato momento — olhar ou não olhar. O que o levará mais completamente para a terra dos vivos?*

18 de março
A vida de um cuidador

Aceite este presente
para que eu possa me ver como generoso.

Tenho aprendido que a vida de um cuidador é tão viciante quanto a vida de um alcoólatra. Aqui, a embriaguez é o alívio emocional que vem temporariamente ao atendermos à necessidade de um ente querido. Embora nunca dure, no momento em que atendemos à necessidade de alguém, sentimo-nos amados. Embora muitas coisas boas possam advir disso, sobretudo para aqueles a quem o cuidador atende, o cuidado em si torna-se uma bebida por meio da qual anestesiamos brevemente uma sensação de inutilidade e a falta de valor que não vai embora a menos que seja constantemente encharcada por outra dose de autossacrifício.

Uma sensação ruim, de aperto no coração, assola o cuidador até que aquilo de que os outros necessitam é antecipado além do que é real, e então, sem que nenhuma necessidade verdadeira seja expressa, avoluma-se no cuidador uma ansiedade para responder que somente pode ser aliviada se ele oferecer ou fizer algo. No cerne disso está a preocupação sempre presente de que, a menos que o cuidador faça algo pelo outro, não existe a possibilidade de ele ser amado. Então, as necessidades alheias estão ao alcance como garrafas atrás de balcão e às quais, por mais que tente, o cuidador não consegue resistir.

Eu vivenciava isso até mesmo na simples questão de telefonar para um ente querido enquanto estava ausente de casa. Mesmo quando ninguém espera ouvir notícias minhas, posso me martirizar sobre se devo ligar ou não. Muitas vezes, incapaz de suportar o desconforto de não registrar alguma evidência do meu amor, acabo fazendo de tudo para ligar.

Na verdade, o ato de cuidar, embora pareça bastante generoso, é bastante egoísta, e seu egoísmo urgente impede uma vida de compaixão genuína. Com toda a honestidade, curar-se disso requer um programa de recuperação tão rigoroso quanto aquele em que os alcoólatras ingressam, incluindo padrinhos que nos amarão por aquilo que somos.

Dentro do indivíduo, o remédio do espírito que permite a verdadeira e generosa doação reside em algum lugar na fé de acreditar que cada um de nós é digno de amor, da forma como somos.

- *Centre-se e pense em um ente querido com quem você parece disposto a se comprometer e a fazer concessões.*
- *Medite sobre o que faz você dar esse passo extra.*
- *Imagine-o amando você mesmo que você não fizesse nada.*
- *Imagine amar a si mesmo ainda que você não fizesse nada.*
- *Respire e não faça nada até sentir uma sensação de amor crescendo por si mesmo.*

19 de março
Fraqueza

Nossa força continuará se nos permitirmos
a coragem de nos sentirmos assustados, fracos
e vulneráveis.

— Melody Beattie

Essa é uma oração memorável e duradoura. Na verdade, ela ajuda a definir a fraqueza, em termos espirituais, como qualquer hábito da mente ou do coração que nos impede de ver as coisas exatamente como elas são, ou em sua totalidade ou com toda a nossa capacidade de sentir. São as cegueiras que continuamente nos impedem de alcançar a Verdade, a Unidade e a Compaixão.

Todos nós somos frágeis. Todos nós cometemos erros. Todos nós somos vítimas de mil emoções e exageros. Mas essas circunstâncias nos tornam plenos, não fracos — se estivermos dispostos a enfrentá-las diretamente. Com efeito, não é o tecido da nossa humanidade que nos derrota, mas a nossa recusa em aceitar quem somos e em viver de acordo com isso, as nossas limitações incluídas.

Subjacente a tudo, essa cegueira, em suas muitas formas recorrentes, é a causa da maior parte das crueldades. Pois é durante os momentos em que achamos que vemos com absoluta clareza que quebramos coisas que são insubstituíveis, sem nem sequer perceber que eram preciosas.

Depois de quebrar muitas coisas na minha vida — corações, heranças de família, ovos de tordo —, tenho a humildade de admitir que a única diferença que vejo na Terra entre ser forte ou fraco é a honestidade com a qual nos encaramos, nos aceitamos e nos compartilhamos, com defeitos e tudo.

- *Para esta meditação, segure uma foto de alguém com quem você se importa. Pode ser uma foto de você mesmo.*
- *Feche os olhos e centre-se. Ao abrir os olhos, concentre-se na imagem e permita-se ver seu relacionamento com essa pessoa exatamente como ele é.*
- *Feche os olhos de novo. Ao abri-los desta vez, concentre-se na imagem e permita-se aceitar esse ser por completo, com defeitos e tudo.*

20 de março

Agitar a água

Deixar que o conhecimento produza problemas e depois usá-lo para se preparar contra esses mesmos problemas é como agitar a água na esperança de torná-la clara.

— Laozi

Esse ciclo de produzir problemas e depois se preparar para enfrentá-los é muito parecido com a ação de puxar um fio que teria sido muito melhor deixar quieto. Quanto mais puxamos, mais o tecido se desfaz, e agora precisamos costurar tudo de novo. Ou muito parecido com planejar coisas em demasia, ou se comprometer com várias pessoas em um intervalo de tempo muito curto, e como resultado esgotar a si mesmo e aqueles ao seu redor tentando fazer tudo acontecer.

Todos nós já fizemos isso. Uma forma mais sutil dessa situação gira em torno da luta para nos aceitarmos. Sentindo-nos indignos ou inseguros, criamos uma meta, na esperança de que alcançá-la nos fará sentir bem com nós mesmos. Assim, estamos planejando o sucesso, preparando-nos contra o fracasso, agitando a água na esperança de que ela fique clara.

A todo momento, os recursos mais profundos do coração e do espírito estão sendo mal aplicados. Não é assim que nos lançamos em carreiras para as quais não temos vocação genuína? Não é assim que entramos em relacionamentos que na verdade não nos abraçam? Não é assim que às vezes trazemos filhos ao mundo, na esperança de que eles nos ajudem a ficar limpos?

A mente é uma aranha que, se tiver a chance, emaranhará tudo e em seguida botará a culpa nas coisas às quais ela se mantém agarrada pela teia da qual quer se livrar. Fiz isso com sonhos de grandeza e esperanças de amor, querendo com todas as forças me ver claramente na água, enquanto continuava mexendo e mexendo. Talvez a coisa mais difícil que aprendi, e com a qual ainda sinto muita dificuldade, é que eu não preciso estar terminado para ser inteiro.

- *Sente-se em silêncio e, calmamente, evoque um fio em seu coração que você tenha desfiado recentemente.*
- *Respire fundo e medite sobre como você se envolveu em costurar novamente o tecido desfeito.*
- *Respire em ritmo contínuo e tente parar, tente deixar tudo de lado, do jeito que está, e deixe o fio puxado ser.*

21 de março
Guardar ou liberar

Como você pode seguir o curso da sua vida
se não o deixar fluir?

— Laozi

O pólen se acumula até que a chuva leve embora o que não considerou semente. O musgo se forma em tocos e pedras até que as patas dos animais o desgaste. As folhas que cobrem a trilha se desintegram com o tempo para mostrar o caminho aos que se perderam.

O mesmo acontece conosco. Nossos sonhos se acumulam feito pólen até que o suor e as lágrimas de os vivermos levem embora o que não se tornou possível. Nossos macios e retorcidos torrões de apego crescem na nossa pedra — tanto alegria quanto tristeza —, até que o que é comida seja comido e o que não é se dissolva. Feito folhas caídas, nossas memórias cobrem nosso caminho até que sejam lembradas e deixem de existir, libertando-nos.

Muitas vezes, a dor de resistir nos faz enferrujar como ferro e, a fim de entrar novamente no fluxo da vida, precisamos ser raspados de volta à nossa superfície original. Nossos sentimentos, se não forem liberados, enchem o coração com sua areia grossa. Como janelas que as intempéries revestem de sujeira, aguardamos que mãos amorosas nos esfreguem e nos limpem. É inevitável. A experiência nos cobre, e a jornada significativa nos permite chegar limpos à mesa de luz. Novamente.

Todas as coisas existentes participam desse ciclo involuntário. Para os seres humanos, o processo de viver nos macula de novo e de novo com a sujeira arenosa de estarmos aqui, com a mágoa e a decepção e com a agudeza de ser humano, o que pode nos adoecer se for guardado, ou nos tornar inteiros se for liberado. Repetidas vezes, nós, mais do que qualquer outra forma de vida, temos o majestoso e pesado poder de guardar ou liberar o impacto de nossa experiência.

Humildemente, somos solicitados a manter o fluxo real entre o que entra e o que sai. Temos apenas que respirar para lembrar do nosso lugar como uma entrada viva. A experiência dentro, os sentimentos fora. Surpresa e dificuldades dentro, mágoas e alegria fora. Em uma maré constante, a vida avança correndo e, em constante liberação, devemos deixar tudo fluir para longe. Pois foi assim que o mar tornou magnífica a terra, e é assim que a humanidade é esculpida em posição ereta, repetidamente, pelo oceano do espírito que nos liberta.

- *Ao cruzar a soleira da porta de sua casa para sair mundo afora hoje, respire fundo e pergunte a si mesmo: "Qual é o aspecto de ser humano pelo qual sou mais grato?".*
- *Esteja com essa pergunta enquanto você percorre seu dia.*
- *À noite, ao entrar novamente em seu ninho, respire fundo mais uma vez e pergunte a si mesmo: "Qual é o aspecto de ser humano que continua a me surpreender?".*
- *Esteja com essa pergunta enquanto você descansa e dorme a noite toda.*

22 de março

Hora do Shabat

Trabalhe quando houver trabalho a fazer. Descanse quando estiver cansado.
Uma coisa feita em paz provavelmente será melhor do que dez coisas feitas em pânico [...]
Quando eu nego o descanso, não sou um herói; estou apenas cansado.

— Susan McHenry

Quando preciso me revigorar ou me renovar, retorno às portas do coração que me foram abertas antes. Eu caminho e fico ao lado do grande salgueiro e espero que seu balanço, com o qual estou familiarizado, fale comigo. Repito aquela especial peça de piano que abriu caminho para o vinco dolorido do meu coração e deixo as coisas se desenrolarem. Faço um chá, sento-me na minha cadeira favorita, pego cuidadosamente meu velho e esfarrapado livro de poemas de e. e. cummings e leio: "Eu vos agradeço, Deus, principalmente por este dia maravilhoso...".

Tento abrir as horas com suavidade e silêncio — os dois fios que se deslindam em gratidão — e espero o milagre retornar. Para mim, esse é o átomo renovador do Shabat. Tento começar cada dia com um pequeno momento cativante, antes que os solavancos e cortes e barulhos cheguem de supetão, antes que as confusões e os conflitos enrijeçam meu senso das coisas.

Para mim, o coração se contrai e dilata como o olho. Quando está contraído, não há descanso; o mundo parece menor, mais cruel e repleto de perigos. Então o tempo do Shabat se torna essencial como uma prática que dilata tudo o que está apertado. Ao desacelerar o coração, esses momentos privados de descanso restauram e afrouxam os nós do mundo.

No descanso, sempre me lembro de que o que me prende à Terra é invisível. Outro dia mesmo, eu estava contraído. Meu coração batia como uma garça desperta no mato, sem espaço para se mover. Confuso e surpreso pelo ruído da minha mente, voei desgracioso para o centro do lago que os humanos chamam de silêncio. Acho que, se você perguntar, a paz não é mais do que a parte inferior de asas cansadas descansando no lago, enquanto o coração em suas penas bate cada vez mais suave.

❊ *Pratique afrouxar o nó em seu coração colocando suas mãos, as palmas voltadas para cima, em seu colo.*

- *A cada inspiração do ar, contraia brevemente as mãos.*
- *A cada expiração do ar, relaxe as mãos até que descansem como as asas cansadas que são.*

23 de março
Nunca saber para onde vamos voar

Os pássaros aprendem a voar,
nunca sabendo para onde o voo os levará.

Há no costume dos pássaros uma profunda lição de humildade.

Suas asas crescem, estendem-se e abrangem porções do ar. Primeiro de modo tímido e hesitante, depois com confiança, eles alçam voo, elevam-se rapidamente, planam, pousam. Parece que, para os pássaros, o ato de voar é de fato o objetivo. É verdade que eles migram e buscam comida, mas, quando voam, há a sensação de que estar no alto é seu verdadeiro destino.

Ao contrário dos pássaros, confundimos nosso tempo na Terra, repetidamente, com obsessões sobre para onde estamos indo — muitas vezes a ponto de frustrar e bloquear nossa capacidade humana de voar. Costumamos domar e silenciar nossa necessidade de amar, de aprender, de conhecer a verdade do espírito, até que possamos ter certeza de que nossos esforços nos levarão a algum lugar. Todas essas condicionais, hesitações, "sim, mas" e "e se" fazem com que a jornada humana vire de cabeça para baixo, e nunca deixam o coração, asa que é, realmente desabrochar.

No entanto, sem consideração ou reserva, é simplesmente a presença da luz que faz os pássaros cantarem e voarem. Eles não entendem conceitos como conter-se ou investir apenas se o retorno parecer certeiro. Nisso, somos as únicas criaturas que buscam garantias e, ao fazê-lo, apagamos a centelha que é a descoberta.

Com que frequência nos mutilamos por não deixarmos o amor, com todos os seus riscos, nos ensinar a voar? Quantas vezes nossos corações paralisam porque não deixamos a envergadura de nossa paixão nos abrir totalmente para nossos dons? Com que frequência buscamos uma canção de guiamento que só pode vir de dentro de nós?

Sei que, ao longo dos anos, por causa do medo e da expectativa, minha mente reuniu e acumulou lugares aonde eu precisava ir, coisas que eu precisava ter, eus que eu precisava ser. Mas aqui estou, sem a maior parte disso — todos os objetivos e desejos exauridos em aprender a amar.

Então, por mais que eu tente imaginar e engendrar o lugar para onde estou indo, por mais que eu tente planejar e saber o que significa essa vida de sentimentos, é o pulsar do que eu sinto em si que me eleva ao espírito. Na verdade, as asas não crescem de forma diferente para se encaixarem no sul, no leste ou no oeste, e a nossa vida, por mais que treinemos, é mais fundamental do que qualquer direção de ambição mundana. Nós, tal qual os pássaros, fomos feitos para voar e cantar — isso é tudo —, e todos os nossos planos e esquemas são galhos de ninho que, uma vez superados, deixamos para trás.

- *Medite sobre algum desejo ao qual você hesitou em dar vida. Pode ser sua vontade de dançar ou tocar piano. Ou um impulso de viajar para algum lugar que esteja chamando você. Ou a vontade de conhecer alguém, até você mesmo.*
- *Respire, deixando o sentimento surgir sem impedimentos.*
- *Respire e concentre-se em sua hesitação. Pode ser resultado de um medo de fracasso ou rejeição, ou medo do desconhecido.*
- *Respire do princípio ao fim da sua hesitação, sabendo que, assim como as asas só podem voar se baterem, sua capacidade de viver coisas profundas — de existir em relação a outras vidas — crescerá somente se você tentar.*

24 de março
Até mesmo na escuridão

Estar dilacerado não é razão
para achar que todas as coisas estão dilaceradas.

Raramente vista, crescendo ao longo das profundezas do oceano, a anêmona-branca-plumosa é uma flor aquática. É uma renda branca abrindo-se sob toneladas de escuridão, abrindo-se como se fosse banhada pelo sol, embora tão distante dele.

Esse é o segredo para ficar bem, não é? Sentir o sol até mesmo na ausência de luz. Não perder a verdade das coisas quando elas saem de vista. Crescer do mesmo jeito. Saber que ainda existe água mesmo quando estamos com sede. Saber que ainda existe amor mesmo quando estamos solitários. Saber que ainda existe paz mesmo quando estamos sofrendo.

Nada disso invalida nossa dor, mas apenas fortalece nosso caminho de volta à luz.

- *Feche os olhos e sinta o fato do sol. Ele estará lá quando você puder ver novamente.*
- *Inspire o ar profundamente através da parte do seu coração que está fechada e sinta o fato do amor. Ele estará lá quando você puder sentir novamente.*
- *Respire lentamente através da parte de você que duvida e sinta o fato da vida. Ela estará lá quando você puder abrir seu espírito, como fez ao nascer.*

25 de março
O ouvido como pétala

O ouvido é apenas uma pétala
que cresce do coração.
Quando ouvimos uns aos outros,
tudo se torna um jardim.

O que exatamente significa ouvir? Todos nós exibimos a extraordinária divisão mental pela qual escolhemos não prestar atenção em uma fala e, ainda assim, quando solicitados, somos capazes de repetir palavra por palavra o que foi dito.

Ouvir surge de um lugar mais profundo, e parece que só podemos ouvir os vivos na medida em que realmente vivemos, e que somos capazes de entender a dor e a alegria na medida em que nos permitimos ser tocados pela vida. Se o ouvido cresce do coração feito uma pétala, então, assim como as raízes absorvem chuva e sol até que uma simples flor se abra, o coração deve absorver lágrimas e alegria de modo a fazer brotar um ouvido que possa realmente ouvir.

Eu me lembro de que, anos antes de machucar meus pés em busca de um caminho, sentei-me no leito da minha avó imigrante, que estava hospitalizada, observando-a estremecer de dor enquanto colocavam gaze em seus calcanhares acometidos de escaras. Eu me lembro de que, anos antes de salvar minha golden retriever de se afogar, testemunhei um colega de trabalho chorar por seu cachorro morto, tentando entender como ele poderia amar um animal mais do que a uma pessoa. Eu me lembro de que, anos antes de ter que recomeçar minha vida, corri por uma estrada de fazenda no meio da noite para ver os olhos orgulhosos do meu sogro se arregalarem de espanto enquanto o celeiro que ele havia construído há trinta anos ardia em chamas e era reduzido a cinzas.

Somente mais tarde é que senti a dor deles e, mais ainda, a verdadeira alegria deles em gostar e cuidar das coisas. É claro que não precisamos passar pelas mesmas experiências para acolher uns aos outros, mas precisamos ter a experiência de viver o que é nosso antes que a vida mostre suas raízes.

O que é preciso para realmente ouvir? O colapso de tudo que desfila entre nossos corações. Se eu ousar ouvir você, sentirei você como o sol e crescerei em sua direção, e você na minha. Pois, quando ouvimos uns aos outros, tudo se torna um jardim. Tudo se torna comestível.

- *Sente-se com um ente querido de confiança e medite sobre uma história de alegria ou de dor que você tenha escutado com mais detalhes ao longo do tempo.*
- *Compartilhem um com o outro por que essa história permaneceu com vocês.*
- *De que maneira sua compreensão dessa história se aprofundou ao longo dos anos?*
- *Respire devagar e abra o coração mais completamente para um momento humano ao qual você escolheu não prestar atenção durante a última semana.*

26 de março

Sentir seus sentimentos

O caminho mais rápido para
a liberdade é sentir seus sentimentos.

— Gita Bellin

Isso parece a coisa mais simples do mundo. No entanto, embora seja fácil saber que você tem sentimentos, e seja fácil saber o peso, a agitação e a subitaneidade com que variam os estados de espírito dos sentimentos, outra questão, mais sutil, é senti-los — isto é, deixá-los penetrar seu ser do jeito que o vento fustiga uma bandeira.

Isso é necessário porque, se não sentirmos nossos sentimentos por completo, eles nunca nos deixam, e então fazemos todo tipo de coisas incomuns para escapar deles. Essa é a causa de muitos vícios.

Muitas vezes eu me desviei por me envolver naquilo que está no entorno da minha dor ou tristeza, sem nunca sentir a coisa em si. Então, quando alguém me pergunta como estou me sentindo, acabo relatando a circunstância da dor, mas sem senti-la. Ou formulando estratégias sobre o que fazer a seguir, em vez de sentir. Ou antecipando reações, mas sem sentir o que me cabe sentir. Ou nadando na raiva da injustiça, mas sem mergulhar na ferida.

Embora tenhamos medo, sentir nossos sentimentos é a única maneira clara e direta de libertar nosso coração da dor.

- *Medite sobre as maneiras pelas quais você pode acabar evitando seus sentimentos.*
- *Em seu silêncio, pare de contê-los com palavras, razões ou ocupações.*
- *Simplesmente seja uma praia e deixe seus sentimentos baterem em você como o vaivém das ondas do mar.*

27 de março

Nascemos cantando

Cantar não é um luxo,
mas uma forma necessária de estar no mundo.

De algum jeito, fomos ludibriados a pensar que o canto é entretenimento, algo que podemos dispensar, como a sobremesa. Porém, dar voz ao que vive dentro de nós é o que mantém possíveis todas as coisas. Na verdade, desde o minuto em que chegamos ao mundo, nascemos cantando, embora, muitas vezes, isso seja confundido com choro. No entanto, sem esse reflexo profundo, os pulmões não funcionam e a permanente troca entre o interior e o exterior não pode começar.

Eu tenho a nítida lembrança do meu primeiro dia sozinho em casa após minha cirurgia de retirada de costela. Pela primeira vez em meses, tudo estava calmo, a luz da manhã agora preenchia o espaço onde minha costela costumava ficar. De repente, enfim, comecei a chorar, muito alto, enquanto bolsões de medo, dor e exaustão escapavam. Esse extravasamento era uma canção, e o que eu não tinha percebido era que, uma vez liberada, uma vez que o acúmulo da minha jornada ganhasse uma porta de saída, a vida, trazendo a reboque suas mil energias e suavidades, poderia entrar.

Um segredo tão simples: ao deixar as coisas saírem, também deixamos as coisas entrarem. Então, se você está isolado, magoado, distante, brigado, entorpecido — cante, dê voz a qualquer coisa. Não precisa soar bonito. Simplesmente, com coragem, abra-se a despeito das dificuldades, deixe o que está dentro sair e o que está fora entrar. Cante, e sua vida continuará.

- *Centre-se e localize um bolsão de dor, medo ou exaustão que esteja se avolumando dentro de você.*
- *Respire enquanto penetra esse bolsão. Inspire o ar para dentro do acúmulo. Expire o ar, deixando o que está lá dentro abrir caminho mundo afora.*
- *Perceba que sua respiração é a passagem que conecta seu acúmulo interior com o ar do mundo.*
- *Perceba que o som da sua respiração é a mais silenciosa das canções.*

28 de março
A dádiva da troca de pele

Desde o início,
a chave para a renovação tem sido
a eliminação da pele velha.

É interessante que os primeiros povos acreditavam em algo de que nós, em nossa moderna colmeia de manufatura, nos esquecemos — que a imortalidade é atingível por meio da troca de pele. Há séculos os dusun de Bornéu do Norte acreditam que quando Deus terminou de criar o mundo, Ele anunciou que "Quem for capaz de se desfazer de sua pele não morrerá".

Mas o que isso significa? Não que somos capazes de viver para sempre, mas que a maneira de permanecer mais próximo do pulsar da vida, a maneira de permanecer na presença daquela realidade divina que embasa e dá consistência a tudo, é estar disposto a mudar. Ainda assim, mudar o quê? Mudar o que quer que tenha deixado de funcionar dentro de nós. Eliminar o que quer que estejamos carregando que não esteja mais vivo. Descartar nossa pele morta, porque pele morta não é capaz de sentir. Olhos mortos não conseguem ver. Ouvidos mortos não conseguem ouvir. E, sem sentir, não há chance de inteireza, e a inteireza continua sendo nossa melhor chance de sobreviver à dor da ruptura.

Claro, no caso dos seres humanos, a pele morta assume muitas formas, a mais significativa das quais permanece intangível, porém sufocante por exemplo, uma maneira morta de pensar, uma maneira morta de ver, uma maneira morta de se relacionar, uma maneira morta de acreditar ou uma maneira morta de vivenciar uma experiência.

Essencialmente, o descarte da pele velha nos abre para a autotransformação. De forma paradoxal, aqueles de nós que recusam essa renovação irão, mais cedo ou mais tarde, ser forçados a passar por uma transformação, como resultado de terem sido destroçados ou corroídos pelo mundo. Muitas vezes, ambos os processos ocorrem ao mesmo tempo: isto é, trocamos de pele de dentro para fora enquanto somos corroídos de fora para dentro.

- *Centre-se e medite sobre o que, a seu ver, você está carregando e é pele morta.*
- *Respire de maneira limpa, tranquila e profunda e pergunte a si mesmo do que você está sendo chamado a se desfazer, a eliminar, a descartar, a fim de ganhar maior acesso à inteireza oculta da vida.*

29 de março

O que nos impede de trocar de pele

Muitas vezes, renunciamos ao nosso direito à renovação
para nos ajustar à ansiedade das pessoas ao nosso redor.

Com certeza, viver não é fácil, e viver de modo aberto é em igual medida maravilhoso e perigoso. O fato é que trocar de pele, por mais útil ou inevitável, sempre traz consigo sua própria carga de dor. Infelizmente, não há como escapar desse lado menos desejável do crescimento. Portanto, não surpreende que existam muitos sentimentos peculiares aos seres humanos que nos impedem de nos livrar do que deixou de funcionar, incluindo medo, orgulho, nostalgia, conforto com o que é conhecido e familiar, e desejo de agradar aqueles a quem amamos. Muitas vezes, renunciamos ao nosso direito à renovação para nos ajustar à ansiedade das pessoas ao nosso redor.

Os melanésios do arquipélago das Novas Hébridas afirmam que foi assim que perdemos nossa imortalidade. Sir James Frazer preservou a história que esse povo conta. Parece que, a princípio, os seres humanos nunca morriam, mas trocavam de pele feito cobras e caranguejos e saíam com a juventude renovada. Contudo, depois de algum tempo, uma mulher já envelhecida se dirigiu até um riacho para trocar de pele; de acordo com alguns, ela era Ul-ta-marama, a Pele-mudança do mundo. Ela jogou sua pele velha na água e observou que, ao flutuar, a pele se enroscou em um galho. A mulher foi embora para casa, onde havia deixado seu filho. Mas a criança se recusou a reconhecê-la, alegando, em meio às lágrimas, que sua mãe era uma mulher velha, não aquela jovem forasteira. Para apaziguar a criança, a mulher foi atrás de sua pele velha e a vestiu de novo. Desde então, os seres humanos deixaram de trocar de pele e começaram a morrer.

E assim, quando deixamos de trocar de pele e nos livrar do que está morto em nós em nome de apaziguar o medo dos outros, continuamos limitados, apenas parte de um todo. Quando deixamos de trazer à tona nossa pele mais sensível simplesmente para evitar conflitos com os outros, afastamo-nos de tudo o que é verdadeiro. Quando mantemos hábitos e costumes que já descartamos apenas para aplacar a ignorância daqueles a quem amamos, perdemos nosso acesso ao que é eterno.

- *Sente-se em silêncio e, calmamente, pergunte a si mesmo: "Que vozes estão me pedindo para manter minha pele velha e não mudar?".*
- *Centre-se e pergunte: "Qual é o custo de não renovar minha conexão com tudo o que é eterno?".*

30 de março
A energia de ser real

Não busque nenhuma regra ou método de adoração.
Diga o que seu coração dolorido escolher.

— Rumi

"Mana" é um termo usado originalmente nas culturas polinésia e melanésia para descrever um poder ou força extraordinária que reside em uma pessoa ou objeto, uma espécie de eletricidade espiritual concentrada capaz de carregar de energia qualquer um que a toque. Mais tarde, Carl Jung definiu o termo como "a influência inconsciente de um ser sobre o outro". Jung se refere ao fato de que a energia de ser real tem mais poder do que a persuasão direta, o debate ou a força de vontade. Ele sugere que ser quem somos deflagra sempre uma força extraordinária que, sem intenção ou propósito, afeta as pessoas que entram em contato com tal realidade.

A bela e simples verdade dessa ideia pode ser confirmada se olharmos para o sol. Sem intenção, vontade, plano ou senso de princípio, o sol simplesmente brilha, de forma completa e constante. Por ser ele mesmo, aquece com sua luz, nunca restringe sua energia ou escolhe o que quer aquecer na Terra. Em vez disso, o sol emana em todas as direções o tempo todo, e as coisas crescem. Da mesma forma, quando somos autênticos, expressando nosso calor e luz em todas as direções, fazemos tudo ao nosso redor crescer. Quando nossa alma, feito um pequeno sol, expressa a luz de quem somos, emanamos o que Jesus chamou de amor e o que Buda chamou de compaixão, e as raízes da comunidade se alongam.

Dessa forma, sem nenhuma intenção de moldar os outros, nós simplesmente temos que ser autênticos, e um senso de mana, de luz e calor espirituais, emanará de nossa própria alma, fazendo com que os outros cresçam — não em direção a nós, mas em direção à luz que se move através de nós. Portanto, sendo quem somos, não apenas vivenciamos a experiência da vida em toda a sua vitalidade, mas, de forma bastante inocente e sem desígnio de antemão, ajudamos os outros a serem mais completamente eles mesmos. Ao sermos reais, ao permanecermos devotados a essa energia da realidade, ajudamos uns aos outros a crescer em direção à única luz vivificante.

❋ *Centre-se e deixe fluir o jorro de seus sentimentos.*

- *Depois de algum tempo, dê voz direta aos sentimentos específicos conforme eles vierem à tona, simplesmente enunciando a cada expiração do ar o que se move através de você: tristeza, medo, confusão, paz, tédio, alegria.*
- *Depois de algum tempo, deixe que o jorro de sentimentos continue a irromper enquanto você retorna à respiração silenciosa.*
- *Agora sinta as coisas ao seu redor — tapete, cadeira, janela, parede —, e sinta-as se inclinar em sua direção.*

31 de março
A prática de ser real

Assim como o sol não pode restringir a própria luz,
nós não podemos restringir o que parece real.

À medida que a Terra continua a voltar-se para a luz dia após dia, não temos escolha, apesar de todas as formas de etiqueta e instrução, a não ser continuar nos voltando para o que sentimos ser real. Caso contrário, tornamo-nos pequenos planetas frios girando na escuridão.

Muitas e muitas vezes, quando me sinto confuso ou deprimido por um longo período, é porque parei de me voltar na direção da luz do que parece real. Em momentos como esse, tenho que quebrar a escuridão da minha rotação com um passo muito pequeno e simples, que frequentemente parece imenso e difícil porque eu vinha girando em torno de mim mesmo: eu tenho que praticar ser real dizendo o que sinto, não apenas uma vez, mas continuamente.

Lutei minha vida inteira contra isso. Como a maioria de nós, aprendi a sobreviver restringindo o que parece real. Quando os eventos acontecem — quando alguém diz ou faz algo que me machuca —, aprendi a absorver o golpe e a fingir que nada mudou, que tudo continua o mesmo. No entanto, quando faço isso, minha energia é exaurida para manter o faz de conta de que nada aconteceu, e começo a girar friamente no escuro.

É tão simples, e ainda assim tão corajoso dizer que estamos magoados quando ficamos magoados, que estamos tristes quando ficamos tristes, que estamos assustados quando nos sentimos assustados. De maneiras muito diretas e diárias, essa energia da realidade — esse mana — muda as situações porque a expressão imediata da nossa verdade libera luz e calor que influenciam a vida da qual fazemos parte. É assim que nosso espírito brilha.

- *Centre-se e, mais uma vez, deixe fluir o jorro de seus sentimentos.*
- *Depois de algum tempo, dê voz direta aos sentimentos específicos conforme eles vierem à tona. Tenha cuidado desta vez para expressar seus sentimentos como seus: "Eu me sinto triste", "Eu estou sentindo frio", "Eu me sinto leve", "Eu me sinto cansado".*
- *Durante o dia, tente estar plenamente atento às mudanças de pulsação do que parece real.*
- *Tente continuar voltando-se para isso.*

“Assim como os peixes não conseguem ver o oceano em que vivem, não conseguimos ver o espírito que nos dá alento.”

abril

1º de abril
Obra da larva

O que a larva come
alimenta a raiz.

Um membro da tribo ojíbua conta a seguinte história: o Criador estava tendo problemas para manter o mundo unido, quando uma pequena larva disse que poderia ajudar. O Criador se deteve em silêncio, e a larvinha fiou sua seda imperceptível, conectando toda a criação com uma teia invisível. O presente do Criador para a larva foi deixá-la viver para sempre, permitindo que, uma vez encerrada na teia invisível, a larvinha emergiria depois de algum tempo com asas finíssimas e cheias de cor — na forma de uma borboleta.

Essa história nos diz que tudo na Criação está interligado, e que o que mantém as coisas unidas deriva do humilde trabalho de viver na Terra. Ela nos diz que a experiência da eternidade é possível se mergulharmos diretamente na teia invisível da vida. Ela nos diz que, se nos aquietarmos por tempo suficiente dentro da teia de tudo o que existe, mais cedo ou mais tarde conheceremos a leveza da transformação.

Humildemente, como uma pequena larva, está em nós transformar o trabalho da nossa experiência — nossa dor, frustração, confusão e admiração — em fios de seda. E, livremente, está em nosso reino de escolhas primeiro interligar tudo com nossa experiência e, em seguida, fazer um casulo dessas interligações. Enfim, podemos entrar naquele casulo de conexão experiencial — da mesma forma que um nativo norte-americano transpira em sua cabana, da mesma forma que um iogue abre seu terceiro olho, da mesma forma que um monge cumpre seu voto de silêncio — até emergirmos exibindo nossas cores mais intensas para todos verem.

Espantosamente, o que mantém o Universo coeso são os fios invisíveis de nossa própria experiência, e a recompensa por mantermos viva a rede de conexões é que nosso espírito emerge através do que é pessoal para o centro de Todo o Ser. E, assim, por sermos quem somos, de súbito entramos, avivados, ainda que brevemente, na trama de Toda a Criação.

Não importa quanto imaginamos que os outros são importantes; cada um de nós carrega a responsabilidade de manter todas as coisas unidas, em nossa pequena e humilde maneira de trabalhar ao longo dos dias com tudo o que temos. Esse é o milagre silencioso de tecer as ligações a partir de nossa própria humanidade. Essa prática humilde, que ninguém pode impedir, é obra da larva.

- *Quando a oportunidade se apresentar, observe um ente querido respirar durante o sono.*
- *Olhe para ele ou ela como se fosse uma flor, com gratidão e admiração por ele ou ela existir.*
- *Observe em silêncio e, se puder, respire no ritmo da respiração inconsciente dele ou dela.*
- *Sinta o ar se mover entre vocês dois enquanto ambos respiram, e entenda esse momento humano como uma seda comum que a tudo conecta.*

2 de abril
Compartilhamos o mesmo rio

Agora o rio está em mim.

Eu estava viajando pela África do Sul, e certa manhã me senti muito fragilizado e sensível; minha amiga Kim se aproximou enquanto eu chorava e perguntou se eu estava bem. Eu disse a ela que eram apenas as águas da vida transbordando das minhas margens. Horas depois, eu a encontrei à beira das lágrimas e fui conversar com ela. Kim me disse: "Agora o rio está em mim".

Nós nos entreolhamos e compreendemos que todos compartilhamos o mesmo rio. Ele flui abaixo de nós e através de nós, de um coração seco para o outro. Nós compartilhamos o mesmo rio. Ele faz da Terra uma coisa viva.

A vida como um todo tem o poder de nos abrandar e nos abrir contra nossa vontade, irrigar nosso espírito, e, nesses momentos, descobrimos que as lágrimas, a água de dentro, são um sangue comum, misterioso e cristalino. Podemos falar línguas distintas e viver vidas muito diferentes, mas quando essa água profunda sobe à superfície, ela nos puxa uns para os outros.

Compartilhamos o mesmo rio, e onde ele penetra, perdemos nossa teimosia tal qual punhos que se abrem quando mantidos sob a torrente do amor.

- *Se puder, sente-se e observe um riacho ou córrego enquanto medita sobre a vida de sentimento que nos une a todos.*
- *Se não tiver fácil acesso a um riacho ou córrego, medite mesmo assim enquanto observa a água da chuva escorrer rua abaixo.*
- *Observe como o mesmo rio toca tudo e segue em frente.*
- *Conforme você respira, sinta a vida de tudo avolumar-se através de você.*

3 de abril
Falar rápido

Se você vive em alto e bom som em seu coração,
não há necessidade de falar.

Houve um período da minha vida, durante meus anos de faculdade, em que eu era tão tagarela que a minha torrente de palavras mantinha os outros a uma distância segura. Claro que, com o tempo, essa cachoeira verbal afastou as pessoas. Mas o que acabei percebendo apenas muito mais tarde foi que eu continuava falando mais rápido e mais alto para o mundo ao meu redor porque não conseguia ouvir o mundo dentro de mim. Claro, quanto mais barulho eu fazia, menos chance eu tinha de deixar o real entrar em mim ou surgir de mim. Tornou-se um ciclo condenatório.

Com muita frequência, confundimos a necessidade de ouvir com a necessidade de ser ouvido. Todo o meu palavrório era uma forma de tentar fazer contato e me comunicar com os outros com meu coração. No fim das contas, tudo se baseava no medo de que, se eu não escancarasse meu coração — por meio de palavras, gestos e perguntas sem fim —, eu ficaria sozinho. Levei muitos anos para aprender que, se eu conseguir me manter aberto, o mundo virá até mim feito uma inundação.

Tentar comunicar-se com as pessoas e se expressar continuam sendo coisas importantes, mas por baixo disso está a necessidade de ser poroso e real. Através do coração aberto, o mundo entra correndo, do mesmo jeito que os oceanos preenchem até o mais diminuto buraco ao longo da costa. É o tipo mais silencioso de milagre:

simplesmente sendo quem somos, o mundo virá nos completar, nos limpar, nos batizar. De novo e de novo.

- *Centre-se, respirando em ritmo constante.*
- *Visualize uma coisa que você esteja buscando. Ao expirar o ar, tente alcançá-la sem se mover, e permita que isso abra seu corpo.*
- *Visualize uma coisa que você precise expressar.*
- *Ao inspirar o ar, sinta sem falar e permita que isso abra seu coração.*

4 de abril

Reparar o dano

Há mágoa e há amor.
Ambos nos empurram ao longo dos dias
feito uma tartaruga descendo uma colina.
Quando estamos caídos de costas, resta-nos apenas
rolar mais uma vez
e rumar para o mar.

Pedras que a tempestade desprende do solo cobrem os caminhos, árvores arrancadas pela raiz quebram ninhos recém-formados, e crise após crise nos joga uns contra os outros. É inevitável. Mantenha-se vivo e você será ferido, e também machucará os outros.

Fazer mal a alguém sem ter a intenção é algo tão comum quanto galhos partidos pela força da ventania. Mas é machucar alguém e não reconhecer que se torna uma ferida. Assim como nosso único recurso ao cair é nos levantarmos, nosso único recurso de redenção quando prejudicamos os outros é admitir o que fizemos e limpar a bagunça, consertar o estrago. Isso é conhecido como "reparar o dano", um ato de integridade simples, mas imenso, que restaura a confiança, e a confiança, afinal, é o solo que abriga as raízes da humanidade. Sem ela, a vida na Terra começa a se autodestruir.

O que nos faz machucar uns aos outros? É difícil dizer. Mas parece que, sendo humanos, estamos sujeitos à ação de muitos opostos ancestrais e poderosos.

Entre os que nos impactam constantemente estão a luz e a escuridão, o sim e o não, e, sobretudo, o medo e a paz. Pois é por medo que sentimos a necessidade de nos isolar ou controlar os outros, e muitas vezes é no ato de nos elevarmos que machucamos os outros, para não mencionar a nós mesmos. Quando não estamos com medo, quando estamos em um momento de paz, sentimos uma necessidade bem diferente. Sentimos uma repentina exigência de nos conectar e de pertencer a outros seres vivos, e então, é no ato do verdadeiro abraço que amamos uns aos outros.

No entanto, assim como ninguém na vida cotidiana está isento de dormir e acordar, ninguém consegue escapar de sentir medo e paz; portanto, ninguém consegue escapar de ser ao mesmo tempo nocivo e amoroso. Mas o que mantém a coesão do mundo são aqueles capazes de superar seu medo, ainda que brevemente. O sangue da própria vida se mantém vital graças àqueles capazes de simples e bravamente reparar suas separações, de novo e de novo.

Mesmo que nossa consciência de que fomos perniciosos venha anos depois de termos causado o mal a alguém, a menor palavra ou gesto de redenção — assumir o que fizemos — pode reabrir o coração.

- *Sente-se em silêncio e, calmamente, traga à mente e ao coração uma atitude de isolamento ou controle que você invocou e que magoou outra pessoa.*
- *Respire fundo e tente ver o medo que motivou sua necessidade de isolar ou de controlar.*
- *Respire lentamente e, em seu coração, repare o dano; isto é, admita o medo que motivou você, a atitude de isolamento ou controle que se originou disso e o mal daí resultante.*
- *Somente para si mesmo, expresse seu pedido de desculpas em uma carta ou cartão endereçado à pessoa que você magoou.*
- *Comece o seu dia e deixe seu coração lhe dizer se você deve enviar o pedido de desculpas ou não.*

5 de abril
A coragem da semente

Todas as sementes enterradas
se rompem no escuro
no instante em que se rendem
a um processo que não conseguem ver.

Que lição poderosa é o início da primavera. Ao nosso redor, todas as coisas pequenas e enterradas se rendem a um processo que nenhuma das partes que estão sob a terra consegue ver. E essa rendição inata permite que tudo o que há de comestível e perfumado rompa o solo e abra caminho para uma vida de luz a que chamamos de primavera.

Na natureza, recebemos silenciosamente inúmeros exemplos de como nos entregar ao que parece escuro e desesperançado, mas que, no fim das contas, é um despertar que está além de toda imaginação. Esse movimento através da escuridão rumo à flor é o limiar para Deus.

Assim como uma semente enterrada na terra não pode se imaginar uma orquídea ou um jacinto, um coração que é um pote de mágoa tampouco pode se imaginar amado ou em paz. A coragem da semente é que, uma vez rompida, ela se rompe por completo.

- *Esta é uma meditação caminhando. Encontre e observe alguns brotos que acabaram de romper o solo.*
- *Medite sobre esses começos invisíveis no subsolo.*
- *Respire lentamente e deixe sua respiração puxar o que estiver brotando em você para a superfície de sua vida.*

6 de abril

Perguntas feitas aos doentes I

Quando foi a última vez que você cantou?

— Pergunta feita aos doentes por
um curandeiro nativo norte-americano

Eu estava deitado na maca em um grande quarto de hospital após uma das minhas cirurgias. Eu tinha acabado de ser levado para a enfermaria e me juntei a outros quatro pacientes, todos se recuperando no único quarto aberto. Enquanto nos entreolhávamos, fez-se um silêncio profundo; ouvia-se apenas a leve respiração das máquinas, o gotejamento de fluidos claros nos frascos de solução intravenosa e o zumbido de velhos aquecedores. De repente, um homem mais velho começou a rir; sem dizermos uma palavra, nossos olhares dardejaram de um lado para o outro, e, um por um, nós nos juntamos ao que se tornou uma cascata de risadas tossidas entremeadas de gemidos curtos; pois, a cada gargalhada, nossas incisões e feridas nos cutucavam com bruscas pontadas. No entanto, nós ríamos e sofríamos de dor e ríamos e sofríamos de dor, como um bando de pássaros de asas quebradas sonhando com o próximo voo.

Aquela gargalhada coletiva foi uma espécie de canção crua e primitiva, uma forma elementar de dar voz ao nosso sofrimento. Foi extraordinariamente curativa. Com aquele inesperado coral, aprendi uma grande verdade: mesmo quando nos sentimos impotentes, podemos sempre dar voz à nossa dor e esperança, ao fato tênue e contínuo de estarmos vivos.

Muitas vezes, subestimamos o poder de soltar a voz, mas esse poder é real, ele sustenta e ampara. É a base de todas as canções. É por isso que os prisioneiros começam a cantar. É por isso que se canta o blues, mesmo quando ninguém está ouvindo. Esse poder está no coração de todos os hinos e mantras.

E opera sua cura, não tanto por ser ouvido, mas pelo fato de que, ao darmos voz ao que vive dentro de nós, mesmo que seja por meio do mais suave sussurro, permitimos que o mundo do espírito suavize nossa dor. Dessa forma, o mais insignificante dos gemidos é em si uma canção de ninar. Ao darmos voz ao que sentimos, o grito mais sombrio proferido com honestidade pode chegar como a mais sagrada das canções.

- *Sente-se em silêncio e, calmamente, respire devagar até sentir um bloqueio na respiração.*
- *Concentre-se no bloqueio, pois algo está pressionando seu coração.*
- *Coloque a mão no peito, sobre o coração, e inspire o ar profundamente.*
- *Ao soltar o ar, dê voz ao que está pressionando, mesmo que você não saiba o que é.*
- *Mesmo que tudo o que você expresse seja o mais leve suspiro, é o começo de uma canção.*

7 de abril

Ser moldado pelos outros

O mundo inteiro poderia cobrir Sung Jung-Tzu de elogios,
e isso não o faria se esforçar.
O mundo inteiro poderia condená-lo, e isso não o deixaria deprimido.
Ele traçou uma linha clara entre o interno e o externo.

— Chuang Tzu

Essas palavras foram ditas por Chuang Tzu no século 6 AEC. Eu as li há quinze anos e as afixei no meu armário, para que eu pudesse me lembrar de não deixar a opinião dos outros me moldar.

Desde então, mudei muito: o que eu faço, o lugar onde eu vivo, quem eu sou. Muitas coisas vieram e se foram. Hoje o armário no qual as palavras de Chuang Tzu foram afixadas guarda as roupas de outra pessoa. Mas as palavras estão no meu coração, embora eu ainda peleje para não ser moldado por aquilo que os outros pensam.

Essa é a mais cristalina das intenções espirituais e, ainda assim, permanecer fiel a ela é das empreitadas mais difíceis: como permanecer aberto ao que os outros sentem, e não ao que eles pensam? Não podemos viver sem ser afetados pelos outros, mas somos reais somente quando deixamos a verdade e o amor nos moldarem de dentro para fora. Nosso desejo de sermos amados, nosso desejo de evitar conflitos, nosso desejo de sermos compreendidos — todas essas características nos impedem de levar a voz interior a sério.

Embora a Terra seja tocada por tudo o que é vivo, ela nunca para de girar em torno do fogo em seu centro, e embora sejamos tocados pelas histórias de pessoas desconhecidas e pelas canções distantes de pássaros perdidas no vento, encontramos nosso caminho seguindo a voz do espírito em nosso centro. Perdemos muito na espera de que outra pessoa nos diga que aquilo que nos move é real.

- *Enquanto respira, sinta a Terra sob seus pés segurando você enquanto ela gira lentamente em torno de seu próprio centro.*
- *Respire fundo e sinta como você é igual à Terra.*
- *Inspire o ar de maneira limpa e tranquila e sinta as muitas coisas que você segura.*
- *Expire o ar de maneira limpa e tranquila e continue girando em torno do seu próprio centro.*

8 de abril

Centro do olho

Ao manter vazio o centro do eu,
o milagre da vida pode entrar e curar.

Não é por acaso que o centro escuro do olho humano, a pupila, é na verdade um buraco vazio através do qual o mundo se torna conhecido para nós. Da mesma forma, em um sentido espiritual, o *eu* é o centro vazio através do qual vemos tudo. É revelador que tal limiar seja chamado de "pupila", pois é somente quando somos esvaziados de todo ruído e sonhos do ego que nos tornamos verdadeiramente ensináveis, como "pupilos" ou alunos.

Como o centro do olho, tanto a tradição budista quanto a zen falam de um vazio inquebrável no coração de toda visão, um vazio a partir do qual todas as coisas vivas emergem. Os *Upanishads* hindus nos dizem que no centro da semente da grande árvore nyagrodha não há nada, e é desse nada que a grande árvore cresce. Somos então lembrados de que em nosso tempo na Terra crescemos como essa árvore — a partir desse nada. Assim como a essência da árvore é o centro vazio de sua semente, também a essência da nossa vida é a presença intangível no centro da nossa alma.

Portanto, nosso principal trabalho como seres humanos está no esforço sincero de permitir que essa presença central nos dê forma e consistência. Assim, todas as formas de oração e meditação visam manter o centro do eu vazio, para que o milagre da vida, em sua graça e imensidão, possa entrar e nos curar.

- *Feche os olhos e apague os muitos pensamentos e imagens que surgirem, um após o outro, como se sua mente fosse um quadro-negro e sua respiração fosse uma esponja limpando cada coisa que aparecer.*
- *Faça isso até sentir uma desaceleração nas mensagens. Em seguida, abra os olhos como se estivesse acordando pela primeira vez.*
- *Continue respirando lentamente e absorva a primeira coisa que você vir. Sinta o que está diante de você. Veja e sinta a madeira que compõe a cadeira ao seu lado e resista ao impulso de antecipar a presença dela declarando ser uma cadeira.*

9 de abril

Viver e assistir

De quantas maneiras uma estátua pode sonhar em viver?
Toda vez que estendo a mão para tocar você, nós começamos.
Nós começamos.

A linha entre viver e assistir é muito tênue. Um momento de descanso ou pausa para reflexão pode se transformar em uma espessa camada de hesitação, e, quando nos damos conta, entrar em contato com alguém ou pegar o telefone ou aparecer na casa de uma pessoa sem avisar de antemão é difícil, como se de repente houvesse uma parede enorme que devemos escalar apenas para sermos ouvidos.

É assim que nos isolamos, cavando momentos de solidão saudável em buracos no quintal e, óbvio, a terra que revolvemos e empilhamos torna-se uma pequena montanha que nos separa de todos a quem amamos. Cada um de nós sabe que não telefonar para aquele amigo com a desculpa de estar ocupado, caso se permita que a situação chegue a esse ponto, transforma-se em uma vastidão que parece impossível de transpor. A verdade é que o telefone está a centímetros de nossas mãos, como sempre esteve. O desafio é nos lembrarmos disso quando tudo parece tão distante.

Sentir-se isolado faz parte da jornada humana. Mas quando obedecemos com mais veemência aos sentimentos de hesitação e separação do que aos de amor, sentimos torpor e depressão. É quando começamos a viver como estátuas, acreditando que a única coisa que podemos fazer é assistir.

Por mais difícil que pareça, é justamente em momentos como esse que precisamos voltar a viver, estendendo a mão para alcançar qualquer coisa, não importa que seja pequena ou esteja próxima. Se for outono, esfregue uma folha no rosto. Se for inverno, quebre um pedaço de gelo. Se for primavera, toque uma pequena flor.

- *Cerque-se de pequenas coisas preciosas: uma pedra, uma pena, uma concha.*
- *Centre-se e medite sobre o espaço que existe entre você e esses objetos pequenos e preciosos.*
- *Ao inspirar o ar, pratique ser uma estátua que ganha vida a cada respiração.*
- *Ao expirar o ar, estenda a mão para tocar as coisas pequenas e preciosas diante de você.*

10 de abril
À vontade na nossa própria pele

A vida espiritual tem a ver com ficar mais à vontade na sua própria pele.

— Parker J. Palmer

Qualquer coisa que elimine o que cresce entre o nosso coração e o dia é espiritual. Pode ser o contemplar de um ente querido mexendo seu café enquanto a luz da manhã surpreende seus olhos ainda meio grogues. Pode ser a súbita compreensão, ao observar um tordo construindo seu ninho, de que você é apenas um ser temporário neste mundo. Pode ser um tombo no gelo que faz você se lembrar da humildade de suas limitações.

Como sugere Parker Palmer, o objetivo de todos os caminhos espirituais, não importa sua origem ou os rigores de sua prática, é nos ajudar a viver mais plenamente na vida que nos é dada. Dessa forma, é tudo o que vem de um momento de graça que nos une à nossa vida e uns aos outros — isso é espiritual. Por exemplo, outro dia eu estava tomando café em uma cafeteria e, de repente, em meio à confusão de sons ao meu redor, ergueu-se uma palavra de verdade na voz alta de uma desconhecida cujo rosto eu nem sequer conseguia ver.

Não sei o contexto ou a história da mulher ou para quem ela estava se abrindo. Eu nem sequer me virei para ver seu rosto, porque naquele momento havia uma beleza perfeita em permanecermos anônimos. Apenas senti, de um jeito simples e profundo, que, sem que ela nunca tenha sabido, seu momento de verdade contundente e inesperada me deixou mais à vontade na minha própria pele.

A vida do espírito está em todo lugar: na poeira que espera pela luz, na música que espera para ser ouvida, nas sensações do dia à espera para serem sentidas. Ser espiritual é muito mais útil e urgente do que os livros sobre livros nos querem fazer pensar.

- *Centre-se e, enquanto você respira, perceba que seu espírito preenche sua vida da mesma forma que seus ossos e sangue preenchem sua mão.*
- *Enquanto você respira, perceba que sua vida se encaixa no mundo da mesma forma que sua mão quente e viva se encaixa em uma luva.*
- *Enquanto você respira, sinta seu espírito preencher sua pele e sinta sua pele se encaixar no mundo.*

11 de abril

Transformar luz em alimento

Ainda podemos alimentar a coisa sombria em nós
que cresce para longe da luz até que,
contra todo o sentido,
misteriosamente florescemos
na outra direção.

Em silêncio, a cada primavera, as coisas no mundo vegetal começam a crescer lentamente em direção à luz, enquanto suas raízes vão abrindo caminho embaixo da terra. No entanto, assim que irrompem na superfície, acontece o mais incrível fenômeno, repetidas vezes, sem um único som: a coisa exposta que cresce em direção à luz permanece viva, transformando luz em alimento. Todos nós aprendemos sobre isso. Chama-se "fotossíntese", o processo pelo qual as folhas transformam a luz do sol em açúcar, que alimenta suas raízes; uma vez nutridas, as raízes fazem os caules e as folhas crescerem ainda mais.

Na primavera, a mais ínfima vida vegetal nos revela tanto a dificuldade de ser um espírito em forma humana quanto a silenciosa coragem necessária para crescer interiormente. Pois esta é a nossa vocação mais profunda: saber como transformar luz em alimento.

Quantas vezes nos dizem: "Você não pode viver de ar". Porém, se ousarmos abrir caminho ao ar livre, somos atraídos para o ar e para a luz, e o resto acontece de alguma forma. Pois, assim como os brotos que ainda não começaram a germinar, não temos como evitar. Algo em nossa fibra sabe onde está a luz, mesmo quando não podemos vê-la.

Minha experiência mais profunda disso foi em um momento de absoluto desespero após ter sido diagnosticado com um tumor que pressionava meu cérebro. Inexplicavelmente, apesar do medo, do terror e da tristeza, apesar de médicos e técnicos me dizendo o pior do que imaginavam para mim — embora, na verdade, não soubessem o que de fato ia acontecer —, de alguma forma, embora eu estivesse cavando mais fundo na escuridão feito uma raiz teimosa, alguma veia essencial do meu ser estava, ainda assim, crescendo em direção à luz.

E estou aqui para lhe dizer: você *pode* viver de ar. A luz é nosso lar.

- *No início da primavera, escolha um galho ou caule e observe-o crescer. Acompanhe seu progresso a cada dois dias.*
- *Ao notar as mudanças nesse galho ou caule, tome consciência de sua complexa relação com a luz acima e com a escuridão abaixo.*
- *Ao observar esse pedaço de vida crescer, imagine-o como um espelho de algo em você prestes a começar a brotar.*
- *O que esse pequeno pedaço de vegetação está lhe ensinando sobre você?*

12 de abril

A necessidade de falar

É somente falando que eu consigo sair da prisão que eu mesma criei.

— June Singer

Muitas vezes supomos que deixamos de existir, imaginando que, se falarmos o que sentimos, seremos rejeitados ou ignorados.

Em certa ocasião, vi um homem ligar para um amigo, animado para compartilhar uma ideia profunda que o havia dominado. Porém, enquanto o telefone tocava, eu o vi imaginar uma recepção fria, eu o vi sentir de antemão a dor de não ser ouvido e, rapidamente, com um suspiro de desânimo, ele desligou antes do quarto toque.

Ainda assim, a expressão — não importa se incompreendida, bem recebida ou rejeitada — é importante. Pois o custo de não fazer a ligação é a morte de um pedaço de nós. Tenha em mente a maneira como os peixes nadam e os pássaros voam. Eles fazem isso porque está em sua natureza. Pois é a natação e o voo que os tornam peixes e pássaros.

Da mesma forma, é o falar do coração que torna humano um ser humano. Pois mesmo que ninguém nos ouça, é o ato de falar que nos liberta, deixando nosso espírito nadar e voar pelo mundo.

- *Sente-se em silêncio e, calmamente, permita-se ficar tão parado quanto a água do lago quando não há vento.*
- *Respire lentamente e olhe para dentro de si mesmo. Olhe para as profundezas de si.*
- *Inspire o ar profundamente e sinta o que quer que surja das suas profundezas.*
- *Expire o ar de maneira limpa e tranquila e, embora esteja sozinho, fale o que está sentindo, em voz alta, para si mesmo.*

13 de abril

Uma reverência profunda

Todos os riachos correm para o mar
porque o mar é mais baixo do que eles.
A humildade lhe dá seu poder.

— Laozi

Na ioga existe uma mudra, uma postura de exercício que deve ser feita de joelhos, na qual, ao trazer a cabeça até o peito enquanto estende os braços para cima e para trás, você pode praticar colocar a cabeça abaixo de seu coração. E, nessa posição de humildade, é impossível não se cansar; portanto, você deve abaixar os braços. Com sua cabeça sob seu coração, você deve parar de fazer.

Logo depois de aprender esse exercício, eu me deparei com uma mulher que tinha sido freira, e ela me disse que por dias e dias a fio praticava posturas semelhantes às adotadas durante a entoação de cantos gregorianos: inclinação, reverência e reverência profunda — cada uma levando a cabeça cada vez mais para baixo em direção ao solo.

Isso contém uma lição poderosa: repetidamente a cabeça deve ser trazida para baixo do coração, caso contrário o ego infla. Se você não se curvar, a vida o fará envergar-se. Sendo assim, humildade é aceitar que sua cabeça pertence ao seu coração, seu pensamento está subordinado ao seu sentimento, sua vontade está subordinada à ordem superior. Essa aceitação é a chave para receber a graça.

Abaixe a cabeça, e o mundo de ser abrirá suas alegrias.

- *Sente-se em silêncio e, calmamente, ajoelhe-se; enquanto você respira, incline-se para a frente.*
- *Depois de algum tempo, inspire fundo; enquanto expira o ar em ritmo contínuo, vá abaixando a cabeça até a altura do seu coração e, simultaneamente, estenda os braços atrás do corpo.*
- *Depois de algum tempo, abaixe ainda mais a cabeça, se puder, até tocar o chão, e agradeça pela lição de humildade.*

14 de abril
Autoconfiança

Talvez não tenha nada a ver comigo, mas se um amigo ou um ente querido está triste ou zangado, posso me perguntar secretamente: O que foi que eu fiz? O que posso fazer? Por que não agi melhor desde o começo?

Muitas vezes, eu me sinto surpreso e humilde ao constatar a rapidez com que, na minha insegurança, consigo começar a assumir a responsabilidade por todos os erros, injustiças e sofrimentos que vejo ao meu redor. Quando saio do meu centro, quando velhos padrões retornam, quando me sinto exausto ou deprimido, rapidamente eu me considero, de forma exagerada, a causa de tudo o que não está certo no mundo.

Sei que não estou sozinho nisso. Talvez seja uma das leis do clima emocional: baixas repentinas resultam em tempestades isoladas. Essa situação aconteceu comigo vezes suficientes ao longo dos anos para que eu tenha de reconhecer o poder do egocentrismo negativo. Geralmente pensamos no indivíduo autocentrado como alguém presunçoso, autoinflado e bastante egoísta. Mas essa luta recorrente com a autorresponsabilização exagerada me fez perceber que, com mais frequência, somos egocêntricos quando nos sentimos esvaziados, quando nos sentimos abalados em nosso senso de unidade com as coisas. Nesse lugar de separação, tornamo-nos sombriamente egocêntricos, culpando a nós mesmos por não consertarmos as coisas ou por não fazermos as coisas direito ou por deixarmos que coisas ruins aconteçam. Por trás dessas autorrecriminações está a grandiosa suposição de que, para começo de conversa, temos o poder de controlar eventos que, na verdade, estão além da influência de qualquer ser humano.

Certamente e com frequência afetamos uns aos outros, mas presumir que o estado de espírito interior de outras pessoas depende da minha presença é uma maneira egocêntrica de me manter em um ciclo de sacrifício e culpa. Ademais, supor que a condição de outra pessoa ou sua maneira de estar no mundo depende da minha presença é o início da auto-opressão e da codependência. Em momentos extremos de egocentrismo negativo, podemos até assumir proporções mágicas de fardo, nas quais nos sentimos agudamente responsáveis pela doença ou o infortúnio de um ente querido por não termos sido bons o suficiente, ou porque não estivemos presentes o suficiente, ou porque não fomos perfeitos o bastante.

É útil analisar aqui a definição de *autoconfiança* do psicólogo Michael Mahoney. Ele atribui a confiança ao latim *confidere*, "fidelidade", "acreditar no outro", e entende a autoconfiança como uma fidelidade ao eu, acreditar em si. Na verdade, é apenas uma devoção a esse fundo sagrado, coberto por nosso estado de espírito de insegurança, que nos traz de volta em consonância com o centro do coração que compartilha o mesmo núcleo vivo com todos os seres. Isso é o que a tradição hindu chama de *atman*, o eu imortal compartilhado.

Então, agora, quando descambo para momentos de baixa autoestima e tenho certeza de que sou a causa de todo esse mau tempo, tento sentir o ritmo da Terra girando sob meus pés, o ritmo das nuvens passando sobre minha cabeça e o ritmo do meu coração se abrindo após uma vida inteira de dor. Quando tudo isso se alinha, minha propensão usual enfraquece e eu desperto para um poder maior do que qualquer coração, mais intenso do que o clima de qualquer dia ou o estado de espírito de qualquer vida.

- *Sente-se em silêncio e, calmamente, centre-se. Agora, relembre a última vez que você sentiu o estado de espírito de um ente querido desabar em sua presença. Tente não se desviar do desconforto que sentiu.*
- *Tente deixar de lado todo o seu autoquestionamento. Tente respirar até voltar à calma que você sentiu antes de evocar isso.*
- *Respire fundo e evoque a profundidade do coração que você vê nessa pessoa e que faz você amá-la. Tente sentir o amor que vive sob todos os estados de espírito.*

15 de abril

O próximo passo para a saúde

Quanto mais profundo o grito,
mais clara a escolha.

Tenho um amigo que começou a questionar a quem ele deveria amar. Isso abriu um campo de complexidades, e a vida rapidamente se tornou uma infinita reflexão sobre possibilidades e lealdades.

No entanto, por debaixo dos inúmeros inventários, sua alma estava chamando de seu interior, e, através de sua dor, meu amigo continuou ouvindo esse grito distante vir à tona nos momentos mais estranhos. Não demorou muito para ele perceber que esse grito era, de fato, muito mais profundo do que "Quem?". Sua própria alma estava implorando para sentir. Isso parecia mais sério, mais urgente, mais cheio de terror do que uma escolha entre uma mulher ou outra.

Quando começou a lutar para encarar a si mesmo, meu amigo passou a perceber que todas as decisões a serem tomadas sobre quem, onde e quando eram realmente distrações sinceras vindas de um grito mais profundo. Por debaixo de todas as ambiguidades e avaliações dolorosas, sua própria alma estava se afogando, afundando fora do alcance da sensação da vida. Ao ouvir o grito mais profundo dentro de si, sua escolha tornou-se extremamente básica e muito direta: "Como posso recuperar meu senso de admiração por estar vivo? O que devo fazer para evitar que meu coração se afunde na amargura?".

Repetidas vezes, a coragem silenciosa dos outros nos mostra que, se pudermos deixar o grito mais profundo passar, o próximo passo para a saúde ficará evidente.

- *Centre-se e pense em uma decisão complexa que precisa ser tomada.*
- *Respire lentamente e tente relaxar seu espírito sob essa decisão.*
- *Respire de maneira limpa e tranquila e tente deixar o grito mais profundo passar.*
- *Sinta sua posição básica de vida bem lá dentro de si e consinta — isto é, aceite e deixe entrar — o que você precisa para estar bem.*

16 de abril

Uma gota de verdade de cada vez

É a plenitude de nossa atenção
a tudo o que está próximo
que faz os pássaros voarem da boca de Deus.

Os meses relaxam, e o gelo que envolve um galho envergado derrete, a neve cai, e o galho, num salto elástico, volta à posição normal após seu sono de morte. A árvore que chega à primavera nos ensina como nos render à renovação. Pois é assim o degelo de um coração partido. Em outra parte do mundo, peixinhos brilhantes abocanham seixos ao longo da areia do oceano, sugando pedaços de comida e cuspindo de volta o resto. É dessa forma que essas pequenas criaturas sem membros vasculham as profundezas e nos ensinam como sofrer e seguir em frente, como peneirar o que é nutritivo e como devolver o resto. E, no alto das montanhas, longe dos olhos dos outros, uma pequena caverna com seu singular gotejamento coleta água limpa e cristalina que é o batimento cardíaco da montanha. Então o próprio centro da Terra nos mostra como ser: uma gota de clareza de cada vez, coletando no centro úmido o que mantém a alma viva.

São apenas alguns exemplos de uma relação essencial que existe entre todas as coisas. Na prática, se olharmos atentamente com todo o nosso ser para qualquer coisa — plantas, árvores, o coração humano, o vazio, peixes, até mesmo as engrenagens gastas de um relógio —, o mesmo núcleo de instrução profunda surgirá diante de nós em uma linguagem que espera por trás das palavras. Ao que parece, o mundo, tanto o natural quanto o construído, é uma infinita rede de lições incomuns, cada uma feita do mesmo fascinante fio que está sempre escondido a céu aberto, simplesmente esperando que nossa atenção completa se revele. Ao puxar esses fios, descobri, repetidas vezes, o modo profundo e trivial das coisas que está embutido em tudo.

Então, quando parecer que a confusão ou a dor querem tolher o que é possível, quando a tristeza ou a frustração encolherem sua sensação de bem-estar, quando a preocupação ou o medo arrancarem de você a paz, tente voltar sua atenção à coisa mais próxima. Tente observar como a poeira se levanta e se assenta quando você a sopra. Note como as pegadas do golden retriever do seu vizinho, se observadas por tempo suficiente, transformam-se em símbolos inesperados. Perceba como a concha que você trouxe do mar três anos atrás se revela, enfim, como um rosto que lhe diz como continuar. Dê toda a sua atenção ao pedaço de vida mais próximo — a forma como uma maçã pode ser descascada e, então, transformada em suco —, e depois de algum tempo cada coisa a que você prestar atenção revelará mais um diferente caminho de volta ao centro.

- *Esta é uma meditação caminhando. Centre-se e respire fundo enquanto, aos poucos, você entra no mundo próximo.*
- *Uma vez centrado, olhe ao redor e concentre-se em uma coisa que parece ter o ritmo do que você está sentindo. Pode ser o leve balanço de um arbusto ou os solavancos de um copo de plástico que o sopro do vento empurra rua abaixo.*

- *Respire lentamente e dê toda a sua atenção ao pequeno ritmo externo que está combinando com seu estado de espírito.*
- *Respire e observe até que o ritmo que você está vendo e o ritmo que você está sentindo revelem sua verdade comum.*

17 de abril

Um momento de sabedoria e confiança

Se você não pode atravessar vivo,
como poderá atravessar quando estiver morto?

— Kabir

A necessidade de entrar no que tememos e, ao fazer isso, dispersar o domínio do medo sobre nós, é trazida à vida de maneira intensa por um trecho do filme *Indiana Jones e a última cruzada*. Depois de procurar pelo Santo Graal em todos os lugares dentro dos limites da razão e da memória, Jones vai parar em um enorme precipício, diante de si um abismo profundo, o Graal esperando do outro lado. Seu pai, ferido e dependendo do cálice sagrado para se curar, dita, aos gritos, possíveis interpretações das pistas que o filho recebeu para alcançar o Graal.

Depois do que parece ser uma vida inteira de debate interior e medo crescente, Jones ousa, contrariando tudo o que sabe, pisar no vazio acima do abismo e, ao dar esse salto no escuro, uma enorme base de pedra aparece sob seus pés, uma ponte que estava lá o tempo todo.

É um momento de risco e confiança, um momento de sabedoria que se repete em nossa vida de maneiras pequenas e grandes. Com frequência, o cálice do qual precisamos beber, o ancestral cálice de cura eterna da inteireza, espera além de algum abismo profundo que tememos atravessar.

Muitas vezes somos levados ao limite — a ponto de quase perder a cabeça — pelos gritos e pistas dos mais velhos e de entes queridos, apenas para descobrir que nada faz sentido, que parece não haver para onde ir. E nesse momento o átomo do risco começa a se renovar naqueles que são levados ao extremo.

Então, quando todas as formas conhecidas de ver já falharam, às vezes ousamos adentrar o vazio. Seja esse vazio um abismo de propósitos ou autoestima, seja uma ravina no relacionamento ou um cânion de vício, esse passo de sabedoria louca — que começa com risco e termina em confiança — revela um alicerce que estava lá o tempo todo, mas que só se torna visível por nosso risco de pensar e ver de diferentes maneiras e pela nossa confiança em entrar naquilo que tememos.

- *Respire fundo e saiba que até o menor momento de risco e confiança é difícil.*
- *Centre-se e medite sobre um abismo que você mesmo criou. Pode ser uma trincheira de teimosia ou orgulho que ninguém é capaz de atravessar, ou o eco da sua própria dor que isola você, ou a vastidão que se constrói quando você tem medo de contar a alguém a verdade do seu coração, ou a ausência de convicção de que você merece o que o espera do outro lado.*
- *Incline-se suavemente para dentro de seu abismo até que o medo diminua.*
- *Incline-se abismo adentro e ofereça, por meio de sua respiração, uma compaixão silenciosa por si mesmo e por todos os outros em nossa luta demasiado humana para dar o passo com risco e terminar com confiança.*

18 de abril
O propósito da atenção plena

Este é o propósito contínuo da atenção plena:
encontrar mil maneiras de penetrar a inteireza.

Recebi uma aprendizagem muito profunda e útil enquanto lutava contra a dor de ter uma costela retirada. Por semanas a fio, senti um espartilho de dor cingindo cada respiração. No entanto, observando repetidamente a água invernal de um riacho começar a descongelar e fluir, eu enfim vi que, para superar a dor, eu tinha que ser mais como água e menos como gelo.

Pois quando as árvores caíam no gelo, o rio se despedaçava. Mas quando grandes galhos caíram na água corrente, o rio abraçava o peso e corria ao redor dele. As árvores e a água do inverno estavam me ensinando que a dor era mais aguda e mais dolorosa quando eu estava tenso e sólido feito gelo. Então, cada respiração era terrível e me estraçalhava. Porém, quando consegui descongelar o medo e a tensão que eu carregava, a dor foi mais bem absorvida, e, tal qual o riacho que descongela, eu pude seguir em frente — não sem dor, mas não mais despedaçado.

É assim com grande parte da natureza. Ao nos abrirmos totalmente para nossa própria experiência, somos capazes de sentir e ver a resiliência da vida ao nosso redor. Sentindo nossa condição de criaturas feridas, podemos aprender com o toco oco de uma árvore a enraizar hortaliças menores. Sentindo nossa tristeza, podemos aprender com as folhas cansadas demais para serem levadas pelo vento a nos render. Sentindo nossa ternura, podemos aprender com a lagarta a suportar o tremor que precede o aparecimento das asas. Mas é somente quando se mostram completamente visíveis e presentes, sem nada negar, que os outros seres vivos nos revelam os segredos de como conseguem viver. Em marcante contraponto à velha expressão "olho por olho", há uma lei mais profunda que nos guia para a inteireza: uma verdade de ser por uma verdade de ser. Então, o propósito da atenção plena é fazer o convite para que, por meio da entrega pessoal, venha à tona o exemplo específico de força vital que existe em tudo o que está ao nosso redor: uma verdade de ser por uma verdade de ser.

Sim, quando você estiver com dor, seja como água corrente. Quando estiver sofrendo perto das profundezas, alimente-se do que puder, como os brilhantes peixes do oceano, e cuspa o resto de volta. Quando se sentir sobrecarregado com um fardo difícil de suportar, observe pequenos pássaros e veja como eles começam a voar. Quando se sentir acabado, observe animais recém-nascidos abrindo seus olhinhos úmidos e imite a inocência deles. Depois de dar sua atenção plena, você retornará — uma gota de cada vez — à maré dos vivos.

- *Esta também é uma meditação caminhando. Medite sobre uma dor específica que o esteja fazendo se sentir incomodado.*
- *Enquanto você anda, respire em ritmo constante e veja através das lentes dessa dor, não para transformar tudo em sua dor, mas para localizar algo que possa lhe ensinar sobre ela.*
- *Procure algo que se assemelhe à sua dor. Pode ser uma garrafa abandonada depois de ter sido quebrada, ou um galho fino que está se partindo, ou uma cerca que está cedendo. Pode ser um arbusto ávido para florescer.*
- *Respire em ritmo constante e, sentindo sua dor enquanto observa, convide esse pedaço de vida a revelar seu segredo a você.*

19 de abril

Nuvens à espera

O botão em meia-floração
espera pela nuvem.

Há dias em que eu acordo com uma nuvem ao redor do coração, e ela empalidece tudo, exceto o peso que carrego dentro de mim. No entanto, só porque não consigo chegar à luz hoje não significa que a luz desapareceu. Na verdade, o coração, assim como a Terra, é continuamente coberto por atmosferas que vêm e vão e que estão em constante mudança entre quem somos e como vivemos nossos dias.

Então, a fé, aparentemente, pode ser definida como o esforço de acreditar na luz quando estamos encobertos por nuvens, e embora pareça que o sol nunca mais voltará, a realidade é que ele nunca parou de irradiar sua luz ardente. Na verdade, seu calor e quentura estão queimando com firmeza, agora mesmo, do outro lado de qualquer névoa sob a qual estejamos.

Se ao menos pudéssemos suspender nosso julgamento quando nosso coração está enevoado. Pois muitos ceticismos nascem de conclusões tiradas enquanto não somos capazes de ver, como se qualquer tipo de entendimento impedisse as nuvens de irem ou virem, repetidamente.

Mas nenhuma nuvem dura para sempre. A Terra e tudo o que nela cresce sabem disso muito bem. O coração e tudo o que nele cresce também, apesar de todas as nossas dores compreensíveis.

- *Quando puder, sente-se ao ar livre e observe o vaivém das nuvens.*
- *Respire em ritmo lento e uniforme, e sinta o céu se abrir e se fechar acima de você.*
- *Observe que as árvores e flores não desabam quando as nuvens se aproximam.*
- *Tire força disso.*

20 de abril

Pássaros e ornitólogos

Pássaros não precisam de ornitólogos para voar.

Passamos tanto tempo querendo ser vistos e citados, querendo ouvir nosso nome na lista de pessoas inteligentes ou boas ou bonitas ou lindas ou bem-sucedidas ou populares, ou como gente esperta, do tipo em quem ninguém passa a perna. No entanto, o espírito não sabe que está sendo espiritual, assim como a água que corre não sabe que é um riacho, e o coração não sabe que está se expandindo com compaixão, assim como um falcão, ao abrir as asas, não sabe que está sendo um falcão. Tampouco alguém que frequentemente age movido por amor percebe que está sendo amoroso.

Desde cedo, somos ensinados que viver plenamente é ser aceito, e que, para sermos aceitos, precisamos ser vistos. Então, baseamos o sucesso e até o amor no esforço de sermos vistos, em quanto nos destacamos.

No entanto, a verdade muitas vezes dolorosa que descobrimos ao longo do caminho é que, para sobreviver de uma forma interior significativa — que nos mantenha conectados a tudo o que já viveu e está vivendo —, precisamos muito saber como ser abertos e receptivos.

Não estou me referindo a ser passivo. Estou falando de habitar nossa capacidade de ver e afirmar o pulsar comum da vida que encontramos nos outros, por mais diferentes que possam parecer de nós.

Quando fazemos isso, não precisamos mais ser diferentes para sermos valorizados e não precisamos mais ser aceitos para conhecermos o amor. Em suma, não precisamos mais de uma plateia para voar. Simplesmente temos que estender nossa sinceridade a cada dia duradouro, e estaremos em consonância com tudo o que é valioso.

Como flores esperando pela chuva, nosso coração espera pelo amor. Por mais que queiramos ser vistos e conhecidos, o que nos mantém despertos é dar atenção. Pois dar atenção nos abre para o amor. E aceitar que coisas profundas esperam como sementes entre nós é acreditar no mundo. Então, desperte-me ao me aceitar, e o mundo nos fará brotar como grama.

❊ *Imóvel e em silêncio, feche os olhos e acalme sua mente até sentir o ar enquanto você respira.*

- *Ao inspirar o ar, abra-se para a sensação de receber atenção.*
- *Ao expirar o ar, abra-se para a sensação de dar atenção.*
- *Enquanto respira, permita-se sentir como os dois se fundem — dentro e fora, receber e dar.*
- *Enquanto os dois se fundem, reflita sobre o que significa para você estar desperto.*

21 de abril

A dádiva da surpresa

Outro nome para Deus é surpresa.

— Irmão David Steindl-Rast

Enquanto você se apressa para concluir seus planos mais especiais e reservados, pode ser que esbarre em outra pessoa no corredor do supermercado; as compras saem voando das suas mãos e, ao recolher o frasco de ketchup que foi parar no chão, talvez você se apaixone. Ou, no seu segundo ano de faculdade, enquanto estuda para ser o que Mamãe e Papai escolheram para o seu futuro, você pode acidentalmente abrir um livro sobre Albert Schweitzer e descobrir que se sente compelido a ir para a África. Ou, sendo muito bom em geometria, talvez você decida tornar-se um jardineiro, encontrando alegria infinita na criação de paisagens. Ou a morte de sua avó pode abrir um lado seu que está faminto por história. No meu caso, perder uma costela para o câncer me fez descobrir o Adão em mim.

Parece que qualquer momento de interesse, dor ou adversidade pode nos levar de surpresa para dentro da totalidade maior da vida, quebrando nossos limites atuais e permitindo-nos a chance de nos redefinirmos em relação ao sentido maior que paira, iminente, sobre nós. O fato de nos abrirmos — de forma tão repentina, e com tanta frequência — é a maneira como a alma desabrocha na Terra.

Nunca estaremos preparados para tudo. Ninguém é capaz de antever o que está por vir. Na verdade, a preparação excessiva é outra maneira de nos isolarmos da vida. Em vez disso, podemos nos preparar apenas para a forma como iremos responder à dádiva da surpresa que muitas vezes se aproxima de nós mais rapidamente do que nosso reflexo de resistência.

A vida é surpreendente, graças a Deus, e Deus, a chance de conhecer a Unidade, vive na surpresa. Pois Deus raramente está em nossos planos, mas sempre no inesperado.

❊ *Centre-se e reze pedindo à força do espírito para estar aberto à surpresa.*
❊ *Ao expirar o ar, tente relaxar sua resistência ao inesperado.*
❊ *Ao inspirar o ar, tente abrir uma passagem para tudo o que é maior que você.*
❊ *Comece o seu dia.*

22 de abril
É o suficiente

Se você não consegue ver o que está procurando,
veja o que já está lá.

Uma das coisas mais difíceis de aceitarmos é que, por trás de todos os nossos sonhos e decepções, vivemos e respiramos em abundância. Quando estamos com dor, é difícil acreditar que tudo aquilo de que precisamos está bem diante de nós, ao nosso redor, em nosso interior. E, no entanto, essa é a mais pura verdade.

Somos como árvores sem folhas esperando pela manhã, e a Terra, com sua imensidão e constância, nos sustenta e nos vira lentamente em direção à luz. Nossa tarefa é apenas estar enraizados e pacientes.

Isso nunca foi tão dolorosamente verdadeiro para mim quanto na recuperação do meu primeiro tratamento de quimioterapia. Eu estava no quarto de um hotel Holiday Inn às cinco da manhã, depois de 24 horas vomitando a cada vinte minutos. Caído no chão, eu segurava o espaço de uma costela que havia sido retirada três semanas antes. E minha esposa — com raiva, em pânico, em desespero — gritou: "Onde está Deus?". E, de algum lugar desconhecido em mim, através da minha forma pálida e arqueada, eu disse: "Aqui... bem aqui".

A presença de Deus nunca eliminou a dor, apenas a tornou mais suportável. Agora, quando as coisas não acontecem do jeito que eu quero, tento beijar o que me espera por baixo de todo desejo. Agora, quando meu carro enguiça na rua ou na estrada, embora eu fique com raiva, tento ouvir as ervas daninhas na valeta enquanto elas me apontam para o céu. Agora, quando o vaso cai da minha mão e se estilhaça, embora eu lamente e lamurie, tento ver abaixo do meu reflexo na poça de água das flores. Agora, quando estou ferido, tento tatear meu caminho através do emaranhado de minhas reações muito normais para o silêncio subjacente a toda experiência.

Por mais misterioso que seja — não importam nossa dor ou empolgação, nosso drama ou circunstância —, tudo o que poderíamos esperar está aqui.

Não nos falta nada.

O humilde desafio de ser humano não está em concordar ou contestar essa verdade. Isso é tão infrutífero quanto argumentar contra a gravidade. Nosso humilde caminho, se pudermos abri-lo, é nos enraizarmos sob os mil sonhos e desculpas que nos afastam do chão em que pisamos. Repetidas vezes, somos solicitados a sobreviver ao que queremos e esperamos, para ver o que está lá. É o suficiente.

- *Escolha uma árvore ou planta favorita e, embora talvez você não veja nada, observe-a crescer.*
- *Saiba que, enquanto você a observa crescer, a Terra a carrega em direção ao sol.*
- *Imagine-se como uma árvore ou planta.*
- *Feche os olhos e saiba que, embora possa não ver nada, você está crescendo, e algo maior do que você o carrega em direção à luz.*
- *Embora nada disso seja visível, sinta esse mistério e sussurre em voz alta: "Estou crescendo... Estou sendo carregado em direção à luz... Não me falta nada...".*

23 de abril

Apequenar-se

Nunca haverá um "nós"
se eu me apequenar.

— Sharon Preiss

Em *A divina comédia*, de Dante, a única diferença entre os amantes condenados a suportar os suplícios do Inferno e os amantes que chegam ao Paraíso é que os do

Inferno não têm um centro individual, por isso giram em infinita identificação um com o outro.

Por mais difícil que seja, não podemos nos anular em nossos relacionamentos, caso contrário simplesmente nos tornamos uma plateia ou um ajudante para o parceiro ou amigo dominante. Como a maioria de nós, tenho lutado contra isso a minha vida inteira: temeroso do que poderia acontecer se eu realmente expressasse minhas preocupações e necessidades, surpreso ao constatar que fazer isso — embora nem sempre seja fácil ou agradável — sempre me permite ser eu mesmo de forma mais completa.

Então, não por acaso, sou sempre mais capaz de sentir e ver o mundo ao meu redor. Trago mais para cada situação e sou mais prontamente revitalizado por minha experiência diária.

O grande filósofo Martin Buber, que acreditava que a maneira mais profunda de conhecer Deus é através do relacionamento, foi ao cerne desse paradoxo. Ele afirmou que antes que possa haver um relacionamento verdadeiro, deve haver dois seres separados que possam se relacionar. A maior parte da nossa experiência de vida confirma isso. A menos que trabalhemos para sermos nós mesmos, jamais poderemos realmente conhecer os outros ou o mundo divino em que vivemos.

- *Enquanto você respira, não desapareça.*
- *Sente-se em silêncio e, calmamente, enquanto inspira o ar, perceba que a expansão do seu espírito é o que conhece o mundo.*
- *Durante o seu dia, quando se sentir pequeno, inspire lentamente o ar e apresente-se novamente a tudo o que está ao seu redor.*

24 de abril

Amor como água

Somente o amor, sem pensar em retorno,
pode suavizar o ponto do sofrimento.

A água, em sua suavidade cristalina, preenche qualquer buraco que encontre. A água não é cética, tampouco desconfiada. Não diz que esta ravina é muito funda ou que aquele campo é muito aberto. Tal qual a água, o milagre do amor é que ele cobre tudo o que toca, fazendo a coisa tocada crescer sem deixar vestígios de seu toque. De fato, as faces das praias e os braços dos penhascos já estão desgastados até os ossos. Mas isso está além da ação da água. Esse é o progresso da vida, da qual a água é apenas um elemento.

A maioria das coisas se quebra, em vez de se transformar, porque resiste. O milagre silencioso do amor é que, sem a nossa interferência, o amor, assim como a água, aceita e abraça completamente tudo o que é jogado, largado ou colocado nele.

Claro, somos humanos e nos ferimos facilmente se nosso amor não for correspondido ou se formos mal-amados. Mas desperdiçamos uma boa dose de energia da vida deliberando sobre quem e o que será digno do nosso amor. Quando, no sentido elementar mais profundo, essas escolhas não são de nossa alçada, assim como a chuva não pode escolher sobre quem ou o que cairá.

Sem dúvida, precisamos tomar decisões: com quem passarei meu tempo? Com quem aprenderei? Com quem viverei? Com quem me casarei? Mas, subjacente a tudo isso, o elemento do amor não deixa de ser elementar. Ele continua cobrindo tudo o que existe diante de si. E, ao longo da vida, a dor de coibir essa grande e silenciosa força é mais prejudicial do que a dor de ser rejeitado ou desamado. Pois o amor, tal qual a água, pode ser represado, mas para qual fim?

A bem da verdade, quanto mais deixamos o amor fluir, mais temos que amar. Este é o brilho interior que sábios e santos de todas as eras parecem compartilhar: o jorro de seu amor sobre tudo o que existe diante deles; não apenas pessoas, mas pássaros, pedras, flores e ar.

Por debaixo das muitas escolhas que precisamos fazer, o amor, assim como a água, flui de volta para o mundo através de nós. É o único grande segredo disponível para todos. No entanto, em algum lugar, consagrou-se a errônea percepção de que tolher o amor impedirá a dor. Na verdade, é o contrário. Assim como a água satura as cicatrizes, o amor alivia nossas feridas. Se for acolhido de braços abertos, o amor aceitará a pedra atirada com raiva, e nossas pequenas lágrimas perderão um pouco de sua ardência no grande oceano de lágrimas, e a flecha lançada no fundo do rio perderá sua ponta.

- *Escolha um local quieto e tranquilo e, em um momento de meditação, abra-se para a água do espírito que corre por baixo de tudo.*
- *Deixe a energia do amor erguer-se de você para os objetos simples à sua frente.*
- *Sinta a energia do amor no ar que rodeia a cadeira, a xícara, o lápis ou o pedaço de janela quebrada.*

- *Imagine que você é a janela quebrada ou o lápis. Sinta o ar em sua pele de vidro ou madeira. Olhe para esse único objeto da mesma forma que você olharia para a pessoa amada.*
- *Sem dar nome a esse sentimento, apenas sinta a intensidade da atenção vinda de você sem ter um lugar específico para onde ir.*

25 de abril

A coragem de se juntar

A história real vem de uma fonte de amor que não pode ser entendida com o intelecto, mas conhecida apenas como se conhece uma pessoa.

— Coleman Barks

Viver nos tempos modernos nos transformou em observadores, colocando um estilhaço de distância entre nós e tudo o que encontramos. É essa observação que desalenta nossos dias, que tira a cor do mundo e faz as canções do tempo soarem monótonas.

A concepção dos nativos norte-americanos acerca disso é curativa. No que diz respeito a todos os aspectos da Criação, somos solicitados a honrar tudo o que vemos — pedra, chuva, cerca ou pessoa desconhecida — como um membro de nossa família.

Ao honrar todas as coisas como vivas, a coragem de se juntar ao Universo torna-se uma maneira de ser que pode se concretizar mesmo enquanto estamos sentados e quietinhos. Ao conhecer o mundo dessa maneira, não existe metáfora. O vento não é como a voz de Deus. O vento *é* a voz de Deus. Lembranças não são imagens de entes queridos retornando para nós. Elas são o espírito de entes queridos que nos visitam.

É preciso coragem para eliminar o estilhaço de distância que carregamos em volta do pescoço, mas a recompensa é um mundo vivo e não morto. Essa coragem permite o fluir das seivas do universo.

- *Sente-se em silêncio e, calmamente, centre-se.*

- *Depois de algum tempo, imagine que as coisas à sua volta — janela, árvore, tapete, cama, porta — estão vivas da mesma forma que as plantas ao redor.*
- *Enquanto você respira, sinta suas energias respirarem.*
- *Por meio das batidas do seu coração, aproveite a chance de recebê-las de bom grado.*

26 de abril
O caminho é difícil, mas claro

Embora seja a jornada mais árdua,
o caminho está desobstruído.

O naturalista e ambientalista Kevin Scribner nos conta que os salmões abrem caminho rio acima, colidindo repetidas vezes contra rotas bloqueadas até encontrarem o ponto onde a correnteza é mais forte. De alguma forma, eles sabem que o fluxo desimpedido da água significa que lá não há obstáculos, e por isso entram nessa abertura com fervoroso vigor, pois, embora seja a jornada mais árdua, o caminho está desobstruído.

A lição aqui é desconcertante e útil em igual medida. Ao enfrentarmos adversidades interiores e exteriores, a passagem da verdade chega até nós com um poderoso ímpeto porque é cristalina e desprovida de obstáculos; portanto, o ponto onde sentimos a torrente da verdade é onde devemos dar tudo de nós.

Como seres humanos, os caminhos bloqueados da nossa jornada podem assumir várias formas — evitarmos conflitos com os outros, optarmos por não correr o risco de amar, não aceitarmos o chamado do espírito que nos faria participar de maneira mais plena de nossos dias — e, muitas vezes, é mais fácil se chocar continuamente contra as rotas bloqueadas do que entrar com veemência na única passagem que é tão robustamente clara.

Nesse sentido, os salmões criam um modelo inato de saudável persistência, mostrando-nos como continuar buscando o caminho desobstruído e, uma vez encontrado esse caminho, como trabalhar ainda mais para percorrê-lo de ponta a ponta.

Alguns dizem que é mais fácil para os salmões, já que o poder de seu impulso de terminar onde começam não é arruinado pelas incessantes reflexões que muitas vezes nos afastam da verdade. Ainda assim, é a capacidade do coração de se levantar mais uma vez após cair, por mais machucado que esteja, que confirma que esse impulso vive em nós também. Como no caso dos salmões, nosso caminho não depende apenas de encarar as coisas com firmeza, mas de mover todo o nosso ser no trajeto.

- *Centre-se e evoque algo que você esteja evitando. Pode ser tomar uma decisão de vida ou pedir o que você precisa em um relacionamento.*
- *Respire em ritmo contínuo e analise a energia da evitação. Contra o que você está colidindo? Identifique a resistência. Qual parte está vindo de você? Qual parte vem dos outros?*
- *Respire em ritmo constante e procure a torrente de verdade em tudo isso. Sinta o caminho desobstruído e forte que vem até você.*
- *Por hoje, simplesmente sinta o poder do caminho que está desimpedido e mantenha-o diante de você.*

27 de abril

Haja luz

Apenas confia em ti mesmo,
então tu saberás como viver.

— Goethe

Quando Edison estava descobrindo a lâmpada, sua primeira iniciativa foi tentar visualizar mentalmente a forma pela qual uma corrente invisível de energia poderia ser aproveitada e transformada em luz. Como ocorre com a maioria de nós, a visão veio primeiro. Depois que Edison entendeu a imagem que lhe ocorrera, levou algum tempo para encontrar o exato material que funcionaria como um filamento na própria lâmpada.

Mais tarde, quando indagado se em algum momento se sentiu desanimado ou achou que estava perdendo tempo, Edison disse que não, que aprendia algo importante cada vez que tentava. Aprendia que havia outro material que não deveria ser usado.

As lições aqui são muito reveladoras e transferíveis, sobretudo no que tange ao modo como buscamos nossa vocação no mundo e como buscamos o amor. Estar disposto a visualizar aquilo de que precisamos é algo poderoso e real, e tão crucial quanto a confiança do espírito para saber que isso funcionará, mesmo que ainda não tenhamos encontrado o lugar ao qual pertencemos ou a pessoa a quem amar. Igualmente vital é a perseverança em tentar encontrar exatamente o que funcionará.

No entanto, talvez a parte mais inspiradora da jornada de Edison seja como ele não viu suas muitas tentativas como sinal de fracasso, mas sim como uma parte inevitável do processo de descoberta.

Por fim, depois de tudo isso, somos desafiados, cientistas e amantes, a usar o que descobrimos e viver na luz.

- *Centre-se e, enquanto você respira, visualize aquilo de que precisa para viver mais plenamente.*
- *Ao inspirar o ar, comprometa-se a tentar encontrar isso hoje, sem julgar o que acontece.*
- *Ao expirar o ar, comprometa-se a fazer uso de tudo o que você descobrir.*

28 de abril
Wu Feng

No fim, não basta pensar no que sabemos.
Devemos viver o que sabemos. Pois é somente vivendo que o Amor pode
se mostrar como o mais formidável dos princípios.

Tal como o calor permite que o gelo derreta e irrigue a terra, assim é a nossa capacidade de incorporar o que sabemos — nossa silenciosa necessidade de conciliar e colocar em harmonia o que vive dentro de nós com a forma como enfrentamos os dias. Esse ancestral ato de integridade permite que o Amor se mostre como a mais profunda das dignidades.

Conta-se a história de um homem tranquilo cujo momento de mudança de vida foi marcado por tamanha coragem que é inspirador. Seu nome era Wu Feng, diplomata manchuriano do século 18 que foi destacado para uma tribo aborígine nos arredores de Taiwan. Wu Feng fez amizade com o chefe local, que todos os anos decapitava um dos membros da tribo como forma de sacrifício.

Ano após ano, Wu Feng implorava com toda a sua compaixão e reverência pela vida que o chefe pusesse fim ao costume da degola. O chefe acompanhava com respeitosa atenção as súplicas de Wu Feng e, depois de ouvir e se curvar, convocava o membro escolhido da tribo e, sem hesitação, cortava-lhe fora a cabeça.

Por fim, depois de viver com a tribo por 25 anos, Wu Feng novamente implorou ao chefe que parasse com aquela matança sem sentido. Mas, desta vez, quando o membro da tribo foi chamado, Wu Feng tomou seu lugar e disse: "Se o senhor vai matar alguém desta vez, que seja eu".

O chefe encarou por um bom tempo os olhos do amigo e, tendo aprendido a amar Wu Feng, não conseguiu matá-lo. A partir daquele dia, a prática da decapitação foi abolida.

É lógico que Wu Feng poderia ter perdido a vida, mas sua coragem nos mostra que há um certo ponto no qual a maneira como vivemos por dentro tem prioridade. Chega um momento, para cada um de nós, que a conversa evapora e as palavras não são capazes de trazer o Amor à tona. Somente a presença da alma vinda de nós consegue atrair a presença da alma nos outros.

- *Enquanto você respira, seja honesto consigo mesmo; isto é, veja as coisas em sua vida como elas de fato são.*
- *Existe na sua vida uma situação em que uma parte de você está sendo sacrificada tal qual o membro da tribo aborígine?*
- *Você está sendo repetidamente solicitado a negar quem você é em algum relacionamento?*
- *Se estiver, o Wu Feng em você pode parar de falar e se fazer presente?*
- *Se a resposta for afirmativa, simplesmente honre o fato de que esse espírito de personificação vive dentro de você.*
- *Simplesmente faça a pergunta hoje. Confie em seu espírito para saber quando e como fazer isso.*

29 de abril

Dentro de folhas jovens

Envolto nas folhas jovens:
o som da água.

— Soseki

Essa delicada observação do poeta japonês é repleta da esperança silenciosa de que, entranhada na nossa natureza, na própria gênese da nossa vida, está nossa dádiva já revelada. Incorporada à semente está a flor. Incorporada ao útero está a criança totalmente crescida. Incorporada ao impulso de cuidar está a paz do amor realizado. Incorporada ao limite do risco e do medo está a autenticidade que faz a vida valer a pena ser vivida.

Envolto nas folhas jovens está o som da água que as nutrirá assim que elas se abrirem. O som já está lá, incitando-as a desabrochar e a crescer. Acreditar que isso é possível requer uma fé em correntezas maiores do que qualquer mente é capaz de imaginar. Mas isso não é algo tão difícil de aceitar, pois assim como a poeira deve ao vento seu caminho, nós, como seres humanos, somos convidados a reconhecer que algo maior nos cerca e nos incita a florescer.

Há uma gravidade de espírito que puxa para a existência a essência de quem somos. Nosso trabalho, como o de todas as nossas criaturas irmãs, é encontrar a abundância de ar, água e luz, e fazer desabrochar o que já está em nosso interior.

- *Sente-se em silêncio e, calmamente, imagine que seu coração é uma folha jovem, verde e macia, envolta em si mesma.*
- *Enquanto você respira, sinta a água da vida já em suas veias.*
- *Agora, ainda enquanto você respira, fique de pé e estique os braços, e sinta desabrochar quem você é.*

30 de abril
Uma chegada constante

Seja para quem vaga pela vida flutuando em um barco, seja para quem escala rumo à velhice conduzindo um cavalo, cada dia é uma jornada, e a jornada em si é o lar.

— Basho

Doze anos atrás, quando minha jornada através do câncer estava começando, minha avó estava morrendo. Eu não sabia que tinha câncer, mas acredito que ela sabia que estava morrendo. Digo isso porque, quando a visitava no Centro Médico Kingsbrook no Brooklyn, ela se sentava na beira da cama e cravava os olhos em algum lugar a meia distância que apenas ela conseguia ver. Minha avó tinha 94 anos, e eu era tomado pela sensação de que ela estava imaginando a outra margem do jeito que fazia quando era uma menininha de 10 anos de idade, cruzando o Atlântico em um navio a vapor abarrotado que se arrastava em meio a enormes ondas.

A vida para ela era uma imigração sem fim, uma chegada constante a uma nova terra. Talvez seja por isso que me tornei poeta, porque a imigração está no meu sangue. Talvez seja por isso que eu entenda o mundo da experiência como um vasto oceano que nunca paramos de cruzar, mesmo na morte.

Estou pedindo para você imaginar a vida do seu espírito na Terra como uma imigração, como uma chegada constante a uma nova terra. Levando isso em conta, devemos aceitar que, não importa a praia diante de nós, a ondulação e o movimento encapelado das águas do mar nunca cessam. Quando levados à crista de uma grande onda, podemos ver até a eternidade, e a alma tem sua perspectiva, mas quando somos lançados no ventre dessa onda, estamos, cada um de nós, por um momento, perdidos. A vida da alma na Terra nos faz balançar em uma jangada de carne à vista da eternidade e fora do campo de visão dela, e o trabalho do peregrino interior é manter a eternidade em nosso coração e na imaginação quando despencamos no ventre de nossos dias.

- *Sente-se em silêncio e, calmamente, imagine-se balançando em segurança no oceano da experiência que nunca paramos de cruzar.*
- *Respire fundo e imagine que cada dia é uma onda.*

- *Entre em seu próprio ritmo e sinta que tipo de onda corresponde ao dia de hoje.*
- *Se hoje for um dia de mar encapelado e ondas com cristas altas, olhe ao seu redor e absorva tudo o que você puder ver da vida.*
- *Se hoje for o ventre de um dia, reconheça as adversidades que você está enfrentando.*
- *Respire devagar e tenha em mente que outra crista está chegando. Evoque a última elevação, lembrando-se do que ela lhe permitiu ver.*

maio

1º de maio

Enterrar e plantar

A culminância de um amor, um sonho,
um eu, é a semente anônima do próximo.

É muito pequena a diferença entre enterrar e plantar. Pois, com frequência, precisamos dar algumas coisas por encerradas e colocá-las para descansar de modo que uma nova vida possa crescer. Além do mais, essa coisa que enterramos — um ente querido, um sonho ou uma falsa visão de mundo — torna-se o fertilizante para a vida prestes a se formar. À medida que a coisa bem usada se une à terra, o amor antigo fertiliza o novo; o sonho interrompido e desfeito fertiliza o sonho ainda por conceber; a maneira dolorosa de ser que nos prendeu ao mundo fertiliza a postura interior mais livre prestes a desabrochar.

Isso é muito útil quando levamos em consideração as muitas formas de eu que habitamos ao longo da vida. Um eu nos carrega até o limite de sua utilidade e morre. Somos então forçados a enterrar a pele antiga e outrora amada, a fim de uni-la ao solo do espírito de onde veio, para que possa fertilizar a próxima pele do eu que nos levará para o amanhã.

Sempre há tristeza por aquilo que se perde, e sempre há surpresa por aquilo que está para nascer. Mas grande parte da nossa dor de viver vem de usarmos uma pele morta e inútil, recusando a ideia de nos livrarmos dela, ou vem de enterrar essas coisas com a intenção de escondê-las em vez de renunciar a elas.

Para cada nova maneira de ser, há uma tentativa frustrada escondida. Para cada raminho que irrompe na superfície, há um graveto velho se remexendo no subsolo. Para cada momento de alegria brotando, há um novo momento de luta criando raízes.

Vivemos, abraçamos e enterramos nossas coisas mais queridas, incluindo a maneira como vemos a nós mesmos, para que possamos ressuscitar nossa vida novamente.

❊ *Tente identificar um aspecto do seu caminho no mundo que já dura demais e deixou de ser útil — uma maneira de pensar ou sentir, de falar ou de se relacionar com os outros.*

- *Tente entender por que motivo você ainda está apegado a esse aspecto.*
- *Em uma folha de papel, registre o que é esse aspecto persistente e por que razão você continua apegado a ele.*
- *Pegue o papel e enterre-o simbolicamente em algum lugar especial, agradecendo por como tal caminho ultrapassado ajudou você a chegar a este ponto em seu caminho.*
- *Enterrar o velho caminho abriu em você um espaço novo. Trate-o bem.*
- *Regue-o e mantenha-o na luz.*

2 de maio
Viva em suas mãos

Viva em suas mãos
e sua mente aprenderá
a se curvar como uma raiz.

Vários anos atrás, quando fiz uma leitura de poesia na cidade de Nova York, conheci um rapaz zangado que tinha acabado de ver uma mulher ser assaltada. Ele ficou tão furioso que escreveu um poema na hora. Uma voz pensativa do outro lado do auditório gritou: "Sim, com certeza isso aí é melhor do que ter impedido o assalto". Eu senti que não havia mais nada a dizer. A história ressalta, dolorosamente, que a maneira como vivemos em nossos pensamentos nos remove da jornada muito real de estarmos vivos. Analisar e resolver problemas a todo momento, observar e criticar o que encontramos transforma nosso cérebro em um calo protuberante. Em vez de nos abrir mais profundamente para o mistério da vida, o intelecto supertreinado torna-se um amortecedor da experiência.

Tenho uma amiga querida que estudou quase tudo o que já foi escrito sobre o coração e a mente e sua dança da psicologia. Esse estudo a levou a um sábio muito velho, cujas últimas instruções foram: "Viva em suas mãos". Uma vez aberta a isso, minha querida amiga — sem saber nada sobre obras de alvenaria — se viu construindo uma capela de pedra na encosta de uma colina. Ao fazer isso, ela consagrou a capela que estava esperando em seu coração.

Tenho outra amiga que, sempre que vê flores, precisa tocá-las delicadamente. Eu a observei inúmeras vezes tocar pétalas amarelas. Ela tem necessidade de tocar a beleza, e quando faz isso, posso ver a beleza tocá-la. Então, algo nela se abre um pouco mais.

Viver em nossas mãos torna nossa mente mais humilde e disposta a aceitar algo diferente de si mesma. É como nos curamos uns aos outros e a nós mesmos. Todos nós ganhamos vida por meio de um braille do coração.

- *Escolha algo pequeno e delicado que o fascine, e coloque-o diante de você enquanto medita.*
- *Depois de algum tempo, pegue devagar o objeto em suas mãos e examine-o cuidadosamente com seus dedos, sentindo suas muitas texturas.*
- *Respire em ritmo constante e, por meio de suas mãos, leve até sua mente a essência dessa coisa delicada.*

3 de maio
Nossas energias masculinas e femininas

Assim como não adianta colher se não pudermos comer,
não adianta agir se não pudermos sentir.

Hoje em dia, fala-se muito sobre energias masculinas e femininas e sobre como fomos ensinados a ser unilaterais na maneira de nos envolvermos com o mundo. Acredito que a maior parte disso seja verdade. Quando somos dominados por nosso lado masculino (super-racional e estoico, nunca demonstrando sentimentos), nosso lado feminino (nossas energias criativas e receptivas mais profundas) torna-se estridente e sufocado, explosivo quando finalmente tem permissão para vir à tona.

Não é de surpreender que indivíduos — tanto homens como mulheres — que são contidos e reservados fiquem um pouco assustados com aqueles que são intuitivos e expressivos; assim como aqueles que são mais facilmente impactados pelo que sentem acham bastante sufocantes os inexpressivos. Logicamente, nós nos encontramos uns aos outros, e os estoicos ficam nervosos, ao passo que os veementes sofrem e se atormentam mais. Isto faz parte da vida: nós nos encontramos e nos atraímos.

Os que rodopiam sempre querem que os parados girem. O silêncio aquieta os tambores. Os enlouquecidos estão sempre fadados a seduzir estátuas para dançar.

Nós também lutamos com essas energias dentro de nós mesmos. Minha própria experiência tem sido bastante reveladora. Como um homem que sempre se mostrou bastante ativo e decidido, eu também fui, na condição de poeta, profundamente guiado pelo feminino, direcionado para o ensimesmamento pela vida intuitiva do sentimento. Mas, é evidente, no mundo exterior eu fui educado para ser prático, fui ensinado a nunca me demorar muito tempo em meus sentimentos.

Foi somente depois de dez anos sobrevivendo ao câncer e uma vida de realizações acima do esperado que me vi pisando em falso, oscilando entre o júbilo e a desesperança. Ao me tornar mais integrado, como uma única onda de masculino e feminino, posso ver que estou aprendendo a usar minhas energias masculinas de forma diferente, mais em harmonia com meu feminino.

Onde fui ensinado a entender e nomear as coisas, eu agora vivencio e sinto as coisas. Onde fui ensinado a enquadrar e articular as coisas a distância, agora eu abraço e absorvo o que está bem diante de mim. Esse processo de enquadrar e nomear coisas distantes é parte de como todos nós fomos envoltos, desde a infância, em uma maneira masculina de ver que, desequilibrada, é seca e desprovida de qualquer paixão pela vida.

A diferença é entre pintar um pássaro e voar, entre entender as posições secretas do amor e sentir seu coração bater forte. Com muita frequência, sob o pretexto de sermos solicitados a estar preparados e maduros, somos seduzidos a observar em vez de viver, a nomear em vez de sentir, a entender em vez de vivenciar. No entanto, assim como duas mãos em concha levam água à boca, precisamos de energias masculinas e femininas para beber completamente desta vida.

- *Centre-se e respire lentamente.*
- *Coloque uma mão diante de você, palma para cima, e medite sobre tudo o que essa mão contém — nervos, sangue, memória, o poder de levantar e tocar. Medite sobre quão completa essa mão é em si mesma.*
- *Agora, coloque a outra mão diante de você, palma para cima, e medite sobre tudo o que ela contém e quão completa ela é em si mesma.*
- *Respire fundo, junte as duas mãos e medite sobre como é possível fazer muito mais quando ambas trabalham juntas.*

4 de maio
Preencher o dia

Estou atrasado! Estou atrasado! Para um importante compromisso marcado!
Não tenho tempo para dizer olá! Adeus!
Estou atrasado! Estou atrasado! Ai, ai! Ai, ai!
Vou chegar atrasado demais!

— Coelho Branco, no filme *Alice no País das Maravilhas*

Eu acordo sereno e descansado, a luz inundando meu quarto. O dia parece interminável e livre. Porém, enquanto estou preparando o café, noto três contas que não paguei e, depois de tomar banho, percebo que preciso cortar o cabelo; já que terei de sair de casa, acho que também posso aproveitar para pegar minhas camisas na lavanderia. Mas quero muito passar algum tempo no sol. Então eu penso: "Bem, depois de fazer minhas tarefas, vou ao parque"; em seguida, faço conjecturas sobre qual parque será o ideal, e decido ir a um que fica a quarenta minutos de distância. Por fim, querendo ter a certeza de incluir um pouco de diversão na minha programação, ligo para uma amiga e marco de encontrá-la no cinema às seis.

Agora tenho que me apressar para dar conta de chegar a todos os lugares a tempo. Mas, felizmente, enquanto abasteço o carro, ouço um passarinho e levanto minha cabeça no exato momento em que uma nuvem se abre e a luz inunda minha mente, e largo todos os meus planos, como uma moeda caída no chão.

Rio de mim mesmo. Posso facilmente me tornar escravo de uma agenda que eu mesmo crio. Nenhuma dessas coisas é necessária hoje. Deixo tudo de lado e sigo o passarinho.

- *Pense em tudo o que você tem a fazer hoje. Sinta todas as tarefas se avolumarem em você.*
- *Centre-se e inspire lentamente cada tarefa e expire cada urgência.*
- *Levante-se e entre neste dia como se fosse seu primeiro e último.*
- *Agora, deixe de lado tudo o que não for necessário.*

5 de maio

Nossa clareza essencial

Como nuvens se movendo na água,
os problemas me fazem esquecer
que sou cristalino.

A água reflete tudo o que encontra pelo caminho. Isso é tão trivial que achamos que a água é azul, quando, na verdade, ela não tem cor. Extraordinariamente, embora suave e fluida, a água — seja na forma de oceano ou lago ou mesmo a menor das poças de chuva — assume a imagem do mundo inteiro sem nunca perder sua clareza essencial.

Sim, sem dúvida não é tão fácil para nós. Como seres emocionais, estamos constantemente nos perdendo na imagem de tudo o que vivenciamos. Mesmo assim, a natureza da água pode nos ajudar a entender nossas lutas muito humanas.

Comecei, como muitos de nós, em uma casa onde, de alguma forma, era meu trabalho ser o para-raios para as tensões familiares de emoções nunca expressas. Dessa forma, aprendi a ser um solucionador de problemas, um salvador, um zelador. Por meio de dois casamentos e inúmeras amizades, minha maneira de amar era assumir as emoções turvas daqueles a quem eu amava.

A tensão das emoções tácitas de outras pessoas me impediu de sentir minha própria profundidade e clareza. Minha vida tornou-se turbulenta, sempre pelejando para manter minha cabeça acima da superfície nebulosa.

Mas a água, a água gloriosa em todos os lugares, ensinou-me que somos mais do que aquilo que refletimos ou amamos. Este é o trabalho da compaixão: aceitar tudo claramente, sem impor quem somos e sem perder quem somos.

Essa é, com certeza, uma tarefa infinita e impossível. Mas, embora jamais possamos ser tão claros quanto a água, ajuda lembrar que, ainda que os problemas muito reais que enfrentamos sejam os seres vivos com os quais devemos lidar, eles não são a correnteza essencial da nossa vida. Abaixo das nuvens, a água deseja apenas fluir, e abaixo de nossas tensões e problemas, o espírito humano deseja apenas abarcar e suavizar.

❊ *Da próxima vez que um ente querido expressar frustração, decepção ou dor, observe sua própria reação.*

- *Você está resolvendo problemas ou aceitando o que lhe é dito?*
- *Você está tentando animá-lo ou testemunhar a experiência dele?*
- *Ao ouvir a dor dele, você está fazendo o papel de "segurar o rojão" e "ficar com o abacaxi na mão", ou se aprofunda no que é compartilhado?*
- *Se puder, receba essa dor como se fosse uma pedra jogada na profundidade clara e comovente de quem você é.*

6 de maio
Os ramos e o ninho

Acho que eu poderia ir viver com os animais.
Eles não se amofinam, tampouco lamentam sua condição.
Nenhum está insatisfeito.

— Walt Whitman

Foi uma coisa muito singela observar um tordo carregando um ramo grande demais para seu ninho. Ele tentou usá-lo uma vez, depois duas vezes, e, de alguma forma, com seu minúsculo cérebro de pássaro, soube que não valia a pena o esforço. Ele simplesmente voou e pegou outro.

Fui lá e encontrei o ramo. Não havia nenhuma marca nele. Rolei-o na mão e pensei em todos os momentos em que me esforcei para tentar dar um jeito de fazer coisas grandes demais caberem na marra. Muitas vezes, queremos algo como aquele ramo, grande demais para ter utilidade, e ficamos presos em uma infelicidade criada por nos apegarmos a uma coisa que não serve para completar nosso ninho.

Foi uma lição de humildade ver um pássaro tão pequeno trabalhar, cantando enquanto labutava, deixando exatamente como encontrou o que não tinha serventia para si. Se ao menos pudéssemos nos tratar uns aos outros com uma gentileza tão simples.

- *Medite sobre sua vida como um ninho que precisa ser construído.*
- *Pondere sobre o que você está buscando, o que você está carregando — como um pássaro teimoso — que é grande demais para ser útil.*
- *Você consegue construir sua vida de forma mais completa a partir de uma versão menor do que você precisa, de algo que caiba?*

7 de maio
A arte corriqueira

Antes de consertar o que está olhando,
verifique com atenção o que você está fingindo não ver.

Era um lindo dia ensolarado. Eu tinha dirigido quase quinhentos quilômetros para visitá-la. Ela tinha 94 anos de idade e estava em um quarto havia quase oito meses. Eu fui seu primeiro neto, e ela ficou muito feliz em me ver. Mas, depois de contarmos as novidades, sentamo-nos em silêncio na beirada da cama e, finalmente, ela reclamou de como o dia estava cinza.

Percebi então que a única janela de seu quarto não passava por uma boa limpeza havia quase um ano. Quando eu lhe disse isso, ela riu, como somente alguém de 94 anos pode rir, e proferiu com seu sotaque russo: “Eu tenho um olho sujo, vejo um mundo sujo”.

O mesmo acontece com nosso coração e nossa mente. Pois nosso próprio eu é a única janela que temos para ver esta vida. E muitas vezes padecemos do estado de espírito de uma janela encardida, acreditando que o mundo reluzente é cinza.

Talvez o propósito dos relacionamentos autênticos seja nos ajudarmos uns aos outros a manter nosso coração e nossa mente limpos. Talvez o trabalho interior seja a arte corriqueira de lavar janelas, para que o dia seja totalmente o dia.

- *Sente-se em silêncio até se sentir centrado.*
- *Agora, use sua respiração para lavar as ideias de sua mente.*
- *Respire em ritmo contínuo e lave a camada de sujeira que cobre seu coração.*
- *Respire fundo e lave as conclusões tiradas por seus olhos.*

8 de maio
A questão da justiça

Enquanto virmos o que aconteceu como algo
injusto, seremos prisioneiros do que poderia ter sido.

Para a maioria de nós, essa é uma questão muito dolorosa de se discutir, porque em grande medida a forma como vemos o mundo depende de um senso de justiça e de equidade, conceitos humanos verdadeiramente nobres que regem a maneira como tratamos uns aos outros.

Mas as leis da experiência no mundo natural, em que não temos escolha a não ser viver, não funcionam assim. Em vez disso, o Universo mais amplo, do qual a humanidade é uma pequena parte, é um mundo de possibilidades infinitas e ciclos infinitos, um mundo no qual as formas de vida vêm e vão, um mundo em si que entrou em erupção e se modificou inúmeras vezes.

É por isso que a tradição hindu tem uma divindade conhecida como Vixnu, que destrói e concede vida, geralmente nessa ordem. Embora a justiça e a equidade sejam belas dignidades de acordo com as quais nós, como criaturas humanas, tentamos viver uns com os outros, a tempestade e o germe, os cupins comendo o alicerce da sua casa, a pedra errante quebrando seu para-brisa, a onda inundando seu pequeno barco — essas moléculas de experiência não entendem o que é justo. Elas simplesmente nos bombardeiam na dança cósmica sem fim da vida que continua acontecendo.

Quando eu estava lutando contra o câncer, repetidamente me pediram para extravasar minha raiva pela injustiça de ter câncer. Para ser bem sincero, eu sentia muitas coisas — medo, dor, ansiedade, frustração, incerteza, exaustão —, mas não julguei que ter câncer fosse injusto. Quando foi que eu ou qualquer um recebeu a promessa de saúde perfeita? Uma formiga pode se arrastar por metros com comida na boca apenas para, topando no caminho com um galho morto cansado de ficar pendurado, ser esmagada. O que faz os seres humanos presumirem que estão isentos desse tipo de coisa?

Agora eu sei que, no decorrer dos anos, meus próprios gritos de que a vida é injusta vieram da inescapável dor de viver, e esses gritos, embora compreensíveis, sempre me desviaram de ir tateando meu caminho através da dor do meu colapso para a reforma da minha vida. De alguma forma, bradar "Que injustiça!" sempre me manteve preso ao que dói.

Apresento aqui o que me surpreendeu na minha dor: que a vida não é justa, mas infinita em sua capacidade de nos mudar; que a compaixão é justa e o sentimento é justo; e que não somos responsáveis por tudo o que nos acontece, apenas por como recebemos o que nos acontece e por como nos apoiamos uns aos outros ao longo do caminho.

- *Se possível, sente-se ao ar livre e observe o pólen carregado pelo vento. Medite sobre como alguns desses grãos de pólen se tornarão flores e como essas flores murcharão e darão sementes a outras flores ainda por vir.*
- *Medite sobre como o drama humano, com todas as suas reviravoltas desconhecidas, desenrola-se da mesma maneira.*
- *Respire fundo e olhe para os muitos sonhos, erros, alegrias e dores da sua vida como pólen em um vento mais forte. Alguns crescerão. Outros não.*
- *Não negue sua dor ao vivenciar a vida, mas tente não aumentar a dor rotulando-a como trágica ou injusta.*
- *Tente suportar a dor de suas mudanças com compaixão em vez de justiça.*

9 de maio

O medo do que é diferente

Direcionar a mente para a unidade básica de todas as coisas e desviá-la do domínio das diferenças: aí está a bem-aventurança.

— Tejobindu Upanishad

O olho é capaz de ver o que temos em comum ou focar o que nos separa. E o coração pode sentir o que nos une a tudo ou repetir seus muitos cortes. E a língua pode louvar o vento ou alertar contra a tempestade, pode exaltar o mar ou temer a enchente.

Não é que não haja diferenças — o mundo é feito de infinita variedade —, mas é o confisco das diferenças, o medo das diferenças, que nos impede de sentir graça.

Paradoxalmente, tudo na vida toca o mesmo centro por meio de sua singularidade, da mesma forma que não existem duas almas iguais, embora todas as almas respirem o mesmo ar.

Quando caímos na ilusão de que uma criação é melhor que outra, afastamo-nos do milagre de ser e entramos no que o sábio do século 4 Seng-Ts'an chamou de "a pior doença da mente": a interminável tomada de decisão entre querer e não querer, a guerra sem fim entre ser a favor e contra.

- *Acenda uma vela e sente-se em silêncio e calmamente diante de uma janela.*
- *Relaxe o coração e respire fundo.*
- *Observe as muitas coisas diferentes que aparecem diante de seus olhos: árvores, vento, nuvens, o ruído da janela, pessoas andando.*
- *Repare na vela e na chama silenciosa que dela se ergue.*
- *Respire calmamente e imagine a mesma chama silenciosa subindo dentro do coração de tudo o que você vê.*

10 de maio
A borda do centro

Toda tempestade,
tal qual um umbigo,
tem um buraco no meio,
através do qual
uma gaivota pode voar,
em silêncio.

— Japonês anônimo do século 14

Através dos séculos, uma voz sem nome nos diz que no coração de toda luta há um centro pacífico e duradouro, se pudermos alcançá-lo. Todas as tradições de sabedoria afirmam isso.

Ainda assim, transmite-se aqui um paradoxo mais profundo da vida. Pois a gaivota voa através do centro pacífico; ela não vive lá. Aparentemente, nosso trabalho é extrair sustento daquele espaço central e eterno sem negar a experiência da tempestade.

Diversas vezes, somos jogados no olho da tempestade e no centro. Quando estamos na tempestade, somos exacerbados por nossa humanidade. Quando estamos no centro, somos aliviados por nosso lugar espiritual na Unidade das coisas. Então, encontrar o centro e abrir nossas asas danificadas é sentir o Deus interior.

Nossa luta constante é viver os dois lados desse paradoxo. Pois não podemos chegar ao centro sem passar através da tempestade que o circunda. No entanto, só é possível suportar a tempestade da experiência humana sabendo o que a gaivota sabe. Só é possível sobreviver à tempestade a partir do centro. Em como passamos um pelo outro da tempestade para o centro e vice-versa — aí você encontrará as provações e dádivas do amor.

- *Feche os olhos e inspire o ar, permitindo que sua respiração invoque a gaivota do seu espírito para o seu centro.*
- *Inspire o ar profundamente e, através do seu centro para o centro de Tudo, deixe sua respiração chamar a gaivota para casa.*
- *Expire o ar profundamente e sinta a borda da tempestade e a borda do centro.*
- *Saiba que sua respiração é a borda.*

11 de maio

Falar e abraçar

O sonho é despertado ao pensarmos
"Eu te amo", e a vida começa
ao dizermos "Eu te amo",
e a alegria se move como sangue
ao abraçarmos alguém com amor.

Embora a vida às vezes comece na cabeça, o corpo inteiro de alegria não pode ser conhecido lá. Todos nós já vivenciamos essa diferença. Simplesmente lembre-se da primeira vez que, na adolescência, outra pessoa mexeu com seus sentimentos, da primeira vez que a presença de outra pessoa empurrou você para fora do centro do Universo. Lembre-se daquela sensação estranha, mas comovente, nadando em sua cabeça, deixando você incapaz de tirar da mente o rosto dele ou dela. Como uma centelha solta no ar, lembre-se de como a vida real e problemática da chama teve início assim que uma palavra foi dita.

É assim também com a forma como sonhamos ou nos amamos ou lutamos com nossa crença em Deus. Continua nadando na cabeça, a vida chameja, mas nunca nos incendeia. Levei uma vida inteira para aprender isso. Tal como o fogo da música desperta a alma de um compositor, o amor ressoa dentro de nós onde ninguém mais pode ouvir. E assim como os compositores devem pelejar para descobrir a linguagem por meio da qual tocar suas canções, nós devemos lutar para pronunciar nosso amor. Tudo para que nossos braços se ergam da página feito chamas.

É um desafio e tanto: falar e abraçar em um mundo que treina a mente com absoluto esmero. No entanto, os problemas se intensificam se não vierem à tona. À medida que vivemos nossos dias, a respiração imperceptível entre pensar e dizer, e dizer e abraçar, pode muitas vezes parecer um desfiladeiro, impossível de transpor. É por isso que há séculos invocamos o mito de Cupido, para nos lembrar daquela presença vibrante que de alguma forma perfura nosso confinamento de pensamento, forçando-nos a falar e abraçar.

Cada um de nós carrega dentro de si o arco e, enquanto a flechada dói, nosso invólucro de pensamento é quebrado, forçando-nos a tremer. Sim, é verdade. Eu confesso: tive grandiosos pensamentos e entoei magníficas canções — tudo isso um ensaio para a majestade de ser abraçado.

- *Medite enquanto segura uma pedra e invoque a presença de tudo o que é maior que você.*
- *Respire lentamente e deixe essa presença moldar seus pensamentos.*
- *Respire fundo e deixe essa presença, agora envolta em pensamento, vibrar em sua garganta.*
- *Com uma palavra, dê um nome a essa presença. Pronuncie-o em voz alta.*
- *Pratique a personificação sentindo a presença do Universo em você e na pedra enquanto você pensa, pronuncia e toca — tudo de uma vez.*

12 de maio
Ser direto

Todo mundo é careca por baixo do cabelo.

— Susan McHenry

Desperdiçamos tanta energia tentando esconder quem somos, quando por baixo de cada atitude está o desejo de ser amado, e por baixo de cada raiva está uma ferida a ser curada, e por baixo de cada tristeza está o medo de que não haverá tempo suficiente.

Quando hesitamos em ser diretos, inconscientemente colocamos algo, alguma camada adicional de proteção que nos impede de sentir o mundo. E muitas vezes essa fina cobertura é o começo de uma solidão que, se não for eliminada, diminui nossas chances de alegria.

É como usar luvas toda vez que tocamos algo e, então, esquecendo que foi escolha nossa enluvar as mãos, reclamamos que nada parece muito real. Dessa forma, nosso desafio diário não é nos vestirmos para encarar o mundo, mas nos desnudarmos para que a maçaneta da porta pareça fria, e a maçaneta do carro pareça molhada, e o beijo de despedida tenha a sensação dos lábios de outro ser, suave e única.

❊ *Enquanto você respira, deixe que cada respiração revele o seu ser — de atitude, de estado de espírito, de história.*

❊ *Enquanto você respira, sinta sua pele por baixo das roupas.*

❊ *Enquanto você respira, sinta seu ser logo abaixo da pele.*

13 de maio
Sentir de cabo a rabo

Por baixo, há apenas uma emoção.

Antes eu costumava lutar, rechaçando a tristeza ou tentando não ficar ansioso, mas, como a maioria de nós aprende, uma vez que aquela gota de melancolia ou inquietação cai no coração, tentar sentir qualquer outra coisa é negação. Tão logo a mente, como uma longa corda de violão, é de alguma forma dedilhada com a menor perturbação, não há nada a fazer a não ser deixá-la ressoar.

Todos nós conhecemos as lágrimas que se transformam em riso. Ou o riso que se abre em choro. Ou a raiva que se desintegra em uma solidão terna. Ou o rosto frio da indiferença que se esfarela, por fim mostrando seu adesivo de medo. Espantosamente, assim como as infinitas formas de flores brotam da mesma terra, o jardim terreno das emoções — em todas as suas delicadas formas e cores — brota da mesma terra do coração.

Isso nos revela o fato, muitas vezes difícil de aceitar, de que por baixo há apenas uma emoção inominável que todos os sentimentos conhecem como lar. Apesar de nossos esforços para sermos felizes em vez de tristes, para sermos calmos em vez de ansiosos, para sermos lúcidos em vez de confusos, para sermos compreensivos em vez de raivosos; apesar de todas as maneiras como esculpimos nossas reações à vida e depois corremos de uma para a outra; apesar do nosso medo de certos sentimentos, é sentir cada um deles de cabo a rabo que nos leva à dor vibrante que subjaz a nossa existência como seres vivos. Alcançar esse lugar vibrante geralmente é curativo.

É difícil, no entanto, inclinar-se para uma tristeza que não queremos, deixar o tremor da ansiedade abrir caminho. No meu caso, minha resistência a sentimentos desagradáveis tem sido o medo de que se eu me entregar à tristeza, ansiedade, confusão ou dor que pairam sobre mim, vou acabar me afogando nisso. Tenho medo de que isso tome conta da minha vida. Não vou me tornar nada além de tristeza, ansiedade ou confusão.

Mas o que eu descubro, repetidas vezes, é que sentir qualquer sentimento profundamente — isto é, de maneira completa e cabal — de alguma forma me abre para a fonte comum de todos os sentimentos. E, na fonte, nenhum sentimento pode durar sozinho. Então, é através dos nossos sentimentos, não ao redor deles, que chegamos à fonte inominável de todos os sentimentos que podem nos curar da dor de qualquer estado de espírito.

- *Respire em ritmo constante e saiba que você está seguro nesse espaço reflexivo.*
- *Uma vez confortável, permita-se sentir um momento de tristeza ou ansiedade que você esteja carregando. Tente ficar com o sentimento até que ele comece a passar. Observe a diminuição da sua tristeza ou ansiedade, por menor que seja, e chame isso de "o começo da paz".*

14 de maio
Jogo de gangorra

A maior defesa é ser quem você é.

Quantas e quantas vezes somos atraídos para fazer oposição uns aos outros? Certamente há momentos em que o conflito é inevitável. Só existe uma vaga disponível no estacionamento. Resta apenas um último donut. Só há uma oportunidade de emprego em vista.

No entanto, na maioria das vezes, no plano interior, tudo existe em abundância suficiente para satisfazer a todos, e é mais um jogo de gangorra: para me manter de pé, ou para manter meu senso de como me vejo de pé, de alguma forma sinto a necessidade de derrubar o outro.

Isso serve apenas para me desviar do meu caminho, e suga toda a minha energia para uma batalha que muitas vezes é irrelevante. Na verdade, nenhuma quantidade de reorganização do mundo nos fará sentir dignos. A única resposta à adversidade ou mal-entendido é sermos mais completamente quem somos — compartilhar mais de nós mesmos. Caso contrário, estamos sempre reagindo e contra-atacando, e nunca sendo.

Basta olharmos para as flores e árvores. Elas não se sufocam nem anulam umas às outras. Mesmo quando apinhadas, elas se mostram e crescem em todas as direções e, assim, chegam à luz.

- *Sente-se em silêncio e, calmamente, pense em alguém que tenha uma posição oposta à sua.*
- *Respire em ritmo contínuo e permita-se sentir a atração de desacreditar ou invalidar essa pessoa e sua posição.*
- *Agora respire lentamente e procure o fio do coração que faz você pensar que suas visões opostas estão ligadas umas às outras.*
- *Use sua respiração mais profunda para cortar o fio.*

15 de maio
O risco de florescer

E então chegou o dia
em que o risco de permanecer
presa em um botão era
mais doloroso do que
o risco de florescer.

— Anaïs Nin

Todos nós enfrentamos repetidamente este ponto de virada: quando resistir ao fluxo de eventos interiores de repente parece mais doloroso do que saltar em direção ao desconhecido. No entanto, ninguém pode nos dizer quando pular. Não há autoridade para abençoar nossa necessidade de entrar na vida, exceto o Deus interior.

Com que frequência nos frustramos ao nos aferrarmos com tenacidade ao que é conhecido. É instrutivo, embora assustador, que nas floriculturas as rosas que não abrem sejam chamadas de *balas* (no sentido de projéteis de armas de fogo). Elas são descartadas, porque jamais florescerão. Elas se fecharam em si mesmas com tanta força que nunca seriam capazes de liberar seu perfume.

No entanto, na condição de espíritos em forma corpórea, temos a chance de nos comprimir e florescer mais de uma vez. Mas, mesmo os espíritos, se ficarem voltados para si mesmos por tempo suficiente, podem se acostumar a continuar fechados. Ao contrário das rosas, porém, a câmara humana pode permanecer fechada por anos e, ainda assim, basta um sopro do verdadeiro centro e floresceremos.

A meu ver, sempre foi uma surpresa e uma lição de humildade a forma como o risco de florescer pode parecer tão intransponível de antemão e tão inevitavelmente libertador quando se cruza o limiar do sofrimento.

Tenho um amigo em recuperação e, quando lhe perguntam sobre o motivo que o fez parar de beber, ele diz: "A dor de beber se tornou maior do que a dor de não beber". O mesmo se pode dizer acerca de todos nós. Podemos florescer em um instante, assim que a dor de não florescer e não amar tornar-se maior do que nosso medo.

- *Tente identificar o que mais o assusta sobre ser quem você é no mundo.*
- *Enquanto medita, imagine o Deus em você aquecendo os seus medos e abrindo-os.*
- *Observe como é ter seu centro exposto com segurança, mesmo que por um momento.*
- *Sem contar a ninguém, imagine esse momento de abertura durante uma parte do seu dia: à sua escrivaninha, no ônibus, na fila do supermercado.*
- *Observe como é ter seu centro exposto com segurança, mesmo que por um momento, na presença de outros.*
- *Repita esta meditação sempre que começar a sentir seu senso das coisas se estreitar.*

16 de maio

Não precisar de aprovação

Existem mil maneiras
de se ajoelhar e beijar o chão.

— Rumi

Tenho um jovem amigo que descreve a hora do dia em que lê histórias com sua filha como um momento que não precisa de confirmação. Há sabedoria em sua frase: um momento que não precisa de confirmação. Todos nós precisamos tocar a fonte da vida, repetidamente, a fim de nos iluminarmos em dose suficiente para continuar. Quer façamos nosso caminho tocando ou ouvindo música, meditando, pintando, amando ou lendo histórias para nossos filhos ou para os filhos de nossos amigos ou para nós mesmos — quando fechamos nossa mente como olhos cansados e entregamos nosso coração como uma boca sedenta e escancarada, chegamos a uma fonte comum em que nada precisa ser aprovado ou aceito, em que não há a necessidade de superar nenhuma rejeição ou crítica. A experiência em si é toda a autoridade de que precisamos.

É interessante notar que esses momentos de renovação se abrem precisamente quando nos esquecemos de nós mesmos. Feito cavalos com antolhos dos quais não conseguimos nos desvencilhar, farejamos nosso caminho até chegarmos a esses poços profundos onde beber água. E, por enquanto, estamos salvos.

Na verdade, bebemos deste grande paradoxo diariamente: embora todos os seres vivos compartilhem este momento que estamos vivendo agora, ninguém o vivencia mais diretamente do que você. Ninguém pode dizer o que é estar vivo, exceto você. Ninguém precisa de permissão para estar vivo, para permanecer vivo, para conhecer a alegria de tocar sua mão única na terra.

- *Ande embaixo de uma árvore e, depois de se centrar, olhe para cima.*
- *À proporção que você respira, sinta a sólida explosão da árvore subir da terra, chovendo nas folhas.*
- *A árvore cresce sem o consentimento de ninguém, sem aplausos de ninguém.*
- *Toque na árvore e, enquanto você respira lentamente, aprenda com ela.*

17 de maio

Caçar a borboleta

Ao soltar, começamos.

Certa vez, quando eu tinha 6 anos de idade, persegui uma borboleta até a metade do caminho na represa, antes de segurá-la em minhas mãos de menino. Eu tinha nas mãos fechadas aquela coisa mais linda, mas não conseguia vê-la. Para vê-la, eu teria que abrir a mão e libertá-la, deixá-la ir embora. Mantive minhas mãos fechadas em concha o máximo que pude, resistindo à coceira no nariz e ao tremor nas pernas, até que a escuridão, adejando contra minhas palmas, me fez abrir os dedos, e magníficas lâminas de cor se ergueram contra a minha vontade.

Era uma história delicada demais para contar durante o jantar, e logo depois havia livros, tarefas escolares e carrinhos em miniatura para colar, discussões e raiva, e eu esqueci o encontro com a borboleta, e até mesmo a existência dela. Só agora, cerca de quarenta anos depois, é que ela desperta em mim como uma revelação colocada nas mãos de um peregrino muito antes de ele saber o suficiente para acreditar. Agora, ir ao encalço da borboleta parece um modo de vida: por medo de perder ou ser deixado de fora, nós perseguimos e nos apegamos, e, aos nos apegarmos, estamos perdidos. Parece tão óbvio quando se vive isso.

Hoje sou capaz de ver que, durante minha doença, essa era a diferença entre medo e fé, entre terror e a presença de Deus. Preso a uma cama de hospital, persegui em meu coração a batida de tudo que eu via pela frente, e tentei contê-la em minhas mãos de menino fechadas em concha, enterrando minha cabeça. Claro, eu tinha sob meu domínio a coisa mais linda, batendo como aquela borboleta, agora presa em armadilha dentro de mim. Enquanto eu mantivesse toda aquela beleza e poder da vida bruta aprisionados — em meu peito, em meu rosto, em minhas mãos —, eu não conseguiria vê-los. Para vê-los, eu teria que soltá-los, deixá-los partir.

Assim como quando eu era apenas um menino, segurei o máximo que pude, até que as batidas me fizeram abrir, e a magnífica sensação de vida se ergueu de mim contra a minha vontade. Agora sei que o que eu segurava com tanta firmeza dentro de mim era a presença de Deus, que, contida, parecia dor, medo e terror.

Mais de quarenta anos para aprender esta lição essencial: as coisas mais profundas batem dentro de nós, e, por nos aferrarmos a elas, tornam-se sombrias e assustadoras, elevando-se apenas no instante em que as soltamos.

- *Sente-se em silêncio e, calmamente, medite sobre uma dor ou um medo específico que esteja batendo dentro de você.*
- *Coloque suas mãos fechadas em concha em seu peito, sobre seu coração.*
- *Sinta essa dor ou esse medo batendo em seu peito como uma borboleta, como uma pequena coisa bonita esperando para ser libertada.*
- *Enquanto você respira, abra as mãos e solte-a, deixe-a ir embora. Deixe-a sair de você e voar mundo afora.*
- *Observe qual é a sua sensação assim que você para de segurá-la.*

18 de maio

Amizade

Nada entre as coisas humanas
tem tanto poder para manter nosso olhar
fixo cada vez mais intensamente em Deus
do que a amizade.

— Simone Weil

Em meu tempo na Terra, fui abençoado com amigos do peito. Meus leais amigos foram um oásis quando minha vida se tornou um deserto. Foram um rio de águas frescas onde mergulhar quando meu coração estava em chamas. Quando estive doente, um amigo limpava minha cabeça com uma toalha quando eu não conseguia ficar de pé sem sangrar. Outro se curvou diante da minha porta para dizer: "Serei o que você precisar, enquanto você precisar".

Outros ainda asseguraram minha liberdade e sentiram minha falta enquanto eu procurava por nacos de verdade que apenas me levavam de volta a eles. Dormi no vendaval solitário esperando pela palavra de Deus. E embora seja verdade — ninguém pode viver por você —, cantar desde o cume não é exatamente o mesmo que sussurrar no centro de um círculo que carregou você para a terra firme.

Amigos sinceros são portas para nossa alma, e amigos amorosos são a grama que suaviza o mundo. Não é por acaso que a raiz alemã da palavra *amizade* significa "lugar de alta segurança". Essa segurança nos abre para Deus. Como disse Cícero: "Um amigo é um segundo eu". E como disse São Martinho: "Meus amigos são os seres por meio dos quais Deus me ama".

Não pode haver ambição maior ou mais simples do que ser um amigo.

❊ *Centre-se e abra o coração para o lugar inominável de alta segurança.*
❊ *Depois de algum tempo, olhe ao redor em seu coração e veja quem está lá.*
❊ *Respire suavemente e agradeça pelos amigos de verdade que você tem.*

19 de maio
A abelha vem

A flor não sonha com a abelha.
Ela floresce, e a abelha vem.

Houve ocasiões na minha vida em que, de tanto querer o amor, eu me reimaginei, reinventei quem eu sou, numa tentativa de ser mais desejável ou mais merecedor. Fiz tudo isso apenas para descobrir, repetidas vezes, que o processo natural do amor é chamado a começar quando cuido da minha própria alma.

Eu me lembro da primeira vez que tropecei e caí no domínio do amor. Encontrei tanto conforto lá que, tal qual Narciso, eu me perdi em meio ao fato de que tudo além da minha dor se refletia na beleza da amada. O tempo todo eu abdicava do meu próprio valor, fortalecendo-a como a chave para a minha noção de alegria.

Se aprendi alguma coisa ao longo dos anos é que, apesar de descobrirmos e vivenciarmos a alegria com os outros, carregamos no próprio peito, feito uma cápsula de néctar, a nossa capacidade de alegria. Agora acredito que a nossa vocação mais profunda é nos enraizarmos o suficiente nesta vida de modo que possamos abrir nosso coração para a luz da experiência e, assim, florescer. Pois, ao florescer, atraímos os outros; ao sermos completamente quem somos, liberamos uma fragrância interior que chama os outros a se alimentarem do nosso néctar. E somos amados, tanto por amigos quanto por parceiros.

Parece que o próprio trabalho de ser é nos preparar para esse amor. De forma bizarra, ao cuidarmos do nosso crescimento interior, nós nos tornamos exatamente quem somos, e tal como a tulipa cuja pétala em flor tem o formato exato da abelha, nossa autoindividuação atrai uma série de outros seres amorosos mais reais do que todas as nossas fantasias. Assim, o Universo continua através da inesperada união de almas florescentes.

Então, se puder, desista do desejo do outro e seja quem você é, e, na maioria das vezes, o amor virá no momento preciso em que você estiver simplesmente amando a si mesmo.

❊ *Identifique uma característica que faz você se sentir bem acerca de quem você é: sua risada, seu sorriso, sua capacidade de ouvir ou o som da sua voz.*

- ❊ *Na próxima vez que você exibir essa qualidade positiva, observe como ser quem você é afeta os outros.*
- ❊ *Esses pequenos momentos são o começo do amor. Eles ainda não têm definição.*
- ❊ *Reserve um momento e agradeça por sua qualidade positiva e pelo amor potencial dos outros.*

20 de maio

Quebrar padrões

Eu me contradigo? Pois muito bem, então eu me contradigo.
Eu contenho multidões.

— Walt Whitman

Criamos padrões dos quais os outros dependem, e então a última coisa que imaginamos acontece: nós crescemos e mudamos; por conseguinte, para permanecermos imprescindíveis, devemos quebrar os padrões que nós mesmos criamos.

Não há culpa ou falha nisso. É um lugar-comum na natureza. Observe o oceano e a praia fazendo sua dança de acumulação e desagregação e você verá isso acontecer diariamente.

Sabemos que estamos perto desse limiar quando ouvimos alguém dizer: "Você não é assim", "Isso não condiz com você" ou "Não é do seu feitio fazer isso". O que é difícil nessa circunstância é resistir a obedecer à maneira como os outros nos veem ou a esconder quem realmente somos.

A tarefa mais árdua, em que eu não sou bom, mas na qual permaneço empenhado, é dizer àqueles a quem amamos: "Eu sou mais do que mostrei a você e mais do que você está disposto a ver. Vamos trabalhar nosso amor e nos conhecer mais plenamente".

- ❊ *Esta é uma meditação de conscientização. Conforme você avançar em suas interações hoje, observe se está obedecendo à forma como os outros o veem ou se está escondendo quem você é.*
- ❊ *Após cada interação, simplesmente respire devagar uma ou duas vezes e retorne à plenitude de quem você é.*

21 de maio
Cortado em dois

O verme perdoa o arado que o cortou.

— William Blake*

A minhoca é uma das únicas criaturas que cresce ao ser cortada. Misteriosamente, se você cortar uma minhoca em dois, cada metade cortada se torna inteira, e você tem duas minhocas.

O que há na forma como a minhoca vive que lhe permite crescer a partir de sua dor? E como podemos traduzir isso para a existência humana? Bem, sem olhar muito longe, a minhoca está completamente em contato com a terra. Na verdade, ela se alimenta da terra. Ela vive em húmus — solo — por dentro e por fora.

Talvez o segredo para crescer a partir de nossas feridas seja viver perto da terra, viver com nosso coração, mente e barriga sempre em contato — por dentro e por fora — com aquilo que é maior do que nós.

Talvez, quando nos cortarem em dois, conheçamos uma vida de humildade, de correr o risco de estar em harmonia com o solo de nossa experiência, que nos permitirá a cura e a transformação em algo inteiramente novo.

❊ *Centre-se e medite com benevolência sobre um lugar onde você se sinta cortado em dois.*
❊ *Inspire o ar profundamente e traga o ar Universal para esse lugar cru e terno.*
❊ *Inspire o ar profundamente e deixe os elementos despejarem em sua ferida os átomos de um novo começo.*

* Um dos "Provérbios do Inferno". In: *Blake. O casamento do Céu e do Inferno*. Tradução de Ivo Barroso. São Paulo: Hedra, 2008. [N. T.]

22 de maio

Sentir além da mágoa

Suportar a tensão entre os opostos até sabermos que é
"o suficiente" nos liberta da oscilação entre um extremo e outro.

— Helen Luke

Às vezes, quando penso em meus pais, que me machucaram, um céu de inverno me acalenta para me compadecer deles, para vivenciar a visão deles. Mas, na minha empatia, um velho padrão entra em ação e começo a perder a verdade da minha mágoa, como se houvesse espaço apenas para um único conjunto de sentimentos — os deles.

Trata-se de uma luta comum. Muitas vezes nos compadecemos dos outros e nos perdemos, ou nos apartamos dos outros para nos preservar. Como um aparelho de rádio que só consegue sintonizar uma estação por vez, parece que apenas um lado das coisas pode ser recebido, embora todos os lados sejam transmitidos.

Mas a compaixão é algo mais profundo que espera além da tensão de escolher lados. A compaixão, na prática, não exige que desistamos da verdade do que sentimos ou da verdade da nossa realidade. Tampouco nos permite minimizar a humanidade daqueles que nos machucam. Em vez disso, somos solicitados a nos conhecer o suficiente, de modo que possamos permanecer abertos à verdade dos outros, mesmo quando a verdade deles ou a incapacidade deles de viver de acordo com essa verdade nos machucou.

Isso não apaga os fatos emocionais de nossa vida, nem nos pede para permanecermos em uma situação dolorosa. Em vez disso, a compaixão nos pede para nos abrirmos como montanhas céu acima, como montanhas capazes de suportar todo tipo de clima e intempérie.

- *Sente-se em silêncio e, calmamente, pense em alguém com quem você esteja em desavença.*
- *Respire fundo e permita que venha à tona a verdade dos seus sentimentos, não apenas a verdade da sua posição.*
- *Respire em ritmo contínuo e permita que os sentimentos da outra pessoa, não apenas a posição dela, venham à tona.*
- *Deixe sua respiração aliviar qualquer tensão em você que afete a si mesmo ou a essa outra pessoa.*

23 de maio

Estar desperto

Sempre há um propósito no ser,
mas nem sempre ser tem um propósito.

Nos prendemos com facilidade à necessidade de definir quem somos em relação àqueles ao nosso redor. Eu me lembro de um dia, no quarto ano do ensino fundamental, em que eu estava voltando a pé da escola para casa, quando vi Roy, um colega de classe de quem eu realmente não gostava, caminhando no mesmo ritmo que eu do outro lado da rua. Até notar a presença dele, eu estava perdido na alegria de ir embora para casa, de estar livre da escola, ainda não enredado na raiva que me aguardava dentro do meu lar. No entanto, assim que vi Roy, comecei, sem dizer uma palavra, a andar mais rápido, a fim de tentar deixá-lo para trás. Ele, é claro, percebeu isso imediatamente e acelerou o passo. Ao vê-lo caminhar a passadas largas na minha frente, eu me senti inferiorizado e então disparei. Quando dei por mim, nós dois estávamos correndo em direção à esquina, e tive a sensação de que, se eu não chegasse lá primeiro, seria um fracassado.

A esta altura, eu já vivi tempo suficiente no mundo para saber que é assim que nossas ambições geralmente evoluem. Primeiro nos encontramos sozinhos na alegria do que estamos fazendo. Porém, de alguma forma, de repente surgem outros ao longo do caminho, e descambamos na corrida ofegante da comparação; ato contínuo, nos precipitamos numa desesperada tentativa de evitar sermos rotulados de "fracassados".

Então, muitas vezes nos agarramos ao objetivo mais próximo como um propósito; se não conseguimos encontrar um desígnio por perto, somos julgados como pessoas à deriva. Mas nosso duradouro senso de propósito está em nossa respiração, em nosso ser. Nas palavras da filantropa Carol Hegedus: "Nosso propósito é aquilo que somos mais intensamente quando prestamos atenção ao nosso eu mais profundo".

Então, por baixo de todas as nossas preocupações sobre carreira, emprego e aposentadoria, a verdade é que nosso propósito se resume a viver plenamente, a estarmos iluminados com quem nós somos por baixo de todos os nomes e títulos que recebemos ou aos quais aspiramos.

Imagine Buda em seu momento de iluminação, de ser iluminado por dentro. Duvido que ele soubesse que estava reluzindo. De fato, quando Buda se levantou de debaixo da árvore Bodhi, diz-se que um monge, totalmente espantado com a luminosidade que dele irradiava, aproximou-se e perguntou:

— Ó, Santo, o que é você? Você deve ser um Deus.

Buda, que não pensava em si mesmo de outra forma além de um ser presente, respondeu:

— Não... não sou um Deus — e continuou andando.

— Então você deve ser um deva — insistiu o fascinado monge.

Buda se deteve e disse:

— Não... não sou um deva — e continuou andando.

Ainda assim, o monge o perseguiu.

— Então, você deve ser o próprio Brahma!

Nesse instante, Buda simplesmente disse:

— Não.

— Então, o que é você? Diga-me, por favor! O que é você?! — suplicou o monge, confuso.

Sem conseguir conter sua alegria, Buda respondeu:

— Eu estou desperto.

E se nosso propósito, não importa com quem nos deparemos, não importa o que nos digam, for simplesmente estarmos despertos?

- *Sente-se em silêncio e, calmamente, medite sobre as coisas que acabaram por definir você.*
- *Sinta o que você faz com seus dias e diga: "Eu sou mais do que o meu trabalho".*
- *Sinta onde você dorme suas noites e diga: "Eu sou mais do que o lugar onde vivo".*
- *Sinta quem você ama e diga: "Eu sou mais do que os meus relacionamentos".*
- *Sinta tudo o que você sofreu e diga: "Eu sou mais do que a minha história".*
- *Sinta seu próprio nome e diga: "Eu sou mais do que o meu nome".*
- *Sinta sua respiração entrar e sair do seu coração e diga, sem história ou nome: "Eu sou a chama da vida vivendo neste corpo".*

24 de maio

Razões de sangue

Se você não conhece o tipo de pessoa que eu sou e eu não conheço o tipo de pessoa que você é, um padrão feito por outros pode prevalecer no mundo e, seguindo o deus errado para casa, podemos acabar perdendo nossa estrela.

— William Stafford

Como no velho ditado "A água preenche qualquer buraco", também os caminhos dos outros preencherão o espaço em que vivemos se não o preenchermos com nossa própria presença autêntica. Por muito tempo, pensei que ficar na minha e guardar quem eu sou para mim mesmo era o equivalente a ser eu mesmo em silêncio. Descobri que não era.

Não que tenhamos que verbalizar ou gritar tudo a plenos pulmões, mas precisamos estar totalmente aqui, do mesmo jeito que um penhasco aceita uma onda, do mesmo jeito que um caule de trevo cresce no único naco de luz que resta na floresta, do mesmo jeito que o milho transpira sua doce umidade quando ninguém está olhando.

Na verdade, sempre há duas razões de sangue para sermos quem somos. É assim que encontramos o amor e é assim que evitamos que os caminhos dos outros nos assolem.

- *Esta é uma meditação caminhando. Durante o dia, faça uma caminhada lenta de cinco minutos.*
- *Enquanto você caminha, observe no vento o ar que se move ao seu redor e permita que ele vá totalmente de encontro ao seu rosto.*
- *Ao retornar ao seu dia, reflita sobre como você pode encontrar o vento dos outros com seu coração.*

25 de maio

Através da muralha de chamas

Assim como a um homem assustado num barco em chamas
resta apenas uma saída para assegurar o restante de sua vida,
devemos avançar com coragem
através da muralha de chamas
rumo à vastidão do oceano.

Vivendo tempo suficiente, mais cedo ou mais tarde cada um de nós se vê cercado por uma velha maneira de ser, pensar ou amar que irrompe em chamas. Nesse momento inesperado, geralmente nos encontramos cheios de medo, sentindo-nos presos na armadilha de um velho modo de vida que fecha o cerco sobre nós. Mas essa é a passagem do renascimento que devemos atravessar se quisermos que nossa vida desabroche. É a travessia momentânea e dolorosa do que é velho para o que é novo.

É compreensível deter-se diante da muralha de chamas, sem querer encarar tudo o que está ardendo ao nosso redor. No entanto, os velhos hábitos e costumes podem arder para sempre, e esperar que as labaredas se apaguem raramente funciona. Podemos desperdiçar anos a fio nessa espera.

Tal qual o homem assustado no barco em chamas, devemos confiar que o mar mais vasto em que estamos pulando apagará tudo o que está ardendo no momento da travessia. Isso é ter fé.

Sem tentar ser corajoso, e com muito medo, aos tropeções, já pulei através de muitas muralhas de chamas. A primeira vez, eu acho, foi ao sair de casa — precisando ir, chamuscado na borda, com medo de não sobreviver além da chama da raiva na qual fui criado. Não muito tempo depois, tive que passar pelas línguas de fogo da rejeição do primeiro amor. Aqui, a parte destroçada de mim estava quase disposta a ser queimada viva. Eu tinha certeza de que não havia para onde ir e de que nada seria capaz de me abrandar. Para atravessar essa muralha em particular, eu mais me espatifei em cima dela do que a saltei, e, claro, uma vez no mar da vida além de mim, o mundo continuou e eu me curei.

Talvez a maior muralha de chamas que eu tive que transpor foi a dor do câncer e a perspectiva de morrer. Parecia que o mar inteiro estava em chamas. Mesmo quando me lancei ao oceano, afastando-me cada vez mais das línguas de fogo, pensei que ainda corria o risco de me afogar. Como eu poderia saber que aquele mar mais vasto era o útero de uma vida mais profunda? Tenho certeza de que isso é o mesmo para qualquer um que esteja lutando para se livrar de qualquer forma de vício, doença ou relacionamento abusivo.

Entretanto, o mais sutil anel de fogo, ao que parece, é aquela maneira egoísta de pensar que começa a nos sufocar com sua fumaça. Pois, aonde quer que vamos, carregamos o fogo sem chama de ser egocêntrico. Esse fogo de combustão lenta se alimenta de nós e devora quem somos. Então, como conseguiremos pular do barco em chamas que somos nós? Bem, de alguma forma isso requer saltar do barco do ego para dentro do mar do nosso espírito. Isso de alguma maneira envolve a coragem de renunciar a nossa teimosia e nossos sonhos de controle. Significa deixar arderem as costelas do ego. E dar o salto através da muralha. Nós mais do que sobreviveremos — seremos carregados para uma praia inimaginável.

- *Centre-se e medite sobre uma maneira de ser, pensar ou amar que esteja entre você e a plenitude da vida. Pode ser um segredo oculto que você carrega consigo. Ou uma índole crítica/culpabilizadora que você sustente. Ou um medo de seus próprios sentimentos.*
- *Respire fundo e imagine o que atravessar essa velha maneira pode exigir de você. Pode ser algo bem simples, como dar a si mesmo permissão para ser espontâneo. Ou dar a si mesmo permissão para quebrar suas próprias rotinas.*
- *Respire lentamente e imagine-se passando através da muralha de chamas que queima ao seu redor.*
- *Respire em ritmo constante e pratique dar o salto, imaginando isso repetidamente.*

26 de maio
Ficar triste

"A melhor coisa para não ficar triste", respondeu Merlin, "é aprender algo."

— T. H. White

A ideia aqui não é desviar a tristeza, mas dar a ela um contexto de vida diferente daquele que está deixando você triste. Assim como o gengibre pode perder o amargor quando assado no pão, a tristeza pode ser fermentada por outra vida.

Ao sentir a aspereza de estar triste ou magoado, absorver coisas novas é de muita utilidade. Isso despeja a água da vida no fogo do coração.

Então, quando estiver exausto de expressar toda a dor e toda a mágoa, ouça uma música que você nunca ouviu até então, ou peça a alguém para lhe contar uma velha história de antes do seu nascimento, ou dê uma volta de carro por uma estrada nas imediações do cume de onde você sempre quis olhar a vista.

Olhe com seus olhos tristes para coisas que sejam novas para você e que lhe darão algo para fazer com sua tristeza. Sua tristeza é a tinta. Você deve encontrar uma tela.

- *Sente-se em silêncio e, calmamente, respire em ritmo contínuo e deixe sua tristeza vir à tona suavemente.*
- *Respire de maneira limpa e tranquila e deixe as coisas ao seu redor que não são tristes lhe ensinarem algo.*
- *Apenas respire e deixe a cadeira lhe ensinar sobre madeira, deixe a parede lhe ensinar sobre estar vazio, deixe a janela lhe ensinar como deixar a luz entrar.*

27 de maio
Saltar do carrossel

Nenhuma quantidade de pensamento pode parar de pensar.

Pensar demais é um reflexo irritante de ser humano. Muitas vezes, ao analisar em excesso um problema ou repassar de novo e de novo o que dizer ou fazer, eu me sinto como uma vaca enxotando uma mosca que nunca vai embora.

Todos nós fazemos isso. Ninguém está isento. Sentindo-me inseguro, posso repetir infinitamente as coisas que deveriam me fazer sentir sólido acerca de mim mesmo, e o tempo todo minha autoestima continua se dissolvendo.

O que fazer? Eu me lembro da genial sacada de Einstein de que não podemos resolver nossos problemas recorrendo à mesma maneira de pensar que os criou. Em termos simples, quando as coisas ficam desvairadas e saem do controle, o que se pode fazer, por mais difícil que pareça, é saltar do carrossel mental.

Este é de fato o terreno da fé: saltar para o risco de parar no meio do pensamento, acreditando que algum conhecimento mais profundo nos arrebatará. Na verdade, nenhuma quantidade de pensamento sobre si mesmo dará confiança a você, assim como nenhuma quantidade de pensamento sobre o sol o aquecerá, assim como nenhuma quantidade de pensamento sobre o amor o abraçará. Confiança, amor e a luz do mundo esperam sob toda a labuta de nossa mente.

- *Sente-se em silêncio e, calmamente, centre-se.*
- *Permita que sua mente comece a fazer o que ela faz.*
- *Respire em ritmo constante e, a cada vez que você inspirar o ar, pratique parar seu pensamento no meio do pensamento.*
- *A cada vez que você expirar o ar, pratique cair abaixo de seu pensamento em seu ser.*

28 de maio

O risco da atenção

> Para a gota de chuva,
> a alegria é entrar no rio.
>
> — Ghalib, profeta sufi

É impressionante pensar que, quando crianças, nós e tudo o que existe somos uma coisa só. Com o tempo, é claro, aprendemos a distinguir entre nós e os outros, entre o mundo que carregamos em nosso interior e o mundo em que nos movemos. Porém, ironicamente, os sábios de todos os caminhos são aqueles que, após uma vida inteira de experiência, tentam retornar a esse estado primordial de Unidade.

Quando penso nos momentos em que me senti mais vivo, todos eles têm essa qualidade de unir tudo o que eu guardo dentro de mim a tudo o que existe fora de mim, de uma forma que me faz esquecer de mim mesmo. Todos esses momentos parecem atemporais e irrestritos. De maneira muito terna, os momentos mais profundos em que fazemos amor nos permitem ligar-nos a essa Unidade além de nós mesmos, assim como certos momentos de imersão em ótima música ou grandes espaços abertos. Também já senti isso após longos períodos praticando natação ou corrida, ou após longos períodos de uma saudável solidão. Sinto isso ao descobrir o que eu preciso escrever. Alegria, ao que parece, é o sentimento dessa Unidade.

Não surpreende que o risco de amar — o risco de dar toda a nossa atenção — é o que permite a fusão entre o que é eterno dentro de mim e o que é eterno fora de mim. Nesses momentos de Unidade, nós, como gotas de espírito, juntamo-nos ao rio mais vasto do espírito.

E, assim, é o risco de estarmos totalmente presentes que nos abre para a Unidade que flui por todas as coisas, da mesma forma que um riacho flui das suas terras através da minha cerca, através das minhas terras e através da cerca e das terras do meu vizinho. Assim como essa torrente de água ignora tudo o que construímos no meio, a inteireza da vida se move através de todos nós, minando os muros que mantemos.

Parece que sempre temos a opção de escolha: permanecer como construtores de cercas ou entrar no riacho que ignora todas as cercas.

- *Respire lentamente e medite sobre a Unidade de todas as coisas.*
- *Medite sobre sua respiração como a porção da Unidade que agora flui pela terra do seu corpo.*
- *Ao expirar o ar, deixe que a Unidade, tal qual aquele riacho, continue saindo de você para entrar na vida do seu vizinho.*
- *Respire e perceba que, no fluxo da Unidade, as coisas mais queridas se movem através de tudo o que colocamos em seu caminho.*

29 de maio

Desistir do que não funciona mais

Queimar seu caminho para o centro
é o fogo mais solitário de todos.
Você saberá que chegou
quando nada mais arder.

A princípio, isso parece um tanto sombrio, mas de Moisés a Buda e Jesus, os mais profundos entre nós mostraram que viver é um processo de redução drástica e constante até carregarmos apenas o essencial.

Isso vale tanto para a jornada humana quanto para o mundo natural. À medida que o centro se fortalece, o que antes era proteção se transforma em uma cobertura, como casca de árvore ou pele de cobra, que agora ficam pelo caminho; mais cedo ou mais tarde, nós, como espíritos crescendo em corpos, deparamo-nos com peles velhas queimando, como trapos em gravetos, para iluminar nosso caminho conforme nos aprofundamos cada vez mais no mundo interior, onde as forças de Deus nos tornam um só.

Quando nos deparamos com a necessidade de continuar indo para dentro, somos confrontados com um tipo muito difícil de escolha de vida: por exemplo, cortar a mesa da sua avó a fim de providenciar lenha para manter seus entes queridos aquecidos, ou largar um emprego que sempre foi seguro e gratificante para se sentir essencial novamente, ou queimar um antigo e conhecido senso de si mesmo porque ele ficou tão espesso que você não consegue sentir a chuva.

Na verdade, a ininterrupta necessidade de permanecer de prontidão removendo o que deixou de ser real é a efetiva definição interior de *sacrifício* — desistir com reverência e compaixão do que não funciona mais a fim de ficar perto do que é sagrado.

❊ *Sente-se em silêncio e, calmamente, medite sobre a borda de si mesmo que encontra o mundo. Sinta a espessura dela.*

❊ *Enquanto você respira, sinta a borda interna de si mesmo que encontra seu espírito. Sinta a suavidade dela.*

❊ *Enquanto você respira, reze para que a borda que é você seja a mais fina possível e apenas tão espessa quanto necessário.*

30 de maio

Uma sequência de hojes

Se não for agora,
quando?

Desde que sobrevivi ao câncer, há um ardente fragmento de verdade com o qual eu convivo todos os dias. Às vezes, essa verdade não me deixa dormir, mas na maior parte do tempo me traz grande alegria. Ninguém me contou essa pequena verdade, eu não cheguei a ela, tampouco trabalhei nela. Essa verdade simplesmente se revelou, do jeito que um osso quebrado nos faz sentir novamente a imensa pressão do ar. E essa pequena verdade é: *Se não for agora, quando?*

Tudo se resume a isto: não existe o amanhã, apenas uma sequência de hojes. Ainda assim, como a maioria de nós, de alguma forma fui ensinado a sonhar com o futuro, a preencher o futuro com tudo o que importa: Algum dia serei feliz. Quando eu for rico, serei livre. Quando eu encontrar a pessoa certa, conhecerei o amor. Aí então serei amoroso, feliz, verdadeiro e genuíno.

Porém, o risco de morte arrancou de mim, a ferro e fogo, o senso de futuro, e embora eu espere viver muito tempo, embora eu faça planos e anseie pelas muitas coisas que planejo, não tenho escolha a não ser sonhar agora.

Eu começo, como sempre fiz, despejando o melhor de mim em um tempo imaginado ainda por vir, mas então ouço "Se não for agora, quando?", e aí o melhor de mim flui de volta para o único lugar que realmente conhece: o presente.

Tudo isso me ajuda a entender de forma muito diferente uma história sobre Jesus. Estou pensando no jovem e rico mercador que se aproxima de Jesus logo depois de o nazareno proferir seu Sermão da Montanha. Ele admira Jesus, está verdadeiramente tocado e quer se juntar a ele. Então o jovem rico pergunta com grande sinceridade o que precisa fazer, quais arranjos precisam ser feitos.

Jesus abre os braços e diz: "Venha comigo agora. Largue tudo e venha".

O jovem mercador hesita e balbucia seus muitos "sim, mas" — ele não consegue abandonar seus negócios e riquezas de forma tão súbita. Ele tem que deixar uma mensagem. Ele precisará juntar roupas limpas. Quanto dinheiro deve levar?

De braços abertos, Jesus simplesmente diz mais uma vez: "Venha comigo agora".

Quantas vezes todos nós ensaiamos esse momento, adiando o amor, a verdade, a alegria e até mesmo Deus, citando para nós mesmos nossos muitos "sim, mas", quando tudo o que temos a fazer — por mais difícil e simples que seja — é largar tudo e Ir Agora.

- *Respire lentamente e medite sobre algo precioso para você e pelo qual você tem trabalhado. Pode ser algo que gire em torno de ser feliz, conhecer o amor, encontrar um parceiro ou aprender a tocar um instrumento musical, ou como entender mais profundamente a verdade de sua experiência.*
- *Respire fundo e, por enquanto, sonhe com isso agora; isto é, elimine os esforços para construí-lo amanhã.*
- *Por enquanto, imagine que qualquer parte desse trabalho que você deve conhecer, realizar ou habitar só pode acontecer hoje.*

- ❊ *Inspire o ar profundamente, pegue a energia de tudo o que você planejou e adiou e coloque-a de volta na sua vida hoje.*
- ❊ *Em vez de se sentir sobrecarregado com tudo isso, tente deixar essa energia simplesmente preenchê-lo enquanto você percorre seu dia.*

31 de maio

Ver através dos olhos de outro

Agora, não tenho escolha a não ser ver com
seus olhos. Portanto eu não estou sozinho,
portanto você não está sozinho.

— Yannis Ritsos

Conta-se uma história de Gandhi que revela a profundidade e a ousadia de seu senso de compaixão. Ocorreu durante uma de suas famosas greves de fome. Angustiado, um homem cuja filha fora assassinada procurou Gandhi para lhe prometer que, se o homem de alma grandiosa comesse alguma coisa, ele deixaria de lutar por vingança. Mas Gandhi sabia que a cura era mais profunda do que apenas parar a violência, e então disse ao homem que comeria apenas quando o pai atormentado abraçasse o homem que matara sua filha.

Conta-se que o homem caiu em lágrimas, mas fez o que Gandhi lhe pediu, e o conflito maior terminou. Isso é algo enorme para se pedir a alguém de luto, a alguém que foi violado. Porém, além da vasta coragem necessária para incorporar esse tipo de amor à nossa vida cotidiana, o pedido de Gandhi revela a irrefutável sabedoria de que somente quando os destroçados forem curados, não importa o que tenham feito, nós, como povo, receberemos a cura.

É difícil compreender como isso funciona, mas o mistério do verdadeiro perdão espera em deixarmos de lado nossos livros de registros de injustiças e listas de vingança para recuperar o sentimento em nosso coração. E então, sou forçado a olhar para minha própria vida pequena, para minhas próprias dores pequenas e corrosivas, e perguntar: Quem sou eu? Por que não consigo perdoar os erros que cometeram contra mim? Por que não consigo, mais do que perdoar, começar a confiar novamente?

- *Sente-se em silêncio e comece abrindo espaço em seus sentimentos para outra vida.*
- *Agora, respire lentamente e pense em alguém que você não entende.*
- *A cada vez que você inspirar o ar, deixe essa pessoa entrar em seu coração.*
- *A cada vez que você expirar o ar, tente ver com os olhos dela.*

junho

1º de junho

Caminhar para o norte

Caminhe o suficiente,
e todos nós trocamos de lugar.

Vivemos cercados e carregados pelo Todo, enquanto nos revezamos entre amparar e ser amparados, cair e levantar, ouvir e tentar dizer o que importa. Isso me lembra Nur. Ela também teve câncer e foi um exemplo de força, uma valente bênção. Eu me lembro de quando ela morreu. Fiquei tristíssimo. No entanto, naquele dia a luz foi impiedosa de tão bela, forçando-me a começar a me curar. Isso me fez perceber, naquelas horas de claridade dolorosa, que, não importa quanto eu vire as costas e me afaste, a luz magnífica segue adiante; é pano de fundo para a minha tristeza.

Funciona no sentido inverso também. Vivenciei momentos de simplicidade completa, em que todos os meus problemas e limitações pareciam, por um segundo, desaparecer, mas estavam lá, crescendo feito mofo no escuro. Então aprendi que, por mais que eu eleve meu coração, minha sombra se esgueira à espreita atrás de mim, pano de fundo para minha alegria.

E quando tentei fugir do fato de que tinha câncer, ficou bem evidente que, por mais que eu corra a mil por hora, uma quietude sem pensamento é onde eu termino. Mesmo enquanto me recuperava no silêncio de uma tarde de fevereiro — sozinho, minhas costelas todas enfaixadas —, eu precisava aceitar que, fossem quantas fossem as horas durante as quais eu tinha de permanecer sentado, havia um rio de movimento ao qual eu devia me reunir.

Parece o caminho de nossas muitas vidas: aonde quer que sejamos levados, o oposto nos espera. Quando eu estou para baixo, você está para cima; quando você está fraco, eu estou forte. De que outra forma posso explicar que, quando não consigo manter minha cabeça erguida, ela sempre cai no colo de alguém que acabou de se abrir? De que outra forma posso entender que, quando eu finalmente me liberto do fardo, sempre há a cabeça pesada de alguém pousando em meus braços?

É assim que crescemos e nos curamos, repetidamente, abraçando e sendo abraçados, amparando e sendo amparados. Na minha própria vida, já me seguraram e me derrubaram, já machuquei e reconfortei outras pessoas, o suficiente para aceitar, enfim, que as razões do coração são folhas ao vento. Levante-se, continue de cabeça erguida, e tudo se aninhará em você.

Mas isso não é uma queixa. É como deveria ser, como deve ser, a maneira pela qual tudo o que é natural se estende e cresce. Todos nós perdemos e todos nós ganhamos. A escuridão aglomera a luz. A luz preenche a dor. Viver é uma conversa sem fim, uma dança sem passos, uma canção sem palavras, uma razão grande demais para qualquer mente.

Não importa a forma como nos viramos ou somos virados, a magnificência prossegue...

- *Esta é uma meditação caminhando. Tire quinze minutos durante o seu dia e caminhe em silêncio onde quer que você esteja — na cidade, no campo, no estacionamento, pelo longo corredor até a única janela de luz.*
- *Respire em ritmo constante ao pisar no chão, sentindo sua respiração em seus pés.*
- *Sinta o ar que outros, desconhecidos para você, já respiraram.*
- *Pare em um local iluminado por luz, por menor que seja. Feche os olhos, sinta a luz em seu rosto e diga a si mesmo: "Este é meu lar".*

2 de junho
Tragédia e paz

Muitas pegadas no mesmo lugar,
porque o coração é um caminho estreito
e nossos braços, o único portão.

Vez por outra, tantas memórias pisoteiam meu coração que se torna impossível saber exatamente o que estou sentindo e por quê: meu primeiro amor rindo em um parque de cujo nome não consigo me lembrar; minha avó morrendo junto de seus tijolos sujos no Brooklyn; a vertigem das Montanhas Rochosas me dizendo para voltar para o meio dos vivos; os ombros da minha ex-esposa curvados e cansados na chuva; o velho cachorro com quem eu morava perseguindo o próprio rabo... e mais outras mil...

O fato de que todas as maneiras pelas quais fomos tocados se fundem no solo de quem somos é uma bênção, uma dádiva de ser humano. É o que os sábios de todas as tradições chamam de *paz* — o furtivo momento em que todas as coisas se tornam uma só. O fato de não podermos separar e organizar nossos sentimentos e memórias, uma vez que o solo de nossa experiência é cultivado, é a natureza de permanecer vivo. Esta é a nossa maldição: insistirmos em manter vivas velhas feridas.

No entanto, como aponta Thich Nhat Hanh, "nossa mente de amor pode estar enterrada profundamente sob muitas camadas de esquecimento e sofrimento". A diferença, estou aprendendo, está naquilo que focamos. Quando me concentro no rastelo da experiência e em como seus dentes se cravaram em mim e nos muitos pés que me pisotearam, não há fim para a vida da minha dor. Mas quando me concentro no solo do coração e em como ele foi revirado, não há fim para a mistura de sentimentos que desafiam minha vontade de nomeá-los.

A tragédia permanece viva ao sentirmos o que foi feito conosco, ao passo que a paz ganha vida ao vivermos com o resultado.

- *Centre-se e, enquanto você respira, sinta seu coração com seus mil sentimentos batendo dentro do peito.*
- *Inspire o ar em um ritmo lento e deixe vir à tona uma experiência que ajudou a moldar você.*
- *Por um momento, concentre-se no rastelo dessa experiência; concentre-se nas ações que você recebeu.*
- *Agora, concentre-se no solo dessa experiência; concentre-se no resultado de ser arado pela vida.*
- *Observe e sinta a diferença.*

3 de junho
Mais do que nossos erros

O búfalo se alimentava da grama santo agostinho que foi
fertilizada por seus próprios excrementos. Essa grama tinha raízes
profundas presas à terra e era resistente à seca.

— David Peat

Por mais que tentemos, não podemos escapar de cometer erros. Mas, felizmente, o ciclo de criar raízes fortes — sempre uma lição de humildade — vem de se alimentar com o que cresce da nossa própria merda, de digerir e processar nossa própria humanidade. Assim como o búfalo, somos nutridos por aquilo que brota da trilha imperfeita que vamos abrindo. O que pisoteamos e deixamos para trás fertiliza o que nos alimentará. Ninguém está isento.

Um cano cai na perna de uma dançarina, e a dançarina precisa se reinventar, enquanto o trabalhador que o deixou cair decide atuar como voluntário junto a veteranos mutilados. Um amigo querido descobre pequenos tumores bulbosos e suas tulipas começam a falar, e quando ele morre, sua enfermeira começa a cultivar um jardim. As coisas se separam e se juntam, às vezes numa velocidade maior do que somos capazes de lidar. Contudo, apesar de nossas limitações, evoluímos, e, em que pesem nossas quebras e erros, somos sempre misteriosamente mais do que aquilo que está quebrado. Na verdade, de certa maneira, crescemos do solo de nossos erros. E, no processo, muitas vezes aquilo do que recusamos a nos desapegar é, de alguma forma, forçado a sair de nossas garras.

Eu já quebrei e fracassei tantas vezes que meu senso de identidade brotou e descascou feito uma cebola. Porém, por causa disso, vivi mais do que minha cota de vidas, e me sinto ao mesmo tempo jovem e velho, com um coração súbito que chora só para encontrar o ar. Do outro lado de tudo o que sofri até agora, todas as coisas, desde o canto rápido dos pássaros até a paz aprisionada dentro do gorgolejo de um riacho fresco, são raras e incertas. Agora eu quero ficar nu diante de cada vento; e embora ainda sinta medo de quebrar, de algum jeito sei que tudo — até mesmo o medo — faz parte do ritmo de estar vivo.

Veja, ninguém nunca me disse que, assim como as cobras trocam de pele, assim como a casca das árvores se solta do tronco, o coração humano descasca, chorando quando é forçado a se abrir, cantando quando se abre de tanto amor. Agora eu entendo que tudo aquilo que nos impede de queimar a verdade como alimento, tudo aquilo que ludibria o coração a pensar que podemos nos esconder ao ar livre, e tudo aquilo que nos faz olhar para todos os lugares, menos para o núcleo, são a fumaça que nos afasta do que é vivo. E o que quer que nos faça voltar, que nos faça surgir, o que quer que nos faça construir uma casa de palha, de mágoa, do nada, o que quer que nos faça ver novamente pela primeira vez, isso é a chama azulada que mantém a Terra movendo-se a duras penas em direção ao Sol.

❋ *Acenda uma vela. Sente-se em silêncio e, calmamente, concentre-se na parte azul da chama enquanto medita sobre uma perda que você carrega dentro de si. Pode ser uma pessoa que morreu ou deixou sua vida. Ou um sonho que evaporou.*

- *Peneire os sentimentos que circundam essa perda e encontre um detalhe que pareça valer a pena salvar. Pode ser representado por uma caneta ou um livro que alguém usou. Ou uma cadeira favorita. Ou uma música. Ou uma ferramenta de jardinagem.*
- *Mantendo esse detalhe em seu coração, olhe para a chama azulada e medite sobre a dádiva que você carrega do que se foi.*
- *Agora use esse detalhe, se puder, para ajudá-lo a construir o que está diante de você neste momento.*
- *Tente incutir em si o que vale a pena salvar do que você perdeu.*
- *Use o antigo para construir o novo.*

4 de junho
Resistir

Em todas as dez regiões do Universo
não há lugar onde a Fonte não esteja.

— Hakuin

Conta-se uma velha história sobre um jovem que está congelando na beira de uma estrada no Alasca. Ele está tentando pegar uma carona para Miami. Está com tanto frio que mal consegue segurar sua placa feita à mão. Depois de uma longa espera, um caminhoneiro simpático encosta e diz: "Não estou indo para Miami, mas vou até Fort Lauderdale".

Desanimado, o jovem diz: "Ah", e recusa a carona.

Esse é um mito popular da nossa cultura moderna que nos alerta contra nossa vontade de perfeição. Quantas vezes recusamos nosso destino sob o pretexto de esperar pela coisa certa? Quantas vezes recusamos o caminho que nos é apresentado como um presente porque não é exatamente o que estamos sonhando? Quantas vezes esperamos pelo parceiro perfeito, o emprego perfeito, a casa perfeita? Quantas vezes nos martirizamos por algum ideal imaginado?

Quantas vezes perdemos de vista o que realmente buscamos, insistindo em tudo ou nada, quando há tanta abundância onde quer que estejamos e tantas oportunidades que podem nos ajudar em nosso caminho?

- *Se puder, sente-se ao ar livre e observe as nuvens. Procure uma nuvem que se assemelhe a um cavalo. Quer você a encontre ou não, observe como é a sensação de procurar por algo.*
- *Feche os olhos e respire em ritmo contínuo. Uma vez centrado, abra os olhos e fite as mesmas nuvens. Escolha uma que o atraia e veja que formato está esperando nela.*
- *O que quer que você encontre, observe qual é a sensação de encontrar o que está lá.*

5 de junho
Os espaços intermediários

Não há necessidade de buscar a verdade —
apenas pare com suas opiniões!

— Seng-Ts'an

Assim como a vida é feita de dia e noite, e uma canção é feita de música e silêncio, as amizades, por serem deste mundo, também são feitas de momentos de estar em contato e espaços intermediários. Sendo humanos, às vezes preenchemos esses espaços com preocupação, ou imaginamos que o silêncio é alguma forma de punição, ou internalizamos como uma tácita mudança de atitude o tempo em que não estamos em contato com um ente querido.

Nossa mente trabalha com bastante afinco para fazer algo do nada. Podemos perceber o silêncio como rejeição em um instante, e em seguida construir um castelo frio naquele pequeno tijolo imaginado.

A única liberação das tensões que urdimos em torno do nada é permanecermos criaturas do coração. Dando voz ao rio de sentimentos conforme eles fluem, podemos continuar sendo claros e abertos.

Em termos cotidianos, chamamos isso de "ver como fulano está", apesar de a maioria de nós reduzir a coisa a uma lista de compras: *Como você está hoje? Você precisa de leite? Ovos? Suco? Papel higiênico?* Embora possamos nos ajudar uns aos outros a sobreviver com essas gentilezas exteriores, ajudamos uns aos outros a prosperar quando "ver como fulano está" vem de uma lista de gentilezas interiores: *Como você está hoje? Você precisa de alguma afirmação? Lucidez? Apoio? Compreensão?*

Quando fazemos essas perguntas mais profundas diretamente, limpamos a mente de suas percepções errôneas. Assim como de vez em quando devemos tirar o pó de nossos pertences, também temos de limpar o que nos encobre quando estamos separados.

- *Medite sobre o que essas declarações significam para você e, em seguida, fale sobre elas com um ente querido:*
- *Eu sou grato por você e por seu coração.*
- *Quero que o canal do coração esteja bem aberto entre nós.*
- *Prometo que, se mal-entendidos ou conflitos surgirem entre nós, compartilharei com você diretamente e não os deixarei aumentar ou crescer de forma oculta.*
- *Eu consideraria uma bênção a mesma promessa de sua parte.*

6 de junho
Dois macacos dormindo

A ternura não escolhe seus próprios usos.
Ela se estende a tudo igualmente.

— Jane Hirshfield

Entramos em determinada área do Zoológico do Central Park e lá, apesar das dezenas de turistas apontando e batendo no vidro, dois macacos estavam agachados em um poleiro de pedra. Para nossa surpresa, ambos estavam em sono profundo, suas cabeças escuras curvadas uma junto à outra, seus pequenos corpos flácidos.

O extraordinário era que as pequenas e delicadas mãos dos macacos se tocavam, os dedos símios encostados uns nos outros. Estava claro que era o pequeno toque sustentado que permitia aos macacos dormir. Enquanto continuassem se tocando, poderiam relaxar.

Eu invejei a confiança e a simplicidade que sentiam um no outro. Não havia nenhuma pretensão humana de independência. Era evidente que ambos precisavam um do outro para sentir a paz. Um se mexeu, mas não acordou, e o outro, adormecido, manteve os dedos se tocando. Como é profunda e gratificante a vida do toque. Os dois vagavam à deriva dentro de si, sonhando o que quer que os macacos sonhem.

Os dois macacos pareciam antigos viajantes rezando dentro de um lugar de descanso, e isso foi possível porque ousaram permanecer conectados. Foi uma das lições de humildade mais ternas e comoventes que eu já vi. Dois macacos envelhecidos entrelaçando as pontas dos dedos, como se apenas o toque os impedisse de desabar no esquecimento.

Rezo pela coragem de ser tão simples na hora de pedir o que eu preciso ser.

- *Sente-se com um ente querido, a pessoa amada ou um amigo de confiança, e abra-se para tudo o que é mais velho do que você.*
- *Rezem dessa forma sem se tocarem.*
- *Agora, entrelacem levemente os dedos com a simplicidade dos macacos envelhecidos, e abram-se ainda mais para o mistério da ternura.*
- *Não observem ou acompanhem o que acontece. Apenas permaneçam conectados e flutuem no que é indizível.*

7 de junho

Todos nós derramamos a sopa

Querer reformar o mundo sem descobrir o seu verdadeiro eu é como tentar cobrir o mundo com couro para evitar a dor de andar sobre pedras e espinhos. É muito mais simples usar sapatos.

— Ramana Maharshi, sábio hindu

Todo mundo personaliza e projeta. Personalizar é confundir o que acontece no mundo com algo que sempre tem a ver com você. Um exemplo extremo seria quando uma criança não faz o dever de casa e descobre, no dia seguinte, que um avião caiu em Dallas; de alguma forma, ela acredita que foi responsável pelo acidente aéreo. Uma versão adulta mais comum e menos extrema disso é quando seu parceiro chega em casa amuado e mal-humorado, e você imediatamente acredita que a culpa é sua.

Projetar é o inverso. Ocorre quando lançamos ao mundo que nos cerca as coisas que acontecem em nós. Muitas vezes, sem saber, atribuímos nossos medos e frustrações aos outros. Em vez de aceitar minha própria raiva, vejo você como alguém raivoso. Um exemplo geracional seria o seguinte: se eu tenho medo de cachorros, protejo meus filhos dos cachorros e, sem perguntar como eles se sentem, decido mantê-los longe de cachorros também. Um exemplo mais sutil disso é quando alguém está chorando e dizemos que não há necessidade de ficar chateado, porque toda essa emoção nos deixa desconfortáveis. Ou quando continuamos perguntando à outra pessoa se ela está bem quando somos nós que não estamos.

A verdade é que ninguém pode evitar a personalização ou a projeção. Simplesmente existem aqueles de nós que estão cientes disso, e aqueles de nós que não estão; aqueles de nós que admitem quando isso acontece, e aqueles de nós que não admitem. Mas essa diferença é crucial. Não reconhecer isso pode acabar com os relacionamentos. Reconhecer pode aprofundar os relacionamentos.

Humanos têm cometido deslizes — derramaram sopa — por toda a eternidade, e gerações deram desculpas, alegando: "Foi a Terra. A Terra mudou", e gerações pensaram em segredo: "Foi intencional".

Portanto, se você quer salvar o mundo, quando derramar a sopa, simplesmente diga: "Eu sinto muito por ter derramado a sopa".

- *Centre-se e evoque um episódio recente em que você derramou a sopa.*
- *Respire com limpidez e veja com precisão o que você fez e como isso afetou os outros.*
- *Respire em ritmo suave e reconheça com gentileza sua humanidade.*
- *Se necessário, repare os danos que você causou.*

8 de junho
Descanse como uma árvore

Elogios e críticas, ganho e perda, prazer e tristeza vêm e vão como o vento. Para ser feliz, descanse como uma grande árvore no meio de tudo isso.

— *Buda: pequeno manual de instruções**

É útil ter isso em mente. Óbvio, é difícil lembrar disso quando sentimos culpa, perda ou tristeza. Mas é quando mais precisamos dessa sabedoria.

Como todo mundo, prefiro não sentir na pele as correntes subjacentes da vida, mas a dificuldade não é evitá-las, e sim aceitar que ao longo da nossa existência teremos uma cota delas.

Evitar os aspectos difíceis da vida apenas atrofia nossa plenitude. Quando fazemos isso, somos como uma árvore que nunca se abre totalmente para o céu. E insistir em nossos revezes e vicissitudes apenas os impede de seguir seu caminho. Quando fazemos isso, somos como uma grande árvore que faz as vezes de escudo ao capturar a tempestade em suas folhas.

A tempestade, por sua natureza, quer seguir em frente, e a graça divina da árvore é que ela não tem mãos. Nossa bênção e maldição é aprender e reaprender quando estender a mão e segurar, e quando enfiar as mãos nos bolsos.

- *Fique ao lado de uma árvore adulta. Inspire a sabedoria dela.*
- *Enquanto observa a árvore permanecer aberta ao vento, sinta os elogios e as culpas percorrerem todo o seu corpo, e tente ficar como a árvore.*
- *Respire fundo, sinta o ganho e a perda circundarem você, e tente abrir seu coração como um galho.*
- *Respire devagar e sinta o prazer e a tristeza farfalhar suas folhas, e tente manter-se imóvel, sem se apegar a nada disso.*

* Jack Kornfield. *Buda: pequeno manual de instruções*. Rio de Janeiro: Ediouro, 1997. [N. T.]

9 de junho

Estes são os sinais

A dor geralmente é um sinal
de que algo precisa mudar.

Nosso coração e nosso corpo geralmente nos enviam mensagens às quais não prestamos atenção. Ironicamente, todos nós estamos muito cientes da dor, somos incapazes de ignorá-la, mas apenas raramente ouvimos o que ela tem a dizer. É verdade que talvez haja ocasiões em que precisaremos suportar pesadas doses de dor, mágoa, decepção e perda para seguir adiante e permitir que o resto de nossa vida desabroche. Mas a dor também pode estar nos mostrando exatamente onde precisamos mudar.

Se vemos nosso corpo como uma ponte que nos leva da nossa vida interior para o mundo exterior, então a dor muitas vezes nos dá uma clara noção de onde a ponte está sofrendo mais pressão. A dor nos mostra em que ponto sofremos risco de quebrar, onde nossa vida precisa de reforço e descanso, para que possamos continuar unindo nossas vidas interior e exterior.

Durante minha luta contra o câncer, senti na pele uma variedade de dores profundas e agudas. Aprendi a segurar e a soltar, a me apegar e a desapegar, aprendi a suportar — isto é, deixar a dor doer sem negar sua sensação dolorosa. Mas a coisa mais crucial que aprendi foi a ouvir a dor.

Meus tratamentos de quimioterapia estavam me consumindo, pois eram muito agressivos. Eu estava tentando, no limite do meu conhecimento, sobreviver ao máximo de tratamentos que eu podia. Todas as pessoas me instruíam a aguentar. "Com certeza", diziam-me os mais medrosos do que eu, "o melhor a fazer é você engolir o máximo de veneno que puder tolerar, para que o câncer seja completamente eliminado do seu corpo." Continuei empenhado nesse enfoque.

Porém, depois de quatro meses, perdi a sensibilidade nos meus dedos das mãos e dos pés.

A quimio estava causando danos nos nervos, e eu perdi meus reflexos. Pelejei, sem saber se deveria continuar ou não. Eu sentia que o câncer tinha sumido, mas a quimio era um seguro. *Aguente mais, se você puder. Aguente firme.*

Vinte e quatro horas depois, eu estava acordado no meio da noite com a pior crise estomacal que já tive na vida. Lá estava eu, andando de um lado para o outro na sala às três da manhã, tentando suportar a dor, pedindo a Deus um sinal. A quimio tinha ulcerado meu esôfago. Outra crise me atingiu. Eu fiquei prostrado de dor: *Deus, me dê um sinal. O que devo fazer? Eu quero viver.*

Mais uma crise. Isso aconteceu mais três vezes, quando de súbito eu me dei conta — a dor era o sinal. E a mensagem da dor era para eu parar. Ponto final. Lá estava eu, curvado, com minha traqueia sangrando e dormência nas mãos e nos pés, e Deus estava dizendo: "Estes são os sinais. Você quer mais? Eu posso te dar mais".

No dia seguinte, eu disse ao meu querido médico que não colocaria mais aquela agulha no meu braço. E acabou.

- *Respire lentamente e medite sobre uma dor que esteja incomodando você. Pode ser física, emocional ou até mental.*
- *Em vez de se enrijecer e resistir ao início da dor, tente deixá-la percorrer todo o seu corpo.*
- *Observe onde a dor é mais aguda. Perceba onde você a sente pela primeira vez e onde a sente pela última vez à medida que ela arrefece.*
- *O que a dor está lhe dizendo sobre a parte do seu corpo, coração ou mente pela qual ela está passando?*
- *O que você poderia mudar na forma como se move, se sente ou pensa que fortalecerá essa parte de você que está sofrendo?*

10 de junho
O exercício da gentileza

Não tenho o poder de realizar milagres
além da obtenção da felicidade silenciosa;
não tenho discernimento, exceto o exercício da gentileza.

— Oráculo de Sumiyoshi

Esse sábio xintoísta das colinas do Japão assevera o que todos nós sabemos em nosso coração, mas raramente honramos. Eu me esforcei muito para desistir de atingir um lugar determinado por outros no mundo, pois isso sempre me leva a barulho, confusão e aspereza. Muitas vezes é alguma tristeza ou dor que me paralisa, me dá um chacoalhão que me faz lembrar do exercício de gentileza que abre o mundo silencioso.

A verdade é que, mais do que esquecer isso, uma parte não amada de mim sussurra insistentemente que eu posso ter uma e outra coisa. De forma tola, tendo a ouvir, por pena ou orgulho, apenas para descobrir, de um jeito doloroso e repetido, que simplesmente não funciona.

Em belo mistério, a extraordinária borda de tudo é coberta por uma torrente de velocidade e ruído, da mesma forma que belas pedras não são nitidamente visíveis sob a correnteza do rio. É somente quando conseguimos aquietar o rio do mundo e o rio em nosso rosto que as coisas se tornam extraordinárias e cristalinas.

- *Esta é uma meditação caminhando. Respire fundo enquanto você anda.*
- *Conforme começa a desacelerar o passo, observe como seu campo de atenção se amplia.*
- *Vá até a primeira coisa que lhe mostrar sua felicidade silenciosa.*
- *Respire lentamente diante dela e, com sua gentileza, fale com ela.*

11 de junho
Compartilhar a escalada

Aqueles que bebem da mesma água
fitam as mesmas estrelas.

A escalada foi longa. O dia estava quente. Tom tinha pensado com antecedência e congelou sua garrafa de água, para que a água permanecesse fria. Porém, depois de beber o que havia derretido, restou-lhe um pequeno pedaço de gelo chacoalhando dentro da garrafa de plástico. Foi quando Bill, outro alpinista, que não tinha tido a mesma ideia, pediu a Tom para dividir seu gelo. Bill tinha bastante água, mas estava com muito calor por causa da escalada sob o sol escaldante.

Tom ficou feliz em dividir seu gelo e tentou quebrar o pedaço de modo a passar lascas para dentro da garrafa de Bill. Depois de uma longa frustração, ocorreu a Tom deixar Bill despejar sua água quente por cima do gelo e então deixar Bill beber de sua garrafa.

Esse ínfimo momento mudou a vida de Tom. De súbito, ele percebeu que se deixasse as coisas entrarem, poderia compartilhar mais facilmente do que se continuasse quebrando as coisas a fim de fazê-las saírem.

Ao voltar ao mundo lá embaixo, ele entendeu os três mistérios do compartilhamento: primeiro, se houver tempo, deixe as coisas frias descongelarem. Mas, se não houver tempo, deixe as coisas quentes entrarem e, somente quando necessário, quebre as coisas duras restantes e reze feito um doido para conseguir fazê-las passar.

- *Centre-se e, enquanto você respira, abra as mãos, deixando as coisas quentes ao seu redor entrarem.*
- *Ao inspirar o ar, deixe a energia da vida descongelar seus preparativos, tornando você potável.*

12 de junho
Contar pelo toque

Precisamos contar pelo toque,
não pela adição e subtração.

Quando contamos com os olhos, paralisamos o coração. Pois os olhos são capazes de ver nitidamente o que está quebrado sem nunca sentirem a quebra, e a mente é capaz de calcular a perda sem jamais costurar a ferida. Sem tocar na vida que se desmantela diante de nós, podemos correr para reconstruí-la antes que o sonho destroçado chegue ao chão. Embora isso nos torne resilientes e eficientes como formigas, também nos impede de viver no que construímos.

Infelizmente, o que nos torna precisos e eficientes também pode encetar uma vida de neurose: não tocar o que vemos, não sentir o que sabemos. É assim que a mente entra em descompasso com o coração. Como esquecemos que o sangue no noticiário é real, que o pranto da rua está ligado a algo vivo?

Eu me lembro de ter acordado após a cirurgia de retirada de costela e encontrar uma amiga querida aos pés da minha cama no hospital. Fiquei exultante por ter chegado do outro lado e a chamei, mas ela estava olhando fixamente para longe. Naquele instante eu soube que ela já estava de luto por mim, e por isso ela perdeu o momento em que voltei à vida. Ela já estava se preparando para a vida sem mim, e então, a proximidade mais profunda que nos aguardava nunca foi sentida ou posta em prática. Achamos que estamos nos protegendo ao fazermos um inventário das coisas e seguirmos em frente, mas apenas tecemos nossa teia com mais força.

Recentemente, outra amiga teve um sonho em que estávamos construindo uma casa com prateleiras resistentes para as coisas que amávamos. Ela tentava contar as prateleiras, mas não conseguia manter os números na cabeça. Ela teve que ir até lá e contar as prateleiras tocando em uma por uma. Misteriosamente, enquanto fazia isso, as prateleiras continuavam se multiplicando. Seu toque fazia com que surgissem mais prateleiras.

Uma lição profunda e simples em igual medida: contar com as mãos nos leva mais fundo do que toda contagem. Então, os números dão lugar às notas, e as somas dão lugar à música.

- *Sente-se em silêncio e, calmamente, medite sobre três coisas que você estima. Uma delas pode ser o amor de outra pessoa; a segunda pode ser seu amor pelo mar; a terceira talvez seja uma música especial que faz você se sentir inteiro.*
- *A cada respiração, deixe a imagem e a sensação dessas coisas surgirem diante de você, uma de cada vez.*
- *Continue respirando e conte essas coisas queridas conforme elas vêm à sua consciência, de novo e novo.*
- *Continue sentindo-as até que os números — um, dois, três — desapareçam aos poucos.*
- *Continue respirando em ritmo constante e deixe as sensações dessas coisas queridas se misturarem e se tocarem.*
- *Carregue ao longo de seu dia esse estado de espírito de se aferrar às coisas queridas.*

13 de junho
Contra a nossa vontade

Assim como uma enseada não pode se fechar para o mar que a molda, ao coração resta apenas abrir-se.

Uma das bênçãos mais difíceis de se aceitar no que diz respeito ao coração é que, na imagem da própria vida, ele não para de emergir por meio da experiência. Por mais que tentemos preservar ou reviver o que já aconteceu, o coração não para de ser moldado.

Esta é uma chave magnífica para a saúde: apesar da nossa resistência em aceitar que aquilo que perdemos ficou para trás, apesar da nossa necessidade, por vezes, de costurar e fechar nossas feridas revivendo-as, e apesar de nossos heroicos esforços para preservar o que é precioso, apesar de todas as nossas tentativas de interromper o fluxo da vida, o coração tem juízo e sabe das coisas. Ele sabe que a única maneira de realmente lembrar ou permanecer inteiro é levar o melhor e o pior para seu tecido.

Em que pesem todas as nossas intenções de não deixar que nos firam novamente, o coração nos mantém em movimento, sempre em direção à saúde. Embora andemos por aí pensando que somos capazes de direcioná-lo, nosso coração é infinitamente moldado como a terra, muitas vezes contra a nossa vontade.

- *Centre-se e evoque um momento precioso que você gostaria de preservar.*
- *Enquanto você respira, deixe entrar a vida que neste momento está ao seu redor — a qualidade da luz, a temperatura, os sons que vão e vêm.*
- *Respire em ritmo constante e tente não escolher um em detrimento do outro. Simplesmente permita que a lembrança preciosa e o momento precioso se tornem ternamente um só.*

14 de junho

Nadar no nosso amor

Às vezes eu nos perco de vista;
do mesmo jeito que os peixes não conseguem ver o oceano;
o preço dos amantes nadando em seu amor.

Quando nos apaixonamos pela primeira vez, a poderosa força da possibilidade nos agarra e nos puxa cada vez mais fundo dias adentro. Ao moldar os laços do amor pela primeira vez, olhamos um para o outro com um incrível frescor e valorizamos, agradecidos, quem está diante de nós. Olhamos nos olhos da pessoa amada da mesma forma que olhamos para uma arrebatadora pintura na qual imaginamos que os segredos da vida foram retratados em densas pinceladas.

Inevitavelmente, porém, à medida que nos tornamos íntimos, começamos a perder de vista um ao outro, e chega um dia em que não vemos mais a pessoa amada como os outros o fazem. Agora, vemos *o interior* do seu rosto, muito de perto, com riqueza de detalhes. Agora, nadamos um no outro como um misterioso rio no qual às vezes nos vemos, às vezes nos reconfortamos e às vezes bebemos um do outro.

Mais cedo ou mais tarde, *entramos* na pintura que antes contemplávamos com o coração batendo forte e, de dentro da pintura, podemos esquecer que um dia ela existiu. É assim que corremos o risco de negligenciar e desprezar um ao outro. É assim que podemos imaginar que a magia se foi.

No entanto, assim como a recompensa para quem é atraído para o mar é nadar nas ondas, a recompensa para quem é atraído para a profundidade do outro é sentir um ao outro em vez de ver um ao outro. Esse é o paradoxo da intimidade. No caminho, vemos o que sonhamos sentir, mas, uma vez lá, sentimos de dentro o que já não podemos mais ver com facilidade.

- *Calmamente, sente-se em silêncio na companhia de um ente querido.*
- *De mãos dadas, fechem os olhos e relembrem o dia em que vocês se viram profundamente pela primeira vez. Deixem que essa imagem percorra suas mãos.*
- *Agora, ainda de mãos dadas, olhem nos olhos um do outro livremente e sintam o que vive entre vocês no momento.*
- *Fechem os olhos de novo e deixem tanto a visão quanto o sentimento fluírem entre vocês dois.*

15 de junho
Manter-se poroso

Eu lhe rogo, como melhor posso, ter paciência com tudo o que há para resolver em seu coração e procurar amar as próprias perguntas.

— Rainer Maria Rilke*

Estou correndo no centro da cidade em um dia quente de verão, e minhas pernas obedecem a um padrão rítmico, carregando-me a esmo por pequenas multidões, passando por rosas e pontos de ônibus.

Começo a pensar na minha luta para não me entregar. Na juventude, eu precisava parar, respirar fundo, pensar bem e controlar minhas emoções com rédeas curtas a fim de me relacionar com os outros. Muitas vezes eu tinha que fingir ser menos do que eu era para ser amado.

Durante anos a fio, deixei minha luz de lado para cuidar dos outros. Feito um bombeiro, eu largava tudo o que estivesse fazendo e corria às pressas para o resgate. Por muito tempo, as opções de escolha pareciam ser apenas manter-me aberto e me perder ou fechar-me e me afastar dos outros. Mas hoje, enquanto corro livremente pelas ruas, perto dos outros, mas não enredado, percebo que estou aprendendo, depois de muitas tentativas, que posso ficar próximo e poroso, atencioso e presente, sem me agarrar à ansiedade de todos e sem me esconder. Ao menos posso tentar.

Estou pingando de suor e respirando como um pequeno cavalo. Está nublado. Começa a chover um pouco. Eu me desloco entre as pessoas bonitas e peço um cachorro-quente com mostarda e chucrute. Enquanto mastigo essa comida simples, a chuva do céu encontra a chuva do meu corpo, e na chuva, suando, o gosto de chucrute nos lábios, sinto alegria. Outros passam arrastando os pés. Hoje, não há espaço para inutilidade.

❊ *Sente-se em silêncio e, calmamente, evoque um momento em que você se perdeu por completo no problema de outra pessoa.*

---

* "De passagem por Worpswede, perto de Bremen, 16 de julho de 1903". In: *Cartas a um jovem poeta; A canção de amor e de morte do porta-estandarte Cristóvão Rilke*. Tradução de Paulo Rónai e Cecília Meirelles. São Paulo: Globo, 2001. [N. T.]

- *Centre-se e relembre um momento em que você manteve seu senso de identidade, mas, para fazer isso, precisou cortar totalmente os laços com outra pessoa.*
- *Respire plenamente e tente deixar os dois sentimentos coexistirem: compaixão e senso de identidade.*
- *Inspire o ar. Senso de identidade. Expire o ar. Compaixão.*
- *Inspire o ar. Senso de identidade. Expire o ar. Compaixão.*

16 de junho
O passo para os outros

Nós vagamos e pensamos
que ninguém nunca nos encontrará.
E, levantando nossa cabeça triste,
estamos um ao lado do outro.

— Mark Nepo

Imaginamos que tantas condições são pré-requisitos para encontrar o amor, quando na verdade a única coisa necessária é que, tal qual um homem saindo de um barco para uma doca, passemos por cima do pequeno vão que existe entre nós. Muitas vezes não há necessidade de preparativos, nada a estabelecer com antecedência — basta passar por cima do que nos separa e aterrissar no que está diante de nós.

No entanto, cedendo aos nossos medos, alargamos o vão ao criar condições que devem ser preenchidas antes de darmos um passo em direção ao outro. É assim que investimos na construção de credenciais, estilos de vida e contas bancárias que muitas vezes são distrações da necessidade simples e essencial de sermos abraçados e amparados. Dessa forma, zanzamos para cima e para baixo e ao redor, mas raramente vamos direto para aquilo que nos dará amor.

Para conhecer o amor, devemos fazer mais do que entender, devemos aterrissar e entrar. Antes de darmos um passo, o vão que nos separa dos outros parece um desfiladeiro. Porém, ainda assim, ao darmos um passo, as separações pelas quais passamos parecem muito menores quando transpostas. Geralmente a coisa temida, depois de ser ultrapassada, acaba sendo uma inesperada ponte da qual podemos ver quem éramos e quem estamos nos tornando.

- *Centre-se e coloque em foco o vão que existe entre você e os outros.*
- *Ao inspirar o ar, traga mais dos outros para dentro desse vão.*
- *Ao expirar o ar, estenda mais de quem você é para dentro desse vão.*
- *Enquanto você respira, deixe as linhas de separação se confundirem.*

17 de junho
Espírito e psicologia

Até a água mais límpida
parece opaca em grandes profundidades.
— Joel Agee

Cada um de nós é como um grande mar indomável, obediente a correntezas mais profundas que raramente são visíveis. Saber disso nos dá três percepções que valem a pena manter em nossa consciência. A primeira: devemos levar em consideração que a parte mais profunda do oceano é tão nítida quanto sua onda de superfície, embora permaneça invisível ao olho humano que flutua acima dele. A segunda: nossa capacidade de enxergar nas profundezas depende da calma ou da turbulência da superfície. A terceira: assim como a profundidade e a superfície do mar são inseparáveis, também indissociáveis são o espírito e a psicologia de cada ser humano.

São nossas correntezas profundas e indomáveis que nos fazem subir e inflar, afundar e cair. No entanto, essa base de espírito permanece inalterada pelas tempestades que agitam a superfície. Ela obedece a uma ordem mais profunda. Ainda assim, nós, como seres que vivemos no mundo, estamos sempre sujeitos a ambos: à profundidade e à superfície, ao nosso espírito e à nossa psicologia. Embora nunca possamos ver todo o caminho até o fundo, em dias límpidos — quando nossa psicologia está calma — podemos conhecer a profundidade que nos carrega. Quando estamos livres de turbulência e ansiedade, somos capazes de conhecer o oceano de Deus que se avoluma dentro de nós.

Então, no amor, nos relacionamentos, na breve clareza que viver enseja, eu vejo todo o caminho através de você, até onde minha visão alcança, e estou mudado para sempre. E aí os ventos vêm do leste, e de repente você está todo agitado, sua profundidade parece bloqueada, e eu me pergunto quem você é. Isso acontece no decurso do autoconhecimento também. É inevitável. Observe qualquer parte do mar. Nunca está completamente parado. Mesmo na calmaria, reflete tudo à medida que se espalha e nunca desaparece. Assim também são os nossos sentimentos, que continuam mudando na luz.

O grau em que somos claros e visíveis depende de quanto estamos calmos e de quanto o dia está calmo. Mas nunca estamos apartados do nosso espírito, assim como a onda da superfície não se separa do leito do oceano. O medo de viver geralmente surge quando colocamos toda a nossa energia no momento da onda, no momento turbulento da nossa psicologia.

Se a revelação é a breve experiência de ver através da superfície, em nós mesmos ou nos outros, então a sabedoria é a lembrança dessa visão quando as águas estão turvas.

- *Encha de água um prato transparente, largo e fundo. Com uma das mãos, mexa a água e, em silêncio, observe-a se assentar.*
- *Faça isso várias vezes enquanto você pensa nas tempestades da sua vida que encrespam sua mente.*
- *Nas duas últimas vezes, repare na água no fundo e como ela é menos afetada por aquilo que agita a superfície.*

18 de junho
Emergir

Esta noite vai passar...
Então temos trabalho a fazer...
Tudo tem a ver
com amar e não amar...

— Rumi

Muitas vezes, quando estamos magoados, deprimidos ou ansiosos, encontramos sentimentos poderosos como fantasmas sem corpo, tentando se alojar dentro de nós, tentando dominar nossa vida. Eles parecem se reunir na caverna da nossa dor, atiçando nossas feridas como pedras em um fogo que as mantém aquecidas.

Depois de anos lutando para deixar meus sentimentos dolorosos saírem de mim, estou aprendendo que o outro lado disso, que é tão essencial para o meu bem-estar, é não deixar a mágoa, a depressão ou a ansiedade se instalarem em meu interior.

Devo confessar que levei muito tempo e percorri um longo caminho para entender completamente que o propósito de trazer à tona esses sentimentos poderosos é esvaziar de maneira contínua meu coração e minha mente de seus sedimentos, para que uma nova vida possa entrar em mim.

Há riscos em não deixar esses sentimentos saírem. Mas, uma vez sentidos, também há riscos em não deixar esses sentimentos passarem. Pois assim como nossos pulmões devem permanecer limpos para o próximo gole de ar, nosso coração deve permanecer desobstruído para o próximo sentimento que encontrarmos.

Não há liberdade enquanto não dançarmos os fantasmas dos compartimentos de nossas feridas, enquanto não empilharmos nossas feridas como pedras na boca de nossas próprias pedreiras.

- *Centre-se e visualize um sentimento doloroso que permanece com você já há muito tempo.*
- *Por meio da sua meditação, comece um diálogo com esse sentimento e pergunte por que ele não vai embora; do que ele precisa para ir embora.*
- *Respire em ritmo constante e viva com o que o sentimento diz.*

19 de junho
Um horizonte mais amplo

Os olhos sentem menos estresse quando podem
fitar um horizonte mais amplo.

— R. D. Chin

Seja a física ou a arquitetura, sejam as formas orientais de meditação ou as formas ocidentais de oração, cada campo de investigação afirma o fato de que quanto mais ampla for nossa visão, menos isolados estaremos. Quanto mais conectados permanecermos a tudo o que é maior do que nós, menos turbulento será nosso tempo na Terra.

Ajuda se compartilharmos nossa jornada com os outros, porque, ao fazer isso, nós nos tornamos um coro de vozes, e o estresse de seguirmos adiante sozinhos diminui quando descobrimos que não estamos solitários no percurso.

Assim como a luz, quando confinada, transforma-se em calor, as coisas da nossa vida, quando confinadas, deflagram incêndios florestais em nosso isolamento. Senti uma diferença drástica ao entrar para um grupo de apoio durante minha experiência com o câncer. Sozinho, eu estava sentindo o calor da morte. Porém, ao expressar minha dor em um círculo de outras pessoas passando pela mesma situação que eu, meu coração relaxou de volta à luz da vida.

Então, quando você vir uma pessoa que, aos trancos e barrancos, tenta seguir adiante com uma pedra no coração, simplesmente vá até ela e a ouça. Quando as dores da vida parecerem agudas, abra sua atenção e a dê aos outros espontaneamente, e as conexões equilibrarão a agudeza. Quando tudo parecer pesado, estenda a mão a quem estiver perto e distribua o peso.

- *Traga à tona uma situação que está lhe causando estresse.*
- *Enquanto mantém essa situação em vista, inspire e abra-se para as coisas ao seu redor que não são estressantes.*
- *Enquanto mantém em vista o estressante e o não estressante, respire lentamente e perceba que estreitar e alargar faz parte de ser humano.*

20 de junho

O ar após a dor

Viva para o ar após a dor
e não haverá razão para correr.

Hipócrates afirmou que o prazer é a ausência de dor. Qualquer um que já tenha sofrido sabe que esta é uma verdade profunda. Quando caí no suplício de testes que me aguardavam após receber o meu diagnóstico de câncer, fiquei com medo de sentir dor. Eu me apresentava a todos os médicos e enfermeiros como Mark-*me-apaguem-com-uma-*

-*anestesia*-Nepo. Porém, alguma razão médica exigia que eu estivesse acordado em cada procedimento. Percebi que não havia para onde correr.

Depois que aceitei isso, o que levou algum tempo, entendi que o mais assustador quanto à minha dor era a perspectiva de que ela nunca acabaria, de que a vida de alguma forma congelaria em qualquer momento de desconforto que eu encontrasse. O terror obteve seu poder do fato de eu não ser capaz de imaginar a vida além da dor.

O momento decisivo para mim veio no dia em que precisei fazer outra coleta de medula óssea. Por algum motivo, essa era a pior parte para mim. Porém, naquele dia, com a aparição de alguma graça mais profunda, de repente vi as coisas de um jeito diferente. Reconheci que o procedimento muito desconfortável durava no máximo de quarenta a cinquenta segundos e que eu estava organizando minha vida inteira, na mais ansiosa expectativa, evitando esses segundos.

Pela primeira vez, percebi que tinha uma escolha. A dor daqueles segundos seria a mesma, mas eu poderia manter os pés no chão e me aferrar, incluindo meu medo, no fato muito real de que minha vida retomaria seu curso após aqueles cinquenta segundos. Continuaria existindo luz no ar após a dor. Pela primeira vez, senti em minha alma que eu era maior do que minha dor. Isso me fortaleceu.

Muitas vezes, em nosso desespero, vemos a dor que sentimos como algo que nunca acabará. Na verdade, isto geralmente define nossos momentos de desespero: quando acreditamos que a dor contém o restante de nós. Em contraste, há uma sensação de paz na qual trabalhar: a crença de que nossa vida contém nossa dor.

- *Centre-se e concentre-se em uma dor física ou emocional que esteja com você.*
- *Ao inspirar o ar, traga tudo o que é maior do que sua dor.*
- *Ao expirar o ar, libere a dor para o ar maior que é livre de dor.*
- *Ao repetir isso, concentre-se nos momentos que são livres de dor e convide-os a se expandir.*

21 de junho

A presença de Deus

Olhei cem vezes e tudo o que vi foi poeira.
O sol irrompeu, e
manchas douradas encheram o ar.

Reflita sobre como o sol ilumina continuamente nosso mundo cotidiano, mas não conseguimos ver a luz, exceto naquilo que ela toca. Embora queime de forma constante e mantenha tudo o que é vivo em seu campo de atração, embora envie seu poder por milhões de quilômetros, o sol é invisível ao longo de todo o caminho, até atingir uma simples lâmina de grama ou transformar a teia de uma aranha em um pedaço dourado de renda.

Da mesma forma, a presença de Deus se move, robusta e imperceptível, entre nós, visível somente nos breves instantes em que somos iluminados, naqueles momentos avivados que conhecemos como amor.

Pois assim como podemos olhar para a teia de aranha e ver sua beleza apenas quando ela se revela em luz inesperada, podemos também olhar repetidas vezes para o rosto mais próximo sem jamais vermos a beleza um no outro, até que um ou ambos sejam repentinamente revelados. É exatamente dessa maneira que os espíritos se mostram, ou melhor, que nossa delicadeza de coração nos permite ver e ser vistos.

Isso transforma nossa busca pelo amor em uma lição de humildade. Pois o que resta fazer senão crescer a olhos vistos e esperar?

- *Pegue um objeto com o qual você esteja familiarizado, algo que você vê diariamente — seus sapatos, seu pente, seu abridor de cartas — e coloque-o ao ar livre, na luz.*
- *Agora, deixe-o lá por um momento, e, enquanto você o vivencia, medite sobre a presença geral do amor.*
- *Depois de algum tempo, olhe com os olhos do seu coração para o objeto conhecido que está no sol.*
- *Observe como ele parece ganhar vida.*
- *Perceba que agora seu próprio coração está no sol.*
- *Sinta como ele ganhou vida.*

22 de junho
Pesca espiritual

A honestidade é a rede
com a qual pescamos nas profundezas.

Embora sejamos ensinados a fazer planos e cumpri-los, e embora trabalhemos em programas de estudo e cursos acadêmicos preconcebidos a fim de receber credenciais e diplomas, nossas tentativas de vida real não acontecem dessa maneira.

Para mim, encontrar o lugar onde me encaixo no mundo se parece muito com pesca espiritual. O vasto e misterioso oceano de experiência continua chamando, e seja por meio de baldes de perguntas ou redes de honestidade, continuo puxando comida dos dias. Continuo içando conchas, pérolas e algas de uma profundeza comum que ninguém pode ver, e depois passo algum tempo limpando o que encontrei e ouvindo o que minha pescaria tem a dizer.

Assim, todos os seres vivos devem pescar, e isso requer quietude, paciência e disposição para flutuar à deriva, ao sabor das circunstâncias. Pois nunca sabemos onde vivem as coisas profundas. Até mesmo nosso esforço para nos conhecermos se assemelha a esse processo, pois muito do que somos vive limpamente abaixo da superfície, e, se quisermos sobreviver, cada um de nós deve ser nutrido por aquilo que vive submerso.

Paradoxalmente, nossos sentimentos essenciais e verdades pessoais vivem abaixo como peixes, e não querem ser capturados. Mas a pesca espiritual produz alimento espiritual, e a nutrição secreta de se alimentar do que vive dentro de nós é que, para comer o que vive em nossa concha, devemos abrir essa concha, e comer o que nada abaixo de nossa superfície nos permite enxergar com a perspectiva da profundeza.

Na verdade, cada pessoa que já amei e cada caminho para o qual fui chamado se mostraram a mim depois de pescar nas águas do meu espírito, que, nas profundezas, é o oceano de todo espírito. Acredito que estamos todos conectados ali, e somente por essa comunhão — de trazer à tona e absorver o que vive dentro de nós — podemos ter a esperança de descobrir nosso propósito comum de ser. Comprometidos com essa prática honesta, a sabedoria se torna aquela rede muito boa de coração plenamente atento, através da qual lavamos e reivindicamos as menores conchas, aqueles invólucros ocultos que contêm comida e pérolas.

- *Encontre um trecho de água corrente e caminhe ao longo de sua margem até ser chamado por ela.*
- *Agora estenda o braço dentro da limpidez em movimento da água como se fosse sua própria alma, e, abrindo a mão, pesque o que a água queira lhe dar.*
- *Seja uma pedra, um galho, uma concha ou um pedaço de lixo, traga para cima e segure-o completamente em sua mão.*
- *Agora medite e trabalhe com esse símbolo vivo. Ouça o que ele sabe e como ele sabe.*
- *Que alimento ele está lhe oferecendo?*

23 de junho
Fama ou paz

Antes o voo da ave, que passa e não deixa rasto,
Que a passagem do animal, que fica lembrada no chão.

— FERNANDO PESSOA*

Grande parte da nossa ansiedade e turbulência interna vem de vivermos em uma cultura global cujos valores nos afastam da essência do que importa. No cerne disso está o conflito entre a definição exterior de sucesso e o valor interior da paz.

Infelizmente, somos estimulados, até mesmo treinados, a chamar a atenção quando, na verdade, o segredo renovador da vida é dar atenção. Desde apresentar bom desempenho em testes e provas até postular promoções no trabalho, somos educados a acreditar que para ter sucesso precisamos chamar a atenção e ser reconhecidos como seres especiais, quando o limiar para tudo o que há de extraordinário na vida só se abre quando nos dedicamos a dar atenção, não a recebê-la. As coisas ganham vida para nós apenas quando ousamos ver e reconhecer tudo como especial.

Quanto mais tentamos receber atenção em vez de dar atenção, mais profunda é a nossa infelicidade. Ela nos leva a perambular pelo mundo sonhando com grandeza, precisando de validação a cada passo, quando sentimentos de unidade nos agraciam apenas quando validamos a vida ao nosso redor. Isso nos deixa

* Alberto Caeiro, "Antes o voo da ave". In: *O guardador de rebanhos*, poema XLIII. [N. T.]

desesperados para sermos amados, quando o remédio de que realmente precisamos é sermos amorosos.

Uma razão pela qual muitos de nós somos solitários em nosso sonho de sucesso é que, em vez de procurar o que é claro e verdadeiro, aprendemos a cobiçar o que é grandioso e poderoso. Uma razão pela qual vivemos tão longe da paz é que, em vez de amar nosso caminho rumo à inominável alegria do espírito, achamos que a fama nos reconfortará. E enquanto estamos ocupados sonhando em ser uma celebridade, sufocamos nossa necessidade de ver, dar e amar, tudo o que nos abre para a verdadeira saúde da celebração.

Isso nos deixa com as seguintes opções de escolha: fama ou paz; ser uma celebridade ou celebrar o ser; trabalhar todos os nossos dias para sermos vistos ou nos dedicarmos a ver; construir nossa identidade com base na atenção que podemos receber ou encontrar nosso lugar na beleza das coisas pela atenção que podemos dar.

- *Sente-se em silêncio e, calmamente, tente respirar no centro abaixo do seu desejo de ser visto.*
- *Abra os olhos e simplesmente dê sua doce atenção às coisas ao redor.*
- *Respire fundo e olhe para o tapete até que ele se torne fibra. Olhe para suas chaves até que elas se tornem metal. Olhe para um pássaro até que ele se torne canção.*
- *Permita que tudo o que você vir entre em você, e leve isso com você ao longo do dia.*

24 de junho

Perguntas feitas aos doentes II

Quando foi a última vez que você dançou?

— Pergunta feita aos doentes por um curandeiro nativo norte-americano

O começo da dança é dar gestos ao que sentimos. Embora isso seja muito óbvio e básico para a maioria das crianças, continua sendo muito difícil para aqueles de nós que foram educados para viver em nossa cabeça.

O esforço contínuo para dançar, para dar gestos ao que sentimos e vivenciamos, é, em última análise, curativo, porque, assim como os leitos dos rios são continuamente moldados pela água que corre ao longo deles, os seres vivos são continuamente moldados pelos sentimentos e experiências que se movem dentro deles. Se não houver água em movimento, o leito do rio seca e se desintegra. Da mesma forma, se não houver sentimento movendo-se de uma ponta à outra do corpo, o ser no centro desse corpo esfarela.

Frequentemente, porém, há muita coisa a que dar gestos, e fracassamos no que diz respeito a fazer esses sentimentos percorrerem nosso corpo. Na verdade, grande parte de nossa doença interior vem do acúmulo e da pressão de tudo o que é mantido. O ato contínuo de liberar esse acúmulo interno é o que as práticas espirituais chamam de corporificação.

Existem várias práticas ancestrais destinadas a nos ajudar a viver de maneira mais plena em nosso corpo, incluindo a arte chinesa do movimento de meditação conhecida como *t'ai chi* e a arte budista da consciência espacial conhecida como *maitri*, para citar apenas duas. Uma vez desbloqueados, dar gestos à nossa interioridade não apenas nos liberta de ficarmos oprimidos, mas os gestos, tão logo permitidos, nos ensinam a dançar mais profundamente em nossa própria vida.

Ainda assim, a maioria de nós aprende a sentir, prender em armadilha, sufocar nossos sentimentos em nosso coração e, se eles não vão embora, tentamos silenciá-los com nossa mente. Se ainda persistirem, muitas vezes os sentimos pulsar em nossas têmporas ou queimar em nosso estômago.

Em contraste com a dolorosa sobreposição de coração, mente e corpo, a própria corporificação nada mais é do que sentir a ferida ou o lábio que você toca em sua mão, mente e coração ao mesmo tempo. A corporificação é permitir que nosso coração, mente e corpo existam como uma pele milagrosa.

- *Fique em pé em silêncio e respire lentamente, sentindo sua respiração se deslocar através de seu coração.*
- *A cada respiração, deixe a sensação de estar vivo se mover mais para dentro do seu corpo.*
- *Primeiro, sinta-a entrar e sair do seu coração, depois entrar e sair dos seus pulmões.*
- *Permita que a respiração de estar vivo agora suba e saia dos seus ombros e quadris, e deixe-a estender seus braços em qualquer gesto que porventura aconteça.*
- *Repita esse processo até que a respiração vinda do coração à ponta dos dedos pareça um gesto contínuo.*

25 de junho
Caules e raízes

O Amor que mostramos salva o Amor que escondemos,
da mesma forma que um raminho ao sol alimenta sua raiz invisível.

Mesmo que eu acredite em viver de modo escancarado, partes de mim se escondem. Não posso evitar. Mas o que posso evitar é quais partes de mim — as abertas ou as ocultas — vão comandar minha vida. Posso confiar no inexplicável conhecimento de que quando vivo de modo escancarado, a vida nutre até mesmo aquelas partes escondidas de forma tão dolorosa.

Assim como os caules verdes na primavera permanecem conectados às suas raízes mais escuras, assim como as raízes crescem quando os caules crescem, minha compaixão aplaca meu medo onde não consigo ver. Sem que eu saiba, meu amor alimenta o lado oculto da minha confusão. A luz que absorvo mantém vivas as raízes da minha alma.

Ficamos tão preocupados com o que não somos capazes de abordar, o que não somos capazes de consertar, o que não somos capazes de abandonar, que nos esquecemos de que aquilo que somos à luz do dia está — lentamente, mas de fato — curando o resto de nós.

❊ *Evoque algo em sua personalidade que você se sente incapaz de resolver.*

❊ *Com sua respiração, envolva o que você escolheu. Aceite que essa coisa estará com você por algum tempo.*

❊ *Agora, coloque-a de lado e sinta a parte de você que acontece sem nenhum trabalho.*

❊ *Inspire o ar vigorosamente com essa parte do seu ser e saiba que sua força nativa está suavizando o que você não consegue resolver.*

26 de junho

O dom da oração

A oração não é pedir. É um anseio da alma.
É a confissão diária da própria fraqueza...
E então, na oração é melhor ter um coração sem palavras do que palavras sem um coração.

— Gandhi

Esse grande mestre espiritual nos lembra de que o tipo mais profundo de oração é mais uma promessa de gratidão pelo que já foi recebido do que um pedido ou súplica por algo que ainda não se vivenciou. Tal esforço refresca a alma.

Implícita na instrução de Gandhi está a necessidade de nos rendermos à nossa vida aqui na Terra. Ao admitir nossas fraquezas, deixamos de lado todas as máscaras que mostramos ao mundo e, ao fazermos isso, o que é sagrado transborda.

Certa vez vi um cego balançando sem parar ao sol, um sorriso incontrolável no rosto. Ele não proferiu uma palavra sequer. Para mim, ele era um padre, um xamã, e todo o seu ser estava rezando e gritando em silêncio que o dia, além de sua cegueira, era feliz o suficiente.

Isto é o que o coração sabe além de todas as palavras, se conseguirmos encontrar uma maneira de ouvir: além do nosso pequeno senso das coisas, uma luz magnífica nos cerca, mais do que qualquer um poderia pedir. A oração como gratidão é capaz de nos abrir para isso.

- *Centre-se e, enquanto você respira, feche os olhos e pare de pedir.*
- *Simplesmente respire com gratidão pelo ar.*
- *Relaxe e sinta suas fragilidades e imperfeições, e deixe o ar puro preenchê-las.*
- *Respire fundo e devagar, e, desde suas entranhas imperfeitas e ternas, não peça nada e não dê nada; apenas sinta sem palavras o lugar de sua alma no tecido das coisas.*

27 de junho

O macaco e o rio

Dizem que um grande mestre zen pediu a um iniciado para sentar-se perto de um riacho até ouvir tudo o que a água tinha a ensinar. Depois de dias a fio quebrando a cabeça num supremo esforço para entender a paisagem, de repente um pequeno macaco passou por ali e, em um aparente salto de alegria, entrou chapinhando no riacho. O iniciado chorou e voltou a seu mestre, que o repreendeu amorosamente: "O macaco ouviu. Você apenas escutou".

Com as melhores intenções, muitas vezes construímos falsas carreiras de estudar o rio sem nunca nos molharmos. Dessa forma, podemos ponderar sobre grande filosofia sem nunca dizer a verdade, ou analisar nossa dor sem jamais sentir a dor, ou estudar lugares sagrados sem nunca tornar sagrado o lugar onde vivemos. Dessa forma, podemos construir uma catedral na beira da água, gastando todo o nosso tempo para mantê-la limpa. Ou podemos contar nosso dinheiro ou fazer nossas orações sem nunca gastar um centavo tampouco sentir a presença de Deus. Dessa forma, podemos tocar música ou fazer amor habilmente sem nunca sentir a música ou nossa paixão.

O aprendiz foi levado às lágrimas porque o macaco, agitando os braços e as pernas e gritando no rio, aterrissou em um momento de alegria, e o aprendiz sabia que toda a sua reverência, devoção e meditação não lhe trouxeram a alegria de um macaco.

O rio, é claro, representa o momento contínuo de nossa vida. É a correnteza que nos chama para habitar nossa vida. E por mais que estejamos perto do rio, por mais que ganhemos por ficarmos perto do rio com um coração sensível, nada nos abrirá para a alegria, exceto entrar no fluxo da água.

Certa vez eu estava em uma varanda, protegida por uma tela contra insetos, em uma casa à beira de um lago que eu costumava visitar todo verão durante vinte anos. Meu amigo e eu estávamos contemplando a chuva, como inúmeras vezes fizemos ao longo dos anos. De repente, como aquele macaco simples e lindo, meu amigo se levantou de um salto, abriu a porta de tela, tirou as roupas e pulou no lago cheio de chuva.

Eu assisti, tal qual o aprendiz, sentindo a dor de estar sempre seco, e por fim tirei minhas roupas e pulei no lago também.

Lá estávamos nós: no centro do lago, a água cobrindo nossa boca, chegando aos nossos olhos, as gotas da chuva fustigando-nos, água entrando na água, vidas entrando na vida. Cada gota de chuva, sobre nós e no lago, proferindo... alegria, alegria, alegria.

- *À medida que você percorre seu dia, observe suas interações com os outros e com a vida ao seu redor.*
- *Repare se você apenas assiste ao que está acontecendo ou se você é parte disso.*
- *Se você estiver apenas assistindo, coloque seu coração no fluxo do que está diante de você, da mesma forma que mergulharia sua mão em água corrente.*
- *Faça isso abrindo seu coração a cada vez que expirar o ar e deixando a vida entrar a cada vez que inspirar o ar... Assista e seja... Abra e deixe entrar... Ouça e molhe-se...*

28 de junho

Tudo o que não somos

O discernimento é um processo de desapegar do que não somos.

— Padre Thomas Keating

É a coisa mais fácil do mundo eu me identificar em demasia com minhas emoções e papéis, tornando-me o que sinto: Eu estou com raiva... Eu estou divorciado... Eu estou deprimido... Eu sou um fracasso... Eu não sou nada além da minha confusão e da minha tristeza...

Não importa o que estejamos sentindo em determinado momento, não somos apenas nossos sentimentos, nossos papéis, nossos traumas, nossa prescrição de valores ou nossas obrigações ou ambições. É muito fácil nos definirmos pelo momento de luta com a qual estamos às voltas. É muito humano ser consumido pelo que se move através de nós.

Em contrapartida, muitas vezes eu penso na forma como Michelangelo esculpia, como ele via a escultura à espera, já completa, na pedra bruta. Ele costumava dizer que seu trabalho era remover o excesso, libertando a beleza que já estava dentro da pedra, apenas à espera da liberdade.

É útil pensar dessa maneira no discernimento espiritual. Encarando a nós mesmos, descobrindo o significado em nossas experiências árduas, todo o trabalho da consciência assinala um processo pelo qual eliminamos o excesso, tudo o que não somos; encontrando e libertando o gesto da alma que já está à espera, completo, dentro de nós. A autoindividuação é esse processo aplicado à nossa vida na Terra. As muitas maneiras pelas quais sofremos, tanto interior quanto exteriormente, são os cinzéis de Deus libertando a coisa bela que carregamos dentro de nós desde o nascimento.

- *Sente-se em silêncio e, calmamente, enquanto você respira, sinta todos os problemas que o incomodam percorrerem seu corpo e virem à tona.*
- *Enquanto respira, permita que esses problemas se afastem de você.*
- *Respire fundo e aceite a quietude que vem. É a pele da sua alma, esperando em sua completude que você remova o excesso de seus estados de espírito muito humanos.*

29 de junho
Uma pequena história sobre peixes

No instante em que os peixes aceitam
que nunca terão braços,
eles desenvolvem barbatanas.

Confesso que fiquei surpreso ao acordar um dia com esse conhecimento sobre os peixes. Parece um koan ou enigma a decifrar. Depois de viver com ele por algum tempo, comecei a sentir que contém outra chave para a fé: que antes de podermos ser o que devemos ser, devemos aceitar o que não somos. Essa forma de discernimento nos convida a abandonar as fantasias grandiosas que nos desviam de nossa natureza, que nos levam a trabalhar para sermos famosos em vez de amorosos, ou perfeitos em vez de compassivos.

No entanto, no instante em que somos capazes de aceitar o que não está em nossa natureza, em vez de sermos distraídos por tudo o que pensamos que poderíamos ou deveríamos ser, então todos os nossos recursos interiores estão livres para nos transformar no eu específico que ansiamos por ser.

Esse ato de aceitação é um risco que nos liberta porque não conseguimos encontrar o crescimento que nos espera enquanto não desistirmos do que é contra nossa própria natureza. É essa rendição, sem saber o que acontecerá a seguir, que permite que nossa vida desabroche de fato.

- *Sente-se em silêncio e, calmamente, permita que sua verdadeira natureza venha à tona dentro de você.*
- *Sem tentar nomeá-la ou entendê-la, simplesmente feche os olhos e respire-a em suas mãos.*
- *Respire em ritmo contínuo e permita que sua verdadeira natureza encontre gestos em suas mãos.*
- *Durante o seu dia, brinque com esses gestos.*

30 de junho
Desviar o olhar

Em troca da promessa de segurança, muitas pessoas impõem uma barreira entre si e as aventuras na consciência que poderiam colocar uma luz totalmente nova em sua vida pessoal.

— June Singer

A atração pela verdade das coisas é fortíssima. Muitas vezes, a única maneira de resistir a ela é negar o que estamos vendo, fingir que nossa vida não precisa crescer ou mudar. No entanto, quando fazemos isso, nosso espírito, que não sabe fingir, continua em movimento. Pois, como diz o *Isa Upanishad*: "O espírito é mais rápido que a mente". Estamos então, de um jeito doloroso, na mesma situação de um cachorro na ponta da trela, ao mesmo tempo amarrados a um poste e correndo, fingindo que não sabemos de nada.

Curiosamente, tendemos a pensar na ignorância como um inocente não saber, mas o professor budista Chögyam Trungpa aponta que ignorar alguém ou algo é um desvio de olhar intencional, um grave ato de negar o que já é consciente. Trungpa sugere que o ato deliberado de desviar o olhar é um crime contra a essência das coisas, que nos custa caro.

Quando encontramos nosso espírito em movimento ao fingirmos o contrário, a tensão pode ser devastadora. Isso nos leva à necessidade de aprender a discernir entre um inocente não saber e um desvio de olhar intencional. Trata-se de um conhecimento interior que pode determinar se viveremos como um cachorro preso na ponta da trela ou se correremos livres pelos gramados da vida.

- *Sente-se em silêncio e, calmamente, centre-se.*
- *Enquanto você respira lentamente, tente sentir seu espírito ao inspirar o ar. Sinta onde ele está vivendo em você.*
- *Ao expirar o ar, tente sentir seu lugar no mundo, onde você passa os dias.*
- *Enquanto respira, continue sentindo seu espírito e sentindo seu lugar.*
- *Simplesmente repare em qualquer diferença e, ao longo do dia, olhe para ela.*
- *Seu olhar simples e honesto diminuirá a lacuna.*

“Não pode haver ambição maior ou mais simples do que ser um amigo.”

julho

1º de julho

A flor do coração

A coragem é a flor do coração.

Toda coragem é uma travessia de limiar. Muitas vezes há uma escolha: entrar no prédio em chamas ou não, falar a verdade ou não, ficar diante de si mesmo desprovido de ilusões ou não. Mas há outra espécie de coragem sobre a qual estamos falando aqui — aquela em que, depois do fato, os corajosos ficam perplexos por serem apontados como destemidos. Eles costumam dizer: "Eu não tinha escolha. Tive que entrar correndo naquele prédio para salvar aquela criança". Ou "Eu precisava largar meu emprego, caso contrário teria morrido".

Apesar de todas as consequências, há uma honra inevitável do que é verdadeiro e, nesse nível profundo de voz interior, não se trata de uma convocação da vontade, mas de um seguimento do verdadeiro conhecimento.

Minha própria vida é uma trilha aberta por esse seguimento. Repetidas vezes, ouvi chamados intensos que pareciam incontornáveis e que eu poderia ter ignorado, mas apenas com grande risco de algo essencial perecer.

Foi o ato de honrar o que é verdade que me guiou em meio à minha experiência com o câncer: dizer "não" à cirurgia no cérebro e "sim" à cirurgia de retirada de costela, dizer "sim" à quimio e "não" à quimio. Para meus médicos, cada decisão parecia corajosa e ilógica. Desde então, fui chamado de heroico por ter sobrevivido, o que é como comemorar por uma águia ter encontrado seu ninho, e fui julgado como egoísta por buscar a Verdade, o que é como culpar uma tartaruga por encontrar as profundezas.

Esse tipo de coragem é o resultado de ser autêntico. Está disponível para todos, e sua recompensa, muito mais do que respeito, é a abertura da alegria.

- *Medite sobre uma decisão com a qual você esteja pelejando.*
- *Em vez de se concentrar em seu medo do que pode ou não acontecer, tente abrir-se para o que parece verdadeiro.*
- *Sem elaborar estratégias ou imaginar as consequências de conferir honras ao que parece verdadeiro, simplesmente deixe a verdade como você a conhece vir à tona dentro de você.*

❊ *Conforme percorre seu dia, deixe o que é verdadeiro preencher você, mesmo que você não entenda bem.*

2 de julho
Visão errada

A mente composta de ignorância ou visão equivocada sofre de doença espiritual; ela vê falsamente. Ver falsamente faz com que ela pense falsamente, fale falsamente e aja falsamente. Você verá de imediato que todos, sem exceção, padecem da doença espiritual.

— Ajahn Buddhadasa

Em páli, a antiga língua-fonte do budismo e do hinduísmo, a palavra para transtorno mental significa "visão errada". Devemos ter cuidado para não interpretar isso com ares de arrogância moral, algo do tipo: "Se você vê as coisas de forma diferente de mim, você está errado". A sabedoria aqui está na revelação de que nosso bem-estar mental depende de até que ponto permanecemos claros e verdadeiros com o pulsar da própria vida.

No fundo, nossa saúde mental vem do relacionamento sagrado entre nosso Eu mais profundo e a própria fonte da vida. Quando distorcemos, limitamos ou racionalizamos as coisas para longe do que elas realmente são, começamos a sentir na pele a doença espiritual da qual fala Ajahn Buddhadasa.

Esse professor budista tailandês nos lembra de que passagens de desequilíbrio e pensamento turvo são inevitáveis. Elas não podem ser contornadas da mesma forma que um carro se esquiva de um buraco na pista. Não, essas distorções só podem ser minimizadas e reparadas. Então, devemos aceitar que, por sermos humanos, distorcemos o dom da vida e, portanto, devemos nos comprometer a aprender a renovar nosso relacionamento com o que é sagrado.

Muitas vezes, para corroborar "uma visão errada", construímos e mantemos "um caminho errado". Por exemplo, quando eu era mais jovem e precisava muito de aprovação e amor, estava tão machucado por dentro que presumi que a vida estava em algum lugar "lá", não onde eu estava. Depois de acreditar nisso, empenhei toda a minha energia para chegar lá. No entanto, depois de uma árdua jornada, fui bloqueado. As pessoas de "lá" não me deixaram entrar. Então eu tive que descobrir quem era o porteiro e quais eram as regras dele, e havia a necessidade de realizar um monte de tarefas para satisfazer ao porteiro de modo que ele me autorizasse a entrar. Levei anos para perceber que, a despeito da dor, a vida está sempre onde nós estamos. Nada está sendo ocultado. Todo esse esforço equivocado foi construído em torno de uma visão errada. No dizer de Buddhadasa, "Todos, sem exceção, padecem da doença espiritual" ao passo que, por baixo, a vida não distorcida está suavemente à espera. Diante disso, cada um de nós deve fazer um ritual não de ver da maneira correta, mas completa.

- *Sente-se em silêncio e, calmamente, evoque a aprovação de alguém que você busca.*
- *Se puder, medite sobre por que isso parece tão importante para você.*
- *Do que você precisa, e o que o leva a pensar que a aprovação dessa pessoa lhe fornecerá isso?*
- *Em vez de inventar maneiras de obter essa aprovação, tente entender de onde vem essa necessidade em você.*

3 de julho
Eu-zar e Meu-zar

A praia tem sede, mas não possui o oceano
que a mantém suave. O mesmo vale para o coração
e tudo o que ele ama.

Na antiga língua indiana páli, a palavra *ahamkara* significa "Eu-zar", ter ou criar o sentimento de "eu". A palavra *mamamkara* significa "Meu-zar", ter ou criar o sentimento de "meu". No budismo, os sentimentos de Eu-zar e Meu-zar são considerados tão perigosos e venenosos que são vistos como mais uma causa de doença espiritual.

Isso nos diz que assim que começarmos a separar o que não pode ser separado, nossa saúde mental sofrerá. Isso nos diz que as melhores coisas da vida não podem ser possuídas, apenas compartilhadas. Na verdade, compartilhamos esse mistério chamado vida da mesma forma que as criaturas marinhas compartilham o oceano. Embora cada peixe tenha seu ninho e um pequeno pedaço do fundo do mar para ocupar, nenhum pode viver sem a profundeza que flui por todos eles.

Não somos diferentes. Sim, podemos ter a posse de um relógio ou de um carro, mas ninguém pode ter a posse do amor, da paz ou da energia da vida que deve fluir por nosso coração se quisermos sobreviver.

Assim que passamos a nos dedicar a "Eu-zar" e "Meu-zar", somos atraídos para uma vida de distração do que realmente importa. Uma vez que me empenho em tornar "minhas" as coisas, desencadeio uma carreira de coleta e acumulação. Agora há a necessidade de cercar e manter. Agora há uma infinita triagem das coisas do mundo que poderiam ser minhas. Agora é obter. Agora é assegurar a posse. Agora há possessividade, ciúme e inveja, e a necessidade de proteger, e o direito de portar armas. Agora há o desejo secreto de adquirir o que os outros têm, e o direito de processar na justiça. O processo de Eu-zar e de Meu-zar pode adoecer até a mais forte das almas.

E muitas vezes contamina a forma como amamos. Quantas vezes pedimos à pessoa amada a garantia: "Você é meu? Você é minha?". Até mesmo enquanto escrevo estas linhas, eu luto, como você, não para ter coisas, mas para fazer bom uso delas; não para guardar e dividir em porções meus cuidados, mas para deixar o amor me percorrer. Eu existo, isso é certo. Mas o que é verdadeiramente meu, além desta vibrante sensação de estar vivo, para a qual continuo me abrindo?

- *Centre-se, e imagine diante de seus olhos uma coisa da qual você tenha a sensação de posse.*
- *Pode ser um curso que você ensina ou um jardim que você cultiva ou um filho que você criou.*
- *Respire fundo e pense na energia que você gasta guardando e protegendo essa coisa de sua propriedade especial em vez de apreciá-la.*
- *Respire em ritmo constante e tente afrouxar seu controle sobre essa coisa especial e veja se ela permanece perto de você mesmo assim.*

4 de julho
Aqui e Lá

Aqui está sempre abaixo de Lá.

Eu me lembro de que ficava sentado por um longo tempo na beira de um lago no verão, observando a margem oposta. Eu podia ver a luz matinal inundar a água ao longe, e isso de alguma forma fazia o outro lado parecer exótico. Todas as manhãs eu me sentava na minha pequena borda do lago e fitava o outro lado, imaginando que mistério me esperava. A cada dia seu chamado aumentava. Finalmente, no sétimo dia, tive que ir até lá e, acordando mais cedo do que o habitual, remei pelo lago, abiquei meu pequeno barco e me sentei no exato lugar que eu observava do outro lado.

Enquanto eu olhava ao redor, a aura de alteridade que eu tinha visto do meu poleiro diário se foi. Fiquei um tanto arrasado, pois embora essa margem distante fosse linda e pacífica, o torrão úmido da margem pelo qual passei a mão era idêntico ao de onde eu tinha começado.

Comecei a rir de mim mesmo. Pois olhando para trás, para onde eu me sentava todos os dias, eu vi a luz matinal inundar a água ao longe, e agora o lugar onde eu estava morando parecia exótico. Agora, certo mistério me chamava de volta para onde eu estivera.

Muitas vezes imaginamos que Lá é mais resplandecente do que Aqui. O mesmo acontece com o amor, os sonhos e o trabalho de nossa vida. Vemos a luz em todos os lugares, menos onde estamos, e corremos atrás daquilo que achamos que nos falta, apenas para descobrir, humildemente, que estava conosco o tempo todo.

- *Sente-se em silêncio e calmamente com alguém que você admira e em quem confia.*
- *Expressem um ao outro um ponto de luz que um vê na margem do outro.*
- *Medite sobre a qualidade que o outro vê em você e tente vê-la também.*
- *Curve-se ao mistério de onde você está.*

5 de julho

Sob a falsa esperança

Precisamos nos manter atualizados uns com os outros.

— ANGELES ARRIEN

Levei uma vida inteira para entender a facilidade com que posso secretamente desejar que as coisas mudem e, em meu segredo, impedir que a verdadeira mudança aconteça. Por exemplo, durante muitos anos amei um amigo que não era capaz de me ouvir, ser gentil ou paciente e, em vez de sentir quanto isso me machucava, sempre "aguentei firme", acreditando secretamente que ele mudaria e cresceria e um dia surgiria diante dos meus olhos como o amigo que sempre acreditei que ele poderia ser.

Bem, isso não aconteceu. Não estou dizendo que a mudança não é possível, mas sim, em um âmbito mais profundo, que a verdadeira mudança, do tipo que é autoiniciada e duradoura, tem mais chance de acontecer em um relacionamento que não esconde suas deficiências.

Enquanto eu pudesse sonhar com meu amigo como eu queria que ele fosse, isso suavizava a verdadeira dor de como estávamos realmente vivendo. Sem essa verdade, nenhum de nós poderia crescer — nem ele, por ter que enfrentar o efeito de seu egocentrismo, e nem eu, por ter que arriscar dizer o que eu precisava.

- *Centre-se e medite sobre a verdade real de um relacionamento significativo.*
- *Respire fundo e tente afrouxar a esperança de ver seu ente querido transformado.*
- *Respire em ritmo constante e sinta a humanidade plena de seu ente querido, com espinhos e tudo.*
- *Aceite o que surgir. Honre o que você precisar honrar.*

6 de julho

Testemunhar e conter

Assim como o calor do verão
pode fazer um grilo cricrilar,
a condição de ser amparado
anima o coração.

Os esmagadores tempos modernos nos transformaram em obsessivos solucionadores de problemas; porém, à medida que a vida nos reduz drasticamente apenas ao que é essencial, fica claro que os sofrimentos mais profundos do coração e do espírito não podem ser resolvidos, apenas testemunhados e contidos.

Eu lido com isso constantemente. Pouco tempo atrás, depois de me ausentar de casa por duas semanas, voltei para uma parceira carinhosa, que me disse em tom amoroso: "Eu senti sua falta. De verdade". Instantaneamente, reagi procurando maneiras de resolver o sentimento — reduzir a quantidade de viagens ou ligar com mais frequência. Instantaneamente, tentei mudar meus padrões de estar longe do relacionamento, em vez de apenas sentir a pungência de ser amado a ponto de alguém sentir saudade de mim.

Com frequência, esse reflexo de resolver, resgatar e consertar nos remove da ternura que está ao alcance da mão. Pois, muitas vezes, a intimidade entre duas pessoas não surge de qualquer tentativa de eliminar a dor, mas de passar por uma agrura juntas; não de encontrar uma solução para algo, mas de estar uma com a outra. A confiança e a proximidade se aprofundam ao abraçar e amparar e ser abraçado e amparado, tanto emocional quanto fisicamente.

Estou aprendendo, a cada dor e a cada momento de tensão, que depois que todas as minhas estratégias fracassam, a força do amor espera em receber, não em negociar; em aceitar um ao outro, e não em resolver problemas um do outro; em ouvir e afirmar um ao outro, não em tentar mudar ou consertar aqueles a quem amamos.

- *Sente-se em silêncio e, calmamente, evoque a situação de um amigo ou ente querido que você gostaria de mudar.*
- *Respire fundo e aceite o fato de que você não pode viver a vida dele por ele.*
- *Em vez disso, expire lentamente o ar e esteja com o conhecimento do seu coração sobre o que significa amar essa pessoa.*

- *Expire o ar de maneira limpa e tranquila e libere seu desejo de consertar a dor das outras pessoas.*
- *Inspire o ar de maneira limpa e tranquila e simplesmente contenha, dor e tudo, em seu centro.*

7 de julho
Paciência

Eu tenho apenas três coisas a ensinar:
simplicidade, paciência, compaixão.
Esses são seus maiores tesouros.
Paciente com amigos e inimigos,
você está em harmonia com a maneira como as coisas são.

— LAOZI

A paciência é o segundo dos ensinamentos centrais de Laozi, e é uma sabedoria difícil de aceitar, pois o lugar da espera é sempre penoso e muito difícil de vivenciar. No entanto, sinceramente, foi a espera que salvou minha vida — sem dúvida, a prática mais exigente e gratificante com que já me deparei.

Se eu não tivesse suportado a confusão, a indecisão, a ambiguidade, a dor e a preocupação de imaginar o pior durante o interminável martírio de diagnósticos, nunca teria chegado ao tratamento certo que me ajudou a passar por minha experiência com o câncer. Se eu não tivesse esperado — o que é diferente de evitar o que precisa ser feito —, não teria sido capaz de escrever estas mesmas palavras para você. Pois eu teria sido submetido a procedimentos desnecessários que me separariam da minha memória e da minha capacidade de falar.

O medo quer que ajamos cedo demais, antes da hora. Mas a paciência, por mais difícil que seja, ajuda-nos a sobreviver a nossas ideias preconcebidas. É assim que soldados cansados, sem munição, podem descobrir por meio de sua inescapável espera que não têm razão para ferirem uns aos outros.

O mesmo acontece com amantes cansados e com amigos nocivos e cansativos. Com o tempo, a maioria dos nossos inimigos deixa de ser inimiga, porque esperar nos permite ver a nós mesmos neles. A paciência nos devasta com a verdade de que, em essência, quando tememos o outro, tememos a nós mesmos; quando desconfiamos do outro, desconfiamos de nós mesmos; quando machucamos o outro, machucamos a nós mesmos; quando matamos o outro, matamos a nós mesmos.

Então, quando você estiver machucado, com medo ou confuso, quando sentir a urgência de encontrar seu lugar nesta Terra, por mais difícil que seja, espere... E as coisas como você as teme, na maioria das vezes, encolherão na beleza dura e insubstituível das coisas como elas são... das quais você não tem escolha a não ser fazer parte.

- *Sente-se em silêncio e evoque uma situação, agora resolvida, que exigiu que você fosse mais paciente do que estava preparado para ser.*
- *Se puder, relembre a maneira como você via a situação e as pessoas envolvidas: quando a situação se apresentou pela primeira vez, quando sua paciência acabou, quando a situação se resolveu.*
- *De que forma a espera mudou você?*
- *O que, na verdade, a espera lhe deu — se é que lhe deu algo?*

8 de julho
Momentos, não palavras

Como a lua,
saia de trás
das nuvens! E brilhe!

— Buda

Quando penso naqueles que me ensinaram a amar, o que vem à mente são momentos, não palavras. Desde a escola, na época do ensino fundamental, quando Lorrie não parava de girar depois que o recreio terminava. Rodopiando no gira-gira para um chamado mais profundo e alto, ela gargalhava, sua pequena cabeça jogada para trás, seus braços abertos, tentando abraçar o mundo.

Depois, no dia em que Kennedy foi assassinado a tiros, lá estava meu professor de coral, o sr. P., chorando por um homem que ele não conhecia; ele dispensou a turma, mas em vez de ir embora eu voltei para ouvi-lo tocar uma música triste no piano, em uma sala que ele julgava vazia. E a Vovó segurando minhas pequenas mãos abertas nos degraus do porão e dizendo: "Estas são as coisas mais antigas que você possui".

Ou os diferentes rostos com os quais eu acordava aos pés da minha cama enquanto me recuperava de uma cirurgia. Ou meu sogro regando nogueiras-pretas de quinze centímetros de altura que demorariam mais de 150 anos para estar totalmente crescidas. Ou meu amigo mais antigo, que sempre escuta como um lago.

Embora as palavras possam carregar amor, geralmente apontam para o amor. É o ato de pegar algo que caiu, de dar espaço para alguém descobrir por si mesmo o que significa ser humano, de perdoar os erros quando percebemos o que fizemos.

- *Centre-se e evoque três pessoas que lhe ensinaram a amar.*
- *Enquanto você respira, relembre o momento que revelou cada lição.*
- *Converse com alguém querido sobre esses ensinamentos.*

9 de julho

A superfície e a profundeza

Quando você estiver em um lugar profundo, lembre-se da superfície.
Quando estiver na superfície, lembre-se da profundeza.

Quando nossos dias são turbulentos e problemáticos, nossa maior dificuldade é lembrar que a onda não é o mar. Por mais que ela nos açoite, as pancadas passarão. Embora ela nos jogue para todos os lados, os golpes passarão, se não lutarmos contra eles.

Muitas vezes, nosso medo nos ludibria a ficar na beira do mar, quando o lugar mais seguro é na profundeza, se conseguirmos chegar lá. Qualquer nadador sabe: fique muito perto da orla e você será atingido pelas ondas e a ressaca. Devemos nadar além das ondas se quisermos conhecer a rede do fundo. Fique em terra firme ou vá até a profundeza. É o meio-termo que mata.

- *Sente-se em silêncio e, calmamente, pratique entrar na profundeza.*
- *Imagine que cada respiração é uma braçada.*
- *Respire lentamente e, braçada após braçada, abra caminho para além de todas as distrações.*
- *Quando você sentir a ondulação da vida ao seu redor, simplesmente deixe-se levar...*

10 de julho
O anel da segurança

Quem vê todos os seres em seu próprio Ser
e seu próprio Ser em todos os seres
perde todo o medo.

— Isa Upanishad

Eu estava sentado em um banco ao sol, esperando por Robert, quando uma vespa-amarela pousou à minha esquerda, a cerca de um metro de distância. Observei a extremidade listrada pulsar e se estender, o sol tornando seus anéis pretos mais pretos e seus anéis amarelos quase alaranjados.

Isso me fez pensar na minha mãe: se aquela vespa-amarela estivesse a poucos metros dela, minha mãe teria enrolado a revista mais próxima e, agitadíssima, tentaria golpeá-la até esmagá-la. O medo de ser picada fazia minha mãe matar muitas coisas pequenas. Ela não conseguia tolerar a incerteza de que algo vivo pudesse machucá-la e, em seu profundo temor de ser ferida, ela se fechou com um muro em volta de si, rechaçando tudo e todos para longe.

Quase quarenta anos depois, percebo que todos nós sofremos a incerteza de sermos feridos pela vida que nos cerca, e todos nós temos um anel de segurança mutável, além do qual provavelmente machucaremos outros seres vivos, sob o pretexto de autodefesa.

Eu me sentei no banco, e a vespa-amarela voou para mais perto. Porém, depois de quase ter morrido de câncer, sentindo-me abençoado por estar ali, deixei o pequeno inseto se aproximar muito mais do que eu costumava tolerar. Com um olhar mais suave e verdadeiro, pude ver que ele tinha pouco interesse em mim, e tenho vergonha de admitir quantas e quantas vezes machuquei os outros porque, tal qual minha mãe, não conseguia tolerar a natureza imprevisível de seu avanço.

Quantas e quantas vezes imaginamos que as coisas são perigosas quando elas estão apenas fazendo o que é natural. A vespa-amarela chegou ainda mais perto; quando estava quase no meu braço, houve tempo suficiente para delicadamente afastá-la. Ela flertou comigo por um bom tempo e chegou bem perto, até que por fim eu a afugentei; o inseto ficou zumbindo a certa distância, depois se aproximou novamente.

Isso é muito parecido com a dança que fazemos com pessoas desconhecidas e entes queridos. Quantas e quantas vezes assassinamos partes de nós mesmos ao não deixar as coisas avançarem ou se aproximarem. Quantas e quantas vezes deixamos o medo e a agressividade regerem nossa vida emocional. Quantas e quantas vezes matamos ou afugentamos tudo o que se move.

Penso em Francisco de Assis, que ficava tão quieto e imóvel que os pássaros pousavam em seus braços que mais se pareciam com galhos, e nos perguntamos por que somos tão solitários, quando na verdade não deixamos nada cheio de vida se aproximar. Se ao menos fôssemos capazes de ver a abelha, ou o pássaro, ou nosso inimigo como um breve centro vivo igual a nós, poderíamos deixá-los seguir seu caminho sem nos colocar em posição de antagonismo.

- *Feche os olhos e medite sobre alguém que você julga intrometido ou irritante. Preste atenção no que você sente, mas avalie, se puder, exatamente o que parece invasivo. A sensação de invasão vem do seu medo ou a pessoa está realmente desrespeitando sua privacidade?*
- *Avalie com precisão o que deve ser feito para você se manter em segurança. Adote apenas essa ação e, se puder, não se envolva mais com a intromissão, o medo dela e o fato dela.*
- *Observe atentamente até que ponto seu medo levaria você a afastar as pessoas. Repare em quanto as coisas podem ficar muito mais próximas se você deixar as coisas fazerem o que fazem fora do seu limite real de segurança.*

11 de julho

A lua e a gota de orvalho

A iluminação é como a lua refletida em uma gota de orvalho sobre uma folha de grama. A lua não se molha, tampouco a gota d'água se desfaz... E a lua inteira e o céu inteiro são refletidos em até mesmo uma gota d'água.

— Dôgen Daioshô

O mistério — no amor, no trabalho, em qualquer momento de unidade — é que, assim como a gota de orvalho e a lua, somos brevemente nós mesmos e tudo ao mesmo tempo. Nossa natureza essencial não é alterada, apenas aprimorada.

Aqueles que amei e os amigos que me ajudaram a permanecer vivo e a ser mais plenamente vivo entraram na minha vida tal qual a lua de Dôgen — todo o amor deles, grande do tamanho do céu, preenche meu coração e, ainda assim, eu não me torno eles, mas apenas mais eu mesmo.

Qualquer coisa ou qualquer pessoa que peça para você ser diferente de si mesmo não é sagrada, mas está tentando apenas preencher sua própria necessidade. Na verdade, o menor caule de um coração danificado, como uma única folha de grama, contém a essência de tudo o que está vivo. A iluminação é o beijo de qualquer coisa — lua, tempestade ou gentileza — que nos abre para essa essência.

- *Centre-se e relembre um momento em que você se sentiu tocado por uma vida diferente da sua. Pode ter sido na natureza ou nos braços de um ente querido.*
- *Respire fundo e reflita sobre como esse toque afetou você.*
- *Depois de algum tempo, pergunte a si mesmo: "Onde eu guardo esse toque de vida? Quando eu mais preciso dele?".*

12 de julho

Fazer ondas

Eu faria qualquer coisa por você.
Você seria você mesmo?

No clássico *A pequena sereia*, de Hans Christian Andersen, Ariel abre mão de sua bela voz em troca de pernas. Aparentemente, essa é uma fábula inocente que sintetiza nosso pacto com o diabo moderno. Pois não somos ensinados que mobilidade é liberdade, seja mudando de estado em estado, de casamento em casamento ou de aventura em aventura? Não estamos convencidos de que a mobilidade ascendente, mudando de emprego em emprego, é a definição de sucesso?

Claro, não há nada de inerentemente errado na mudança, na variedade, na novidade ou em melhorar nossa condição. O problema é quando somos solicitados a renunciar a nossa própria voz para nos movimentarmos livremente, quando somos solicitados a silenciar o que nos torna singulares a fim de sermos bem-sucedidos. Quando não fazer ondas significa abrir mão de nossa chance de mergulhar nas profundezas, então estamos trocando nosso acesso a Deus por uma estrada melhor.

Enquanto história sobre relacionamento, a lição de Ariel é crucial. Na superfície, seu desejo por pernas parece tocante e docemente motivado pelo amor e pelo desejo de pertencimento. No entanto, aqui também está outra falsa barganha que assola todos que tentam fazê-la. Pois, não importa a intensidade do nosso desejo de amar ou ser amado, não podemos alterar nossa natureza básica e sobreviver interiormente, onde isso conta.

- *Sente-se em silêncio e reflita sobre sua própria história de amor.*
- *Ao expirar o ar, pense em uma ocasião na qual você desistiu de algum aspecto de si mesmo para ser amado.*
- *Ao inspirar o ar, permita-se reconectar-se com essa parte silenciada de sua natureza.*

13 de julho

Agora você vê, daqui a pouco não vê mais

O Senhor é meu pastor, nada me falta. Em verdes pastagens
me faz repousar. Para as águas tranquilas me conduz e restaura minhas forças.

— Salmo 23

Não demora muito para cada um de nós acumular uma história emocional. Uma criança queima a mão no fogão, e o medo do fogo começa; em um momento de ternura, uma mão é estapeada, dando início ao medo do amor. Nossas associações e reflexos emocionais são profundos. Muitas vezes, o coração respira abaixo de todas as nossas associações como um fundo macio e arenoso esperando debaixo d'água.

Assim, para nos vermos com clareza, devemos tentar acalmar nossas associações até que sejamos tão transparentes quanto um lago calmo. Quando estivermos calmos o suficiente e límpidos o suficiente, outros também poderão ver através do nosso fundo. Isso torna o amor possível de novo. No entanto, paradoxalmente, quando alguém é impelido a nos alcançar, seus dedos agitam as coisas, formando ondulações por toda parte, e nós e eles muitas vezes podemos perder de vista o que importa.

Tudo isso afirma a necessidade de permanecermos com nossos sentimentos por tempo suficiente para que as associações emocionais — as ondulações — se aquietem. Ninguém pode escapar disso. Seja você jovem ou velho, inocente ou experiente, se esteve acordado e vivo e em qualquer tipo de relacionamento que tenha sido de alguma forma real, suas águas se agitarão, suas emoções se encresparão. Parece que a única maneira de realmente conhecermos nossa própria profundidade é esperar que nossas associações e reflexos se apaziguem, até que estejamos novamente cristalinos como as águas de um lago. Somente quando aquilo que está agitado se acalma é que podemos nos ver e ver uns aos outros com clareza.

- *Respire lentamente e permita que as agitações do seu coração venham e vão embora com cada respiração.*
- *Respire em ritmo constante e tente esperar que seus reflexos expressem raiva, ansiedade, inveja ou ressentimento.*
- *Respire em ritmo contínuo e, a cada expiração, tente sentir a profundidade do coração que espera por baixo.*

14 de julho

Conhecer alguém profundamente

Conhecer alguém profundamente
é como ouvir a lua através do oceano
ou fazer um falcão colocar folhas brilhantes a seus pés.
Parece impossível, mesmo enquanto acontece.

Descobrir quem somos é como abrir uma trilha na encosta de uma montanha. No entanto, as amizades mais profundas começam quando olhamos nos olhos de outra pessoa e descobrimos que ela também esteve lá, já passou por isso. Para mim, é sempre surpreendente descobrir que alguém vê o que eu vi, e sempre uma lição de humildade aprender que o que eu pensava serem meu caminho e minha montanha são o caminho e a montanha de todos.

Enquanto esbarramos uns nos outros no supermercado para ler potes de maionese, carregamos mundos inteiros dentro de nós. Todo o drama da vida agita nosso sangue enquanto corremos até a estação para pegar o metrô. Somos sempre tão conhecidos e tão desconhecidos.

É por isso que conhecer alguém profundamente é um tesouro. Abre o céu de todos os tempos. Permite que a música saia do mar. Permite que o coração, tal qual uma fotografia, seja revelado para ser tocado por outro.

E ainda que ao longo do caminho possamos encontrar alguém que já esteve aonde estamos indo ou indo para onde já estivemos, nunca devemos parar de abrir nossa própria trilha montanha acima. Pois somente ousando ser nós mesmos é que podemos conhecer profundamente os outros.

- *Esta é uma meditação caminhando. Ao ir para o trabalho ou entrar em uma loja, ande com firmeza e respire lentamente.*
- *Enquanto você respira, sinta a interioridade que é você.*
- *Enquanto caminha e respira, observe os outros fazendo o mesmo.*
- *Ao encontrar os olhos dos outros, perceba que eles são tão profundos quanto você.*

15 de julho

O risco de ser tocado

O toque estanca a pressão do coração.

São muitas as razões pelas quais queremos ser tocados. A mais simples e profunda é que o toque nos cura. Da mesma forma que uma gota d'água se esparrama quando encostamos nela, as dores da vida que carregamos se dispersam quando somos abraçados, amparados e reconfortados. O fardo acumulado de suportarmos as coisas sozinhos arrefece ao sermos tocados com sinceridade e amor.

Por baixo de toda linguagem, o toque é o gesto comum, a energia que conecta tudo o que vive dentro de nós com tudo o que vive fora de nós. Podemos ter divergências — ser católicos, muçulmanos ou judeus, conservadores ou progressistas, urbanos ou rurais —, e ainda assim todos os rígidos muros criados por nossas convicções ruirão com o toque suave de uma mão compassiva.

Por medo de sermos feridos, frequentemente temos pavor de deixar os outros entrarem; e, às vezes, depois que conhecemos o bálsamo que é ser tocado, buscamos esse conforto para dores que somente nós mesmos podemos curar. Eu, repetidamente, já me peguei fazendo as duas coisas. Mas são problemas de quando e como nos abrir ao toque. A necessidade de ser tocado nunca está realmente em questão, assim como não questionamos a necessidade de respirar.

Quando, aos 94 anos de idade, minha avó estava morrendo, eu me senti mutilado no coração porque ela havia voltado a falar o russo de sua infância, e eu temia que não seríamos capazes de nos entender. Mas um velho amigo me chamou de lado e disse: "Vocês dois conseguem entender o toque". Com isso, acariciei em silêncio o rosto e os braços dela, e ela esfregou meus pulsos e, mesmo quando minha vó não conseguia mais abrir os olhos ou falar, tínhamos uma linguagem de conforto que nos acompanhou até o momento de sua partida.

Às vezes seria mais adequado admitir que o coração funciona melhor em mímica. Pois por baixo das preocupações e medos de ser ferido, rejeitado, ludibriado ou explorado, por baixo da avalanche de desculpas e explicações, há um pulsar profundo e simples de que precisamos um do outro para sermos inteiros.

❊ *Entre em meditação com um ente querido com quem você se sinta seguro.*

- *Concentre-se em uma dor que tem sido difícil de suportar sozinho.*
- *Agora, revezem-se. Enquanto, da forma mais direta e simples possível, um expressa não as circunstâncias dessa dor, mas o sentimento de suportá-la, o outro ouve em silêncio.*
- *Agora, usando apenas as pontas dos dedos, um reconforta o outro por meio do dom do toque.*

16 de julho

A magia da paz

Assim como os pulmões lembram de respirar,
mesmo enquanto dormimos,
o espírito nos mantém vivos
por meio do sonho de nossa vontade.

Dizem que Merlin, ao instruir o jovem Artur na floresta de Camelot, disse a ele que a única diferença entre os magos e o restante de nós é que os magos aceitam que nossa vontade não passa de um sonho. Sim, certamente decidimos quais roupas comprar, qual carro dirigir e até mesmo como passar nossos dias. Mas essas coisas são como as pedrinhas que um peixe faminto abocanha no fundo do rio enquanto as águas arrastam sua pequena vida.

Ainda assim, nos dedicamos a essas pequenas coisas, pois é isso o que fazemos, e é verdade, Deus está dentro de cada pormenor. No entanto, muitas vezes sobrevivemos, e até prosperamos, não por causa de nossos intermináveis planos, mas apesar deles.

Porém, o que preciso lhe dizer é que conheci Merlin em um sonho e perguntei a ele sobre estar vivo. Ele quis saber se eu conhecia Artur e, depois de algum tempo, sussurrou: "Vá além das muitas linguagens do desejo, pois nossa paz depende de se lutamos ou seguimos a correnteza".

- *Esta é uma meditação para a hora de dormir. Ao se acomodar para dormir, respire em ritmo constante e, assim como durante a noite você confia a seus pulmões sua necessidade de ar, confie a seu espírito sua necessidade de paz e incline-se para a profundidade que o cerca.*

17 de julho

O impulso de amar

Se alguém me cortasse em mil pedaços,
cada pedaço de mim diria que ama...

— Chris Lubbe

O homem que afirmou isso é uma pessoa profundamente espiritual, natural da África do Sul. Ele, como muitos outros, cresceu durante o regime do *apartheid*. Ele me disse que foi ensinado por seus ancestrais a não permanecer amargo ou vingativo, pois o ódio corrói o coração e, com um coração danificado, a vida não é possível.

De certa forma, cada um de nós se depara com o mesmo dilema que Chris enfrenta: como sentir a dor de viver sem negá-la e sem deixar que essa dor nos defina. No fim das contas, por mais pesado que seja o fardo que nos é dado — *apartheid*, câncer, maus-tratos, depressão, vício —, uma vez reduzido ao osso, nos vemos diante de uma escolha sem fim: a decisão de nos tornarmos a ferida ou a cura.

Coisas terríveis já são bem difíceis de serem vivenciadas na primeira vez. Depois da segunda, da terceira e da quarta experiência traumática, o impacto pode facilmente nos transformar em pessoas terríveis se não mantivermos vivo nosso desejo de amar. Talvez a maior dificuldade de quem é ferido seja não entregar sua natureza amorosa mais profunda à vida e ao caminho da ferida.

A tocante declaração desse homem sul-africano afirma que a natureza do espírito humano é irreprimível. Assim como não importa quantas vezes uma videira ou um arbusto sejam podados, continuarão crescendo em direção à luz, o coração humano é capaz de reafirmar seu impulso de amar, não importa quantas vezes seja cortado.

- *Centre-se e evoque uma pessoa que você admira e que ainda é amorosa apesar da dor que vivenciou.*
- *Respire lentamente e abra seu coração para a sabedoria de ser dessa pessoa.*
- *Agora respire fundo e deixe a respiração do seu coração levar embora sua própria dor, do mesmo jeito que as ondas suavizam pegadas na areia.*

18 de julho

Um vaga-lume de amor

Quem sabe
que nas profundezas da ravina
da montanha do meu coração escondido
um vaga-lume do meu amor está em chamas?

— Abutsu-Ni

A confissão que essa pacata mulher japonesa fez para si mesma há quase mil anos nos mostra que as coisas mais importantes começam tão lá dentro de nós que no início mal conseguimos ouvi-las. Ou que mantemos as coisas mais importantes tão escondidas que elas mal têm a chance de crescer. Provavelmente esse suspiro do coração dela seja um testemunho de ambas as coisas. Por favor, leia novamente esses versos. Agora.

Não são apenas palavras, mas a nuvem-coração de um ser vivo, percebendo-se viva em um momento que se repetiu em todos aqueles que já conheceram ou quiseram conhecer o amor. E, embora eu não saiba ao certo como, nós podemos, num piscar de olhos de um momento de cautela, no estremecimento de uma mágoa inesperada, estar a uma montanha de distância do que sentimos. Porém, se reconhecermos a separação, então começamos a árdua peregrinação de volta à Unidade.

Em algum lugar ao longo do caminho, e quase sempre com razão, aprendemos a ter medo de colocar em evidência nossos sentimentos, deixá-los a céu aberto, entregues ao clima do ar comum, como se nosso pequeno pedaço de amor estivesse fadado a morrer pela exposição aos elementos, como se nossos verdadeiros sentimentos não fossem capazes de sobreviver ao olhar dos outros. No entanto, todos nós sabemos muito bem que, sem ar, nada pode crescer. Então, o que devemos fazer com nosso pequeno vaga-lume?

É uma bela ironia que, ao confessar seu segredo, Abutsu-Ni nos tenha dado um caminho. Pois não é o vaga-lume dela que adejou céu acima desde a ravina, desde o alto da montanha de seu coração escondido, voando para umedecer-lhe os olhos e fazer sua língua relutante falar? Não é o pequeno vaga-lume de amor dela que manteve sua cauda acesa por mais de novecentos anos?

Não precisa ser bonito ou inteligente, apenas honesto e verdadeiro. Para muitos, uma dança começa com uma viagem, e muitas canções encontram numa tosse sua brecha.

- *Respire fundo em seu coração.*
- *Uma vez lá, respire lentamente e repita as palavras de Abutsu-Ni em voz alta como se fossem suas.*
- *Respire fundo e sinta o pequeno vaga-lume do seu amor adejar dentro da montanha do seu coração.*
- *Respire lentamente e, a cada respiração, deixe o vaga-lume voar por sua ravina acima, subindo até sua montanha e sua garganta.*

19 de julho
A sabedoria de piscar

Se dormirmos por muito tempo, precisamos acordar.
Se muito tempo ficarmos acordados, precisamos dormir.

Nós piscamos mil vezes por dia. Mil vezes por dia o mundo escurece. Mil vezes por dia acordamos. Não é possível escapar dessa sucessão de aberturas e fechamentos. É um reflexo que não podemos controlar. Mesmo enquanto você lê esta frase, seus olhos, juntamente com seu coração e sua mente, estão piscando — abrindo-se e fechando-se repetidamente, não importa o que você faça. Faz parte de ser humano.

No entanto, em grande medida depende do que você vê como lar — estar aberto ou fechado. Você vê a vida como um fluxo de luz intercalado com noites de escuridão, ou como um fluxo de escuridão entremeado por dias de luz? Embora nunca haja uma resposta, é importante o que acreditamos acerca da natureza da vida. Ela eleva ou sobrecarrega nossos dias. Então pergunte a si mesmo, mais de uma vez: a vida é um longo milagre de sentimento intercalado com momentos de quebra? Nós caímos repetidamente em nossa humanidade a partir de uma luz sem fim? Ou a vida é uma longa e dolorosa ruptura intercalada com momentos de deslumbramento? Nós lutamos para escapar por um breve momento da escuridão infindável rumo a vislumbres de luz?

É óbvio que há momentos em que nos sentimos de uma dessas maneiras e momentos em que temos certeza de que é da outra. Há até momentos em que sabemos que nos sentimos das duas formas. Mas é o modo como permitimos a manifestação de ambas — até que ponto fazemos da luz nosso lar e quanto nos acomodamos na escuridão — que determina a alquimia pessoal de nossa esperança e desespero, de nosso otimismo e pessimismo, de nossa crença e dúvida.

Minha jornada tem sido mesclada, ambígua. Ao entrar na cirurgia, eu tinha certeza de que a vida era sombria e de que eu não conseguia manter meus olhos abertos. Porém, ao acordar da cirurgia, eu tinha certeza de que tudo isso havia mudado enquanto eu estava sob efeito de medicamentos. Tudo passou a flutuar e eu mal conseguia fechar os olhos para descansar. A mesma coisa aconteceu quando perdi o amor. Eu me senti fechado e sombrio, e incapaz de me abrir. No entanto, estar apaixonado sempre fez da minha vida um intervalo cantante de luz, durante o qual eu mal conseguia dormir.

Talvez a sabedoria de piscar esteja no fato de que isso nos mantém no meio, nos impede de nos afogarmos na escuridão e de nos queimarmos na luz. Talvez esse seja o reflexo que nos permite dar sentido a ser humano.

- *Medite de olhos fechados e mantenha-os fechados até sentir a necessidade de abri-los.*
- *Agora medite de olhos abertos e mantenha-os abertos até sentir a necessidade de fechá-los.*
- *Repita isso e aceite sua necessidade muito humana de acordar e descansar.*

20 de julho
Aprendendo a flutuar

Quando paramos de lutar,
boiamos.

Quando aprendi a nadar, eu não confiava na profundeza. Por mais que ouvisse vozes tranquilizadoras me incentivando desde a margem, eu me esforcei e bati os braços e pernas para manter meu queixo acima da superfície. Isso me exauriu, e foi somente depois que fiquei exausto que eu relaxei o suficiente para mergulhar a ponto de sentir o berço da profundeza que me mantinha boiando.

Por fim, entendi que essa é a luta que todos nós repetimos entre a dúvida e a fé. Quando temos de enfrentar qualquer situação que está além de nossa compreensão, nosso reflexo é lutar com todas as forças contra a terrível sensação de que estamos afundando. No entanto, quanto mais resistimos, mais sentimos nosso próprio peso e nos desgastamos.

Em momentos como esse, eu me lembro de quando aprendi a boiar. Misteriosamente, era necessário deixar quase tudo de mim descansar abaixo da superfície antes que a profundeza conseguisse sustentar o meu corpo. Parece-me, quase quarenta anos depois, que a prática de encontrar nossa fé é muito semelhante a isso — precisamos descansar o suficiente de nós mesmos abaixo da superfície das coisas até encontrarmos sustentação.

Fazer isso é muito difícil. Mas a essência da confiança é acreditar que, se você relaxar e se soltar, terá esteio. E embora possamos praticar afrouxar nosso medo e encontrar a profundeza, não existe uma maneira efetiva de se preparar para se soltar a não ser simplesmente se desprender.

Uma vez imersos, uma vez abaixo da superfície, não é por acaso que as coisas desaceleram, ficam claras, parecem leves. Talvez a fé não seja nada mais do que correr o risco de descansar abaixo da superfície.

O fato de não podermos ficar lá apenas reitera que devemos escolher repetidas vezes a profundidade para viver plenamente. A noção de que devemos passar pela sensação de afundar antes de recebermos esteio é o que significa confiar no Universo.

- *Encha uma banheira com água morna.*
- *Mantenha a mão aberta, palma para cima, com o dorso da mão na superfície da água. Sinta o esforço necessário para manter sua mão na superfície.*
- *Respire lentamente e relaxe, deixando sua mão entrar na água. Conforme sua mão relaxa, sinta-se encontrando o fundo.*
- *Enquanto você respira lentamente, continue colocando a mão na água e pratique entrar no fundo e descansar abaixo da superfície.*
- *Pratique mover-se além da sensação de afundar.*
- *Pratique a atenção suave necessária para perceber quando você está começando a receber sustentação.*

21 de julho

Revelar quem somos

Nenhum pássaro pode voar
sem abrir as asas,
e ninguém pode amar
sem expor o coração.

Talvez seja a mais antiga das leis interiores, tão inescapável quanto a gravidade. Não há a mínima chance de se elevar a um espaço maior do que você sem revelar as partes que você mantém mais perto do seu peito.

Sempre que hesitar em revelar quem você é, imagine-se como um pássaro empoleirado em um telhado, asas dobradas junto às laterais do corpo. Entrar em um relacionamento sem abrir seu coração é pular desse telhado sem abrir as asas.

É verdade que os filhotes de pássaro hesitam na primeira vez que saem do ninho, porém, tão logo sentem o gosto do ar, está na natureza deles se abrir e subir, e fechar e pousar. Essa é a vida dos pássaros. É a nossa também.

O paradoxo, é claro, é que devemos confiar que o poder de levantar voo e pousar, para nós, está em revelar o que escondemos. Uma vez reveladas, essas coisas ternas tornam-se nossas asas.

- *Se possível, sente-se em silêncio e calmamente ao ar livre e observe os pássaros se abrirem, levantando voo e pousando.*
- *Respire livremente e, enquanto os pássaros alçam voo, pratique abrir e descansar seu coração.*

22 de julho
Ubuntu

Ubuntu — Eu sou porque você é,
você é porque eu sou...

— Um profundo jeito africano de ser

No inverno, conheci um homem na África do Sul. Depois de vários dias juntos, perguntei a ele sobre o Ubuntu. Ele disse: "É um profundo costume africano". Ele não explicou, porém repetiu seu significado, mais lentamente e com enorme reverência: "Significa... 'Eu sou porque você é; você é porque eu sou... Ubuntu'".

É algo em que sempre acreditei: no espaço inflamado do nosso sofrimento mais profundo, na liberação dos nossos medos mais profundos, na paz conhecida das nossas alegrias mais profundas, somos o outro, o outro somos nós. Eu senti isso nas salas de tratamento de câncer, nos olhos das mães aflitas sentadas à minha frente, nenhum de nós querendo que as coisas sombrias crescessem dentro de nós... Ubuntu.

Tenho encontrado isso em todos os caminhos, em todas as direções... no sentido de *Eu e tu* de Martin Buber,* em que somente mantendo-se real o-que-está-entre--nós é que Deus pode aparecer — na dádiva de Jesus, "Onde dois ou três estiverem reunidos em meu nome, eu estarei no meio deles"; na compaixão única de Buda; no amor divino que as pedras antigas emanam se formos calmos o suficiente para nos curvar a elas. Ubuntu... Eu sou porque você é, até mesmo em como vivemos do hálito das plantas; você é porque eu sou, até mesmo em como as plantas vivem de nossas exalações.

Eu me lembro — anos depois que Robert me ajudou a sobreviver ao câncer, depois que eu o ajudei a sobreviver ao álcool —, eu me lembro de nós dois em um pequeno parque comendo sanduíches com os dedos dormentes, como pequenos pássaros feridos, e de repente Robert levantou a cabeça e disse: "Eu tive câncer", e eu peguei a mão dele e ofereci em troca: "E eu fui um alcoólatra". Ubuntu... como precisamos um do outro para sermos completos.

* Martin Buber (1878-1965), filósofo e professor judeu nascido na Áustria. *Eu e tu*, publicado em 1923, é seu livro mais importante e influente. [N. E.]

- *Sente-se em silêncio e calmamente em um lugar público até que sua respiração e o ar que você está respirando pareçam ser uma coisa só.*
- *Respire em ritmo constante até que seu coração e o coração daqueles ao seu redor pareçam ser uma coisa só.*
- *Continue respirando lentamente até sentir, a cada respiração, a interligação de toda a vida.*

23 de julho
Ajustar as contas

Nós somos o palco
e todos os atores.

Uma das grandes contribuições da psicologia tem sido nos ajudar a entender a maneira como repetimos nossas dores, mágoas e afetos com pessoas que não aquelas que nos machucaram ou nos tocaram. Existem muitos nomes para isso, mas os mais conhecidos são "projeção" e "transferência". Essencialmente, repetimos o que foi dito ou feito, ou o que não foi dito nem feito, várias vezes, até aprendermos a lidar com isso, a ajustar a contas. O ajuste de contas é chamado de *cura*, *rendição*, *desapego* ou até mesmo *perdão*.

Levar uma bronca aos berros e depois chutar o cachorro é um exemplo claro disso. No entanto, com mais frequência, repetimos os estilos de amor desajeitado que vivenciamos. Por exemplo, na minha infância e adolescência, suportei a rejeição fria dos meus sentimentos mais verdadeiros. Quando eu mostrava minha dor, era visto como alguém que tentava enfraquecer as decisões dos meus pais. Eles então me davam as costas, como se, ao mostrar minha dor, eu estivesse tentando enganá-los.

Tendo vivenciado isso, sou especialmente sensível às dores daqueles próximos a mim, mas há momentos em que me pego segurando firme, fora de alcance, repetindo o papel dos meus pais como se fosse o meu próprio. Trata-se de algo perturbador, e de uma lição de humildade, para dizer o mínimo.

Porém, assim como os germes devem cumprir seu papel e terminar seu ciclo, todas as pessoas que fazem as vezes de personagens em nosso drama devem se expressar antes de nos abandonar. Assim como continuamos tentando obter o que nunca obtivemos de outra pessoa que não conhece nosso jogo, mantemos viva a transgressão ao reencená-la em outras pessoas próximas, até que possamos humildemente saber o que é ser nocivo — o primeiro passo em direção ao perdão.

Eu já me vi fazendo o que fizeram comigo, nunca com a mesma crueldade ou severidade. Mas foi o suficiente para me fazer tremer diante da constatação de quanto é fácil ser cruel quando se tem medo, e de quanto é difícil aceitar que todos somos capazes de coisas terríveis, e de quanto é purificador perceber que a verdadeira bondade respira logo abaixo dessa aceitação.

- *Medite sobre uma insensibilidade que você tenha sofrido, seja na infância, em uma amizade ou em um relacionamento.*
- *Respire lentamente, deixe a pessoa que carregava essa insensibilidade partir e concentre-se na natureza da insensibilidade em si. Pode ter sido um afastamento, uma rejeição, uma indiferença, uma crítica severa, uma explosão de raiva ou a resistência a um sentimento seu.*
- *Respire fundo e relembre a última vez que você carregou algo semelhante a essa mesma insensibilidade em relação a outra pessoa. Tente lembrar-se do que o levou a fazer isso.*
- *Agora respire intensamente e deixe todas as aparências de insensibilidade irem embora.*

24 de julho
Sair de debaixo

Tanta escuridão! Vou para o caminho onde mora a luz!

— Jó

Às vezes há tantas coisas para avaliar, tantas coisas para entender e analisar, tantas consequências para considerar em nossa mente, tantas coisas para limpar, decifrar, destrinchar, discernir ou consertar, tudo isso antes que possamos sair e jogar o jogo.

Às vezes, o melhor e mais simples uso da nossa vontade é largar tudo e simplesmente sair de debaixo de tudo aquilo que nos cobre, mesmo que seja por apenas uma hora ou mais — simplesmente sair de debaixo das teias que tecemos, das tarefas que assumimos, dos problemas que temos de resolver. Eles estarão lá quando voltarmos, e talvez alguns deles se desfaçam sem a nossa preocupação em mantê-los.

Não seria legal?

- *Sente-se em silêncio e tente parar de se debruçar sobre seus problemas.*
- *A cada respiração, livre-se de uma preocupação e sinta seu ser intacto sem ela.*
- *Respire livremente e perceba que seu ser é completo, quer você resolva seus problemas, quer não.*

25 de julho
Frestas de luz

A alma humana é para Deus o que a flor é para o sol;
ela se abre quando ele se aproxima e se fecha quando ele se retira.

— Benjamin Whichcote

Deus, tal qual o sol, irradia luz e calor sobre todas as coisas e seres: na colina exposta ao ar livre, na planta que cresce na janela, até mesmo na erva daninha que recebe frestas de luz sob a varanda. A mesma fonte de espírito emana luz e calor em nossas diferentes vidas, independentemente das circunstâncias em que nos encontramos. Assim, nossa experiência e percepção de Deus no mundo podem ser limitadas e diferentes, podem até mudar, mas isso não define ou limita a Fonte.

E embora o sol pareça desaparecer todos os dias, é a Terra que se afasta, ocasionando a noite. Da mesma forma, quando parece que Deus não está em lugar nenhum, somos nós, na turbulência de nossa vida, que nos afastamos ou somos afastados e voltamos, repetidamente.

No entanto, ao contrário das ervas daninhas que crescem sob a varanda, podemos voltar para a luz.

- *Esta é uma meditação diurna. Sente-se em silêncio em seu quarto e, calmamente, observe a luz lá fora deslocar-se por entre as árvores.*

- *Depois de algum tempo, continue respirando fundo, levante-se devagar e vá para a luz lá fora.*
- *Caminhe diretamente para um trecho de luz.*
- *Inspire o ar de maneira limpa e tranquila e sinta seu calor por todo o corpo.*
- *Fique lá.*

26 de julho
Casa de barro

A única razão pela qual não abrimos nosso coração e nossa mente para outras pessoas é que elas desencadeiam em nós uma confusão com a qual não nos sentimos corajosos ou sãos o suficiente para lidar.

— Ane Pema Chödrön

Vi uma casa de barro nos arredores de Phuthaditjhaba em Qwa Qwa, África do Sul. O telhado era plano, feito de folhas soltas de ferro corrugado, mantidas no lugar por um pedaço esticado de arame que atravessava toda a parte superior. Cada uma das pontas do arame retesado estava amarrada a um enorme saco de areia, e os dois sacos que pendiam pesadamente dos lados opostos da casa pareciam uma sela cujo peso impedia o telhado de voar para longe.

A princípio, pensei: "Não há pregos nem parafusos. Que precário". No entanto, por algum motivo, a cena ficou comigo, até que percebi que as pessoas que moravam lá podiam abrir sua casa para o céu quando as coisas ficavam gloriosas. Agora, essa simples casa de barro parecia uma imagem de adaptabilidade e equilíbrio: uma maneira de passar pelas tempestades e uma maneira de se abrir para os céus. Agora, os pesados sacos de areia eram um sustentáculo honesto e removível.

Isso me faz parar e pensar: até que ponto eu me tranco prematuramente sob um telhado vedado com pregos? Até que ponto a minha dor vem de rasgar o que eu aferrolhei com excesso de cautela nos dias em que preciso ver o céu?

- *Sente-se em silêncio em sua casa e, calmamente, imagine o cômodo em que você está sem o telhado, a luz crua se derramando casa adentro.*

- *Respire lentamente e imagine o teto que você carrega acima do seu coração enquanto se move pelo mundo.*
- *Imagine como seriam os dias claros sem esse teto emocional.*
- *Ao inspirar o ar, tente sentir a atração onde seu teto protetor está aferrolhado.*

27 de julho
Permitir que a dor entre

Estou me tornando água:
deixo todas as coisas lavarem a tristeza delas em mim
e reflito o máximo de luz de que sou capaz.

Outro paradoxo com o qual eu luto continuamente é como deixar os outros entrarem sem que eu me torne eles. Como abrir a porta da compaixão sem que as coisas e pessoas das quais nos compadecemos nos dominem.

Isso remonta a Jesus e Buda, e o milagre desses espíritos é que eles nos mostram que há em cada um de nós algum elemento básico bem definido, cristalino como a água, capaz de brilhar sem nome, capaz de permitir a dor e a tristeza dos outros sem nos transformar apenas em dor e tristeza.

Muitas tradições falam sobre essa questão. Chamamos de amor quando fazemos isso por outrem, e de compaixão quando mantemos essa intenção por todos os seres vivos. A tradição budista tibetana tem uma prática de meditação chamada *tong-len*, que nos pede para inspirar o sofrimento do mundo, mantê-lo naquele lugar inquebrável de compaixão e, depois, expirar luz.

A beleza dessa prática é que ela assume e afirma que há dentro de cada um de nós algo atemporal e indestrutível que pode curar a nós e ao mundo se nos abrirmos para isso.

- *Sente-se em silêncio e calmamente até se sentir centrado.*
- *Respire em ritmo constante e traga à mente e ao coração a dor de um ente querido.*
- *Respire fundo, inalando a dor do outro para aquele centro de compaixão que todos nós carregamos.*

❊ *Quando sentir a dor dele, você terá transformado alguma parte dela.*

❊ *Agora exale luz.*

28 de julho

A graça chega à onda

A iluminação para uma onda é o momento em que
ela percebe que é água. Nesse instante, todo o medo da morte desaparece.

— Thich Nhat Hanh

Assim como a vida das ondas comuns, nós, como seres humanos, somos reunidos em nossa paixão a partir de um lar maior, aquele mar de espírito infinito; impulsionados desde uma profundidade insondável, nós nos elevamos, nos encrespamos, nos encapelamos, alcançamos o pico e nos espatifamos em borrifos, apenas para afundar de volta naquilo de onde viemos.

Profundamente, a graça chega à onda quando ela percebe do que é feita. Uma vez que ela surgiu da mesma água em que vai cair, seu medo de acabar é de alguma forma diminuído. Pois ela já é parte de aonde está indo. Será que você e eu, feito ondas simples, vivenciaremos essa iluminação no instante em que percebermos que somos todos feitos da mesma água? Saber disso de verdade, da mesma maneira como as ondas conhecem o vento, pode porventura reduzir nosso temor da morte?

Creio que vivenciei algo assim enquanto me recuperava da minha cirurgia de retirada de costela. Eu estava destroçado por todas as diferenças, despedaçado de todas as maneiras pelas quais poderia me distinguir dos outros. Nesse estado de cansaço e vertigem, pude ver que somos todos feitos da mesma matéria, e que a vida antes de mim e depois de mim provavelmente não é diferente das luzes e sombras que bruxuleiam em minhas células neste exato momento. Tal qual a onda, consciente de que é água, percebi que minha pele é uma fronteira muito tênue e que aonde quer que eu vá é o mesmo lugar onde estou. Como um ser humano agora ciente desse mar maior de espírito, meu medo da morte diminuiu, embora, mesmo hoje, enquanto escrevo estas linhas, eu não queira morrer.

Acho que agora a outra maneira de interpretar tudo isso é dizer que a iluminação é o instante em que percebemos que somos feitos de amor. Nesse momento, todo o medo de viver desaparece. Pois a graça chega ao coração quando ele percebe do que é feito e do que surgiu. Nesse momento, a graça nos reconforta, pois, não importa a alegria ou a dor ao longo do caminho, já somos parte de aonde estamos indo. A iluminação para um coração na Terra é o momento em que aceitamos que é o amor que faz de todos nós ondas, de novo e de novo e de novo.

- *Respire lentamente e medite sobre a janela mais próxima. Note como o mesmo ar se acumula do lado de fora e do lado de dentro da janela.*
- *Respire lentamente e medite sobre como sua boca é igual a essa janela. Observe que o mesmo ar se acumula fora de você, bem como dentro de você.*
- *Respire fundo e sinta a essência de tudo entrando e saindo pela janela que é você.*

29 de julho

Viva humildemente como um cachorro

Viva humildemente como um cachorro
e o mundo ganhará vida
na sua boca.

No dia em que levei para casa a minha golden retriever, ainda um filhotinho, eu não fazia ideia de que ela se tornaria a minha professora. Ela tinha sete semanas, e dormiu na minha camisa durante todo o trajeto. Dava para sentir sua pequena exalação rítmica como uma minúscula exalação animal aquecendo meu coração. Dia após dia, acabei por entender sua presença pura, completa e constante. Eu nunca soube que algo poderia estar tão completamente envolvido com o exato momento, tão inocentemente dedicado ao que quer que estivesse diante de si. Se ela estava rolando na grama, o mundo era a grama e a sensação de rolar. Se ela rodeava o tapete para se deitar, a vida era apenas a vontade de se enrodilhar e suspirar. Comecei a invejar a capacidade da minha cachorrinha de estar completamente onde quer que ela estivesse.

Também vim a entender como ela conhecia o mundo por meio do toque, sobretudo pela boca. Sem a hesitação que atormenta os humanos, ela enfiava o focinho em tudo, e o conhecimento imediato das coisas lhe dava alegria.

Incapaz de falar, essa cachorrinha me ensinou que há um sentimento inexprimível de fundamento que vem de permanecermos diretamente conectados à terra, uma humildade que vem de tocarmos diretamente o que quer que estejamos vivenciando. Essa conexão direta ajuda a dar vida às coisas; é revigorante. Dessa forma, a energia do mundo flui através de qualquer momento em que ousamos entrar por completo.

- *Esta é uma meditação caminhando. Centre-se e ande no ritmo da sua respiração.*
- *À medida que os detalhes ganharem vida para você — a luz em um galho, a maciez de uma poça, o musgo crescendo em uma pedra —, tente tocar as coisas simples que chamam você.*
- *Respire fundo e enfie seu coração dia adentro, feito um focinho.*

30 de julho

Quando o caminho estiver bloqueado

Quando o caminho estiver bloqueado,
volte e veja mais do percurso.

Cada um de nós é uma montanha para o outro escalar, e muitas vezes nosso caminho para o amor é interrompido por um acidente ou um problema ou algo inesperado que precisa ser resolvido. Temos a tendência de chamar essas coisas inesperadas na vida de "obstáculos".

Muitas vezes, aquilo que atravanca nosso caminho vem de outra pessoa: uma teimosia despenca feito uma árvore que bloqueia o percurso que queremos percorrer, ou uma tristeza chega como uma enchente-relâmpago para enlamear a estrada entre nós; ou pode acontecer que, assim que fazemos uma pausa para descansar na clareira que preparamos, somos espetados por alguma coisa espinhenta escondida no meio do mato. Assim, nos caminhos do dia a dia, deparamos com esta escolha constante: ver um ao outro como a coisa teimosa, lamacenta e espinhosa que bloqueia nosso caminho, ou recuar e absorver a pessoa inteira, como faríamos com uma montanha em sua totalidade, tontos ao olhar para sua majestade.

Quando surge um bloqueio em nossa proximidade com o outro, temos uma oportunidade constante: levantar nossos olhos e contemplarmos um ao outro por completo, e em seguida nos ajoelharmos e levantar a árvore caída, ou transpor o caminho alagado, ou arrancar e jogar fora o espinho que nos espeta. Temos a chance de continuar a escalada, de modo que possamos recolher a água que escorre um do outro, de modo que possamos saciar nossa sede como em um riacho de montanha, sabendo que o amor, feito a água, vem suavemente através dos lugares mais difíceis.

- *Centre-se e pense em um ente querido — um amigo, um parceiro ou um parente — e concentre-se na única coisa teimosa que vem dele neste exato momento.*
- *Sem negar essa dificuldade, inspire o ar e amplie a visão do seu coração. Se possível, volte e veja a pessoa por inteiro, teimosia e tudo.*
- *Respire fundo e sinta tanto a dificuldade que é dessa pessoa quanto a totalidade do espírito dela, que faz com que você a ame.*

31 de julho
O olho é a lâmpada

A lâmpada do corpo é o teu olho. Se teu olho
estiver são, todo o teu corpo ficará também iluminado.

— Jesus

Jesus sugere que o olho límpido deixa a luz entrar. O que abre o cerne da questão é considerar o olho como algo que deixa a luz entrar, e não apenas algo que observa a luz fora de si. Para enfrentarmos os dias, devemos considerar nosso coração como algo que deixa a realidade dos outros entrar, e não apenas algo que mapeia seu caminho por meio dos desejos e medos alheios. Deixar os outros entrarem, assim como deixar nós mesmos sairmos, parece essencial para permanecermos autênticos.

Há um paradoxo libertador que muitas vezes mutila nosso coração quando é visto em termos de "ou uma coisa ou outra". Envolve a tensão entre risco e segurança. Muitas vezes, arriscar a abertura é tido e havido como uma maneira perigosa de perder toda a segurança, e manter-se fechado é visto como uma maneira de permanecer seguro. Isso reflete uma sensação de dualidade de estar no mundo intramuros ou extramuros. Intramuros, ou seja, na parte de dentro dos muros e dos limites, é seguro; extramuros, fora das muralhas e dos limites, não é. Essa crença, é claro, nunca reconhece os perigos sufocantes do próprio muro. A máscara usada depois que o rosto cresceu se torna um muro que coça e corta.

O paradoxo é que, de maneiras verdadeiramente interiores, o único caminho para a segurança profunda, aquele mar de paz interior, é através das areias movediças do risco. O risco abre a segurança, em vez de fechá-la. Somente por meio do risco de abrir é que podemos habitar e receber a força e a plenitude do que é inteiro.

Isso traz à tona a profunda questão de como definir autoproteção. É esconder quem você é ou é ser quem você é? É proteger-se com tudo o que você vê ou é desobstruir o caminho e se desvencilhar de tudo para deixar a luz entrar? É preparar-se contra tudo o que pode machucar você ou é abrir-se para tudo o que pode curar você?

- *Feche os olhos e, com o feltro da sua respiração, apague o quadro-negro da sua mente.*
- *Agora, olhe para fora e observe a primeira ocorrência de luz e o que ela ilumina.*
- *Segure esse objeto diante de você e perceba que agora a luz que ele absorveu está se movendo através da sua tela de risco e segurança.*
- *Sinta-a entrar. Aceite a luz.*

agosto

1º de agosto
A dor de nos tornar quem somos

Pois a flor está totalmente aberta
a cada passo de seu florescer.

Fazemos um grande desserviço a nós mesmos ao julgar o lugar onde estamos em comparação a algum destino final. Esta é uma das dores de aspirar se tornar algo: o estágio de desenvolvimento em que estamos é sempre comparado com o cenário imaginado daquilo que estamos buscando. Então, o lugar onde estamos — embora cada vez mais perto — nunca é o bastante.

A simples rosa, em cada momento de seu lento florescimento, está o mais aberta possível. O mesmo vale para a nossa vida. Em cada fase de nosso desabrochar, nós nos empenhamos o máximo possível para ir além. Pois o coração humano floresce lentamente, e só é visto como insuficiente quando comparado à pessoa amada, pai ou mãe imaginários que gostaríamos de nos tornar.

Um enfoque que ajuda é nos vermos como flores. Se uma flor se esforçasse para abrir mais rápido, o que não é capaz de fazer, ela se rasgaria. No entanto, nós, humanos, podemos e invariavelmente nos esforçamos. Muitas vezes nos rasgamos em lugares que ninguém pode ver. Quando nos esforçamos para desabrochar mais rápido ou mais profundamente do que o natural, nós nos frustramos. Pois a natureza leva tempo, e a maioria dos nossos problemas de vontade decorre da impaciência.

Antes da minha experiência com o câncer, eu era um artista tremendamente motivado. Eu me esforçava muito, suava a camisa. Acho que eu tinha um impulso criativo profundo e irreprimível, e, em última análise, saudável, mas foi minha necessidade secreta de alcançar algum tipo de grandeza que me fez forçar a barra até que algo começou a se romper. Foi o interminável e implacável impulso de me comparar — e rapidamente — e estar à altura de alguma forma imaginada de mim mesmo que fez a flor da minha mente se despedaçar.

Não acredito que as pessoas tragam câncer para si mesmas, mas de fato acredito que o lugar onde nos enfraquecemos, seja qual for, é a parte que será a primeira a dar lugar à doença. Não foi por acaso que o câncer atingiu o lado criativo do meu cérebro.

Talvez um dos remédios mais difíceis de aceitar para a nossa dor de nos tornarmos quem somos é que, qualquer que seja o ponto onde estamos em nosso caminho

— ainda que imperfeito ou incompleto —, é um florescimento em si mesmo. O que quer que tenhamos feito no fim do dia é mais do que suficiente; é um sonho que se torna realidade.

- *Feche os olhos e medite sobre o botão de uma simples rosa amarela.*
- *Respire com intensidade e não espere que a rosa se abra completamente para ver sua beleza.*
- *Em vez disso, concentre-se nas pétalas amarelas prestes a se abrir. Veja a beleza delas agora.*
- *Respire fundo e olhe para si mesmo como uma rosa; não espere por algum fim imaginário para ver sua própria beleza.*
- *Em vez disso, inspire o ar e aprecie a beleza de si mesmo prestes a florescer.*

2 de agosto
A sereia

Uma sereia encontrou um nadador,
Escolheu-o para ser seu par,
Pressionando corpo contra corpo,
Riu; e ao mergulhar
Esqueceu, em cruel alegria
Que até os amantes podem se afogar.

— William Butler Yeats

Temos o intenso desejo de compartilhar nossa experiência mais íntima com nossos entes queridos. No entanto, muitas vezes, como a sereia, esquecemos que nem todos podem ir aonde vamos. De fato, todos nós compartilhamos este fato misterioso: que ninguém mais pode entrar por completo em nossa profundidade. Devemos viajar para lá sozinhos. É onde comungamos com Deus.

O rapaz pode visitar a profundidade da sereia, mas não pode viver lá, caso contrário ele se afogará. E a sereia, por sua vez, pode visitar a vida do rapaz em terra firme, mas não pode ficar lá, caso contrário morrerá sufocada. Devemos, cada um de nós, retornar ao nosso elemento mais íntimo a fim de sobreviver.

Muitas vezes julgamos quem não nos acompanha na jornada, até mesmo interpretamos essa incapacidade como rejeição, quando, na verdade, se formos mantidos fora do nosso elemento nativo por muito tempo, acabaremos mortos por asfixia ou afogamento.

O terreno vivo do relacionamento existe de verdade na sobreposição de nossas naturezas mais íntimas. A sereia e o nadador retornam para se abraçar onde a profundeza e o ar se encontram. É responsabilidade do amor da sereia trazer seus tesouros à superfície, onde possam ser compartilhados, e é obrigação do rapaz enxaguar seus tesouros nas ondas que os dois têm em comum. Dessa forma, todo relacionamento autêntico se torna um lar para onde retornamos de nossas solitárias comunhões com Deus.

Em nenhuma outra ocasião isso ficou mais claro para mim do que quando levei Anne, minha parceira de vinte anos, em uma cadeira de rodas até o centro cirúrgico, onde ela seria submetida a uma cirurgia de câncer. Fui até onde pude ir, e vi sua imagem ir diminuindo através das portas de vidro. Naquele momento eu me dei conta de que, seja em nossa briga com Deus, com pais mortos ou com as limitações de nossa humanidade, cada um de nós deve ir sozinho além das portas de vidro de nossa experiência. E o trabalho da compaixão é guiar nossos entes queridos até onde for possível, e estar lá quando eles retornarem. Mas ninguém pode ir além das portas de vidro por nós ou conosco.

Em terra ou no mar, enredados em comunidade ou independentes em isolamento, todos nós compartilhamos essa solidão essencial. E na jornada entre as profundezas e as alturas que nutrem nossa alma e o toque dos outros que nos mantém sãos, o milagre do amor é uma lição de humildade.

- *Em diálogo com um ente querido de confiança, identifique uma coisa que você gostaria de poder compartilhar mais completamente.*
- *Discuta se isso é viável, discernindo, onde for possível, quais esforços podem ser feitos para compartilhar de forma mais completa e quais aspectos de você estão simplesmente fora de alcance por conta da natureza de quem você é.*
- *Agora, em meditação, mergulhe naquele lugar aonde ninguém mais pode ir, traga de volta à superfície um pequeno tesouro, e tente compartilhá-lo.*
- *Troque de posição e repita este processo.*

3 de agosto

O despojamento da nossa vontade

Esses corpos são perecíveis,
mas o Morador desses corpos é eterno.

— Bhagavad-Gita

A maioria dos vegetais e frutas cresce dentro de uma casca, uma camada que deve ser removida para que sua doçura e maturidade sejam saboreadas. De diversas maneiras, isso fala bastante sobre a jornada humana, mas talvez uma das formas mais importantes diga respeito à maneira como quem somos cresce dentro do invólucro da nossa vontade.

Muitas vezes protegemos nossas pequenas sementes de esforço, desejo, paixão e curiosidade envolvendo-as em projetos grandiosos e planos ambiciosos que, no fim das contas, raramente têm algo a ver com a doçura e a maturidade do que em última análise cresce dentro de nós. No entanto, é importante lembrar que, assim como o milho não pode amadurecer a menos que durante meses seja coberto por sua casca, precisamos incubar quem somos dentro de camadas de quem ainda poderemos nos tornar.

Até aí, nada de errado. A maior parte das coisas na vida precisa de um invólucro, um recipiente protetor para crescer. Podemos nos machucar, no entanto, quando mantemos coberto por muito tempo o fruto que somos nós. Se ficarmos envoltos em velhos planos depois que quem somos por dentro já amadureceu, corremos o risco de passar do ponto, podemos começar a estragar por dentro e apodrecer. Quando nos mudamos de casa ou trocamos de carreira ou relacionamento, talvez estejamos tentando nos libertar de tudo o que outrora nos cobriu, mesmo que tenha nos ajudado a crescer. Contudo, podemos acabar percebendo que nossa maneira de amar é que precisa ser abandonada, e não as pessoas e coisas com as quais nos importamos.

A maior lição de humildade que podemos tirar daí é que, embora precisemos fazer planos e trabalhar em direção a metas e imaginar futuros possíveis, nada disso pode nos preparar para o momento em que amadurecemos. Assim que a alma se enche como um fruto maduro, todas as nossas fantasias, ambições e queixas profundas se transformam em pele velha e inútil. Uma vez que nos tornamos maduros, uma vez capazes de sentir compaixão e alegria, todas as formas de sacrifício e adiamento para o futuro começam a nos fazer deteriorar por dentro. Tal qual a película que mantém o milho reluzente, todos os nossos delicados sonhos de amanhã cumpriram seu propósito quando o coração aparece de súbito feito o estouro de um milho-pipoca.

Como nenhum de nós é capaz de controlar ou cronometrar o amadurecimento de nossa doçura, resta-nos apenas tentar não nos definir por todas as camadas que nos cobrem, mesmo que elas nos tenham ajudado a crescer. Dessa forma, podemos nos esforçar muito e por muito tempo, querendo ser o próprio sol, apenas para amadurecer e explodir com nosso pedacinho de sol exatamente onde estamos. Portanto, sonhe como bem quiser, projete sua versão das pirâmides, planeje fazer e gastar várias fortunas. Pois nada importa além da doçura, a doçura incubada em nossos sonhos e sofrimentos, finalmente engendrada do nada.

- *Escolha um pedaço de fruta, talvez uma maçã ou uma laranja.*
- *Respire lentamente e sinta a casca que o impede de chegar até a fruta.*
- *Agradeça à casca por trazer a fruta até você.*
- *Agora descasque uma parte e coma um pedaço da fruta.*
- *Faça isso novamente enquanto medita sobre alguma cobertura protetora — um plano, sonho ou desejo — que ajudou você a ser quem você é.*
- *Agora feche os olhos e retire um pouco da sua própria cobertura, agradecendo por ter sido trazido até aqui.*

4 de agosto

Agitações da escuridão

Quando a escuridão está em repouso,
a luz começa a se mover.

— O SEGREDO DA FLOR DE OURO

Como lidar com as agitações da escuridão? Como abrir caminho através do emaranhado que é estar confuso, triste ou bloqueado na busca de um rumo para o amanhã? Parece bastante natural tratar nossos problemas como uma trilha coberta de vegetação e ir desbastando o mato a golpes de foice, cometendo pequenas violências contra nós mesmos. No entanto, essa percepção de um antiquíssimo texto chinês sugere algo mais difícil e simples. Sugere que a agitação em si é a treva, e que somente quando conseguimos manter nossas mãos longe haverá espaço para a luz.

Quantas vezes examinei e reexaminei em minha mente as palavras de outra pessoa, cultivando vinhas escuras ao repetir de novo e de novo o que havia sido dito: O que será que isso significa? O que tudo o que não foi dito poderia significar? O que eu devo fazer agora em resposta ou em não resposta? As ervas daninhas do pensamento crescem, bloqueando a luz.

Eu dou risada quando penso em quantas horas da minha vida desperdicei tecendo tramas e histórias que nunca se realizaram até que, feito ervas daninhas, elas cobriram meu coração. A impressão é de que a luz, em sua infinita paciência, não tenta entrar na marra em nosso coração. Não, ela parece esperar e esperar que nos abramos, contente em preencher qualquer pequeno espaço que possamos disponibilizar dentro de nós.

Aparentemente, as agitações da escuridão sempre nos encobrem. Quanto a mim, durante anos a fio trabalhei para recobrir doloridos ferimentos de autoestima com agitações de feitos e conquistas, até que meu coração foi coberto por um emaranhado de realizações. Somente quando coloquei as realizações de lado é que a luz começou a se mover. Somente então um calor Universal atingiu meu centro ferido. Somente quando deixei as energias escuras descansarem é que comecei a me curar.

- *Reflita sobre algo que você esteja reexaminando em sua mente.*
- *Respire fundo e, se puder, pare de pensar nisso.*
- *Deixe sua respiração separar os pensamentos sombrios, para que a luz de ser possa atingir o centro ferido que quer ser mantido.*

5 de agosto
O pintinho nascendo

Cada rachadura também é uma abertura.

Quando estamos em meio a grandes mudanças, é útil pensar em como um pintinho nasce. Da perspectiva do pintinho, é uma luta aterrorizante. Confinado e enrolado em um casulo escuro, apenas semiformado, o pintinho come toda a sua comida e se estica até os contornos de seu invólucro. Ele começa a se sentir faminto e apertado. No devido tempo, o pintinho começa a passar fome e se sente sufocado pelo espaço cada vez menor de seu mundo.

Finalmente, seu próprio crescimento racha a casca do invólucro, e o mundo tal qual o pintinho conhece vai chegando ao fim. Seu céu está desabando. Enquanto se contorce pelas rachaduras, ele passa a comer a casca que o envolve. Nesse momento — crescendo, mas frágil, faminto e apertado, vendo o mundo ao redor se esfacelar —, o pintinho deve ter a sensação de que está morrendo. No entanto, assim que tudo em que ele confiava desmorona, o pintinho nasce. Ele não morre, mas cai mundo adentro.

A lição é profunda. Toda transformação sempre envolve a dissolução de coisas em que confiamos, e ficamos com a sensação de que o mundo como o conhecemos está chegando ao fim, porque de fato está.

No entanto, o pintinho nos oferece a sabedoria de que para nascermos enquanto ainda estamos vivos devemos comer nosso próprio invólucro. Quando enfrentamos uma grande mudança — em nós mesmos, em um relacionamento, em nosso senso de vocação —, de alguma forma precisamos absorver tudo o que nos envolveu, nos nutriu, nos incubou, de modo que quando a nova vida chegar, a antiga estará dentro de nós.

❊ *Na próxima oportunidade que você tiver, observe algo nascendo.*

❊ *Se essa ideia instigar você, saia ativamente no encalço de nascimentos. Vá a um zoológico. Ou a uma fazenda. Ou a um berçário. Ou a um aquário. Ou visite a ala de recém-nascidos de um hospital da sua cidade.*

❊ *Ao testemunhar algum tipo de nascimento, observe quais detalhes tocam você.*

❊ *Encare essa experiência como uma professora, e veja se ela descreve algo lutando para nascer em você.*

6 de agosto
O prazer do coração

Nascemos com essa necessidade
de chorar nosso choro nu
dentro um do outro.

Somos tão tímidos em relação à nossa sexualidade que muitas vezes deixamos de perceber os ensinamentos silenciosos que nos dominam em momentos de verdadeira intimidade. A profunda intensidade da sensibilidade durante o orgasmo, por exemplo, é um doce paradoxo no sentido de que todos nós apreciamos esse momento e queremos retornar a ele, repetidamente, e ainda assim nenhum de nós é capaz de suportar esse estado de êxtase por muito tempo.

Esse instante intensificado nos revela um bocado sobre nossas limitações muito humanas e nossos momentos mais profundos de estar vivo. Não é por acaso que nos sentimos compelidos a ficar nus e vulneráveis na presença de outra pessoa; que apesar de todos os nossos medos e estilos defensivos, queremos ser abraçados e tocados por completo quando estamos insuportavelmente sensíveis.

Essa é a definição de prazer do coração e, embora precisemos desse momento de exposição e libertação para nos sentirmos completos, também devemos aceitar que não somos capazes de suportá-lo por muito tempo. É por isso que os gritos de êxtase e agonia geralmente soam idênticos. O fato de precisarmos sentir tanta sensibilidade e vulnerabilidade completas em união com outra pessoa é a prova de que ninguém é capaz de viver sozinho esta vida. Dessa forma, a verdadeira intimidade não pode acontecer sem confiança. Quando deixamos nosso corpo se tornar tão sensível enquanto refreamos o coração, renunciamos ao êxtase e vivenciamos seu eco menor, o clímax.

Na verdade, esse momento de êxtase, livre de toda sorte de empecilhos, pode ser vivenciado não apenas durante o sexo, mas no ser, fazer e dizer a verdade de todos os nossos relacionamentos — no momento extático em que nos permitimos ser ao mesmo tempo completamente vulneráveis e abraçados. Nesse momento ousado e frágil, o coração ensaia todos os seus dons: ser quem realmente somos, nada coibir, confiar no outro, ser completo e testemunhar a completude do outro.

❋ *Esta é uma meditação sobre a intimidade, para ser compartilhada com a pessoa amada.*

- *Sentem-se de frente um para o outro e respirem lentamente até encontrarem um ritmo natural em comum.*
- *Mantenham contato visual e segurem suavemente o rosto um do outro.*
- *Com movimentos lentos e leves das pontas dos dedos, tracem as feições um do outro, deixando as paredes entre vocês se afinarem.*

7 de agosto
O que levar conosco

Um rio não retém toda a água
que passa por ele.

Em nossa jornada pelo tempo, todos nós nos debatemos constantemente com a decisão acerca do que levar conosco e o que deixar para trás. É tão difícil jogar alguma coisa fora, mas, se não fizermos isso, seremos afogados sob um peso que nós mesmos criamos.

O rio é um bom exemplo. Ele não se apossa da água que corre entre suas margens, mas não poderia ter um relacionamento mais íntimo com ela, pois é a força da água em movimento que o molda. O mesmo acontece com tudo aquilo que amamos. Na verdade, não há sentido em se apegar às coisas mais profundas e importantes, pois elas já nos moldaram.

O propósito do sentimento, então, é libertar as vigorosas emoções adormecidas em nós. Às vezes, livros, cartões, conchas e flores secas fazem isso. Mas muitas vezes carregamos mais do que precisamos, raramente confiando na noção de que aquilo que esses pequenos tesouros representam já está vivo dentro de nós. Geralmente, o presente mais útil que podemos dar a nós mesmos é abrir nossa vida como um rio.

- *Segure nas mãos um objeto que lhe traga boas lembranças e seja significativo para você, e medite sobre o sentimento que ele libera.*
- *Esteja ciente de onde esse sentimento vive em você.*
- *Reflita sobre em que medida a lembrança despertada por esse objeto é viva ou não para você.*
- *Reflita sobre por que motivo você ainda o guarda.*

8 de agosto

Renda-se como um pato

Abaixo do que eu tento ver
está tudo de que preciso.

Faz muitos anos, mas eu me lembro nitidamente. Eu estava caminhando pela margem de um lago no meio do dia, e lá no sol, a uns bons nove ou dez metros de distância, avistei um pato enrodilhado sobre si mesmo, dormindo. Com sua cabeça lisa, lustrosa e tufosa enfiada no corpo, ele balançava pacificamente no marulho da água.

Essa pequena cena me desmanchou, pois o que vi foi uma definitiva lição de confiança. Sem qualquer intenção ou conhecimento de si mesmo, o patinho, dormindo no útero do mundo, era um professor profundo e sem palavras. Se ao menos eu, se ao menos nós pudéssemos entregar isso completamente ao mistério da vida, seríamos carregados e renovados.

Era óbvio que o pato acordaria e nadaria desenhando pequenos padrões na água, mas a habilidade dessa pequena criatura de se soltar de forma tão completa permitiu que seu tempo na Terra fosse preenchido e saturado — mesmo que por apenas alguns minutos — com uma paz profunda para qual somente a rendição pode nos abrir.

Apenas em pouquíssimas ocasiões me soltei de maneira tão completa, mas esses momentos de absoluta rendição mudaram totalmente a minha vida. Quando fui atingido pelo câncer, de alguma forma caí da borda do meu medo e entrei na sala de cirurgia como o pequeno pato. Era o limiar para o outro lado. Solitário e com medo de estender a mão, de alguma forma desabei repetidamente no oceano do amor de outra pessoa, e isso purificou meu coração cansado. E agora, na minha busca por sabedoria para nortear minha vida, vez ou outra eu tropeço e entrego o que eu acho que sei, de modo tão completo, que me encontro à deriva de uma forma mais profunda que não é nem sábia nem insensata, mas simplesmente alentadora.

- *Quando estiver cansado, sente-se em silêncio e, calmamente, respire para se livrar do peso do dia.*
- *A cada respiração, libere algo desfeito, um machucado encontrado, uma preocupação ou um medo que você alimentou.*

- *Não analise ou resolva essas coisas, apenas respire para afugentá-las.*
- *Assim que estiver suficientemente leve, veja-se como aquele patinho, e sinta o marulho do mistério ao seu redor. Sinta sua flutuabilidade.*
- *Por apenas dez segundos, renda-se — isto é, suavize toda a resistência — e deixe a água da vida carregar você.*

9 de agosto
Preparar o caminho

Enquanto não tiveres vivenciado isto:
morrer e assim crescer,
tu és apenas um hóspede perturbado
na terra escura.

— Goethe

Morrer não é algo ruim. Células morrem todos os dias. Paradoxalmente, é assim que o corpo vive. Os invólucros se desprendem. As coberturas protetoras definham. Um novo crescimento aparece. É assim que permanecemos vitais. Da mesma maneira, formas de pensar morrem como células, e sofremos imensamente quando nos recusamos a deixar o que está crescendo por baixo abrir caminho como a nova pele de nossa vida. O que dói é a teimosia com a qual nos recusamos a deixar vir à tona o que está crescendo por baixo. O que alimenta nosso desespero é o medo de que nada esteja crescendo por baixo. O momento em que paramos de crescer em qualquer direção é que é verdadeiramente mortal.

Ao resistirmos a esse processo, nós nos tornamos um hóspede perturbado, gemendo feito um corvo humano. Quando tentamos impedir o surgimento pelo qual passa toda a vida, duplicamos a dor de viver. Imagine se as árvores jamais perdessem suas folhas, ou se as ondas jamais dessem meia-volta depois de arrebentarem nas pedras ou na areia, ou se as nuvens nunca despejassem sua chuva e desaparecessem.

Digo isso para lembrar tanto a mim quanto a você: pequenas mortes impedem grandes mortes. O que mais importa é esperar sua vez por baixo de tudo o que está se esgotando para preparar o caminho.

- *Sente-se em silêncio e reflita sobre os muitos eus que você foi. Enquanto respira em ritmo contínuo, pondere sobre como o novo eu sempre cresceu por baixo do antigo.*
- *Agora feche os olhos e medite sobre a novidade que está crescendo dentro de você neste exato momento.*
- *Enquanto respira em ritmo constante, afrouxe seu controle sobre os hábitos da mente que podem estar bloqueando seu crescimento.*

10 de agosto
Aleatório

Aleatório é o instante em que um cavalo correndo em alta velocidade tira os quatro cascos do chão.

Esse é o significado original da palavra. Refere-se ao mistério da paixão desenfreada, à elevação que resulta da imersão e entrega totais. Em nossa época, no entanto, *aleatório* significa sem intenção, método ou propósito. Refere-se ao acaso total. Ajuda-nos a descartar tudo o que parece estar além do controle da nossa vontade. Se não fomos nós quem criamos, deve ser acidental, fortuito.

No entanto, nossa vida é repleta de inesperadas ondas de gentileza que parecem vir do nada. Bem quando você está com sede, um copo é passado de mão em mão. Justamente quando você está solitário a ponto de quebrar aquele osso lá dentro que você não mostra a ninguém, alguém lhe oferece uma carona ou segura a sacola de compras prestes a cair de suas mãos. No momento em que você sente que nada é capaz de levantar sua cabeça triste da estrada solitária, cervos atravessam a pista saltitando no ritmo exato de Handel.

Então, o que podemos aprender com o cavalo no instante aleatório? Reflita sobre como toda a energia e desejo do animal se acumulam pelo breve instante em que ele se habita por completo, e, nesse momento, ele voa. Apenas para tocar o solo novamente. E voar novamente. E pousar novamente. Para nós, o momento aleatório é o momento de não refrear nada, de dar o nosso melhor em qualquer situação que esteja diante de nós. Nesse momento cheio de energia, chegamos o mais perto de voar de que os seres humanos são capazes — voamos fugazmente, com uma paixão pela vida que instiga tudo dentro de nós a encontrar nosso mundo cotidiano.

Eu vivenciei isso repetidas vezes nas muitas camas de hospital em que fiquei deitado enquanto enfrentava o câncer. Quando eu não conseguia conter nada — nem lágrimas, nem dor, nem frustração ou raiva —, eu me vi aleatoriamente, a esmo, fora do chão, embora não conseguisse sair da cama. E, extraordinariamente, isso me colocou no fluxo das vidas ao meu redor.

Pois, assim como a dor no corpo sinaliza a outras células para inundarem a área ferida, nossa experiência honesta vivida aleatoriamente convoca outras vidas para nos ajudar. Assim como o sangue flui de partes saudáveis do corpo para aquelas que estão feridas sem que nenhuma das partes saiba que se encontrarão, o mesmo ocorre no corpo Universal. Fluímos para nos ajudarmos uns aos outros, muitas vezes sem saber para onde estamos indo. Misteriosamente, é assim que a força vital se cura. E o que chamamos de "acaso" ou "sorte" ou "coincidência" é a circulação da vida curando-se através de nós e em nós.

- *Faça uma coisa aleatória hoje.*
- *Se um raio de sol chamar sua atenção, não se contenha. Fique de pé nele e levante o rosto para o céu.*
- *Se você for pego pela chuva, abra-se para ela, mesmo que brevemente.*
- *Se você ouvir música ao vivo na rua, siga o som e ouça em silêncio por um momento.*
- *Se você vir algo bonito, sorria lentamente. Se ainda parecer bonito, permita-se rir por ter o privilégio de vê-lo duas vezes.*
- *Não imponha restrições. Permita que aquilo que toca você mude seu caminho.*

11 de agosto
Enquanto eu corria

Ver leva tempo.

— Georgia O'Keeffe

Em maio, enquanto eu corria, vi uma cerca viva bem aparada, e, brotando abruptamente através de sua simetria, despontavam flores azuis desgrenhadas que não obedeciam a nenhum padrão. Isso me fez sorrir, pois passei muitos anos resistindo a ser podado e moldado. Eu amava a maneira como o azul-selvagem simplesmente pendia lá acima da cerca viva.

Em junho, enquanto eu corria, vi um homem mais velho podando a cerca viva. Ele estava totalmente absorto na tarefa: aparava cuidadosamente, depois recuava, o suor escorrendo pelos olhos, como se o mundo dependesse de sua diligência. Fiquei tocado por seu cuidado. Nós nos cumprimentamos com um breve meneio de cabeça, e, sem uma palavra, ficou claro que não era a cerca viva, mas ele é que precisava de algo para cuidar. Percebi que é assim que eu vivo desde que sobrevivi ao câncer.

Em agosto, enquanto eu corria, deparei-me com um chafariz, no qual uma bica esguichava um jato de água muito fino que subia desde um centro invisível, o mais alto que podia, estendendo-se sem braços até ficar fora de alcance e, no seu ponto mais próximo do céu, começava a cair de volta sobre si mesmo; sempre e sempre, o jorro de água que subia substituía o que estava caindo. Suando e arfando, compreendi que esse é o significado de ser livre.

- *Sente-se em silêncio e, calmamente, chame a parte em você que resiste a ser podada. Afirme-a.*
- *Respire fundo e chame a parte em você que precisa cuidar. Abrace-a.*
- *Respire livremente e chame a parte em você que, depois de se estender e alcançar, cai de volta sobre si mesma. Abençoe-a.*

12 de agosto
Viver em voz alta

Estamos aqui para viver em voz alta.

— Émile Zola

Desde cedo, já sabemos o suficiente para chorar e anunciar a plenos pulmões nosso caminho mundo adentro; esse é o propósito principal de nos expressarmos. Tudo o que sai se torna uma tábua de salvação, uma veia de expressão pela qual afirmamos, repetidamente, que somos vitais, uma parte vivificante de toda a majestade e variedade da vida.

Mas logo, muito cedo — talvez na escola, ou em casa, ou quando nos aventuramos pela primeira vez em busca de um sentimento de amor que de alguma forma achamos que não está dentro de nós —, começamos a acreditar que choramos e fazemos barulho para sermos ouvidos. E tudo muda.

A partir daí, ficamos ansiosos para ser recebidos, aceitos e aprovados. Mas imagine se os pássaros só cantassem quando fossem ouvidos. Se os músicos só tocassem quando recebessem aprovação. Se os poetas só falassem quando fossem compreendidos.

Houve muitas ocasiões em que lutei contra a expectativa e a desaprovação dos outros para reencontrar minha voz e me alegrar como uma parte viva das coisas. É inegável que ser ouvido propicia alegria e alento especiais. Mas me dei conta de que anunciar em alto e bom som meu caminho mundo adentro, para expressar quem eu sou, deve sempre vir em primeiro lugar. Uma vez que o desejo de ter boa reputação e de ser estimado nunca acaba, sempre tenho que manter as reações dos outros sob controle por tempo suficiente para que minha voz chegue à luz.

Devo contar a vocês sobre um velho conhecido meu, um senhor que veio da Itália para cá. Ele passou a vida trabalhando como encanador. É um homem bom e doce, e, quando ri, o que acontece com frequência, ele chora, não importa quem esteja por perto ou se alguém vai entender ou não. Ele mantém seus canos limpos. Ele vive em voz alta. Sem saber, ele me mostrou como amar o mundo.

- *Se puder, saia ao ar livre e ouça os pássaros. Ouça a limpidez do canto deles.*
- *Observe como parece não haver nada entre o impulso deles de cantar e o que eles cantam.*
- *Enquanto você respira, observe o que está sentindo e observe qualquer hesitação que o impeça de ressoar em voz alta. Isso é uma doença humana.*
- *Trabalhe para eliminar sua hesitação humana. Ao inspirar o ar, sinta o que se ergue em você. Quando seus pulmões estiverem cheios, pisque a mente fechada como se fosse um olho. Ao expirar o ar, deixe o sentimento ressoar de você, não importa que seja só um fiapo de som.*

13 de agosto

Rocha-refúgio

Talvez seja por isso que eu queira tocar pessoas
com tanta frequência — é apenas outra maneira de falar.

— Georgia O'Keeffe

Eu estava aflito de dor e vulnerável, sentindo-me longe de casa, quando, através do vento áspero do litoral, avistei uma grande rocha circundada pelo mar encrespado e turbulento. A rocha estava coberta de todos os tipos de animais: maçarico-de-asa-branca, gaivota, biguá, leão-marinho, foca, pelicano, lontra. Ali, todos acharam refúgio do constante martelar do mar; escalando, voando, arrastando-se na rocha; vivendo juntos, deitando-se uns sobre os outros; encontrando um oásis rochoso de vento e sol; uma vez em cima da rocha, cansados demais para lutar, cada um tendo sido espremido pelo bater das longas horas molhadas.

Percebi que é assim que os feridos encontram seu caminho, é assim que nos encontramos, até mesmo neste livro. Todo sobrevivente, independentemente de a que sobreviva, conhece o martelar do mar, e a rocha na qual encontramos refúgio é um lugar exposto onde, enfim, aceitamos uns aos outros — cansados demais de nadar para continuar pensando em territórios, cansados demais para falar, exceto por meio de um simples toque.

O grupo de apoio que eu frequentava semanalmente era uma dessas rochas. As salas de reunião de recuperação são uma rocha. As mil silenciosas salas de terapia são uma rocha. Para aqueles que sofreram, a tolerância não é uma posição política ou mesmo um princípio. Para aqueles de nós que já sofremos, que nos arrastamos para o sol, qualquer ser exausto ao nosso lado é família.

- *Centre-se e imagine este momento como uma rocha que você escalou para escapar do seu sofrimento.*
- *Respire fundo e sinta a paz momentânea em meio ao martelar dos seus dias.*
- *Abra seu coração para ver se outras pessoas que você conhece passam tempo aqui.*
- *Se alguém específico lhe vier à mente, esteja aberto a conversar com essa pessoa sobre tudo isso.*

14 de agosto

Os penhascos de Puye

Coloquei tudo à prova pela sabedoria; pensei: "tornar-me-ei sábio",
mas a sabedoria está fora do meu alcance. O que passou está longe, e profundo, profundo!
Quem o achará?

— Eclesiastes 7,24-25

A humildade, que vem da palavra latina *humus*, o solo, oferece mais do que uma cabeça abaixada. Ela nos dá uma conexão com tudo o que é mais velho do que somos e, portanto, nos fornece uma perspectiva calmante fora de nossas preocupações diárias e, muitas vezes, além de nossa compreensão.

Certa vez, enquanto visitava uma amiga no Novo México, senti isso profundamente. Dirigimos por uma hora ao norte de Santa Fé, onde encontramos os Penhascos Puye, moradias talhadas em pedra onde 1.500 indígenas *pueblo* viveram por doze gerações. Subimos até o topo e, sem fôlego diante do que parecia ser o fim do mundo, Carol disse: "Como somos lindamente insignificantes...". Imaginamos os anciãos escolhendo aquele local oitocentos anos atrás porque a vastidão manteria todos eles cientes do Criador.

O vento ficou mais forte, chicoteando os pequenos buracos onde os espíritos nativos viviam, e eles começaram a cantar sob a ventania. Isso me fez pensar em Carl Jung confessando que somente em termos de séculos sua vida tinha significado, e me dei conta de que todos os que já buscaram a verdade do espírito viveram assim, fitando desde sua caverna escura e oca a majestade de tudo o que existe.

Ah, como todos nós escalamos através das provações de nossa vida exterior até o precipício da humildade e lá habitamos na beira do mistério. Ah, como escalamos através de nosso sofrimento até um lugar onde podemos entalhar na rocha uma pequena casa desde a qual nos atordoamos diante do conhecimento de que somos minúsculos e o Universo é grande.

Oh, eu sofri a escalada, como outros escaladores antes de mim, para viver no alto e esperar. Lá ficamos juntos e sozinhos, desgastados pelos dias até nos tornarmos exatamente o que somos. Lá, nos penhascos internos onde criaturas humildes se encontram para ver o que não pode ser visto e saber o que não pode ser conhecido, estendemos nossos braços como falcões para saborear o ar ancestral.

Alastramos nossa mente como árvores enraizadas na borda para aceitar o fim do conhecimento chegando como o sol, não para nos instruir, mas para nos aquecer e nos ajudar a crescer.

Oh, nós nos inclinamos para a vastidão e espalhamos nosso coração em nosso peito simples, batendo sob o vento, como uma coisa humana a oito centímetros de sua canção.

- *Na próxima oportunidade que você tiver, viaje para um local aberto rodeado pela natureza — o topo de uma montanha, a costa de um oceano, a margem de um lago amplo ou o centro de um descampado.*
- *Medite lá em silêncio, deixando o vento envolver sua ínfima respiração com a sensação de tudo o que é mais velho que você.*

15 de agosto

Ser abraçado e amparado

Talvez a oração mais curta e poderosa
na linguagem humana seja: "Ajudem".

— Padre Thomas Keating

Quanto mais ficamos em silêncio acerca daquilo de que precisamos, mais uma dureza que não podemos ver, fria e rígida, começa a se formar entre nós e o mundo. Não se trata sequer de obter aquilo de que precisamos, mas de admitir, sobretudo para nós mesmos, que temos necessidades.

Pedir ajuda, quer a recebamos ou não, quebra a dureza que se constrói no mundo. Paradoxalmente, quando pedimos até mesmo as coisas que ninguém pode dar, nos sentimos aliviados e abençoados por pedir. Pois admitir nossa humanidade permite que a alma venha à tona, da mesma forma que um golfinho salta para o sol.

Uma das barreiras mais dolorosas que podemos vivenciar é a sensação de isolamento que o mundo moderno fomenta, e que só pode ser quebrada por nossa disposição de sermos abraçados e amparados, pela coragem silenciosa de permitir que nossa vulnerabilidade seja visível. Pois, assim como a água preenche um buraco e a luz preenche a escuridão, a bondade e a generosidade envolvem o que é suave, contanto que o que é suave possa ser visto.

Então, admitir que precisamos de algo, pedir ajuda, deixar nossa suavidade aparecer são orações sem palavras nas quais os amigos, os desconhecidos, o vento e o tempo se envolvem. Permitir que sejamos abraçados e amparados é como retornar ao útero.

- *Enquanto você respira, tente relaxar e baixar a guarda por esses breves momentos.*
- *Respire lentamente e sinta seus poros se abrirem mais completamente para o mundo.*
- *Inspire o ar profundamente e deixe o ar e o silêncio se aproximarem.*
- *Inspire o ar de maneira limpa e tranquila, permita-se ser abraçado e amparado pelo que é.*

16 de agosto
Esvazie seus bolsos

Por favor, lembre-se: o que cura
é o que você é, não o que você sabe.

— Carl Jung

Isso é muito difícil de lembrar. Eu me engalfinho com essa lição diariamente. Mesmo quando tenho um entendimento suficiente disso para abrir meu coração como uma esponja a fim de percorrer o dia, alguém a quem eu amo aparece com dor e eu começo a esvaziar meus bolsos, procurando pela única coisa que eu sei que vai ajudá-lo. Mas, repetidamente, a única coisa que as pessoas querem é que eu abra meu coração como uma esponja para elas. Querem apenas ser ouvidas, abraçadas e amparadas.

Isso é muito fácil de ver em outras formas da natureza. As estrelas mantêm a escuridão sendo luz. Os rios mantêm a Terra viva sendo molhados. O vento desanuvia nossa cabeça.

Esses são os professores que abrem o coração, as coisas que esperam em nossa natureza para ganhar vida. Essas são as coisas que curam a nós mesmos e umas às outras.

Quando meus bolsos estão vazios e eu já despejei tudo o que sei, muitas vezes acabo dando de ombros, admitindo minha ignorância sobre o que fazer. Humildemente, é então que o verdadeiro trabalho do amor começa.

❊ *Durante o dia, pense em quem você é como energia viva e não como uma meta a ser alcançada ou um obstáculo a ser superado. Sinta a si mesmo sem inventário.*

17 de agosto

Cada um de nós é uma flauta viva

O sofrimento faz de cada um de nós um instrumento,
para que, estando nus, orifícios e tudo,
as vitalidades invisíveis possam ser ouvidas
através de nossas vidas simplificadas.

Às vezes, não conseguimos o que queremos. Embora isso possa ser decepcionante e doloroso, só é devastador se pararmos por aí. O mundo é abundante em possibilidades infinitas. É o que faz da natureza um reservatório de saúde. No entanto, se o coração estiver apertado ou a mente se prender à sua dor, podemos reduzir aquilo que é maravilhoso a mero fiapo. Em contradição com o infinito número de ovos que geram um peixe e o infinito número de células que florescem para curar uma ferida, podemos oferecer a única coisa que queremos como o único alimento. Daí por diante, a crise e o desespero estão a um pequeno passo.

Torna-se uma ocupação lamentável culpar-se e sentir-se mal pela única semente que não vingou. É uma postura traiçoeira: quanto mais recusamos o mistério, mais nos sentimos responsáveis por tudo aquilo que nos acontece. De fato, quanto mais nos distraímos com estratégias de análise que falharam, mais evitamos os sentimentos verdadeiros de perda dos quais ninguém pode escapar a caminho de uma vida plena e vivificante.

Mesmo que possamos aceitar isso, nenhum de nós está isento da turbulência e da dor que surgem quando o que queremos é amor. Pois, uma vez que nos dedicamos de corpo e alma a amar outra pessoa, parece que ela leva consigo quem somos quando vai embora. Na verdade, ela leva uma parte profunda de nós, mas o que alimenta o coração a partir de dentro é infinito, e tudo o que é vivo cura.

Em nenhum lugar isso é mais evidente do que na beleza das árvores. As infinitas camadas, rugas e fissuras da casca, bem como as protuberâncias do tronco, fazem com que cada uma pareça um sábio. No entanto, surpreendentemente, a casca de uma árvore velha não é mais do que um mapa vivo de suas cicatrizes. Será que os cortes se tornam cicatrizes e as cicatrizes se transformam em belos entalhes silenciosos nos quais coisas que voam podem se aninhar?

Em cada espaço que se abre quando aquilo que queremos nos escapa, surge um lugar mais profundo no qual os mistérios podem cantar. Se ao menos pudéssemos sobreviver à dor de sermos esvaziados, ainda poderíamos conhecer a alegria de cantarem através de nós. Estranha e lindamente, cada alma é uma flauta viva sendo entalhada pela vida na Terra para ressoar uma canção cada vez mais profunda.

- *Sente-se em silêncio e, calmamente, medite sobre um relacionamento no qual você sente que perdeu uma parte de si mesmo. Pode ser um relacionamento romântico, uma amizade ou um laço familiar.*
- *Respire em ritmo constante e analise como isso aconteceu. Por rejeição? Ou submissão? Ou foi por você abrir mão de sua capacidade de escolher aquilo de que sua alma precisava? Ou seu ente querido se mudou de casa ou morreu?*
- *Respire fundo, abaixo de tudo que é certo e errado, e, ao longo da dor, sob a perda, veja se consegue sentir o que essa ruptura abriu e expôs.*
- *Mesmo que você não consiga nomeá-la, leve consigo essa nova presença e passe o dia conhecendo a canção mais profunda à espera para ser tocada através de você.*

18 de agosto
Acomodar-se na espera

Seja sereno na unidade das coisas,
e as visões errôneas
desaparecerão por si mesmas.

— SENG-TS'AN

Estou sentado no Parque Bryant em Nova York enquanto escrevo isto. É verão, e por algum motivo os altos carvalhos inclinam-se para o sul. É meio-dia, e todos estão curvados no calor. Há almoçadores profissionais, turistas alemães, velhos dormitando, e os moradores de rua murmuram para si mesmos enquanto os pardais esvoaçam, seu chilrear alguma mensagem que ninguém consegue decodificar.

Por vezes a vida parece uma enorme sala de espera sem destino, na qual alguns andam rigidamente de um lado para o outro, esperando a dor cessar. Outros esperam que algo de bom aconteça. Outros ainda temem que algo ruim comece. O plano desencadeado enquanto aguardam. Eu sou cada um deles.

Acomodar-se de forma profunda o bastante na espera, no peso, até descobrirmos que não há para onde ir representa uma luta para todos nós — sempre foi assim.

Talvez a maior dificuldade de um indivíduo, uma vez que esteja totalmente desperto, seja abandonar o anseio e simplesmente abrir-se como um marisco esperando nas profundezas até que a vida, em todas as suas formas, inunde o centro meio fechado que somos nós.

Nesse instante, Deus entra em nós como uma pedra reluzente caindo em um lago, e o passado ondula atrás de nós, e o futuro ondula diante de nós, e estamos respirando a eternidade.

- *Esta meditação pode levar algum tempo. Sente-se em silêncio e, calmamente, tente meditar até que seu senso de tempo comece a desaparecer.*
- *Enquanto você respira, permita que suas imagens do passado e suas esperanças para o futuro surjam e passem.*
- *Conforme você desacelera além da espera, permita que se fundam o passado, o futuro e seu senso de tempo.*

- *Ao começar o seu dia, tente não buscar a vida. Tente não sair ou chegar. Tente deixar a vida entrar em você.*

19 de agosto
O privilégio necessário

Não sentir é impedir o coração de respirar.

Com muita frequência, lutamos contra a tristeza como se fosse um germe indesejado, e ansiamos pela felicidade como se fosse um Éden prometido, cujo portão, trancado, dá acesso à única falha secreta que precisamos corrigir para sermos dignos. Até mesmo a Constituição dos Estados Unidos tenta nos resgatar da árdua jornada completa da individuação, assegurando o que nenhum governo pode garantir: o contentamento da alma; sugerindo que a felicidade é nosso direito inalienável, enquanto implica que vivenciar a tristeza nos deixa de alguma forma destituídos.

No entanto, não é um erro pensar que sofrer significa sentir intensamente. Pois sentir de maneira profunda e precisa com plena consciência é o que nos abre tanto para a alegria como para a tristeza. É a capacidade de sentir intensamente que revela o significado em nossas experiências.

Se você está com sede, não pode mergulhar seu rosto no riacho e dizer: "Só vou beber o hidrogênio, mas não o oxigênio". Se você remover uma molécula da outra, a água deixa de ser água. A vida do sentimento não é diferente. Não podemos beber apenas felicidade ou tristeza e fazer com que a vida permaneça vida.

A verdade é que, assim como os pulmões fazem uso do ar que respiramos, o coração faz uso daquilo que vivenciamos. Portanto, estar vivo é sentir. Isso é nosso direito. Sentir intensamente é nosso privilégio necessário.

- *Relembre seu momento mais recente de felicidade e o que abriu você para ele.*
- *Relembre seu momento mais recente de tristeza e o que abriu você para isso.*
- *Deixe cada respiração silenciosa unir esses sentimentos da mesma forma que os rios se fundem mar adentro.*
- *Sem tentar mantê-los separados, sinta sua felicidade e tristeza se fundirem na profundidade do seu ser.*

20 de agosto

Segurar na barriga

A batalha interna — contra nossa mente, nossas feridas e os resíduos do passado — é mais terrível do que a batalha externa.

— Swami Sivananda

Eu vi uma lontra rolando nas águas da baía. Ela segurava contra a barriga um caranguejo ou uma pequena tartaruga e, de costas, comia um pedaço, depois pressionava o caranguejo ou a tartaruga contra a barriga, virava o corpo e nadava um pouco mais.

Fiquei pensando nessa cena por dias a fio, até que percebi que eu vinha vivendo como aquela lontra: segurando contra a barriga a parte não comida da minha casca, ao mesmo tempo que rolava através da profundeza e, obviamente, é impossível nadar com liberdade enquanto nos apegamos com tanta força a coisas mortas.

De fato, tentar seguir em frente enquanto ainda nos alimentamos do passado é a causa de muitas úlceras. Perceber isso me fez parar e encarar a tristeza de velhas feridas que eu estava segurando com firmeza contra minha barriga.

Isso me fez compreender, mais uma vez, que quando tentamos integrar as experiências interior e exterior, quando aspiramos a tal unidade, o trabalho costuma ser um só de cada vez: encarar a nós mesmos sem ir a lugar algum, não mordiscar a alma doente na correria.

- *Aquiete-se e veja se há uma tensão entre seu fazer e seu ser, uma tensão resultante de cuidar de algo em sua vida enquanto você está em movimento.*
- *Se houver, pare e encare o que está em sua barriga. Faça o que você precisa fazer para cuidar de aonde está indo.*
- *Respire fundo e deixe sua atenção interior e sua atenção exterior irem na mesma direção.*

21 de agosto

Há professores em todos os lugares

Professores surgem de algum lugar dentro de mim que está além de mim,
da mesma forma que o solo escuro que não é a raiz segura a raiz e alimenta a flor.

Muitas e muitas vezes pensamos em nós mesmos como criaturas independentes e que estão no comando da situação, porque temos a bênção simples de podermos ir aonde bem quisermos. Mas somos criaturas tão enraizadas quanto arbustos, árvores e flores, em um solo invisível que está em todo lugar. Acontece que nossas raízes se movem.

Sim, decerto tomamos nossas próprias decisões, dezenas delas todos os dias, mas somos nutridos nessas decisões pelo próprio solo em que pisamos, pelos professores silenciosos que encontramos em todos os lugares. No entanto, em nosso orgulho e confusão, em nosso egocentrismo e medo, frequentemente sentimos falta dos professores e nos sentimos sobrecarregados e sozinhos.

Ao tentar ouvir esses professores silenciosos, eu penso no formidável poeta Stanley Kunitz, que, quando jovem, pelejando sombriamente para prosseguir com sua vida, ouviu gansos cruzando o céu noturno e, de alguma forma, soube o que tinha que fazer. Ou penso em como um conhecido meu estava se extinguindo aos poucos, amargamente deprimido, quando, enfim exausto de suas intermináveis ponderações, ouviu o farfalhar de pequenos pássaros na neve em uma inesperada canção. Ele se deu conta de que era um músico, de que precisava encontrar o instrumento que lhe cabia e aprender a tocá-lo.

Pela lógica de sermos independentes, responsáveis e autossuficientes, experiências desse tipo parecem enlouquecedoras e inconfiáveis. Mas o solo da vida em que crescemos fala uma língua diferente daquela que nos é ensinada na escola. Na realidade, a verdade, o amor e o espírito da eternidade quase nunca são previsíveis, e é raríssimo que a clareza de ser venha por meio de palavras.

No meu breve tempo na Terra, senti a luz do espírito perene me preencher inesperadamente quando achei que morreria, e assim como a água vai bombeando seu caminho para subir por uma raiz fina até fazer a folha da planta inclinar-se para a luz, eu me vi, contrariando todo medo e vontade, repleto de possibilidades na direção de sonhos que eu mal tinha imaginado.

Seja por meio de pássaros na neve, de gansos grasnando no escuro ou através da folha molhada brilhante que atinge seu rosto no momento em que você questiona seu próprio valor, os professores silenciosos estão em todos os lugares. Quando pensamos que estamos no comando, as lições deles se dissolvem na forma de acidentes ou coincidências. Mas, quando temos coragem suficiente para escutar, o vidro que se quebra na sala está nos oferecendo uma direção que só pode ser ouvida nas raízes de como nos sentimos e pensamos.

- *Respire em ritmo contínuo e aceite que não há como se preparar para ensinamentos inesperados a não ser manter seu coração e mente quietos e receptivos.*
- *Respire fundo e devagar, sabendo que, assim como o corpo precisa se esticar para fazer exercícios, o coração e a mente precisam ser esticados para permanecerem abertos ao espírito da vida.*
- *Respire com intensidade e em ritmo constante, esticando as passagens do seu coração e da sua mente, aceitando que você é uma flor que ainda não se abriu.*

22 de agosto

Abaixo da chegada

Só estou perdida se estiver indo para algum lugar específico.

— Megan Scribner

Uma amiga estava viajando pela Europa, trocando de trem de cidade em cidade. Apesar de seus planos iniciais, seu interesse a levou a direções diferentes, e tomou forma um caminho que ela não poderia ter previsto. Cada ponto de descoberta levava ao seguinte, como se alguma lógica invisível a estivesse guiando. Durante essa fase de sua jornada, embora muitas vezes não tivesse certeza de onde estava, ela jamais se sentiu perdida. Era nas ocasiões em que precisava chegar a determinada estação em um determinado horário que ela se sentia desnorteada, à deriva, fora da rota, perdida e à margem de onde deveria estar.

Tudo isso a levou a perceber que, quanto mais estreitas suas intenções em um dia qualquer, mais ela se sentia para trás, atrasada e perdida. Em contrapartida, quanto mais ampla sua rede de propósitos, com mais frequência ela era tomada por uma sensação de descoberta. Independentemente de onde ela tivesse que estar, parecia que, quanto mais aberta à possibilidade e à mudança, mais sentia que cada momento com que se deparava continha um tesouro que lhe cabia encontrar.

Claro, sempre haverá momentos em que precisamos encontrar nosso caminho exato. Porém, na maioria das vezes, nossa imagem de um destino é apenas um ponto de partida ao qual nos apegamos desnecessariamente. Quando nos livramos da nossa sensação de necessidade de chegar a determinado lugar, diminuímos o peso de estar perdidos. E uma vez abaixo da chegada e abaixo do nosso medo de não chegar, a verdadeira jornada se inicia.

- *Esta é uma meditação caminhando. Escolha um lugar nas proximidades de aonde você gostaria de ir a pé — um banco num parque, um café no centro da cidade ou um pátio de escola não muito distante.*
- *Escolha uma rota simples e comece sua caminhada.*
- *À medida que sua caminhada se desenrola, esteja aberto ao que desperta seu interesse — o canto de um pássaro, uma ondulação de luz ou talvez o som de crianças brincando. Siga esse interesse.*
- *Pratique deixar de lado seu plano e descobrir o caminho de interesse que espera abaixo de seu plano.*

23 de agosto
O sabor do céu

Com as portas mágicas é assim:
você não as vê sequer
quando está passando por elas.

— Anônimo

Muitas e muitas vezes, enquanto estamos em pleno processo de transformação, não conseguimos dizer o que está acontecendo. Pois, enquanto nos mantemos à tona da água, é quase impossível ver o oceano para dentro do qual estamos sendo carregados. Enquanto lutamos com a dor da mudança, geralmente é impossível ver o novo eu que estamos nos tornando. Enquanto sentimos nossa mão solta pela experiência, raramente conseguimos imaginar o que a preencherá quando for aberta. À medida que os dias lavam nosso coração, podemos sentir algo invisível nos purificar por inteiro, por dentro e por fora, embora ainda não sejamos capazes de imaginar até que ponto o leite, o céu e os risos terão um sabor mais fresco quando retornarmos à sensação de sermos novos.

- *Sente-se em silêncio e, calmamente, pense em uma luta que você esteja enfrentando agora em sua vida.*
- *Respire do princípio ao fim dessa luta e abençoe a parte enterrada de você que apenas espera sua vez no mundo.*

24 de agosto

Entusiasmo

Somos seres humanos:
nosso ser é infinito como o vento,
nossa casa humana é cheia de buracos.

Por mais difícil que seja aceitar que não há respostas na vida, às vezes é ainda mais difícil aceitar que ninguém detém o que presumimos serem as respostas. Ninguém. Há apenas, ao que parece, o vislumbre de retorno da totalidade em que tudo é visto e sentido, e as consequências muitas vezes turvas, quando a clareza se foi e toda a fala é insuficiente.

Em essência, como devemos piscar mil vezes por dia, o que é humano em nós pisca incessantemente sobre nossa porção mais íntima e profunda. Dessa forma, nossas limitações fazem as vezes de lições de humildade, encobrindo nossos dons repetidamente, piscando sem parar: está aqui, agora não está mais; está aqui, agora não está mais. Não há como escapar da mistura de tudo isso. Há apenas como manter o mistério da verdade em vista, mesmo quando estamos no escuro, da mesma forma que podemos sentir o calor do sol quando nossas pálpebras estão fechadas.

Então, o que nos resta? Bem, cada um de nós enfrenta a tarefa infinita e constante de descobrir, ou revelar, nosso entusiasmo, o que significa, basicamente, estar em harmonia com a energia de Deus ou do Divino, ter Deus dentro de si. A palavra em si vem do grego *en* (com) e *theos* (o divino).

Apesar de nossas infinitas limitações, parece que as qualidades de atenção, ousadia e compaixão nos permitem estar em harmonia com a energia do Todo, e o resultado é o entusiasmo, aquela profunda sensação de Unidade.

O entusiasmo em si não é um estado de espírito que pode ser desejado ou forçado. Em vez disso, é a ondulação que segue a pedra. Só pode ser sentido depois que mergulhamos na vida.

Como um pássaro que plana na corrente de ar que ele não pode ver, ou um peixe que nada com a maré das profundezas que ele não pode ver, ou uma nota que é cantada como parte de uma canção que ela não pode ver, todos nós somos deixados com o risco necessário de matar de fome o ego — aquilo em nós que acredita ser capaz de controlar o mundo — para que a música invisível de ser possa se erguer e nos carregar. Na humildade recorrente, nosso entusiasmo, nossa unidade momentânea com a energia do Universo, é o som de Deus movendo-se através da harpa da alma.

É uma prática misteriosa, extenuante e simples: andar quando podemos andar e ficar imóveis quando não podemos; sangrar a escuridão que se avoluma dentro de nós e trocá-la pela luz que está sempre à espera. Apesar de todas as nossas limitações, o desafio mais crucial de ser humano é aparecer como uma rosa.

- *Reserve um momento durante o seu dia e, em silêncio e calmamente, sente-se ao ar livre de olhos abertos.*
- *Enquanto você respira, esteja ciente dos momentos em que você deve piscar.*
- *Reconforte-se com o fato de que, mesmo quando você pisca, o sol não para de brilhar, os pássaros não param de cantar e as flores não param de se abrir.*
- *Enquanto você respira e pisca, reconforte-se com o fato de que, mesmo quando você não consegue ver, seu espírito não para de brilhar, seu coração não para de cantar e sua vida não para de se abrir.*

25 de agosto
O amor está no ser

O centro que um dia vislumbrei está ao meu redor,
uma paisagem em que agora eu vivo, e não
vou mais fingir.

Se aqueles a quem eu amo não conseguem me reconhecer
com minha alma escancarada,
não vou mais me recolher
e mostrar o que é familiar.

Você não precisa fazer nada para ser amado. Você não precisa desempenhar um papel, realizar algo, tampouco ganhar uma medalha de honra ao mérito, e muito menos ser flagrado praticando o bem. Levei quase meio século para aprender e acreditar nisso. É meu trabalho até hoje. Pois nossas mensagens em contrário são profundas.

Quando eu era criança, ouvi meu pai dizer mil vezes: "Não me diga quanto você se esforça, apenas me mostre o que você realiza". Mas a minha vida me mostrou que na verdade é o contrário. No meu coração, onde o espírito do mundo realmente ganha vida, pouco importam as minhas realizações e conquistas. A única coisa que importa é a intensidade com que eu tento. Pois dessas tentativas resultam a sinceridade e o amor.

Isso me levou a outra percepção acerca do coração: ser quem somos não decepciona os outros. Durante grande parte da minha vida adulta, ouvi a mensagem "Você deve levar os outros em consideração", oferecida como um alerta contra o impulso de seguir o coração, porque isso pode aborrecer os outros. Sem dúvida, a verdadeira compaixão começa com a consideração pelos outros, mas o descontentamento dos outros não é motivo para abafar seu amor.

Você não precisa fazer nada para ser amado, e ser quem você é não decepciona os outros. Isso precisa ser repetido, e um sem-número de vezes. Simplesmente seja quem você é, e ame o que está diante de você.

- *Centre-se e, a cada respiração, deixe de lado suas realizações e conquistas.*
- *Respire fundo e, a cada respiração, deixe de lado as coisas que você não realizou nem conquistou.*

- *Sente-se no centro do seu ser sem esses uniformes de bondade, e saiba que você é tão belo quanto uma montanha ou um rio.*

26 de agosto
O coelho e o jardim

A verdadeira viagem de descoberta
não consiste em buscar novas paisagens,
mas em ter novos olhos.

— Marcel Proust

No filme *Fenômeno*, o personagem interpretado por John Travolta já quebrou a cabeça e fez tudo o que podia para manter um irritante coelho longe de sua horta. Ele até colocou uma cerca que penetra quase um metro terra adentro, mas ainda assim tudo o que ele planta aparece mordiscado.

De repente, certa noite, ele acorda e percebe que está fazendo tudo errado. Ao luar, ele vai silenciosamente até a horta e abre o portão, depois senta-se em sua varanda e espera.

Para sua surpresa, quando ele já está meio adormecido, o coelho sai correndo pelo portão. No fim fica claro que, enquanto ele tentava manter o coelho do lado de fora, o animal tinha ficado preso na horta, e ele próprio o estava inadvertidamente mantendo-o lá dentro.

Com que frequência construímos uma barricada e cercamos nossa vida contra a dor e a perda, convencidos de que estamos mantendo as coisas dolorosas do lado de fora, quando na verdade elas já estão presas dentro de nós, comendo nossas raízes, e o que realmente precisamos fazer é abrir o portão e deixá-las sair?

- *Centre-se e reflita sobre o que você está tentando manter fora do seu coração. Pode ser um medo do que está por vir, ou uma lembrança do que já foi, ou a verdade de uma situação que você está vivendo agora.*
- *Feche os olhos, abra o portão do seu coração e espere. Respire e espere.*
- *Respire lentamente e dê ao coelho uma chance de ir embora de sua horta.*

27 de agosto
Manter as cores molhadas

Não sei dizer se o dia
está acabando, ou o mundo, ou se
o segredo dos segredos está dentro de mim novamente.

— Anna Akhmátova

Quanto mais tempo eu vivo, mais difícil é discernir entre as emoções mais fortes. Todas elas se derramam umas sobre as outras onde começam. Quanto mais o tempo passa, porém, mais eu consigo distinguir entre não sentir e sentir. Pois isso é a única coisa que parece importar. Não sentir me coloca do lado de fora, à margem, torna o mundo preto e branco, e eu, um tom seco de cinza. Apenas sentir me mantém na cena, mantém as cores molhadas.

Outro dia, tudo estava muito molhado. Fui ao supermercado e o velho senhor que trabalha como empacotador começou a fitar o nada. Eu soube por seus olhos pesados e prateados que ele era viúvo; no instante em que ele levantou meu queijo cottage light, viu a esposa flutuando em algum lugar diante dele, e o refrigerante, o filé de peixe-espada e os muffins ingleses se empilhavam enquanto a esteira do caixa continuava a se mover; gentilmente, peguei o queijo cottage da mão do senhor, e ele voltou a si, encarando-me, um pouco aturdido por ainda estar aqui.

Eu trabalhei muito e com muito afinco para ser capaz de abrir caminho dentro da vida dos outros, apenas para perceber que todos nós somos assim, e não é apenas triste, é mais do que isso. É o solo do coração onde todos nós nos encontramos. Às vezes, a pele da mente é rasgada, e já não somos mais seres separados. Quando a conversa termina, nós nos tornamos provas imóveis de amor. Naquele dia eu saí do supermercado sentindo mais do que um coração deveria sentir, e não soube dizer se eu estava em apuros ou em solo sagrado.

- *Sente-se em silêncio e, calmamente, respire enquanto percorre o caminho sob os nomes que damos às nossas emoções.*
- *Respire lentamente e tente sentir as agitações que surgem dentro de você sem chamá-las de alegres ou tristes.*
- *Respire em ritmo contínuo e tente sentir o lugar do espírito onde todas elas começam.*

28 de agosto

No oceano do espírito

Embora o vento dê vida à árvore,
a árvore não é o vento.
E embora a vida nos avive,
não somos a Fonte.

Em todos os lugares, recebemos exemplos de como os elementos vivificantes se movem através de nós e nos trazem à vida. Pense em como os peixes compõem o mar; a bem da verdade, eles dependem do mar, e ainda assim o mar, embora encontrado em cada peixe, não pode ser contido em peixe nenhum. Pense em como a árvore não tem controle algum sobre o movimento do vento, assim como o peixe não tem controle algum sobre o movimento do mar.

Humildemente, isso nos propicia uma maneira de entender a vasta vida do espírito. Pois, assim como a árvore e o peixe, nós, como seres humanos, não temos controle algum sobre o movimento da graça. As almas, tais quais os peixes, compõem o oceano de todo o espírito, dependendo desse elemento, e ainda assim o oceano da graça, embora encontrado em cada alma, não pode ser contido em nenhuma alma individual.

Compreender isso afeta a maneira como vivemos. Pois, seja qual for sua lente espiritual ou os nomes que você prefere dar ao mistério, os seres humanos compõem o mundo de Deus, dependem do mundo de Deus e, ainda assim, o mundo de Deus, embora encontrado em cada ser, não pode ser contido em nenhuma vida singular.

Quando negamos essa verdade, começamos a nos autodestruir, porque, em nosso orgulho e vontade, tentamos conter e controlar mais do que qualquer ser humano é capaz. É somente quando reconhecemos a relação elementar da alma com o espírito — da vida individual com o fluxo da vida — que, paradoxalmente, temos a bênção e a energia de toda a vida.

Se eu for honesto ao olhar para as minhas tentativas de amar e ser amado, devo admitir que isso também continua sendo verdade em questões do coração. Pois todas as nossas paixões e anseios não são peixinhos que compõem um mar de Amor mais vasto? Não dependemos do Amor que nos cerca para nos dar vida interior? E, ainda assim, o oceano do Amor, embora encontrado em cada coração, não pode ser contido em nenhum coração sozinho. Na verdade, a essência do Amor, como Jesus afirma, é mais extraordinária do que todos os corações que afirmam tê-la.

Mas de que forma saber de tudo isso nos ajuda a viver? No que diz respeito a mim, só posso dizer que muitas vezes me sinto como uma árvore que enfrenta o vento. E, assim como só podemos ouvir um vendaval pelas árvores que resistem a ele, só podemos conhecer Deus inclinando nossa alma para o vento da nossa experiência.

- *Observe o vento se mover através de uma árvore conhecida.*
- *Observe até que o vento vá embora e note que, mesmo quando o ar está parado, os galhos ainda balançam levemente.*
- *Observe como até mesmo o que parece ar parado é apenas um vento sutil.*
- *Medite sobre como a vida do espírito é semelhante, à medida que ela se move através de nós.*
- *Sinta a força da vida como um vento sutil movendo-se através de você enquanto você respira.*

29 de agosto
Sobreviva às suas preocupações

Viva, eu digo, sobreviva às suas preocupações
e seu espírito despertará de sua febre,
e você desejará outras como sopa.

Durante minha luta contra o câncer, a interminável tarefa de passar por uma via-crúcis de procedimentos e exames médicos e depois esperar pelos resultados me deu muita prática em lidar com as preocupações.

Rapidamente, percebi que o medo ganhava poder sempre que eu deixava o momento presente para imaginar coisas ruins acontecendo no futuro, como dor, perda e tristeza. Mesmo quando eu me dava conta disso, tinha imensa dificuldade para interromper o processo, e logo descobri que a preocupação era o eco mental do medo, a repetição em detalhes de todas as coisas ruins que podem ou não acontecer.

Por fim, exausto, abandonei por um momento meu medo e minha preocupação, e descobri que havia voltado à minha vida como ela realmente era, repleta tanto de situações aflitivas quanto de alegrias. Descobri que o momento em que eu estava vivendo, não importava a circunstância, era o único lugar seguro. Dali eu poderia realmente estender a mão e alcançar outras pessoas cujo amor e carinho me nutriam. Em grande medida, foi o momento após o medo e a busca por outros após a preocupação que me mantiveram bem.

- *Escolha uma situação que esteja preocupando você e use sua respiração para fazer uma bandeira de si mesmo.*
- *A cada expiração, sacuda as mãos abertas, deixando a rajada de preocupação passar através de você.*
- *Sinta o momento em que sua preocupação deixou suas mãos, por mais breve que pareça.*
- *Se você se sentir preocupado ou com medo durante o dia, expire lentamente o ar e abra as mãos.*

30 de agosto
Sair do medo

Sempre terei medos, mas não preciso ser meus medos,
pois tenho outros lugares dentro de mim de onde falar e agir.

— Parker J. Palmer

Nenhum sentimento toma conta de nossa vida de forma mais repentina ou mais completa do que o medo. Ele parece surgir do nada e, num piscar de olhos ou numa fração de segundo, pode infectar tudo.

Jacques Lusseyran, escritor francês cego, descreve o medo como a única coisa que realmente o impedia de ver:

> Ainda assim, havia momentos em que a luz se apagava, quase a ponto de desaparecer. Isso acontecia sempre que eu sentia medo. Se em vez de me deixar levar pela confiança e me jogar nas coisas eu hesitasse, calculasse, pensasse na parede, na porta entreaberta, na chave na fechadura; se eu dissesse a mim mesmo que todas essas coisas eram hostis e estavam prestes a me atacar ou a me arranhar, então, sem exceção, eu trombava ou me feria. A única maneira fácil de me movimentar pela

casa, pelo jardim ou pela praia era não pensar nisso, ou pensar o mínimo possível. Aí eu me deslocava entre obstáculos do mesmo jeito que, dizem, os morcegos fazem. Caso contrário, o que a perda dos meus olhos não tinha conseguido fazer acabava vindo à tona por causa do medo. *O medo* me deixava cego.

Mais do que qualquer outra coisa, o medo cega, e é somente dando um pequeno passo adiante, sem hesitação, rumo ao desconhecido, que podemos construir confiança na vida que estamos prestes a viver.

- *Sente-se com três pequenos itens à sua frente. Feche os olhos e centre-se.*
- *Pratique mover-se através do desconhecido estendendo a mão, sem hesitação, para alcançar cada um dos itens à sua frente.*
- *A cada respiração, pegue um deles e coloque-o em outro lugar próximo.*
- *Continue fazendo isso até que o alcance de sua mão pareça tão suave quanto sua respiração.*

31 de agosto
Em suas veias

Esqueça a iluminação.
Sente-se onde quer que você esteja
E ouça o vento que canta em suas veias.

— John Welwood

Quando comecei a escrever, eu queria tanto me tornar um poeta que mantive isso em vista como uma colina que eu precisava escalar e, de seu cume, contemplar. Mas, chegando ao topo, algo estava faltando, então eu tinha que escalar a colina seguinte. Finalmente percebi que eu não precisava escalar para me tornar um poeta — eu já era um poeta.

Isso também aconteceu com o amor. Eu queria tanto me tornar um amante, mas, escalando relacionamentos como se fossem colinas, novamente me dei conta de que eu já era um amante o tempo todo.

Em seguida, eu quis me tornar um sábio, mas, depois de muitas viagens e estudos, foi durante meus dias acamado com câncer que percebi que já era sábio. Eu simplesmente não conhecia a linguagem da minha sabedoria.

Agora entendo que todas essas encarnações ganham vida em nós quando ousamos viver os dias que temos pela frente, quando ousamos ouvir o vento que canta em nossas veias. Carregamos o amor e a sabedoria como sementes, e os dias nos fazem brotar.

- *Sente-se onde quer que você esteja e simplesmente respire.*
- *A cada respiração, escreva o nome das coisas que você almeja.*
- *Respire em ritmo constante e escreva o nome daqueles com quem se relaciona também: a pessoa amada, pai, mãe, filha, filho.*
- *Sente-se onde você estiver sem que nenhum nome cubra você, e ouça o vento em suas veias.*

setembro

1º de setembro
Kikakou e Basho

Não devemos abusar das criaturas de Deus.
Você deve inverter o haicai. Não:
Uma libélula.
Tire-lhe as asas...
pimenteira.
Mas:
Uma pimenteira.
Coloque-lhe asas...
libélula.

— O MESTRE JAPONÊS BASHO,
EM RESPOSTA AO POEMA DE KIKAKOU

A destruição ou cura do mundo depende de como esse pensamento se desdobra. Faz toda a diferença se separamos ou juntamos as coisas. De fato, a pequena instrução de Basho nos revela como a história humana se desenrolou, com um peregrino separando as coisas e outro juntando-as novamente, e assim por diante.

Como exemplo, vejamos dois exploradores muito diferentes que moldaram o mundo tal qual o conhecemos: Cristóvão Colombo e Carl Jung. Enquanto Colombo cruzou o oceano com a intenção de dividir e separar as coisas e reivindicar todos e quaisquer tesouros que pudesse encontrar, Jung cruzou um oceano interior com a intenção de juntar tudo o que pudesse encontrar para fazer tesouros a partir do que ele já tinha. Devemos perguntar o que fez um explorador pisar em um continente que ele nunca tinha visto e proclamar "Isto é Meu!", e o que fez o outro se curvar e dizer com humildade "Eu pertenço a isto...".

Talvez a diferença seja que, quando chegou ao Novo Mundo, Colombo estava buscando externamente, com um predeterminado senso de conquista; já Carl Jung, quando chegou ao Inconsciente, estava buscando internamente, com um indeterminado senso de amor. Ambos eram claramente devotados à sua busca, mas enquanto Colombo tinha a intenção de separar e possuir, Jung, assim como Basho, tinha a intenção de unificar e pertencer. Devemos estar atentos, pois sofremos tanto o impulso de separar e possuir quanto o impulso de unificar e pertencer. À medida que nossos olhos se fecham e abrem repetidas vezes, nós, como construtores, desmontamos as coisas e as montamos repetidas vezes. No entanto, assim como a vigília depende de manter os olhos abertos, a cura geralmente depende de manter as coisas unidas.

No amor, na amizade, na busca por aprender e crescer, na tentativa de nos entender, com que frequência nós, assim como Kikakou, removemos as asas da coisa antes que ela tenha a chance de nos libertar?

- *Sente-se em silêncio e, calmamente, medite sobre uma busca na qual você esteja envolvido no momento. Pode ser uma busca por autocompreensão, por um relacionamento mais profundo, por um lar ou um emprego melhor.*
- *Observe atentamente de que maneira você está trabalhando nessa busca.*
- *Você está separando ou juntando coisas?*
- *Você está tentando separar e possuir ou unificar e pertencer?*
- *Você está tirando asas ou colocando asas?*

2 de setembro
Onde o amor é profundo

Onde o amor é profundo,
pode-se realizar muita coisa.

— Shinichi Suzuki

Apesar da exagerada ênfase que a nossa cultura dá à ideia de fazer, há um lugar e um tempo certos para fazer as coisas. Na verdade, há pouquíssimas coisas que *não* possamos fazer. Muitas vezes, simplesmente não temos a capacidade de visualizar o sonho construído ou a confiança de que somos capazes de construí-lo.

Eu me lembro de como minha avó me estimulava, quando eu ainda era uma criança, a visualizar até os menores sonhos através das minhas mãos para o mundo. Ela dizia: "Veja aqui", apontando para minha testa, em seguida pegava minhas duas mãozinhas e dizia: "Agora veja aqui". Então ela ria e dizia: "E logo, estará aqui". Depois, olhava ao redor da sala.

O fato de que podemos sentir algo dentro de nós e então construí-lo no mundo é uma coisa extraordinária sobre ser humano. Parece que temos essa necessidade inata de amar e criar. Em seu estado mais profundo, esses impulsos do espírito parecem ser os mesmos. Pois através do amor dela, a Vovó não estava me criando? Não ajudamos a dar à luz outra pessoa no instante em que a encorajamos a ver com o coração? Não ajudamos a originar o mundo cada vez que damos a alguém confiança para construir o que vê com o coração?

De alguma forma, somos feitos para lutar corpo a corpo com a terra — madeira, argila, mármore — a fim de esculpir formas; para agarrar o ar — notas, palavras, cor — e convertê-lo em sinais; feitos para abraçar e amparar outras perguntas que respiram, idênticas a nós mesmos, e estremecer quando nos separamos. Eu prossigo e sigo em frente como se declarasse que a vida vale a pena ser vivida. Isso me faz perguntar com alegria: Pelo que nos apaixonaremos esta noite? A que cor devemos dedicar nosso ser? Que instrumento seremos a seguir?

- *Feche os olhos e visualize algo que você sonha em se tornar. Pode ser o sonho de um relacionamento sólido ou o sonho de uma casa ou o sonho de construir com suas mãos algo duradouro.*
- *Respire fundo e visualize o sonho totalmente concluído, existindo no mundo.*
- *Respire lentamente e passe algum tempo com essa visão. Entre nela e circunde-a.*
- *Agora abra os olhos e olhe para suas mãos.*
- *Sinta o sonho concluído mover-se para dentro de suas mãos abertas.*
- *Sinta suas mãos pulsarem com a energia do sonho à espera de ser construído.*

3 de setembro
O espaço não vigiado

Fiz tanta força para tentar agradar
que não percebi que
ninguém estava olhando.

Assim como todo mundo na escola, eu imaginava que meus pais estavam sentados em algum lugar fora de vista, como aqueles médicos silenciosos atrás de espelhos limpos, observando e repreendendo cada movimento meu. Quando cheguei à idade adulta, o hábito continuou. Eu andava por aí constantemente incomodado com o que os outros deveriam estar pensando sobre o que eu fazia ou deixava de fazer. Nisso, somos sobrecarregados com as sementes da autoconsciência. A partir disso, perturbamos nossa espontaneidade e a possibilidade de alegria ao nos observarmos muito de perto, nervosos e inseguros, sem saber se isto ou aquilo é um erro.

É a partir do fardo de outros nos observando e nos julgando que a necessidade de realização e conquista se torna exagerada e ganha os contornos do desejo de fama. Eu me lembro de que, em diferentes ocasiões, fantasiava o futuro, reunindo uma plateia pronta para se deslumbrar com quanto eu havia feito com tão pouco. Pouco importava qual pudesse ser o alvo dessa atenção toda. Bastava que alguma forma de vigilância fosse aprovadora, e eu conheceria o alívio.

Somente quando acordei sangrando após a cirurgia, com todos aqueles anjos semelhantes a mariposas respirando diante de mim, percebi que a plateia havia sumido. Chorei por dentro, não porque tinha acabado de retirar uma costela, e não porque estava no meio de uma batalha contra o câncer. Chorei porque não apenas eu tinha sido fisicamente aberto, mas também estava aberto sob minha sensação de estar sendo observado. De alguma forma, o espaço não observado ganhou fôlego e deu as caras. Embora eu não pudesse explicar a ninguém, meus soluços eram soluços de alívio, a água de um espírito sem casca encharcando o chão.

Anos se passaram, e eu espero longas horas no sol para ver a bétula cair de seu próprio peso lago adentro, e isso parece pontuar a mímica de Deus. Não há nada de triste nisso. Agora a plateia de observadores se foi, e eu posso sentir a vida acontecer em sua forma silenciosa, tranquila e vibrante, sem que nada interfira. Agora, vez ou outra, à noite, quando a cachorra está dormindo e a coruja começa a fitar o que ninguém nunca vê, eu fico no terraço e sinto o mel da noite derramar das estrelas, sinto-o cobrir a terra, as árvores, a mente das crianças quase adormecidas; sinto a quietude evaporar todas as noções de fama no espaço não vigiado que aguarda a luz. Nesse silêncio não distorcido, a presença de Deus é um beijo. É aqui, neste espaço não vigiado, que a paz começa.

- *Sente-se em silêncio e respire de modo a afugentar para bem longe os muitos olhos que parecem observar você.*
- *Centre-se e respire de modo a afugentar para bem longe as opiniões dos seus colegas de trabalho e amigos.*
- *Concentre-se no espaço não vigiado dentro de si e respire de modo a afugentar para bem longe o olhar crítico de seus pais ou avós que você mantém tão vivo em você.*

- *Inspire o ar do espaço não vigiado e respire de modo a afugentar para bem longe os seus sonhos de reconhecimento e fama.*
- *Inspire o ar do espaço não vigiado e sinta a atenção da vida conectar você a tudo.*

4 de setembro
Crescer dentro da música

O que está atrás de nós
e o que está diante de nós
são coisas insignificantes
se comparadas
ao que está dentro de nós.

— Ralph Waldo Emerson

Eu vi uma mulher grávida cantando e imaginei de que maneira os ritmos da música afetavam a vida que se formava dentro dela; imaginei a música atraindo a alma do seu filho ainda não nascido para mais perto do seu tempo no mundo, da mesma forma que a luz age numa raiz que se fortalece no subsolo.

Eu a observei cantar e percebi que a vida em seu ventre estava crescendo dentro da música. Olhei ao redor da sala, pois estávamos em um círculo de música, e a cantoria de todos estava trazendo a alma de cada um para mais perto do seu tempo no mundo. O homem nervoso estava menos nervoso enquanto cantava, e a mulher insegura ao meu lado abrandava sua baixa estima enquanto cantava, e eu consegui parar de reprisar as feridas enquanto minha boca estava aberta e meus olhos estavam fechados.

Foi então que percebi que, independentemente das palavras ou da melodia, esse esforço para cantar é uma maneira de abrir as passagens entre o que está crescendo dentro e o que está crescendo fora.

Agora eu acredito que é importante cantarmos enquanto estamos grávidos de nossos sonhos, problemas e desejo de verdade e amor. É importante cuidarmos de nossa pequena semente de espírito com o mesmo cuidado que ofereceríamos a uma vida não nascida formando-se dentro de nós. É essencial que cuidemos de nosso corpo singular como um portador da vida que se forma magicamente em nosso interior enquanto percorremos nossos dias.

- *Centre-se e medite com as mãos na barriga, imaginando que está grávido de uma forma de si mesmo crescendo dentro de você.*
- *Respire fundo e, quando estiver confortável, dê voz à sua respiração, deixando que sua respiração tenha o som que quiser.*
- *Respire de maneira lenta e intensa, sabendo que essa respiração simples e sonora é uma canção.*
- *Respire-cante enquanto suas mãos seguram seu espírito que se forma dentro de você.*

5 de setembro
O chão que pisamos

Caminhante, não há caminho,
faz-se o caminho ao caminhar.

— Antonio Machado

Ouvi atentamente enquanto ele descrevia os primeiros passos de sua garotinha. Ele a incentivou a manter os olhos fixos nele, e foi somente quando a menina não fez isso que ela tropeçou. Apenas quando ela perdeu o foco, quando se tornou consciente demais dos passos que estava dando, ela caiu.

Eu estava com medo de que ele fosse declarar alguma primazia parental, alegando que, sem sua presença amorosa de pai, sua garotinha não seria capaz de seguir o próprio caminho. Mas, para minha surpresa, ele entendeu os primeiros passos dela mais profundamente como uma sabedoria que afeta a todos nós.

Fitando o nada, ele disse devagar: "Ela me fez perceber que, quando eu paro de procurar um senso de verdade, eu tropeço. Quando perco o foco no que realmente importa, eu caio".

Essa pequena história me marcou. Pois não estamos sempre dando os primeiros passos, de novo e de novo? Ao olhar para a nossa frente e colocar em foco um senso mais profundo de verdade, não descobrimos um mistério de força? O equilíbrio não é, na realidade, a capacidade de caminhar naturalmente, como essa menininha, sem pensar muito em tudo o que é maior que o nosso medo?

- *Sente-se em silêncio e, calmamente, imagine um aspecto de si mesmo como você gostaria de ser: mais amoroso, menos medroso; mais confiante, menos desconfiado; mais compreensivo, menos crítico.*
- *Respire em ritmo contínuo e, sem se preocupar com o como, caminhe com seu coração para adentrar o campo desse crescimento.*

6 de setembro

Em nosso próprio elemento

Um peixe não pode se afogar na água.
Um pássaro não cai no ar.
Cada criatura que Deus fez
deve viver em sua própria natureza verdadeira.

— Matilde de Magdeburg

Em algum lugar na Idade Média, em uma região remota da Alemanha, essa introspectiva beata vidente descobriu a sabedoria de que viver em nosso próprio elemento natural é a maneira mais segura de conhecer a prosperidade interior de saúde, paz e alegria.

Os exemplos dela são admiráveis; tudo o que precisamos fazer é colocar o peixe no ar e o pássaro na água para ver os perigos de ser o que não somos. Claro, para os peixes e os pássaros é muito óbvio e evidente o lugar a que pertencem. Não tanto para nós, humanos.

Parte da bênção e da dificuldade de ser humano é que devemos descobrir nossa própria natureza dada por Deus. Não é uma busca nobre e abstrata, mas uma necessidade interior. Pois é somente vivendo em nosso próprio elemento que podemos vicejar sem ansiedade. E como os seres humanos são a única forma de vida que pode se afogar e ainda ir trabalhar, a única espécie que pode cair do céu e ainda dobrar roupa, é imperativo que encontremos esse elemento vital que nos traz à vida.

Eu me lembro com riqueza de detalhes das minhas lutas quando adolescente, quando minha mãe queria que eu fosse advogado e meu pai queria que eu fosse arquiteto. De alguma forma, eu sabia que precisava ser poeta; havia nisso algo que dava vida. O único a me entender foi meu amigo de infância Vic, que no meio de intensos estudos preparatórios para a faculdade de medicina, percebeu que precisava ser florista, pois algo no trabalho com flores lhe dava vida.

Não se trata de ser poeta, florista, médico, advogado ou arquiteto. Trata-se da verdadeira vitalidade que espera por baixo de todas as ocupações para que possamos acessá-la, se pudermos descobrir o que amamos. Se você sente energia, empolgação e uma sensação de que a vida está acontecendo pela primeira vez, provavelmente está perto da sua natureza dada por Deus. A alegria no que fazemos não é um recurso adicional; é um sinal de saúde profunda.

- *Sente-se em silêncio e, calmamente, inspire sua natureza dada por Deus. Ela está tão perto de você quanto o ar está de um pássaro.*
- *Inspire o ar e medite sobre aquilo em que você deve se envolver para sentir sua verdadeira natureza.*
- *Seja qual for o trabalho que você faz, de que maneira você pode ser mais completamente quem você é no dia a dia?*
- *Conforme você percorre seu dia, envolva-se em um gesto de vitalidade que o coloque em contato com sua verdadeira natureza.*

7 de setembro
O experimento diário

Você é o laboratório
e cada dia é um experimento.
Vá e encontre o que é novo
e inesperado.

— Joel Elkes

Toda vez que falamos com alguém, volta para nós um mapa de expectativas sobre como devemos responder. Compartilhamos uma confusão, e com frequência recebemos uma direção. Compartilhamos uma dor, e muitas vezes recebemos uma instrução. Compartilhamos um desejo, e regularmente recebemos um plano. O poder desses mapas tácitos não deve ser subestimado. Pois as infinitas gravidades de expectativa nas quais entramos e saímos regem a maior parte do nosso pensamento e convocam a maior parte da nossa energia para negá-las ou cumpri-las.

Na verdade, por baixo de todos os planos, pressões e expectativas, por baixo de toda a orientação sutil e os empurrãozinhos e cutucadas que recebemos de quase todo mundo, o passo seguinte é realmente desconhecido e nunca foi dado por ninguém. Assim, nossa responsabilidade espiritual é manter o deslumbramento do explorador singular que cada um de nós é.

Embora eu valorize esse deslumbramento, durante a maior parte da minha vida fui obediente, fazendo o que era esperado de mim e até mais, na esperança de ser amado. E fui rebelde, fazendo o oposto do que quer que fosse levemente implícito, pronto para quebrar qualquer domínio que outra pessoa pudesse ter sobre mim. Mas o passo de maior frescor sempre veio quando fui corajoso o bastante para aterrissar no fim do pouco que eu conheço, respirando ar novo e experimentando novos sentimentos, em reação a ninguém, deslumbrado com o que é sempre possível.

- *Esta é uma meditação em pé. Centre-se e, embora todos os que já viveram tenham caminhado, saiba que ninguém nunca deu o passo que você está prestes a dar.*
- *Inspire lentamente o ar e respire esse paradoxo.*
- *Expire todo o seu pensamento sobre dar passos.*
- *Simplesmente respire e pratique o que é novo dando o passo à sua frente.*

8 de setembro
Superar o nevoeiro

Estar perto de algo bonito ou precioso, mas ser incapaz
de experimentá-lo é a mais sutil forma de tortura possível.

— Robert Johnson

Todos nós passamos por momentos em que, por algum motivo, a rosa perde a cor, ou a música não nos emociona mais, ou a alma doce e gentil à nossa frente não parece mais amolecer nosso coração.

O constante vaivém entre encontrar sentido na vida e dar de cara com a falta de sentido da vida é tão natural quanto entrar e sair da luz porque as nuvens se formam e se dissipam. No entanto, torna-se uma tortura quando acreditamos que a rosa deixou de ser colorida, ou que a música deixou de ser instigante, ou, pior de tudo, quando concluímos que a pessoa à nossa frente já não é mais gentil ou doce.

Na verdade, pior do que nada ver é ver mas não ser tocado por aquilo que estamos vendo. Sem dúvida, as coisas e as pessoas mudam — a simpatia de nossas necessidades pode se modificar —, mas não temos chance de reconhecer mudança ou perda efetivas se não pudermos reconhecer e aceitar nossa eventual incapacidade de sentir o que vemos.

Muitas vezes, as tragédias emocionais começam quando reorganizamos nossa vida — mudando de parceiros, de religião e de emprego — em um esforço para encontrar um senso de significado que está adormecido e entorpecido dentro de nós.

Isso me faz lembrar de um homem que construiu uma casa em um penhasco à beira-mar, mas deu de cara com um nevoeiro que chegou com tudo e, uma vez assentado, durou trinta dias ininterruptos. Ele amaldiçoou o lugar e se mudou, mas, uma semana depois de ter ido embora, o nevoeiro se dissipou. Sendo humanos, todos nós lidamos com nevoeiros formando-se em torno do nosso coração e, muitas vezes, nossa vida depende da coragem silenciosa de esperar que eles desapareçam.

- *Sente-se em silêncio e calmamente, com uma coisa em sua vida que pareça ter perdido o significado para você.*
- *Enquanto você respira, deixe sua inspiração refrescar seu coração.*
- *Enquanto você respira, deixe sua expiração refrescar seus olhos.*
- *Comece o seu dia mantendo por perto o pensamento dessa única coisa e, vez ou outra, olhe para ela com frescor.*

9 de setembro

Vocês sabem demais

Dois cientistas viajaram até o outro lado do mundo para perguntar a um sábio hindu o que ele pensava acerca de suas teorias acadêmicas. Quando chegaram, o sábio gentilmente os levou até seu jardim e lhes serviu chá. Mesmo quando as duas pequenas xícaras já estavam cheias, o sábio continuou servindo. Diante do chá que transbordava incessantemente, os cientistas, com muito tato, mas constrangidos, apontaram: "Sua Santidade, as xícaras estão transbordando". O sábio parou de servir o chá e disse: "A mente de vocês é como as xícaras. Vocês sabem demais. Esvaziem a mente e depois voltem. Aí conversaremos".

— Leroy Little Bear

Saber a data de aniversário de todo mundo não é o mesmo que sentir o encantamento do nascimento. Tampouco ser hábil nas muitas posições de fazer amor é o mesmo que ser capaz de amar com paixão. Foi o grande crítico e estudioso canadense Northrop Frye que apontou que entender os princípios da aerodinâmica nada tem nada a ver com a experiência de voar.

Se vez ou outra você se sente entorpecido ou distante da essência do que você sabe, talvez sua mente, tal qual a xícara de chá do sábio, esteja cheia demais. Talvez, tal qual uma tigela abarrotada de peixes, seus pensamentos mais profundos não tenham espaço para se mover. Talvez todos nós precisemos, de vez em quando, descartar tudo o que não é convincente, o que não "cola". Deixar que Deus, como um vendaval, circunde nossa cabeça como uma tigela vazia.

Informação não é sabedoria. Embora seja uma ferramenta poderosa e insubstituível, a mente é capaz de armazenar em vez de sentir; é capaz de classificar em vez de entender; é capaz de, tal qual um castor, construir uma represa de tudo o que é precioso. Se você não consegue falar quando sua boca está cheia de comida não mastigada, como pode pensar com lucidez se sua mente está cheia de informação não digerida?

Mas como esvaziar a mente? Não pensando demais. Não armazenando ou classificando. Não repetindo medos ou sonhos ou dúvidas ou elogios. Escolhendo o item mais importante em nossa interminável lista de coisas a fazer, e fazendo-o por completo depois de rasgar a lista.

Todas as tradições de sabedoria nos instruem a ficarmos quietos — porque a quietude fará buracos em nosso conhecimento inútil. Mas como começamos? Sempre que você se pegar organizando a vida em sua cabeça, pare e observe o que o ponto de luz mais brilhante ao seu redor está tocando. Depois de uma semana disso, faça um acordo consigo mesmo: troque cinco fatos sobre como viver por uma hora de vida não planejada. Em seguida, tome um chá.

- *Se sua mente fosse uma mala e pudesse conter apenas cinco coisas, quais seriam?*
- *Ao vivenciar algo problemático, quantas vezes você repassa isso em sua mente? Por quê? O que aconteceria se você repassasse apenas uma única vez?*
- *Quando você vai dormir, sua mente classifica, arquiva e repete informações?*
- *Ao acordar, sua mente vivencia mais facilmente o que está diante de você?*
- *Em caso afirmativo, tente dar vida à sensação de acordar duas vezes durante o dia.*
- *Leve consigo apenas uma coisa de sua mala hoje. Deixe a mala em casa.*

10 de setembro
Quem somos e o que sabemos

Chegar à compreensão a partir de ser o eu verdadeiro chama-se natureza. Chegar a ser o eu verdadeiro a partir da compreensão chama-se cultura.

— Confúcio

Parece que todos nós aprendemos de duas maneiras contínuas: ser quem somos nos ajuda a saber mais sobre esta vida, e o que aprendemos nos ajuda a ser quem somos. Se observarmos a maneira como nos comportamos ao longo dos nossos dias, podemos ver que somos todos feitos de diferentes misturas de natureza e cultura. Como criança, queimo minha mão em um fogão e entendo os perigos do calor. Quando a experiência é a professora, sou um filho da natureza. Como adolescente, ouço os outros discorrerem sobre seus fracassos no amor, e esse conhecimento molda as minhas tentativas. Aqui, a compreensão é a professora, e nesse momento sou um filho da cultura.

Devo confessar que encontrar essas definições mudou a forma como eu me vejo, pois de imediato percebi que, embora me orgulhasse de ser profundamente natural e experiencial, eu era, na verdade, muito cultural, sobretudo um observador. Desde então ficou claro que o perigo para um aprendiz natural é evitar a necessidade de transformar a experiência em entendimento. Nessas horas, nos tornamos o sujeito volúvel que nunca enfeixa as dores e alegrias para que, juntas, ganhem o feitio de uma lição — aquele que repete tudo. O perigo para um aprendiz cultural, no entanto, é evitar a necessidade de transformar a compreensão em experiência. Nessas horas, somos o circunspecto que avalia tudo, mas nunca age — aquele que nunca se envolve em nada. De todo modo, quando vacilamos em aplicar quem somos ao que sabemos, passamos por um lapso em sermos reais. Essa é uma condição crônica que eu, por exemplo, vivenciei muitas vezes.

De fato, assim como os pássaros voam e mudam de penas, assim como as aranhas tecem teias e armadilhas, assim como as cobras deslizam e trocam de pele, os humanos se importam e sabem. E assim como o pássaro não consegue encontrar muito o que fazer com as penas caídas, assim como a aranha tece e fica presa em sua teia, assim como a cobra ignora a pele já esquecida, ficamos com nosso conhecimento, com a intenção de que seja útil. Mas a utilidade, ao que parece, está no cuidado.

- *Centre-se e, enquanto você respira, observe sua vida e tente descobrir se você é mais natural ou cultural na forma de aprender.*
- *Respire em ritmo constante e pergunte a si mesmo quem é sua principal professora: a experiência ou a compreensão?*
- *Observe qual delas é seu ponto forte e qual delas você poderia convidar mais plenamente para sua vida.*

11 de setembro
O desconforto da novidade

A ansiedade é a vertigem da liberdade.

— Kierkegaard

Talvez a primeira vez que sentimos na pele uma desorientação desse tipo seja quando estamos aprendendo a andar e nos afastamos da parede, da cadeira ou dos braços orientadores da Mamãe ou do Papai. Certamente a capacidade de andar vale esse desconforto na transição.

E então essa sensação aparece novamente quando nos apaixonamos pela primeira vez, quando pela primeira vez deslocamos nosso cuidado para além das paredes às quais estamos tão acostumados. Da mesma forma, a capacidade de amar além de nossas paredes vale a vertigem de dar novos passos.

A verdade é que toda experiência nova nos faz sentir essa vertigem de liberdade pela qual devemos passar. Toda vez que tentamos alcançar o que está além do que é conhecido, há uma necessária aclimatação ao que é novo. É a porta de entrada para toda aprendizagem. Não precisamos ter medo dela ou dar poder em demasia a ela. Simplesmente temos que continuar nos inclinando para o que estivermos aprendendo.

- *Quando puder, observe pequenos pássaros em pleno voo. Note como ventos repentinos os fazem mergulhar e dar bruscas guinadas, e como eles se ajustam e continuam voando.*
- *Respire fundo e saiba que seu coração é um pássaro, e que seus mergulhos e bruscas guinadas criam um desconforto de novidade que não lhe dá escolha a não ser vivenciar, se quiser continuar voando.*

12 de setembro
Nos olhos de uma águia

A vastidão deste céu infinito
é refletida no canto do olho de uma águia.
Exatamente da mesma forma, o coração,
quando soerguido, reflete o Universo.

Assim como a lua traz o sol para aqueles que se afastam da luz, o coração aberto traz amor para aqueles que lutam contra a escuridão. É importante lembrar aqui que a lua não é a fonte de luz, mas um reflexo; e, da mesma forma, por mais magnífico que seja o coração, ele não é a fonte do amor, mas um transportador de forças muitas vezes invisíveis quando estamos lutando.

Acabei por me dar conta de que as pessoas que admirei ao longo da minha vida, aquelas que eu tentei imitar, eram todas como a lua aparecendo na noite, e embora eu secretamente quisesse ser como essas pessoas maravilhosas, foi a transparência delas que lhes permitiu brilhar no meio da minha escuridão, uma transparência que eu não precisava copiar ou invejar, apenas descobrir em mim mesmo.

Penso na minha avó, cujo imenso afeto imigrante me permitiu ver a mim mesmo, do mesmo modo que uma lua cheia permite que você enxergue suas mãos no escuro. E havia aquele professor de olho dourado que segurava a verdade no ar diante de nossos jovens egos confusos, e de alguma forma isso me tranquilizou para encontrar o que realmente importa. E havia o padre de 70 anos de idade que coordenava meu grupo de apoio, tão genuíno em seu amor que seu coração refletia tudo com igual detalhe e compaixão: nossa dor e nossa graça, nosso medo e nossa esperança, nossa confusão e nossa certeza.

Tudo isso para dizer de alguma forma que se importar é elevar-se acima das coisas sem deixá-las. Quando nos importamos, recebemos a verdade que vive sob as palavras, e a sensação do que é demais para dizer se reflete então em nosso coração, acalmando aqueles ao nosso redor.

- *Sente-se com um ente querido de confiança e descreva o coração de alguém que você admira.*
- *Como você se beneficiou da graça dessa pessoa?*
- *Onde essa graça vive em você? Você pode se beneficiar?*
- *Meditem juntos sobre a qualidade do coração que você admira e convide-a a se mostrar através de você.*

13 de setembro

Criaturas de sabedoria

Mostre-se
e eu nadarei até você.

Na condição de espíritos em corpos, vivemos como baleias ou golfinhos, sempre nadando perto da superfície, compelidos eternamente por uma luz que vem de cima e que não conseguimos realmente distinguir. E assim como a água roça os olhos dos peixes enquanto eles entram e saem das profundezas, os dias moldam nossa maneira de ver.

Em qualquer momento acontece tanta coisa por baixo daquilo que mostramos ao mundo que todos os nossos sentimentos, todos os nossos pensamentos e expressões espirram feito água naqueles diante dos quais nos apresentamos. Dessa forma, cada pessoa, quando encarada diretamente nos olhos, é uma criatura de sabedoria, repleta de coisas que não podem ser ditas. Cada um de nós é um peixe-espírito emergindo em busca de amor e ar.

Muitas vezes não corremos o risco ou não temos tempo suficiente de ficar diante do outro para que sua verdade venha à tona. É disto que eu preciso: que você espere até que eu possa chegar lá, recém-saído das profundezas. Depois de todos os problemas que passamos para nos encontrar, devemos esperar repetidamente que nossos entes queridos irrompam com sua sabedoria.

- *Sente-se em silêncio e calmamente com um ente querido e, de frente um para o outro, centrem-se de olhos fechados.*
- *Quando estiverem prontos, olhem-se nos olhos um do outro em silêncio.*
- *Inalem a sabedoria do outro. Depois, curvem-se em reverência um para o outro.*

14 de setembro

Simples como um peixe

Eu sou um peixe: em busca do fundo quando venho à tona,
em busca da superfície quando chego ao fundo, e a fita do mar de Deus
passando através de minhas guelras é o que eu sinto, penso e falo.

Um simples peixe farejando seu caminho pelo fundo do mar é em si um sábio professor, e, como os professores mais sábios, ele nem sequer tem ciência de que está ensinando. No entanto, em sua pequena e eficiente guelra reside o mistério de como viver feito um espírito na Terra.

Como todos sabemos, ao nadar, o menor dos peixes absorve água, e sua guelra transforma essa água no ar que o sustenta. Embora existam detalhes biológicos que explicam a mecânica disso, é, em essência, um mistério.

O xis da questão é: o que em nós é nossa guelra? Nosso coração, nossa mente, nosso espírito, uma mistura dos três? Seja o que for, assim como o menor dos peixes, devemos transformar água em ar para viver, o que para nós significa transformar nossa experiência em algo que seja capaz de nos dar sustento. Significa transformar dor em deslumbramento, sofrimento em alegria.

Nada mais importa, e, assim como os peixes, devemos continuar nadando para permanecer vivos. Devemos continuar nadando ao longo dos dias. Não podemos parar o fluxo de experiências ou a necessidade de absorvê-las. Em vez disso, todos os nossos esforços devem ser direcionados para aprender o segredo da guelra, o segredo de transformar em ar as coisas pelas quais passamos no dia a dia.

Então, qual é sua guelra? Para mim, é meu coração, e o amor se torna o rastro invisível que eu deixo para trás. Mas, seja lá qual for a sua escolha, é mais importante nadar ao longo dos dias e honrar a guelra dentro de você do que descobrir como ela funciona.

- *Sente-se em silêncio e respire lentamente.*
- *Enquanto você respira, atente para como transformar ar em respiração é o que o mantém vivo.*
- *Continue respirando lentamente e, enquanto você respira, abra seu coração para o mistério de transformar experiência em sentimento e dor em deslumbramento.*
- *Inspire o ar profundamente e deixe a guelra dentro de você trabalhar.*

15 de setembro

Perguntas feitas aos doentes III

Quando foi a última vez que você contou sua história?

— PERGUNTA FEITA AOS DOENTES
POR UM CURANDEIRO NATIVO NORTE-AMERICANO

As histórias são como pequenas cápsulas do tempo. Elas carregam pedaços de verdade e significado ao longo do tempo. Seja um mito de 4 mil anos atrás ou a história não contada de sua própria infância, o significado espera como uma ração seca; é somente quando você conta a história de novo que o significado se amplia e se suaviza para se tornar comestível. São o suor e as lágrimas da narrativa que despertam do sono o significado, como se tempo nenhum tivesse passado. É o ato de narrar que cura.

Muitas vezes repetimos histórias, não porque somos desmemoriados, desatentos ou autoindulgentes, mas porque há muito significado para digerir em uma expressão. Então, continuamos compartilhando a história que pressiona nosso coração até entendermos tudo. Eu me lembro de quando me apaixonei pela primeira vez, de como caí de amores de uma maneira profunda e de como a aterrissagem foi dolorosa. Quando acabou, quando ela me deixou por outros amores, fiquei arrasado. Durante meus dias de faculdade, minha tristeza era uma ferida que precisava de ar, e cada relato da minha história — embora até mesmo pessoas desconhecidas se cansassem de ouvi-la —, cada narrativa sobre os olhos intempestivos dela e sua repentina partida era um ponto que curava a ferida em meu coração.

E quando minha sogra perdeu o marido depois de 55 anos de casados, eu me sentei com ela duas semanas depois, após todas as flores e discursos, e então ela olhou fixamente para o momento da morte do marido e me contou repetidas vezes sobre o último suspiro dele e sobre ter encontrado seu corpo afundado na poltrona. A princípio, pensei que ela estava à deriva, mas percebi que era assim que ela estava tentando entender o significado da própria dor. Como um xamã ou monge, ela estava cantando o mantra de sua experiência até que sua verdade fosse revelada.

Imagine quantas vezes Paulo contou a história de ter sido derrubado de seu cavalo por Deus. Ele fazia isso, muito provavelmente, porque a cada relato era levado mais profundamente à revelação. Ou imagine quantas vezes Moisés contou sobre seus encontros com Deus. Ele fazia isso, acredito, porque, a cada relato, via Deus com mais nitidez. Ou então imagine quantas vezes Lázaro contou sobre ter sido trazido de volta à vida por Jesus. Ele fazia isso, sem dúvida, porque a cada relato era levado mais profundamente ao seu despertar.

A verdade é que, apesar de pensarmos que sabemos o que estamos prestes a dizer, a história nos conta e nos salva, da mesma forma misteriosa que a respiração é sempre a mesma, mas diferente.

- *Sente-se com um ente querido de confiança, e revezem-se:*
- *Meditem sobre as marcas em seu coração.*
- *Escolham uma marca e observem como ela muda enquanto vocês respiram.*

❊ *Depois de algum tempo, compartilhem um com o outro a história de como vocês acabaram com essa marca em seu coração e como isso os afeta hoje.*

16 de setembro

Onde estivemos

Eu nasci de novo e de novo e, a cada vez, encontrei algo para amar.

— Gordon Parks

Nossa capacidade de encontrar algo para amar, e de amar de novo pela primeira vez, depende em grande medida de como resolvemos e integramos o lugar onde estivemos antes. O náutilo-com-câmara, belíssimo molusco que vive ao longo do fundo do oceano, é um ótimo exemplo para nós. O náutilo-com-câmara é uma forma de vida de águas profundas que se move como um homem delicado em uma concha dura, encontrando suas orações ao longo do fundo do mar. Com o tempo, constrói uma concha em espiral, mas sempre vive na câmara mais nova.

Dizem que as outras câmaras contêm um gás ou líquido que ajuda o náutilo a controlar sua flutuabilidade. Mesmo aqui, uma lição silenciosa sobre como usar o passado: viva na câmara mais recente e use as outras para se manter à tona.

Será que podemos, dessa mesma forma, construir câmaras robustas para nossos traumas — não vivendo lá, mas quebrando nosso passado até que ele seja fluido o suficiente para perder a maior parte de seu peso? Somos capazes de internalizar o lugar onde estivemos a ponto de saber que não estamos mais vivendo lá? Quando conseguirmos fazer isso, a vida parecerá mais leve.

Não é por acaso que o náutilo transforma sua lenta digestão do fundo do mar em um corpo capaz de flutuar. Ele nos diz que somente o tempo pode nos mostrar o passado de forma objetiva e coerente, e somente quando o passado está atrás de nós, e não diante de nós, é que podemos estar abertos e vazios o suficiente para realmente sentir o que está prestes a acontecer. Somente vivendo na câmara mais fresca do coração podemos amar de novo e de novo pela primeira vez.

❊ *Centre-se, feche os olhos e imagine as passagens que o trouxeram a quem você é.*

- *Inspire o ar em ritmo constante e veja qual passagem contém mais sentimento.*
- *Respire em ritmo contínuo e pergunte a si mesmo: "É o passado que está vivendo em mim ou eu é que estou vivendo nessa passagem do passado?".*
- *Não faça nada hoje; simplesmente esteja com o que seu coração responder.*
- *Amanhã, compartilhe o sentimento com um amigo.*

17 de setembro
A bandeja giratória

O Deus que há em nós não é uma meia presença.
Não há como filtrar quem somos.

Por anos a fio eu vivi assim: mostrando aos outros o lado de mim que seriam capazes de entender, rodando os aspectos do meu verdadeiro eu feito uma bandeja giratória, oferecendo apenas o que as pessoas queriam ou de que precisavam, ou aquilo com o que se sentiam mais confortáveis.

Fiquei muito bom nisso, e conseguia girar para uma multidão de entes queridos, sujeitando-me a muitas necessidades simultâneas de uma vez. Passei a acreditar que estava sendo altruísta, um ouvinte ágil, confiável e generoso. Pensei que tinha encontrado uma maneira de ser ao mesmo tempo atencioso e quem eu sou.

O que eu não percebi foi que, cada vez mais, uma porção maior de quem eu realmente sou estava sendo escondida, e que mostrar apenas a parte de mim que os outros achavam aceitável não era ser verdadeiro comigo mesmo. Com o tempo, tornei-me um espião com meus sentimentos e crenças mais profundos. O custo acabou sendo uma sufocação espiritual sutil, mas sempre presente.

Ninguém me pediu para fazer isso. Sem dúvida, na minha história tive feridas que me condicionaram a me esconder algumas vezes. Mas foi minha própria percepção equivocada de como lidar com o mundo que transformou a troca de rostos em uma forma de arte — mesmo que todos os rostos em si fossem verdadeiros.

Medo de conflito. Medo de rejeição. Medo de não ser amado. Medo de mostrar o que eu acreditava que ninguém mais seria capaz de entender. Uma falta de confiança e de fé de que a flor dentro de mim conseguiria sobreviver aos elementos aqui fora — tudo isso ficou sem solução por anos enquanto eu rodopiava minha bandeja giratória chamada Mark.

Conforme vivemos, a linha entre privacidade e ocultação é muito tênue. Aprendi, de maneira dolorosa e cabal, que cada um de nós é uma sinfonia inteira, e que, mesmo havendo momentos em que não seremos ouvidos por inteiro, a doença começa no momento em que nossa música deixa de ser tocada.

- *Sente-se em silêncio e, calmamente, medite sobre um aspecto de quem você é que você esconde dos outros. Pode ser sua gentileza ou sua tolice ou seu senso de dúvida ou seu senso de sonho.*
- *Respire lentamente e pergunte a si mesmo: "O que eu temo que aconteça se deixar que vejam essa parte de mim?".*
- *Respire fundo e abaixe-se até o centro do seu coração, para o lugar onde vive esse precioso aspecto.*
- *Respire livremente agora, na segurança desse momento.*
- *Aquiete-se e, por meio de sua respiração, tente trazer para dentro da sala essa parte preciosa de você.*
- *Observe como é ter uma parte tão preciosa de si movendo-se através de você, do seu coração para o ar.*

18 de setembro
A ajuda de Deus

Não nos rendemos à confiança
até que tenhamos exaurido nosso ego.

— Rob Lehman

Há uma velha história sobre um homem que se viu em meio a uma enchente. Primeiro, ele foi avisado e instruído a evacuar sua casa. Com toda a calma do mundo ele se recusou, alegando que Deus o salvaria. As águas invadiram com abundância as ruas, subindo pelas casas e prédios. Quando as ruas ficaram completamente inundadas, uma equipe de resgate num bote de borracha chamou o homem, que mais uma vez se recusou a ir embora, repetindo que Deus o salvaria. A força das águas aumentou, e a enchente quebrou as janelas da casa do homem, que agora estava empoleirado no telhado. Um helicóptero veio, e ainda assim ele se recusou, dizendo mais uma vez que Deus o salvaria.

A enchente fez o que as enchentes fazem, e o homem morreu afogado. Ele chegou furioso ao outro lado, e, em tom áspero, questionou Deus: "Por que o Senhor não me salvou?! Eu mantive minha fé até o fim!". Perplexo, Deus respondeu: "Eu tentei. Eu avisei você, chamei você, enviei um bote e um helicóptero. Mas você não atendeu".

Como o pensamento do amor, Deus começa em tudo invisível, mas vem a nós claramente nas coisas deste mundo.

- *Feche os olhos e reze por algo de que você precisa.*
- *Respire fundo até que a oração perca suas palavras.*
- *Abra os olhos e comece o seu dia ouvindo as coisas ao seu redor, pois elas carregam tudo de que você precisa.*

19 de setembro

Além de todas as perguntas

Se você tentar entender o amor
antes de ser abraçado,
nunca sentirá compaixão.

Era uma vez um menino que, com sua conversa amigável, sabia como deixar as outras pessoas tranquilas; assim que as pessoas relaxavam, ele fazia suas muitas perguntas. Mas sempre voltava para casa sozinho. No dia seguinte, ele falava um pouco mais e, mais cedo ou mais tarde, sempre chegava a perguntas de amor, perguntas vigorosas e pitorescas que se esticavam, se espalhavam e caíam, assim como folhas.

Ele viveu assim por muitos anos, e o intenso questionamento abriu seu coração. O espaço de seu coração cresceu muito, e as pessoas entravam e saíam como pássaros no pomar de perguntas que era aquele lugar. Mas, quando todos iam embora, ele ficava sozinho com tudo o que conhecia.

Um dia surgiu uma criatura vibrante que não entrava no pomar de perguntas do menino. Por mais simpático que o menino fosse, ela não respondia às perguntas dele.

Ela simplesmente voou para perto e o abraçou, depois esperou no mundo. O menino levou muito tempo, pois agora estava coberto com a casca de um homem, mas queria ser abraçado e, então, desenraizando-se, ele deixou a sombra de seu próprio coração e começou a viver.

- *Enquanto você respira fundo, reflita sobre as maneiras como se prepara para ser amado.*
- *A cada inspiração, cancele seus pré-requisitos para ser abraçado.*
- *A cada expiração, livre-se de tudo o que for desnecessário.*
- *Respire lentamente e comece permitindo-se ser abraçado pelo próprio ar.*

20 de setembro
Amor incondicional

O amor incondicional não tem tanto a ver com a forma como recebemos e toleramos uns aos outros, mas sim com o profundo voto de nunca, sob nenhuma condição, parar de apresentarmos uns aos outros a verdade falha de quem somos

Atualmente, muito se fala sobre o amor incondicional, e temo que ele tenha sido mal interpretado como uma forma extrema de "dar a outra face", o que para qualquer pessoa que tenha sofrido abusos não é um bom conselho. No entanto, essa passividade exagerada é bem diferente do fluxo de amor desimpedido que carrega quem somos.

Na verdade, o amor incondicional não requer uma aceitação passiva de tudo o que acontece em nome do amor. Em vez disso, nos espaços reais de nossos relacionamentos diários, significa manter um compromisso de que nenhuma condição nos impedirá de apresentar ao outro, honestamente, tudo o que somos.

Por exemplo, em determinado dia pode ser que eu esteja preocupado com minhas próprias necessidades e acabe ignorando o que você precisa ou machucando você. Mas então você me conta e me mostra sua dor, e eu me sinto mal, e você aceita que às vezes eu fique cego para aqueles que estão ao meu redor. Mas nós olhamos profundamente um para o outro, e você aceita minhas falhas, mas não meu comportamento, e eu sou grato pela chance de poder melhorar. De alguma forma, tudo isso nos aproxima.

O amor incondicional não é o buraco em nós que recebe a sujeira, mas o sol interior que nunca para de brilhar.

- *Centre-se e reflita sobre um relacionamento no qual você recentemente tenha suportado alguma dor em nome do amor.*
- *Enquanto você inspira o ar profundamente, pondere sobre as condições que mantêm sua dor tácita.*
- *Enquanto você expira o ar profundamente, reflita sobre "ser incondicional" como o ato de trazer à tona de dentro, em vez de suportar o que vem de fora.*
- *Comece o seu dia e cogite "trazer à tona quem você é" em nome do amor.*

21 de setembro

Um professor silencioso

Só quando paro de coletar evidências
é que as pedras começam a falar.

Quero falar sobre algo muito querido e óbvio que levei a vida inteira para realmente aprender. Já fizemos menção a isso em outra parte do livro. Mais do que conhecimento, no qual acredito, envolve saber.

Sempre fui um leitor. Os mundos abertos por vozes honestas ao longo do tempo me salvaram da confusão e da solidão, repetidas vezes. Também passei cerca de quarenta dos meus 49 anos de vida na escola, como aluno ou professor. Não por acaso, no entanto, ao longo do tempo a sala de aula se ampliou para a vivência da vida em si, e o ensino envolveu cada vez menos instruir e cada vez mais perguntar às coisas simples o segredo de sua simplicidade.

O que eu quero dizer com isso, porém, é que, surpreendentemente, a recompensa pela verdade, depois de todo esse caminho, não é a justiça, o conhecimento ou a competência — embora tudo isso possa acontecer —, mas sim a alegria; e a recompensa pela gentileza não é a bondade ou a boa reputação, nem mesmo a retribuição da gentileza — embora essas coisas também possam acontecer. Não, a recompensa pela gentileza também é a alegria.

Depois dos anos difíceis para concluir um doutorado, depois de estudar por conta própria centenas de textos sagrados de tantos caminhos diferentes, aprendi que a bênção de vivenciar a unidade não é a força nem a lucidez que chega com ela, mas, de maneira mais profunda, uma paz que vem da divisão.

Seja descansando em uma cama de hospital quando a dor parou, ou acordando nos braços da minha amada, cujos dedos aliviam a preocupação da minha cabeça, ou adormecendo com as palavras de alguém morto há muito tempo abertas no meu colo, a nudez da verdade e da compaixão é a mesma. Ela me leva de volta a um momento simples, embora raro, em que pensar, sentir, saber e ser são todos a mesma coisa. É esse momento vivificante — tão difícil de encontrar e tão evasivo de segurar — o meu professor silencioso.

- *Feche os olhos e concentre-se em algo que você descobriu por meio da leitura ou do estudo e que o ajudou. Observe onde essa informação entra em sua consciência. Ela ganha vida em sua cabeça, em seu coração ou em seu estômago?*
- *Concentre-se em algo importante que você aprendeu vivendo. Observe onde essa informação entra em sua consciência. Onde ela ganha vida?*
- *Sem julgar nenhum dos dois, observe a semelhança ou diferença em como esses saberes vivem em você.*

22 de setembro

Enfrentando momentos sagrados

O objetivo maior da vida espiritual não é acumular
riqueza de informações, mas enfrentar momentos sagrados.

— Abraham Heschel

Talvez esse desejo de construir coisas em vez de enfrentá-las faça parte da identidade de todo norte-americano. Afinal, nossos ancestrais acreditavam que seu destino manifesto era continuar seguindo em frente até acabar a terra. Mas, agora que não há mais para onde ir, um senso diferente de exploração, que esperou por séculos, está chamando.

Em vez de construir uma estrada para outro lugar que não seja onde estamos, a vida do espírito exige que abramos portas que esperam diante de nós e dentro de nós. Isso é o que Abraham Heschel chamou de "enfrentar momentos sagrados": a abertura de portas para a vida que já temos.

O esforço para construir nosso caminho em outro lugar pode ser admirável e até heroico, mas muitas vezes nos distrai de habitar a vida que nos é dada.

Certamente, não há nada de errado em melhorar nossas circunstâncias externas, mas essas construções nada significam se nunca enfrentarmos o próprio pulsar da vida que espera como uma mãe gentil à beira de nossa exaustão.

- *Sente-se em silêncio e, calmamente, relembre um momento sagrado que você conheceu.*
- *Por meio da respiração, volte até ele e, ao inspirar o ar, enfrente-o. Deixe a luz desse momento aquecê-lo por dentro.*
- *Ao expirar o ar, enfrente sua vida hoje e deixe o que é sagrado encontrar você.*

23 de setembro

Repetição não é fracasso

Repetição não é fracasso.
Pergunte às ondas, pergunte às folhas, pergunte ao vento.

Não existe um ritmo esperado para a aprendizagem interior. O que precisamos aprender vem quando precisamos, não importa a nossa idade, não importa quantas vezes tenhamos que recomeçar, não importa quantas vezes tenhamos que aprender a mesma lição. Caímos quantas vezes precisarmos cair, para aprendermos a cair e levantar. Nós nos apaixonamos quantas vezes precisarmos nos apaixonar, para aprendermos a abraçar e ser abraçados. Nós entendemos mal as muitas vozes da verdade quantas vezes precisarmos cometer equívocos, até aprender a realmente ouvir o coro da diversidade que nos cerca. Sofremos nossa dor sempre que necessário, para assim aprendermos o que é se quebrar e se curar. Obviamente, ninguém gosta disso, mas lidamos com nosso desagrado da mesma forma, de novo e de novo, até aprendermos o que precisamos saber sobre a humildade da aceitação.

- *Sente-se em silêncio e, calmamente, evoque uma aprendizagem que continua voltando para você. Pode ser em relação a entregar-se repetidamente, ou pode ter a ver com sua luta para confiar, ou com uma maneira específica de machucar os outros repetidas vezes.*
- *Sente-se em silêncio e, calmamente, enquanto você respira, tente não resistir ao que essa parte recorrente da vida está tentando lhe ensinar.*
- *Sente-se em silêncio e, calmamente, enquanto você respira, veja a si mesmo como uma praia, e veja essa parte recorrente da vida como uma onda cujo trabalho é torná-lo liso e suave.*

24 de setembro

O caminho da individuação

Em alto-mar, uma frota de barcos de pesca cercou um grupo de golfinhos-rotadores que nadavam por cima de um cardume de atuns, capturando-os em uma gigantesca rede. Pequenos e possantes, barcos velozes rodearam os animais, criando uma muralha de som que desorientou e aterrorizou os golfinhos, que afundaram em silêncio rede adentro, apenas o movimento de seus olhos mostrando sinais de vida. Porém, quando um golfinho atravessou a boia de cortiça na borda da rede, ele soube que estava livre. Ele disparou adiante, impulsionado por poderosos golpes da cauda larga... Em seguida, mergulhou, nadando a toda velocidade... para baixo e para longe dentro da água escura, apenas para irromper da superfície em uma série de saltos altíssimos.

— Jeffrey Moussaieff Masson

O momento desse golfinho revela uma sequência recorrente para nós como seres humanos. Confinados contra a nossa vontade — ou até mesmo, às vezes, confinados com o nosso próprio consentimento —, ficamos sem vida quando sentimos a necessidade de espaço. Sentir-se confinado, com medo, enervado, sem saber onde está a borda da rede — esta é a luta depressiva e confusa que sempre precede a liberdade.

No entanto, assim como esses magníficos golfinhos, sabemos qual é o instante em que estamos livres, como se um poder interior nos arrebatasse, e somos compelidos com alegria a explorar as profundezas, o que nos dá a graça de irromper da superfície, saltando brevemente para uma Unidade que é difícil de imaginar.

Todo esse processo descreve em um momento da natureza o que Carl Jung chamou de "o caminho da individuação": como um indivíduo dividido vasculha seus confinamentos mais profundos para buscar uma inteireza de ser.

Se temos um chamado, é para sobreviver à rede de modo que possamos mergulhar e irromper na superfície.

- *Centre-se e imagine seu espírito como um golfinho poderoso.*
- *Respire com intensidade e tente sentir a rede que está confinando você.*
- *Visualize a borda dessa rede.*
- *O que você deve fazer para nadar além da rede?*

25 de setembro
Caçar ou se esconder

Se caçar ou se esconder é uma loucura de dois gumes,
então a fé é a coragem de arriscar e receber.
Eu fecho meus olhos e sou empalado pela luz...

— Robert Mason

Passamos boa parte do nosso tempo na Terra correndo atrás de algo ou fugindo. Em nossa falta de amor, ou saímos no encalço de alguém ou nos apresentamos como isca. Em nossos sonhos de sucesso, caçamos objetivos e nos escondemos do que nós ou outros percebemos como fracasso. E nada disso — nenhuma das estratégias para conseguir um emprego ou se esconder para evitar ser ferido — é capaz de nos recompensar com a paz ou nos proteger da vida.

Desperdicei horas e horas não apenas tentando ser publicado, mas à caça da editora certa que me faria me sentir digno aos olhos dos outros. Para começo de conversa, nenhum desses esforços, mesmo quando bem-sucedidos, aproximou-me mais do pulsar da vida do que a escrita revelou para mim.

Muitas e muitas vezes fantasiamos em segredo, imaginando que a vida é melhor em outro lugar se pudéssemos ao menos chegar lá. Muitas vezes nos esforçamos mais em nossos sonhos do que em nossa vida. Temos a tendência de fazer isso com nosso desejo por um relacionamento mais satisfatório. Imaginamos que em algum lugar fora da vida que estamos vivendo um homem ou uma mulher nos espera, e essa pessoa aliviará toda a nossa dor e todo o nosso entorpecimento. Então, escondemos nossa insatisfação com a vida que criamos e secretamente buscamos uma cura imaginária para o que significa ser quem somos.

Como Robert Mason tão sabiamente infere, nosso recurso à complacência e infelicidade não é caçar uma presa maior ou esconder nossas mágoas mais profundas. Tampouco é mover nossa mobília interna para outra cidade ou outro quarto. Nossa maior chance de mudar nossa vida é fechar nossos hábitos mentais e abrir nosso coração sempre virgem.

- *Feche os olhos e respire lentamente.*
- *Imagine que o que desperta em você viveu para sempre, e que desperta dentro de um invólucro macio e resiliente de tecido que o levará aonde você quiser; que você tem superfícies delicadas através das quais sente o vento e vê a luz e sente o espírito de tudo que viveu para sempre.*
- *Imagine que, uma vez desperto, você anda em um mundo onde pequenas criaturas sobrevoam nossa cabeça e cantam, onde frutos coloridos e suculentos crescem em árvores, que você pode comer o que cresce da terra. Imagine que sempre há água correndo por perto, que você pode lavar o cansaço do seu rosto quantas vezes quiser.*
- *Imagine que, uma vez desperto, você vive em um tempo em que há outros com quem você pode falar sobre o milagre de estar vivo, outros com quem você pode rir e chorar, outros a quem você pode amar.*
- *Imagine que você pode abrir seus olhos e dançar em um mundo onde a água pode cair do céu, que você pode abrir sua garganta e a música pode sair dela, que você pode encontrar o sol e deixá-lo aquecer a flor de você para que ela exista.*
- *Agora abra os olhos e aceite que tudo isso é verdade, que está tudo aqui, e que é tudo agora...*

26 de setembro

Eliminar a dor

Chegou a hora de largar nossas pedras.
Pois mãos agarradas a pedras não podem tamborilar livremente.
E corações agarrados ao passado não podem cantar livremente.

Levei apenas uma vida inteira para aprender, mas a lição é profunda e simples em igual medida: enquanto estivermos agarrados a algo — seja uma pedra, um corrimão ou uma arma —, nossas mãos não podem abrir ou alcançar qualquer outra coisa.

O drama atemporal e essencial de viver dentro do desconhecido reside nesta sequência simples. Devemos arriscar largar a pedra, o pedaço de pau ou a arma que estamos segurando, a fim de construir, tocar ou fazer música de qualquer tipo.

Isso me lembra de um amigo que não conseguia deixar seu passado para trás. Ele se aferrou ao passado como a uma corda, e tinha medo de que, se soltasse, desabaria. Porém, enquanto continuasse apegado à sua história dessa forma, não poderia abraçar o amor que estava diante dele e, portanto, nunca se curaria.

É inevitavelmente verdade: as mãos devem ser esvaziadas antes que possam ser preenchidas de novo. O mesmo acontece com nosso coração. É por isso que a coragem, dia após dia, é necessária.

- *Sente-se em silêncio e, calmamente, evoque uma coisa que você esteja agarrando com o coração.*
- *Ao expirar o ar, abra as mãos e tente deixar o sentimento se soltar em seu coração.*
- *Pratique usar as mãos para abrir o coração.*

27 de setembro

Aceitar e encarar

Poucas situações podem ficar melhores quando nos enfurecemos.

— Melody Beattie

Foi o filósofo Michael Zimmerman que contou a história de que, quando ainda era criança, um dia na escola alguém lhe passou um par de algemas chinesas, um objeto aparentemente inocente, semelhante a um dedal, feito com tiras de palha trançadas em formato de cilindro que tem um orifício em cada extremidade. O objeto foi passado a ele sem uma palavra sequer à guisa de instrução, e, claro, por curiosidade o menino deslizou seu dedo indicador esquerdo num dos orifícios e depois o direito no outro.

Misteriosamente, o que torna o objeto um par de algemas é que quanto mais a pessoa tenta tirar os dedos puxando-os em sentidos opostos, mais a trama fica apertada. Sentindo-se preso numa armadilha, Michael entrou em pânico e puxou com mais força. As pequenas algemas apertaram ainda mais. Porém, de repente, ocorreu-lhe tentar o contrário, e enquanto ele distensionava os dedos aceitando e encarando o problema, o pequeno invólucro afrouxou e ele pôde, sem esforço e com delicadeza, libertar-se.

Muitas e muitas vezes na vida, nossa tendência ao pânico apenas nos algema com mais força. Nesse rápido momento, o filósofo-menino nos revela o paradoxo que ressalta toda coragem: aceitar e encarar o que está nos agarrando nos permitirá trabalhar por nossa libertação.

- *Sente-se em silêncio e, calmamente, relembre uma situação em que você se sinta preso, ou uma posição sobre a qual esteja sendo teimoso.*
- *Enquanto você respira, tente abrandar sua autoproteção para que você possa aceitar e encarar a situação.*
- *Repare na sensação. Observe se a energia em torno da situação se afrouxa.*

28 de setembro
Sobre o perdão

A dor era necessária para conhecer a verdade,
mas não precisamos manter a dor viva para manter viva a verdade.

O que me impediu de perdoar foi isto: o sentimento de que tudo por que passei irá evaporar se eu não reviver cada momento; que se as pessoas que me machucaram não virem o que fizeram, meu sofrimento terá sido em vão. Nesse sentido, a pedra que eu arremesso no lago sabe mais do que eu. As ondulações da água desaparecem.

O que realmente importa é ter a limpidez de coração de modo a parar de definir quem eu sou por aqueles que me machucaram e assumir o risco de me amar, de validar minha própria existência, dor e tudo, do centro para fora.

Como qualquer um que já sofreu uma injustiça pode atestar, para manter aceso o fogo da justiça precisamos continuar queimando nossas feridas abertas como evidência perpétua. Vivendo assim, é impossível curar-se. Vivendo assim, nós nos tornamos nossa própria versão de Prometeu, e nossas entranhas são devoradas diariamente por algum grande pássaro de feridas.

O perdão tem recompensas mais profundas do que desculpar alguém pela forma como nos machucou. A cura mais profunda vem na troca de nossos ressentimentos pela liberdade interior. Por fim, a ferida, mesmo que nunca reconhecida pela outra pessoa, pode se curar, e nossa vida pode continuar.

É útil perceber que a palavra *perdoar* [*forgive*, em inglês] originalmente significava dar e receber [*to give for*]. Mantendo o significado original, podemos ver que a recompensa interior pelo perdão é a troca de vida, o dar e receber entre nossa alma e o Universo.

É difícil compreender como isso funciona, mas o mistério do verdadeiro perdão espera em renunciar a nossos livros de registros de injustiças e listas de vingança para recuperar o sentimento em nosso coração. Só podemos ter a esperança de começar essa troca hoje, agora, perdoando o que está quebrado um no outro e imaginando por meio do amor como essas peças sagradas se juntam.

❊ *Enquanto você respira, sinta a dor de uma ferida que você esteja carregando. Sinta a dor de manter a ferida aberta como evidência do que você sofreu.*

- *Enquanto você respira, permita-se esmagar a indignidade, a injustiça e as feridas.*
- *Ao inspirar, absorva a suavidade e o frescor do ar.*
- *Enquanto você respira, perdoe a ferida — isto é, troque a parte de você que é definida por essa mágoa pela parte de você que, sem seu consentimento, continua se curando.*

29 de setembro

Ponderar ou entrar

Se você tentar compreender o ar
antes de respirá-lo,
você morrerá.

Só podemos ponderar sobre as coisas por certo tempo. Depois de um período, a grande quantidade de informações — além de todas as opções e opiniões — se transformará em um fardo e começará a nos fazer vergar sob seu peso. Depois que nossos olhos mais profundos tiverem visto a situação, todas as vozes bem-intencionadas nos dizendo o que devemos ou não fazer começarão a parecer fios que não somos capazes de cortar.

Esse foi o destino do pobre Hamlet. De tanto pensar, ele desperdiçou a vida. Ele refletiu em demasia sobre que atitude tomar, até se sentir paralisado e oprimido por apenas estar no mundo. É natural sermos cautelosos e atenciosos, sobretudo quando nos deparamos com decisões importantes, mas muitas vezes a única maneira de saber o que nos espera é viver.

Isso nos faz lembrar da revelação que ocorreu a um sábio hindu séculos atrás. Um dia, no meio das orações matinais, o sábio levantou-se de repente e conduziu seus alunos para longe do mosteiro. Ele começou a correr em torno deles e os enxotou de volta à vida como pequenos patos, proclamando: "O dia é para ser vivenciado, não compreendido!".

- *Centre-se enquanto segura um copo de água e uma xícara vazia.*
- *Reflita sobre as escolhas que o aguardam enquanto despeja a água do copo na xícara.*

❊ *Quando você se cansar de despejar, respire fundo e beba a água.*

❊ *Agora entre na sua vida.*

30 de setembro
Somos raros

Somos raros,
não perfeitos.

Com nossas mãos cheias de mantimentos, nossa cabeça cheia de coisas para fazer, nosso coração cheio de lembranças e nossos sonhos cheios de planos, tendemos a pensar que, se ao menos pudéssemos fugir ou terminar de riscar as coisas daquela lista, se ao menos pudéssemos desfazer o que foi feito ou fazer o que precisa ser feito, então poderíamos viver de maneira mais completa, mais perfeita. Mas somos seres humanos, seres pitorescos e falhos que se alimentam de planos e memórias.

Esse é um profundo paradoxo em ação em nós. Pois embora aspiremos ao autodomínio e à paz de espírito, somos apenas momentaneamente inteiros. Como seres conscientes vivendo em corpos, os dias nos desgastam até que nos abrimos para tudo. São momentos de iluminação, quando a lucidez e a compaixão de séculos surgem em nós, e de repente somos mais do que somos, apenas para tropeçar no lixo no dia seguinte ou, no minuto seguinte, dizer algo doloroso a quem mais amamos.

Eu costumava pensar nessas quedas como fracassos, como evidências de que eu não estava me esforçando o suficiente, e elas me ferroavam com lascas de inadequação. Muitas vezes eu me sentia desanimado, como se houvesse algo essencial que eu simplesmente não conseguia aprender. Por algum tempo, eu me senti um profundo fracasso.

Mas comecei a entender que isso é apenas o aspecto terreno da nossa condição humana. Não deve ser corrigido, eliminado, tampouco transcendido. Apenas aceito.

Mesmo quando estamos em momentos puros e eternos como a luz podemos, com a próxima respiração, deixar coisas caírem ou machucar os tesouros de uma vida inteira. Precisamos nos acalmar, não nos culpar. Somos raros, não perfeitos, e parecemos destinados a conhecer tudo o que existe brevemente, apenas para triturar tudo até formar pão.

- *Sente-se em silêncio e, calmamente, relembre um momento iluminado em que a vida pareceu especialmente clara para você.*
- *Agora, relembre um momento em que você machucou a si mesmo ou a um ente querido e sinta o resultado de sua falta de jeito.*
- *Sem se julgar, conserve tal lembrete terreno de sua humanidade nessa lucidez e deixe os dois suavizarem um ao outro.*
- *Comece o seu dia com lucidez e compaixão por sua humanidade.*

outubro

1º de outubro

A mosca na janela

A fé é o estado de estar, em última análise, preocupado.

— Paul Tillich

Não há nada que se possa fazer. Por meio de diferentes perguntas, retornamos à mesma questão central: como viver plenamente? Como viver de tal forma que o deslumbramento do sentimento sobrepuje a dor da ruptura?

Não tenho certeza. Eu mesmo estou apenas tentando; cada um de nós é uma pequena vontade se esforçando para encontrar a correnteza Universal e nela surfar sem perecer. Mas a fé parece crucial; a capacidade de habitar a amplitude e a profundidade da nossa compaixão, de saber, mesmo no centro escuro da nossa dor, que em algum lugar fora de vista há alegria e admiração; que, mesmo quando desmoronamos, somos parte de uma correnteza maior do que nosso próprio desígnio. Pedir esse bocado de consciência é difícil. No entanto, mesmo falhando, a fé — a vida que preocupa e importa — é possível.

Na verdade, a coerência infinita de todas as coisas e eventos continua como um grande riacho sem fundo, e nós, como peixes, temos apenas uma escolha: encontrar o fluxo e nele navegar. Esse riacho é Deus, ou o Tao, como o grande sábio chinês Laozi o chama, e a força que nos eleva quando nossas pequenas vontades se fundem com esse riacho de ser é a luminosidade sagrada que vivenciamos como graça.

Uma vez na torrente, a vida de preparação termina, a vida de defesa termina, a medição de características individuais termina. De alguma forma, o medo dá lugar à Confiança. De alguma forma, o controle evapora, convertido em Rendição. O peixe e o riacho são, por um momento, um só. O momento sagrado e Deus são sempre os mesmos. Não há mais outra razão pela qual viver — até mesmo a declaração se modifica, pois não se trata mais de uma *viver por*, mas *viver*. Sempre o interior para fora, escancarado, e uma vez exposto e mantido aberto, o Todo flui para dentro.

Então, a fé nada mais é do que a disposição e a coragem de entrar e navegar no riacho. O mistério reside no fato de que correr o risco de estar tão imerso em nosso momento de vida em si nos une a tudo o que é maior do que nós. E o que é compaixão senão entrar no riacho do outro sem se perder?

Eu me lembro de um verão em que estava junto à janela quando vi uma mosca perto da tranca, de costas, girando, as patinhas furiosas, indo a lugar nenhum. Pensei em enxotá-la, mas algo em sua luta era muito meu. Ela continuou girando e começou a se cansar. Sem me aproximar, soltei o ar com força, minha respiração um repentino vendaval, e a mosca encontrou suas patas, esfregou o rosto e voou para longe. Continuei a olhar para a tranca da janela, esperando que um dia o sopro de algo incompreensível me endireitasse e me permitisse voar.

- *Se puder, vá até um riacho e deixe cair folha após folha em suas águas.*
- *Observe cada folha sendo carregada rio abaixo. Observe suas quedas e curvas.*
- *Observe como é fácil para cada folha ser carregada.*
- *Observe como as folhas não têm noção de para onde estão indo.*
- *Feche os olhos, ouça a água do riacho e medite sobre como sua vida é uma folha no fluxo do tempo de Deus.*
- *Sinta os dias como água ao seu redor. Aproveite o passeio.*

2 de outubro
O reino vermelho

Eu nunca senti uma dor que não trouxesse uma bênção.

— Gene Knudsen Hoffman

Eu sei que isso é verdade. De casamentos desfeitos, passando pela perda de uma costela para o câncer até ser demitido após dezoito anos trabalhando como professor, sempre havia uma dádiva esperando quando a dor, o medo e a tristeza se acalmavam.

Que fique bem claro: a doença e a injustiça não são bênçãos. Embora eu seja grato pela maneira como a minha vida mudou para sempre depois de eu ter comido o pão que o câncer amassou, eu não desejaria câncer a ninguém.

Porém, assim como os gritos são absorvidos pelo silêncio, assim como o sol sempre nasce quando a noite parece nunca ter fim, assim como o céu segura tudo que voa e tudo que cai, há algo indestrutível no centro de cada um de nós, por mais que a dor de ser transformado e reordenado ainda em vida muitas vezes pareça insuportável.

Quando eu era apenas um menino, cortei meu dedo com um estilete — ainda carrego a cicatriz — e, depois de chorar e bater os pés com força, fiquei maravilhado ao ver o reino vermelho dentro de mim pela primeira vez.

- *Centre-se e evoque uma época em que você estava se curando de uma lesão física ou emocional.*
- *Respire fundo e pergunte a si mesmo se, depois que a dor diminuiu, você foi capaz de vivenciar o mundo de uma forma renovada.*
- *Quando puder, descreva tudo isso para um ente querido, observando o que essa ferida custou a você e o que essa ferida abriu em você.*

3 de outubro

Tão desacostumados à emoção

Estamos tão desacostumados à emoção que confundimos qualquer profundidade de sentimento com tristeza, qualquer sensação do desconhecido com medo, e qualquer sensação de paz com tédio.

Estamos tão afastados da vida abaixo que qualquer coisa sob a superfície nos assusta. Mas a necessidade de olhar sob a superfície não vai embora. Em parte, isso explica a enxurrada de violência que vemos nos filmes, pois a necessidade introspectiva de olhar para dentro, uma vez negada, aparece de qualquer maneira em grandes histórias de pessoas sendo dilaceradas, em perseguições que terminam com a abertura de corpos contra sua vontade. Negar a necessidade de olhar para dentro apenas a fortalece em outra direção, e nos vemos pagando para ficar no escuro, incapazes de olhar e incapazes de desviar o olhar, enquanto pessoas como nós são abertas física e psicologicamente na marra.

Cada um de nós faz isso de uma forma mais pessoal também. Aos 30 anos de idade, eu não estava disposto a olhar profundamente para dentro da fonte da minha baixa autoestima, mas me vi cavando no jardim com uma urgência inesperada, ansioso para descobrir alguma raiz que eu não conseguia nomear. Ao longo dos anos, também me peguei cutucando a mim mesmo, cutículas e manchas, mexendo em pequenas feridas até sangrarem, e lentamente percebi que essa é a necessidade da minha alma de olhar abaixo da superfície, desviada pela minha recusa de fazer isso.

Minha luta para abrir meu coração tem sido longa. Fui casado duas vezes, sobrevivi ao câncer e a uma mãe fria, durante 25 anos tentei me agarrar aos amigos como se fossem alimento, e tudo isso desapareceu. Agora eu uso a solidão como uma lâmpada para iluminar cantos que nunca vi. E embora vez ou outra eu sinta medo de, depois de todo esse caminho, ficar vazio, ainda acredito que entrar e trazer para fora tudo o que eu descubro faz toda a diferença.

Quando trazemos à tona o que guardamos dentro de nós, isso é sagrado e assustador, e o restante de nós não sabe se quer tocar ou não, como subir numa escada e estender o braço tentando alcançar um ninho de passarinhos. É muito suave e sacrílego. Parece um lugar do qual mãos humanas não fazem parte. Mas eu convido você mesmo assim. Vá em frente — deixe que outros estendam a mão honestamente — para que possamos dizer: "Este é quem eu sou quando ninguém está olhando". Pois cada um de nós é um filhote que, mais cedo ou mais tarde, se for alimentado, voará.

- *Sente-se em silêncio e calmamente, diante de um espelho, e de olhos fechados, medite sobre uma parte insegura de si mesmo.*
- *Respire fundo e tente elevar a fonte dessa insegurança para dentro de sua consciência.*
- *Agora abra os olhos e encare o espelho. Examine lentamente seu rosto.*
- *Veja tanto sua insegurança quanto sua consciência abraçando-a... Aceite quem você é.*

4 de outubro

Nossa natureza abrangente

Nenhum indivíduo existe em sua própria natureza, independentemente de todos os outros fatores da vida. Cada um tem a totalidade do Universo em sua base. Todos os indivíduos têm, portanto, todo o Universo como ponto comum, e essa universalidade se torna consciente na experiência da iluminação, na qual o indivíduo desperta para sua própria natureza verdadeira e abrangente.

— Lama Govinda

Imagine o seguinte fato espiritual: todo o Universo está na base de quem somos. O que a baleia vê quando irrompe na superfície está abaixo de toda visão humana. O que a águia sente roçar sob suas asas está abaixo de todas as questões humanas. O que a folha mais alta da árvore conhece da luz quando se abre pela primeira vez está abaixo de todas as tentativas de amar. A essência de cada ser vivo está embutida, adormecidamente potente, na energia do coração que espera sob a pele do coração. Segundo a tocante definição do Lama Govinda, a iluminação é uma experiência na qual toda essa *relação essencial* torna-se mais do que cognoscível, ela se torna palpável; e ao ser tocada dessa forma, essência para essência, uma qualidade espiritual preexistente de Unidade é vivificada.

Imagine que por debaixo de toda a nossa desconfiança há um fluxo contínuo de Unidade, e a única maneira de entrar nele é nos despirmos de nossa desconfiança e nossas experiências ruins, como se fossem peças de roupa. Imagine que ao entrarmos nesse fluxo, nus, por um instante estendemos os braços para tocar cada uma das mãos que já se estendeu ao longo dos tempos.

Confesso que conheci momentos que se abrem sob a grade do tempo em que a luz é mais do que luz e, ainda assim, apenas luz; em que o vento suave através das folhas amarelas remanescentes caindo no lago é hoje e cem anos atrás. Geralmente entro sozinho nesses momentos. É a maneira como eu escalo meu caminho para Deus.

Porém, silenciosamente, quando ousei amar, sem nada refrear, lá estive com outros. E nesses momentos de abraço total — da vida e um do outro —, olhamos para fora e para dentro, e tudo cintila. E fica evidente que todos os verdadeiros amantes se encontram aqui, escalando vida afora até um momento que ninguém mais parece entender, em que estar juntos é estar sozinho, em que tocar a pele é tocar o ponto de Deus no interior de cada um que nasceu para ser tocado.

Dessa forma, a iluminação é a experiência — o *sentimento* — da Unidade de Toda a Vida, mais do que a exibição de sabedoria.

- *Simplesmente respire e medite com os braços e mãos abertos.*
- *Ao inspirar o ar, imagine que você está unido a tudo no ponto em que não consegue mais inalar o ar.*
- *Ao expirar o ar, imagine que a totalidade do Universo está atraindo você de volta para sua cotidianidade.*
- *Permita-se abraçar e ser abraçado.*

5 de outubro

Despertar perto da verdade nua e crua

Buscando a vida em todos os lugares,
eu a encontrei na queimadura dos meus pulmões.

Eu despertei e me fechei por quase meio século: corri de e parei, corri em direção a e parei, escalei e parei, me ergui e parei. Eu faço perguntas que nunca podem ser respondidas, e vivo como uma resposta para tudo que nunca é perguntado. Tal qual uma formiga construindo casas temporárias, continuo movendo o que eu deveria deixar em paz e largando o que não pode ser carregado, e, no espaço extremamente eletrizado entre a pele do mundo e a pele da minha alma, a experiência passa às pressas.

Agora, simplesmente por acordar, ondas de sentimento pulsam perto da verdade nua e crua, e esse pulsar contínuo é tão profundo que chega a doer. É a dor de estar vivo. Antes eu pensava que essa dor era tristeza, mas entendi que é mais profundo do que não conseguir aquilo que eu quero ou perder aquilo de que preciso. Esse acordar perto da verdade nua e crua é a pulsação da qual surgem a alegria e a tristeza, onde a dor e o deslumbramento se encontram. Agora eu acordo em teimosos dias de outono que resistem ao frio, eu acordo antes do sol, o mundo úmido de expectativa, e sinto essa dor, do jeito que a Terra sente seu núcleo ranger em torno daquele fogo central que ninguém vê. É a leve queimadura de estar aqui.

- *Se puder, acorde cedo e medite sobre qualquer estado de espírito que esteja presente.*
- *Respire fundo e medite sobre o sentimento por trás desse estado de espírito.*
- *Respire em ritmo constante e medite sobre a pulsação por trás desse sentimento.*
- *Se puder, medite sobre a pulsação de ser que vive em seus ossos.*

6 de outubro

Duas maneiras de sentir o vento

Existem duas maneiras de sentir o vento:
subir para o céu aberto e ficar parado
ou continuar em movimento.

Todo ser vivo incorpora tanto o ser quanto o fazer. O vento que criamos ao correr é a energia do devir, e o vento que chega até nós ao nos aquietarmos é a energia de ser.

Sendo humanos, as vezes em que precisamos ficar parados são tão infinitas quanto as vezes em que precisamos nos mover. Mas grande parte da nossa confusão como cidadãos modernos vem de tentar substituir a opção com a qual nos sentimos mais confortáveis pela outra.

Muitas vezes, aqueles de nós que lutam para ficar parados não conseguem encontrar o vento natural, ao passo que aqueles de nós que se sentem desconfortáveis em viver no mundo podem se refugiar em uma quietude que é aberta, mas que geralmente é desprovida da energia de viver.

No entanto, essas preocupações são mais homogêneas do que a forma como tendemos a discuti-las. Meu afilhado Eli captou a unidade de ser e devir ao sair para uma caminhada no outono quando ele tinha 6 anos de idade. Ele e o pai estavam em um campo aberto circundado por bordos e salgueiros no momento em que um vento passou. Isso deixou Eli tão animado que ele começou a girar, girar e correr com os braços abertos por entre as árvores iluminadas. Sem fôlego e atordoado, ele puxou a manga da camisa do pai, exclamando: "Papai! Papai! Se a gente correr bem rápido, não conseguiremos dizer o que é real!".

De maneira surpreendente, há grande percepção nas crianças. E grande inocência. Elas carregam uma sabedoria que muitas vezes vivenciam, mas raramente conhecem. A ironia é que passamos nossa vida inteira tentando recuperar esse estado precioso, em que ser e fazer são inseparavelmente uma coisa só.

- *O que vem a você mais facilmente, ser ou fazer? Por que você acha que é assim?*
- *O que você gostaria de mudar sobre sua energia de fazer?*
- *O que você gostaria de mudar sobre sua energia de ser?*
- *De todo o coração, na próxima oportunidade que você tiver, escolha girar com os braços abertos em um campo aberto.*

- *O que mais propicia a você essa mesma sensação? Para você, que tipo de envolvimento une ser e fazer?*
- *De todo o coração, escolha envolver-se dessa forma pelo menos duas vezes nas próximas duas semanas.*

7 de outubro
Até vivermos

Viemos ao mundo com uma porção de peças
e nenhuma instrução de como elas se encaixam.

É muito tentador querer as respostas antes mesmo de iniciarmos a jornada. Gostamos de saber o nosso caminho. Gostamos de ter mapas. Gostamos de ter guias. Mas estamos mais para um quebra-cabeça que respira, um saco de peças vivo, e cada dia nos mostra para que servem uma ou duas peças, aonde elas podem ir, como podem se encaixar. Com o tempo, vai despontando uma imagem por meio da qual começamos a entender nosso lugar no mundo.

Infelizmente, desperdiçamos muito tempo procurando alguém para nos dizer como será a vida antes de a vivermos. Exaurimos nossa fortaleza interior vital pedindo a outros que mapeiem nosso caminho. No fim de toda essa estagnação, porém, cada um de nós tem que se aventurar e simplesmente ver o que acontece.

As instruções estão no ato de viver, e confesso que de todas as ocasiões em que pensei que gostava disto ou não dava a mínima para aquilo, nenhuma delas foi por escolha minha ou de outrem. Pois assim como a Terra teve início tal qual um prato se espatifando, a eternidade é essa cena revertendo-se lentamente, e você e eu e as coisas que nos atraem somos meramente os pedaços de Deus recompondo-se de novo.

- *Centre-se e tenha em mente quanto o dia de hoje está pleno de frescor.*
- *A cada respiração, abandone suas noções preconcebidas sobre para onde você está indo e o que deve fazer.*
- *Simplesmente respire e saiba que tudo é possível e que tudo, até mesmo o dia de hoje, é desconhecido até você vivê-lo.*

8 de outubro

Quebrar o pote

Um homem criou um filhote de cisne dentro de um pote de vidro, mas conforme o pássaro cresceu, ficou preso no pote. Agora o homem estava em apuros, pois a única maneira de libertar o cisne era quebrar o pote, matando a ave.

— Ditado Zen

Essa parábola é uma poderosa e categórica afirmação sobre as claras restrições que acabamos impondo às coisas e às pessoas a quem amamos, sem nunca imaginar que essas coisas e essas pessoas crescem. Movidos por medo ou arrogância ou até mesmo pelas mais legítimas intenções de proteção, os parâmetros que estabelecemos podem sufocar a própria coisa ou pessoa que consideramos preciosa.

Ainda mais devastadoras e sutis são as maneiras pelas quais confinamos a nós mesmos dentro de um pote. Se nossa mente é o homem que cria o filhote de pássaro, então o cisne é nosso coração. Muitas vezes, em um esforço para nos proteger de sermos feridos, colocamos nosso coração macio e crescente dentro de um pote transparente de desconfiança, sem jamais sonhar que o coração continua, a exemplo do bebê cisne, crescendo. Com frequência, podemos encarcerar nossa maneira de ser dentro da nossa maneira de sobreviver.

É assim que, ao longo do tempo, podemos acabar confinando nosso coração. E até mesmo os seres mais modestos e cautelosos podem se ver tendo que quebrar o próprio coração — sua maneira de sentir no mundo — a fim de se libertarem de sua determinação cristalina e endurecida.

No entanto, muitos de nós simplesmente vivemos dentro da dureza, se é que podemos chamar de vida esse sufoco. Tendo em mente essa asfixia do coração, Rachel Naomi Remen pergunta com sabedoria: "É possível viver tão na defensiva a ponto de você nunca sequer conseguir viver?". No cerne de sua pergunta e da pequena história zen está a diferença entre sobreviver e vicejar, entre existir e viver, entre resignação e alegria.

Como seres humanos, nossa desconfiança constrói uma determinação endurecida por cima de nossa inocência, da mesma forma que a prata mancha quando exposta ao ar. Somente a silenciosa e cotidiana coragem de ser pode deixar o ar suavizar nosso coração novamente.

- *Imagine a última vez que você se sentiu vulnerável ou machucado, mas não demonstrou.*
- *O que aconteceu dentro de você por não demonstrar sua dor?*
- *Imagine novamente aquele momento de vulnerabilidade, agora na segurança da sua solidão.*
- *Suavize o momento e deixe o sentimento original passar.*
- *Aceite-se da maneira que você gostaria que os outros aceitassem você.*

9 de outubro

Queimar para encontrar a saída

A alma paira como um sol interior:
queimando para encontrar sua saída
sem nunca sair do centro.
Nós chamamos isso — a queima — de paixão.

De onde vem nossa paixão? Esse sentimento não é ensinado; apenas recebe permissão para passar. Ou não. Quando encontra resistência, a paixão desgasta e corrói o coração diariamente. Quando recebe permissão para passar, avoluma-se e incha e quase nos afoga com seu calor. No entanto, de alguma forma, o constante cuidado com sua liberação — não a interrompemos, não nos afogamos nela —, essa terna e constante humildade de manter nossos lábios abertos para o jorro de luz interior, deixando a vibração de todos os sentimentos zunirem velozmente por nossa boca aberta, é o ritmo da graça. Essa é a fonte de todas as canções.

Apesar da gravidade, contra a gravidade, em contraponto ao peso do mundo, um calor brilhante que pode ser bloqueado, mas não contido, emana através de todos os seres na forma de amor, pensamento, desejo e paz. Ao deixar essa vibração passar, abrimos o coração comum que vive sob todo o anseio humano, e o fogo no núcleo começa a subir.

Essa ascensão é minha razão de viver. É o que me mantém vivo. Se eu fosse um dançarino, apenas tentaria escrever essa ascensão sem fim em contraste com o céu, repetidamente, dando-a de presente, oferecendo-a. Oh, o coração, tal qual uma baleia, não tem escolha a não ser emergir. Caso contrário, morremos. E, tendo emergido, todos nós devemos mergulhar. Caso contrário, morremos. E, mais do que livros ou flores ou presentes atenciosos que mostram que eu o conheço, a coisa mais preciosa que posso dar é emergir com o brilho do meu espírito diante de você. E então eu procuro as amizades mais verdadeiras, observando as profundezas para ver os espíritos virem à tona molhados de alma.

- *Sente-se em silêncio e, calmamente, enquanto respira, sinta o brilho vibrante no âmago de quem você é.*
- *Respire em ritmo constante, e deixe essa paixão crescer em você sem objetivo ou intenção.*
- *Respire lentamente, e quando começar a sentir o calor dessa paixão, olhe para as coisas simples ao seu redor.*

10 de outubro
Talento

O mundo é iluminado,
nós é que somos intermitentes.

Assim como os aparelhos de rádio, pelejamos através de nossa estática para receber comprimentos de onda que estão sempre lá, e, sendo humanos, somos incapazes de sustentar a clareza necessária para apreender a magia inerente a tudo. Então, oscilamos do extraordinário para o comum, repetidas vezes, e a maioria de nós bota a culpa no mundo.

Não é surpreendente, então, que, apesar de nos sentirmos intermitentemente talentosos, nossos dons estejam sempre presentes. Pois se a iluminação deriva de uma clareza de ser, então o talento não é mais do que uma clareza de fazer, um momento corporificado em que espírito e mão são um só. O principal obstáculo ao talento, então, é um lapso no ser. Não é que as pessoas não tenham talento, mas nos falta a lucidez para descobrir o que é e como funciona.

Talento, ao que parece, é energia esperando para ser liberada por meio de um envolvimento honesto na vida. Mas muitos de nós verificamos se temos energia elétrica com o disjuntor geral desligado — o disjuntor sendo risco, curiosidade, paixão e amor.

Tendo isso em mente, a felicidade pode ser simplesmente descrita como a satisfação que sentimos quando, ainda que brevemente, estamos em acordo definitivo em ser e fazer. Nesses momentos unificados, nosso propósito é a *vida* e nosso talento é *vivê-la* em seus detalhes mais imediatos, seja secando a louça, juntando as folhas ou lavando o cabelo do bebê.

Então, quando não consigo encontrar meu propósito, imploro a mim mesmo para me sentar em um campo ao sol e observar formigas na esperança de encontrar minha lucidez. Quando estou convencido de que não tenho nenhum dom, imploro a mim mesmo para procurar o disjuntor geral, para tentar algo fora de vista, para apostar no que esteja remotamente chamando. Quando passo entre cometas, tento observar peixes nadando e ouvir pássaros planando enquanto, numa caminhada longa e penosa, saio de sincronia. E, num tremor de fé, sei que se eu não tentar, tudo retornará, com certeza, na mesma velocidade com que a luz preenche um buraco.

- *Centre-se e evoque a última vez que você vivenciou seu ser e seu fazer como uma coisa só. Pode ter sido enquanto você limpava a neve, cuidava do jardim ou ouvia música.*
- *Respire devagar e pense nessa capacidade de vivenciar a unidade, ainda que brevemente, como um dos seus talentos.*
- *Durante o seu dia, tente aplicar uma vez esse talento.*

11 de outubro
Perder espaço

Penso que o que estamos procurando é uma experiência de estar vivos, de modo que nossas experiências de vida, no plano puramente físico, tenham ressonância no interior do nosso ser e da nossa realidade mais íntimos, de modo que realmente sintamos o enlevo de estar vivos.

— Joseph Campbell*

Recentemente, um amigo me disse: "Todo mundo que eu conheço tem que trabalhar obsessivamente e está preocupado em perder o emprego, perder espaço e ser

* *O poder do mito*. Tradução de Carlos Felipe Moisés. São Paulo: Palas Athena, 1990. [N. T.]

eliminado". Confesso que há momentos em que também me preocupo com isso. Não há como minimizar as dificuldades que surgem além do nosso controle, sobretudo quando temos outras pessoas de quem cuidar. No entanto, apesar de tudo isso, há inúmeras histórias de pessoas cuja vida realmente encontra seu significado depois que eventos as forçam a desistir da carreira à qual se dedicaram.

Isso não é novidade. Até mesmo o mítico Ulisses, que passou a vida toda sendo um marinheiro, depois de encontrar o caminho de casa após dez anos de guerra e mais dez anos de peregrinação, foi vítima da "perda de espaço" e forçado a se aposentar.

Lá estava Ulisses, ávido para retornar a seus dias de glória no mar, quando um adivinho veio até ele em um sonho e disse: "Pegue seu remo favorito e vá para o interior até chegar a algum lugar onde ninguém tenha ouvido falar de você, e depois vá ainda mais longe, onde ninguém tenha ouvido falar de remos ou do mar. Enterre seu remo lá e comece a cultivar um jardim".

A vida pode restringir as coisas em que confiamos ou a maneira como nos vemos, mas nosso espírito espera como uma canção em um cobertor. Por mais querida que seja a tapeçaria, há em cada um de nós algo mais querido que espera que o cobertor seja erguido, para que nosso espírito possa cantar.

- *Pondere sobre uma mudança de vocação que você esteja enfrentando.*
- *Reflita sobre como seu trabalho ajudou a definir quem você é.*
- *Feche os olhos e pense em seu trabalho como o vidro, e em quem você é como a água.*
- *Medite sobre a que outros tipos de trabalho você pode se dedicar.*

12 de outubro

Tendemos a nos apegar

Eu invejo a árvore,
como ela alcança,
mas nunca segura.

Coisas que importam vêm e vão, mas, sendo tocados e sentindo a vida seguir em frente, tendemos a nos apegar e a segurar, sem querer que nada mude. Claro, isso falha, e as coisas acabam mudando. Muitas vezes, somos teimosos o bastante para ir atrás do que achamos que está indo embora, tentando manipular e controlar o fluxo da vida. Lógico que isso também não vai dar certo.

Não podemos impedir o fluir da vida. Então, fadados a sentir o que foi e o que é, chamamos a diferença de "perda". Mas ficar apegado e agarrado ao que já foi só piora tudo. Agora, novidades vêm, e alguns de nós, antecipando a perda, simplesmente deixamos as coisas da vida passarem sem senti-las.

Eu fiz tudo isso, mas quando tenho lucidez e abertura, tento deixar as coisas entrarem, deixar as coisas me tocarem. Tento não as cutucar nem puxá-las conforme se movem. Essa estratégia não elimina a perda, mas quando tenho confiança suficiente para deixar isso acontecer, estou afinado como uma harpa erguida ao vento.

- *Sente-se em silêncio e, calmamente, evoque um sentimento ao qual você tentou se agarrar.*
- *Respire em ritmo constante e evoque um sentimento que você eliminou.*
- *Respire lentamente e evoque algo que você esteja sentindo profundamente agora. Tente permitir esse sentimento sem interferir em sua presença.*

13 de outubro
Sabedoria do coração dilacerado

Uma bandeira perde a forma original ao assumir
os contornos do vento que a tremula,
e é assim que eu amo.

A lição da bandeira desafia nossa confiança no tecido da vida. Ela nos pede para não resistir ao vento do espírito que surge. Pois as energias vitais da vida vêm sobre nós em repentinas rajadas de experiência, e só podemos revelar nosso verdadeiro eu se deixarmos de lado nossa resistência e percebermos que nosso propósito, depois de todo sofrimento, é tão simples e bonito quanto o de uma bandeira.

O formidável poeta Rilke diz: "Eu quero me desdobrar. Não quero ficar dobrado em lugar nenhum, porque, onde estou dobrado, ali sou uma mentira". Mais uma vez, somos convidados a viver de modo escancarado. Somos estimulados e desafiados a nos desdobrar além do nosso medo, de modo que a aparência de uma vida maior e mais velha que nós possa nos levar à vida plena.

Certamente, isso não é fácil, pois todas as nossas experiências ruins e educação protetora nos preparam para resistir a qualquer coisa repentina ou poderosa. No entanto, mesmo quando tropeçamos e caímos, aprendemos logo que o braço que se quebra é aquele que enrijece e resiste. Muitas vezes, nossa resistência apenas piora as coisas. Como disse o sábio chinês Laozi há 2.500 anos: "O duro e rígido será quebrado. O macio e flexível prevalecerá... Quem é rígido e inflexível é um discípulo da morte. Quem é macio e flexível é um discípulo da vida".

Então, para permanecer entre os vivos, muitas vezes somos solicitados a reunir coragem para não resistir. Isso é diferente de dar a outra face ou se submeter às forças dominantes em nossa vida. Pelo contrário, isso é encontrar o mundo em toda a sua dolorosa variedade com os pés bem plantados no chão e os braços abertos, sem aceitar nem rejeitar tudo, mas inclinando-se para o que é alentador e deixando o resto seguir em frente.

Dessa forma, o coração se torna uma bandeira rasgada que não conhece país, e, com o tempo, é às pequenas lágrimas de viver de modo escancarado que devemos agradecer. Pois são os pequenos rasgos que sofremos que deixam passar as explosões dolorosas demais para carregar.

Talvez seja isso a sabedoria, a humildade conquistada do nosso sofrimento que não tenta se aferrar a tudo. Talvez seja essa a sabedoria do coração dilacerado que nos permite continuar.

- *Centre-se e deixe sua respiração ser o vento do sentimento que desenrola seu coração.*
- *Simplesmente permita-se sentir um momento recente de dor e um momento recente de alegria. Deixe cada um passar através de você como o vento através de uma bandeira. Um após o outro. De novo e de novo.*
- *A cada respiração, pratique não resistir, inclinando-se para cada sentimento; deixe os sentimentos passarem por você, mas não se apegue a nenhum.*

14 de outubro

No ritmo da criação

A primeira respiração
é sempre vivificante.

Desacelerar a maneira como pensamos, sentimos e absorvemos o mundo está diretamente relacionado a estar centrado. Todas as tradições de sabedoria têm alguma forma de meditação ou oração que visa a nos desacelerar para esse centro, em que o próprio ritmo da criação respira. À sua maneira, todas as práticas espirituais nos ajudam a recuperar essa centralidade, porque estar centrado dessa forma nos faz mergulhar, de novo e de novo, naquele fluxo invisível em que a vida é continuamente vital e renovada.

No ritmo da criação, todas as coisas respiram da mesma maneira. Então, quando desaceleramos, nós nos abrimos e nos centramos, respiramos em uníssono com toda a vida, e, respirando dessa forma, extraímos força de toda a vida. Quando desaceleramos e respiramos, alcançamos como árvores tudo o que está aberto, e céus inteiros de nuvens flutuam em uníssono com os sonhos de um povo inteiro. Se pudermos desacelerar no ritmo da criação, a verdade assolará, impetuosa e majestosa como um bando de pássaros das montanhas que escalamos. No ritmo da criação, o início entra em nós e somos novos.

Quando somos corajosos o bastante para relaxar nossa alma aberta, o ritmo em que nossa mente pensa desacelera para o ritmo em que nosso coração sente e, espantosamente, juntos, eles revelam o ritmo com o qual nossos olhos são capazes de ver o milagre que espera em tudo o que é comum.

- *Feche os olhos e desacelere sua respiração até se sentir centrado.*
- *Uma vez centrado, abra os olhos e respire em uníssono com a vida ao seu redor.*
- *À medida que você acelera durante o dia, respire lentamente em uníssono com algo pequeno que esteja perto de você.*

15 de outubro
Para afirmar nossa pessoa

A sabedoria me diz que não sou nada.
O amor me diz que sou tudo.
E, entre os dois,
minha vida flui.

— Nisargadatta Maharaj

Tendo sobrevivido à desumanidade do Holocausto e à morte de seu marido — o dr. Elkhanan Elkes, reverenciado ancião do gueto de Kovno, na Lituânia —, Miriam Elkes contou ao filho, anos depois, sobre dois objetos que lhe davam alento: "Um era um pedaço de pão, que ela sempre mantinha escondido por perto; o outro, um pedaço quebrado de pente. Ela guardava o pão para o caso de alguém precisar mais do que ela; e, acontecesse o que acontecesse, de manhã e à noite ela penteava o cabelo para afirmar sua pessoa".

O que Miriam Elkes carregava, e a maneira como ela utilizava o que carregava, é um profundo exemplo de como o espírito pode transformar objetos comuns em símbolos vivos que são capazes de nos ajudar a viver.

Pois o que ela trazia consigo — o pedaço de pão e seu pente quebrado — e a razão pela qual os levava falam da sabedoria do amor em si, e me fazem perguntar: qual é a pequena coisa que cada um de nós carrega e que podemos dar aos mais necessitados? E por meio de qual gesto constante que cada um de nós carrega podemos afirmar nossa pessoa?

Carregar essas perguntas sozinho dá esteio à vida. Pois carregar um pequeno pedaço de pão dormido ou de verdade que podemos oferecer aos outros sempre é um lembrete de dois fatos essenciais: que não vivemos esta vida sozinhos, e que, qualquer que seja a gravidade de nossa própria circunstância, temos algo a dar aos outros. Isso não invalida nossa dor, mas afirma nosso valor, a verdade de que mesmo na dor podemos ser valiosos.

Todos nós vivemos em algum lugar entre nada e tudo, e restabelecer, ao longo do caminho, o menor gesto de valorizar sua vida é realizar a obra de Deus. É somente afirmando nossa pessoa que o caule humano do espírito irrompe do solo e abre caminho para crescer até se tornar algo livre.

- *Centre-se e respire abrindo caminho até a pausa do espírito que espera sob qualquer dificuldade que você possa estar enfrentando.*
- *Enquanto você respira lentamente, deixe seu coração trazer à sua consciência a pequena coisa que você tem e que pode oferecer aos mais necessitados.*
- *Enquanto você respira livremente, permita que seu espírito dê ao seu corpo um gesto pelo qual você possa afirmar sua pessoa.*
- *Inspire o ar e afirme sua pessoa, expire o ar e ofereça suas dádivas ao mundo.*

16 de outubro
Coração e caminho

> Olhe bem para cada caminho, e com propósito. Experimente-o tantas vezes quanto achar necessário. Depois, pergunte-se, e só a si, uma coisa. [...] Esse caminho tem um coração? Se tiver, o caminho é bom; se não tiver, não presta.
>
> — Carlos Castañeda*

São necessários 6 milhões de grãos de pólen para semear uma peônia, e o salmão precisa de uma vida inteira nadando para encontrar o caminho de casa, então não devemos ficar alarmados ou desanimados quando levamos anos para encontrar o amor, ou anos para entender nossa vocação na vida.

Todos os seres na natureza são dotados de alguma forma de resiliência pela qual podem ensaiar encontrar seu caminho, de modo que, quando de fato encontrarem, estejam treinados e prontos para aproveitar seu momento. Isso inclui a nós.

Quando as coisas não dão certo — quando amores terminam de forma inesperada ou carreiras ficam estagnadas e param de se desenvolver —, pode ser doloroso e triste, mas recusar esse quadro maior nos impede de encontrar nossa resiliência. Então, a tristeza pode se transformar em desânimo, e a dor pode se transformar em desespero.

Assim como os muitos grãos de pólen dão à luz uma flor e os muitos ovos gerados dão à luz um peixe, cada pessoa a quem amamos e cada sonho a que tentamos dar vida

* *A erva do diabo*: as experiências indígenas com plantas alucinógenas reveladas por Dom Juan. Tradução de Luzia Machado da Costa. Rio de Janeiro: Record, 1968. [N. T.]

nos aproxima do mistério de estar vivo. Então, devemos tentar quantas vezes forem necessárias até que nossos muitos amores se tornem *o* amor, até que nossos muitos sonhos se tornem *o* sonho, até que o coração e o caminho sejam os mesmos.

- *Sente-se em silêncio e, calmamente, relembre suas decepções com sonhos e amores.*
- *Respire em ritmo suave e tente não se deixar levar muito pela tristeza.*
- *Em vez disso, respire fundo e tente ver cada uma delas não como um fracasso, mas como uma conta brilhante em um colar que sua vida está fazendo.*
- *Respire de maneira limpa e tranquila e deixe que essas joias o levem ao próximo.*

17 de outubro
Reflexo ou resposta

Eu não sobrevivi
para ser intocado.

Os padrões emocionais de nossa vida são muito fortes e, geralmente, surgem porque precisamos deles para sobreviver. Porém, mais cedo ou mais tarde, todos nós nos deparamos com momentos em que a própria coisa que nos salvava começa a nos matar, impedindo-nos de viver de verdade. Ser invisível antes nos impedia de sermos feridos, mas agora estamos desaparecendo. Se, antes, ouvir nos mantinha conectados, agora estamos nos afogando em nossos gritos não ouvidos. Ou pode ser que, no passado, evitar conflitos nos mantinha fora da linha de fogo, mas agora estamos sedentos por contato que seja concreto.

Nos primeiros anos da minha vida, aprendi a me proteger, e isso significou que me tornei muito bom em agarrar coisas. Na verdade, eu nunca ia a lugar nenhum sem minha luva de beisebol. Não importava o que aparecesse pela frente, nada era capaz de me pegar de surpresa. E embora isso tenha me salvado dos imprevisíveis ataques da minha família e até me ajudado na minha odisseia contra o câncer, mais cedo ou mais tarde ganhou vida própria. Tudo — pássaros, mulheres, amigos, verdade — era interceptado pelo reflexo rápido da minha luva. No fim das contas, nada mais passava, e aquilo que me ajudara a sobreviver agora estava me impedindo de ser tocado. A suavidade e o encantamento do mundo estavam desaparecendo da minha vida.

Mas eu não sobrevivi para viver distante de tudo, então iniciei o longo e doloroso processo de largar minha luva de beisebol, de recuperar a escolha sobre quando e como me proteger. Comecei a perceber que deixar a vida entrar era uma maneira mais profunda de sobreviver.

Ao fazer esse trabalho, comecei a vivenciar uma incrivelmente fina camada de respiração, que, acredito, existe em todos nós. Abaixo desse revestimento vive nosso impulso do coração, nossa resposta verdadeira e genuína a tudo o que encontramos. Acima dele vive o reflexo de nossa sobrevivência emocional, a rápida contração de nossos padrões.

Parece que nossa capacidade de sermos autênticos e livres não pode nos tocar enquanto, respirando, abrimos caminho abaixo da contração de nossos padrões. Muitas vezes, isso requer sobreviver à ansiedade de precisar capturar ou consertar o que atravessa nosso caminho, para que possamos realmente responder desde o centro do nosso ser.

Afinal, há uma diferença entre ajudar alguém porque se você não fizer isso perderá o amor ou algum senso de sua própria imagem como uma pessoa atenciosa, e ajudar alguém porque seu impulso do coração o impele a fazê-lo.

Estamos, cada um de nós, em uma guerra reiterada entre nos defender de dores e mágoas que aconteceram há muito tempo e nos abrir em inocência, de novo e de novo, ao toque inesperado da vida.

- *Sente-se em silêncio e calmamente até encontrar, devagar, o caminho para aquela fina camada de respiração que envolve seu coração.*
- *Permita a entrada em sua consciência da pressão que no momento você esteja sentindo por parte de um ente querido.*
- *A partir dessa fina camada de respiração, para dentro e para fora, vivencie as diferentes maneiras de responder.*
- *Qual resposta ajudou você a sobreviver no passado?*
- *Qual resposta ajudará você a viver mais plenamente agora?*
- *Qual parece mais vivificante?*

18 de outubro

Mel de meus fracassos

Noite passada, enquanto dormia,
sonhei — maravilhoso engano! —
que eu tinha uma colmeia
aqui dentro do meu coração.
E as abelhas douradas
construíam favos brancos
e doce mel de meus antigos fracassos.

— Antonio Machado

Parece impossível, mas toda vida que é humilde já lamentou ser assim: a doçura de viver vem até nós quando a própria humanidade que deploramos e tentamos esconder, nossas falhas aparentes e segredos vergonhosos, é transformada pela ação do tempo e da natureza em um mel próprio. Em última análise, é onde nós *não* somos perfeitos — onde estamos quebrados e rachados, onde o vento assobia —, esse é o material da transformação.

Como outras pessoas, ao longo do tempo muitas das coisas que eu queria ser se desintegraram em cinzas cujas faíscas acenderam o sonho seguinte. E no decorrer do tempo, as palavras dolorosas que eu nunca quis dizer engrossaram minha língua em uma bondade que eu não julgava possível. E cada vez que falhei em ser o que outra pessoa precisava, queria ou esperava, cada vez que falhei em ser o que *eu* precisava, queria ou esperava — cada fracasso no amor se solidificou em inesperadas aprendizagens. As dolorosas aparas de um amor tornaram-se as especiarias da alegria no amor seguinte.

Dizem que as flechas de Cupido, quando não acertavam em cheio o coração, eram setas comuns que feriam os inocentes. Tal qual Cupido, nós tentamos com muito afinco, mas, errando, machucamos os incautos ao longo do caminho até acertarmos diretamente o coração. E, quando erramos, somos feridos tanto quanto aqueles a quem ferimos.

Nada disso diminui a dor da nossa jornada, mas me reconforta que nossos fracassos — nossos tropeços inesperados — sejam a própria pasta humana a qual nos adocica.

Quando tudo estiver desmoronando, apenas tenha em mente que você está preparando o terreno para algo maduro que ainda não pode ser visto, mas que, com o tempo, será saboreado.

- *Sente-se em silêncio e calmamente com um amigo de confiança e medite sobre um relacionamento em que você acredita ter falhado.*
- *Após um período de silêncio, converse sobre como você acha que falhou.*
- *Fale sobre como você carrega esse fracasso, como ele afeta seus relacionamentos atuais.*
- *Se puder, identifique uma maneira pela qual você se abrandou e cresceu em seu coração por ter passado por esse fracasso.*
- *Embora o relacionamento não tenha durado, dê testemunho de uma doçura dele que perdura.*

19 de outubro

Nosso senso de chamado

Todos os anos, ao redor do escalpo do planeta, as renas percorrem o mesmo caminho de migração ao longo da borda do Círculo Polar Ártico. Elas nascem com algum senso inato que as chama para esse caminho. E, todo ano, ao longo do caminho, bandos de coiotes esperam para se alimentar das renas. E, todo ano, apesar do perigo, as renas retornam e seguem seu caminho.

Muitas vezes, a natureza deixa coisas difíceis muito evidentes. O que parece confusão é amiúde nossa recusa humana em ver as coisas como elas são. Que lição as renas gritam para nós com o trovejar de seus cascos enquanto aprofundam a coroa do planeta? Elas são evidências, mesmo agora, enquanto conversamos, do fato de que em cada ser vivo há uma necessidade interior que supera todas as consequências. Para as renas, está claro qual é.

Para espíritos carregados em forma humana, é uma bênção e uma maldição que nem sempre saibamos qual é a nossa vocação. Parte de nossa migração é a descoberta. Para *o que* somos chamados, abaixo de toda ambição formal? As renas nos dizem que, embora haja riscos e perigos à espera no mundo, realmente não temos escolha a não ser viver plenamente aquilo com que nascemos, encontrar e trilhar nosso caminho.

Esses elegantes animais revelam uma força mais profunda do que a coragem e, embora alguns os chamem de estúpidos, o mistério de sua migração nos revela o surgimento silencioso e irreprimível de viver em vez de se esconder, de ser em vez de pensar, de participar em vez de observar, de vicejar em vez de sobreviver.

Em regiões próximas ao Ártico, as renas não são vistas apenas como animais que vivem de acordo com um instinto a qualquer custo. Em vez disso, acredita-se que sua corrida sem fim, a despeito do que esteja em seu caminho, é o que mantém a Terra girando. E em algum lugar, abaixo de toda hesitação e desespero, é nosso incessante chamado para ser, em cada um de nós e todos nós juntos, que mantém o fogo no centro da Terra ardendo.

- *Sente-se em silêncio e, calmamente, pergunte a si mesmo para o que você é chamado. Se você não tem um senso de chamado interior, por favor, continue lendo mesmo assim.*
- *Descreva o que surge sem tirar nenhuma conclusão. Se você se sente chamado para cantar, não conclua que precisa tornar-se um cantor. Se você se sente chamado para pintar, não conclua que precisa tornar-se um pintor. Se você se sente chamado para plantar, não conclua que precisa tornar-se um jardineiro.*
- *Fique com a essência do que surgir. Receba-a como uma energia que vive dentro de você, e não como uma meta que você tem que atingir.*

20 de outubro

A estrada intermediária

Levantar-me e desgastar-me
por algo mais profundo
é uma promessa que a vida
me obriga a manter.

Eu dirigi oitocentos quilômetros ao longo da costa da Califórnia, com as montanhas à esquerda e o oceano à direita. Durante dias a fio, a paisagem me falou sobre levantar-me e desgastar-me. Claro, eu estava dirigindo por uma estrada que fizemos dividir-se ao meio. Durante o quarto dia, a estrada se tornou uma faixa. Foi então que a paisagem ficou ainda mais bonita.

Eu encontrei o vasto mundo todo aqui dentro, e agora eu sei: a correnteza da vida exige que nos levantemos, de novo e de novo, e que não sejamos derrotados quando somos desgastados, apenas novamente expostos em um nível mais profundo. Somos feitos para viver entre os dois.

Dessa forma, a vida continua a tornar-se cada vez mais preciosa. É uma lei tão natural quanto a gravidade ou a osmose: levante-se para ser desgastado e desnudado. É assim que tudo ao longo do caminho é esgarçado e adelgaçado, para que possamos sentir quanto estamos vivos.

- *Sente-se em silêncio e, calmamente, evoque um momento em que você encarou algo que teve que enfrentar.*
- *Respire fundo e reflita sobre a forma como a experiência desgastou você.*
- *Centre-se e, se puder, nomeie a maneira como esse levantar-se e desgastar-se mudou você.*

21 de outubro
Ter amigos honestos

Se você me disser que já entendeu, eu me sinto um pouco pessimista. Se você disser que não entendeu, eu me sinto mais otimista.

— Thich Nhat Hanh

Esse monge vietnamita, tão famoso por sua clareza de percepção, nos ajuda a lembrar que ninguém pode viver de acordo com sua imagem de si mesmo. Só podemos viver nossas perguntas.

Aprendi de ambos os lados — de ser a pessoa com todas as respostas e de ser a pessoa com todas as perguntas — que não existe vínculo real com os outros enquanto não compartilharmos as evidências de quem somos, e não apenas nossas conclusões. Demorou muito, mas enfim entendi. Só será possível haver verdade e amor em minha vida quando eu falar do "eu" e parar de colocar toda a minha dor em "você"; somente depois de eu assumir todos os meus tropeços e parar de projetar meus infortúnios em todos os que estão por perto.

Eu tenho um amigo. O nome dele é Alan. Nós nos conhecemos há 29 anos, convivemos em dezoito estados, e, em meio a tempestades, juramos nunca deixar nossa amizade esmorecer. Nós nos apoiamos mutuamente quando casamentos fracassaram, em acidentes e cânceres. Nós nos apoiamos quando nossas avós morreram.

Eu o vi na chuva, onde palavras não podem alcançá-lo. Eu vi até mesmo a chuva que é só dele. E aqui, agora, porque ousamos abrir nossas pequenas janelas um para o outro, porque desmoronamos na frente um do outro com fragmentos do que julgávamos ser a verdade, temos o privilégio de perguntar novamente, como se fosse a primeira vez: "Quem é você?".

Depois de todos esses anos, eu olho para ele sem proteção e digo: "Eu quero conhecer você. Seja lá o que você tenha escondido, o que quer que eu não tenha conseguido ouvir, vamos nos sentar na clareira e nos entender um ao outro como velhos pássaros cujas asas agora são usadas mais para nos aconchegar do que para voar".

Ter um amigo honesto — alguém diante de quem você pode esvaziar todos os bolsos do seu coração e ainda sentir que vale alguma coisa — é uma forma de riqueza que não lhe comprará nada, mas lhe dará tudo. E, de um jeito misterioso e certo, para encontrar esse tipo de amigo precisamos ser esse tipo de amigo.

- *Esta é uma meditação em torno do risco. Centre-se e respire livremente, e evoque alguém de quem você gostaria de estar mais perto.*
- *Respire fundo e relembre uma convicção que você expressou a essa pessoa.*
- *Agora medite sobre a experiência pessoal que levou você a essa convicção.*
- *Respire livremente e com segurança, e faça um voto de compartilhar um pouco dessa experiência na próxima vez que vocês estiverem juntos.*

22 de outubro
Permanecer presente

Sou como todos os mortais,
incapaz de ser paciente.

— Pablo Neruda

Esperar é muito difícil, e ainda assim, nada menos que paciência pode nos dar acesso à natureza da inteireza. Em parte, isso ocorre porque o mistério da vida em sua totalidade é incompreensível, e o que pode ser entendido muitas vezes fala em uma linguagem tão lenta que raramente ficamos por perto tempo suficiente para ouvir. Como confirma o estupendo poeta chileno Pablo Neruda, a paciência é um dom que espera por trás de nossa agitação muito humana. No entanto, somente por meio do esforço incrivelmente difícil de permanecer presente é que as forças da vida nos revelarão seus poderes de Unidade.

Recentemente fui ao oceano; durante boa parte da noite, ouvi as ondas, e na manhã seguinte fiquei surpreso ao constatar que a maré havia recuado para revelar um penhasco que fora submerso. Agora eu era capaz de andar sobre o que se revelava, até o mar. E a água subindo ao meu redor — borrifando e batendo no que normalmente não pode ser visto — me fez perceber que o mesmo acontece com nossa dor. Pois somente quando pudermos esperar mais que a escuridão é que a nitidez da experiência recuará como uma maré para revelar o que sobreviveu por debaixo de tudo. Muitas vezes, o que parece trágico, se observado por tempo suficiente, revela-se como parte de uma transformação maior.

Eu me lembro também de ter chegado a uma clareira na floresta, tomada por um matagal que de tão espesso era deprimente, pois nada parecia capaz de passar pela vegetação emaranhada. Algo em minha própria constituição se assemelhava a essa mata densa, e isso me fez voltar lá várias vezes. Mas foi finalmente no inverno, sem suas folhas, que essa mesma clareira se desnudou como um magnífico leito de luz que por acaso estava no cume de uma bela colina. Para mim foi uma lição de humildade perceber que o inverno também pode ser libertador; e que muitas vezes estou tomado por um maciço emaranhado de lembranças e razões e galhos da mente que me bloqueiam da luz.

Com muita frequência, em nossa agitação e impaciência, nos apressamos, irritados e preocupados, em busca de amor ou paz, sem jamais imaginar que o lugar para onde olhamos no princípio agora está deixando a luz passar ou brotando sua verdade. Leva meses para uma maçã silvestre perder o amargor, e ainda mais tempo para a alegria rachar sua casca humana.

- *Respire fundo e centre-se na densa floresta do seu coração.*
- *Vá para a clareira a partir da qual você se entende.*
- *Sente-se sob as muitas lembranças, razões e sentimentos que cresceram como folhas em seu coração.*
- *Sinta como o histórico do que você viveu impede a luz de passar.*
- *Sem analisar ou ficar nostálgico, sem pensar em nada, respire fundo e deixe sua respiração liberar uma folha de coração que bloqueia a luz.*
- *Deixe sua respiração profunda e centrada ser um vento suave que começa a libertar seu coração.*

23 de outubro

A sabedoria para sobreviver

Minha mãe disse que aprendeu a nadar. Alguém a levou ao lago e a jogou do barco. Foi assim que ela aprendeu a nadar. Eu disse: "Mamãe, eles não estavam tentando te ensinar a nadar".

— Paula Poundstone

Ressignificar o que acontece conosco pode ser uma maneira saudável de sobreviver a coisas terríveis, ou pode se tornar um véu de negação que nos impede de seguir em frente. Muitas vezes, simplesmente temos que confiar que veremos a verdade das coisas quando estivermos fortes o suficiente e prontos.

No entanto, o perigo de não ver as coisas como elas são ou eram é que podemos começar a acreditar que, para aprender algo, precisamos que alguém nos jogue do barco ou do relacionamento. Se não conseguimos ver a diferença entre a crueldade ou a dificuldade que vivenciamos e a sabedoria que espera em nosso reflexo para sobreviver, podemos acabar precisando de crise e dor para aprender. Embora grande parte da aprendizagem venha por meio da crise e da dor, nem tudo precisa ser assim.

Para mudar, não precisamos que algo dê errado.

- *Sente-se em silêncio e, calmamente, pense em uma mudança que você tem medo de fazer em sua vida.*
- *Respire fundo e pergunte a si mesmo: "Estou esperando que alguém me empurre para fora do barco?".*
- *Respire suavemente e não se preocupe agora com o que fazer ou como, simplesmente expire o ar e sinta a sabedoria para sobreviver e crescer à espera dentro de você.*

24 de outubro
A forma como as coisas são

Contente-se com o que você tem;
regozije-se com a forma como as coisas são.
Quando você percebe que não falta nada,
o mundo inteiro pertence a você.

— Laozi

Além daquilo de que precisamos para sobreviver, aprimorar a nós mesmos passou a significar ter o máximo que se pode armazenar e, como tal, tornou-se um vício em nosso mundo moderno. Esse desejo de ter coisas vem de uma sensação de escassez, de uma ansiedade de que algo está faltando, de que a posse irá de alguma forma nos apaziguar.

Mas aprimorar a nós mesmos interiormente é outra questão. Quanto para mais perto do coração levamos isso, mais nos encontramos tentando habitar o que carregamos desde o começo. Esse desejo vem de uma sensação de abundância, um anseio de desvendar o mistério do que já está lá.

Essa diferença tornou-se gritante para mim enquanto lutava contra o câncer. Pois enquanto eu rezava para que as coisas melhorassem, minhas preces foram atendidas quando acordei certa manhã contente em ser quem eu era, não importava o que estivesse acontecendo. Embora as coisas não fossem exatamente como eu queria, a verdade é que nada faltava, e eu jurei, assim que as enfermeiras começaram suas rondas matinais, que eu não trocaria de lugar com ninguém, mas de estado de espírito com todos.

- *Centre-se e sinta a realidade da sua vida esta manhã.*
- *Deixe sua respiração levar você, por um momento, abaixo de seus sonhos de aprimoramento.*
- *Ao expirar o ar, sinta a dor ao redor de tudo o que você quiser.*
- *Ao inspirar o ar, sinta o mistério no centro, onde nada está faltando.*

25 de outubro

Até o âmago

Ninguém aterrissa onde mira.
Nem mesmo Deus.

Somos tão rápidos para condenar isto ou exilar aquilo, para banir o quebrador de promessas, quando a verdade é que nada na natureza chega conforme imaginado. Com efeito, uma vez que o espaço entre o que pretendemos fazer e o que de fato fazemos é quase sempre muito grande, estamos sempre começando. Uma vez que a lacuna entre o que sentimos e o que dizemos costuma ser surpreendente, estamos sempre tentando. Uma vez que o campo entre o que vivenciamos e o que entendemos é tão vasto, estamos sempre crescendo.

Com certeza, isso é diferente de viver propositadamente de modo contrário ao que acreditamos e dizemos. Aí trata-se de engano e hipocrisia. Mas, na maioria das vezes, nós, criaturas humildes, simplesmente erramos o alvo. Miramos, temos boas intenções e falhamos, deixamos a desejar, ficamos aquém, ou exageramos e acabamos passando da conta e indo além do que nos propusemos a fazer.

Cheguei à conclusão de que tudo isso faz parte do atrito da vida interior das coisas tornando-se exterior. Assim como aprendemos na escola sobre refração, sobre como um graveto colocado na água não ficará onde o colocamos, o que sentimos, pensamos e almejamos muda ao entrar no mundo, nunca ficando exatamente onde imaginamos.

Apesar da nossa frustração, isso é o que torna a vida interessante e o amor difícil. Cada um de nós, repetidamente, tem a chance de anunciar, com toda as certezas que conseguimos amealhar, nossa própria versão de "a Terra é plana", apenas para viver na humildade do que sempre foi verdade.

Quando penso nas convicções que declarei ao longo da minha vida e como elas foram quebradas feito árvores em uma tempestade; ou nos votos que jurei manter a todo custo apenas para, tal qual Pedro, negar conhecer a Deus; ou no orgulho que eu sentia por nunca me ajoelhar, apenas para cair de joelhos por causa da dor — quando aceito a maneira frágil como a jornada humana se desenrola, esses fatos tornam-se menos erros e mais a maneira como a natureza funciona.

Nós crescemos na verdade, um eu de cada vez: questionando, declarando, mirando, errando, questionando de novo. Assim como as frutas são todas envoltas até amadurecer, a luz completa seu ciclo na escuridão e a verdade amadurece no coração. A única maneira de conhecer a verdade é viver através de seus muitos invólucros.

- *Centre-se e medite sobre o espírito dentro de você que sobreviveu a todos os diferentes eus que você já foi.*
- *Respire fundo e concentre-se em uma verdade na qual você acreditou piamente e agora sabe que não é mais verdadeira.*
- *Respire lentamente, gaste o tempo que for preciso para se livrar de qualquer constrangimento, vergonha ou sensação de fracasso que possa surgir ao ver isso.*
- *Com humildade, ame o fruto que é você e que amadureceu dentro desses diferentes invólucros.*

26 de outubro
O esforço de ouvir

O que é tão importante que temos tempo para ler todos os livros sobre amor e relacionamentos, mas não temos tempo para ouvir o coração da pessoa amada?

— Molly Vass

Todos nós sofremos, vez ou outra, por conta do esforço de estudar algo em vez de vivê-lo. Ou em decorrência do esforço de consertar ou aconselhar em vez de ouvir e abraçar. Mas, como diz o teólogo Paul Tillich: "O primeiro dever do amor é ouvir".

Quando penso nas ocasiões da minha vida em que eu realmente ouvi — o marulho infinito do mar, os suspiros da minha avó quando ela achava que não havia ninguém por perto, as dores dos outros que eu mesmo causei —, percebo que receber essas verdades simples foi o que me tornou um homem melhor.

Muitas e muitas vezes, quando nos recusamos a ouvir, ficamos obcecados em refazer o mundo à nossa própria imagem, em vez de abrir o espírito dentro de nós para o espírito do que é.

No nível mais profundo, não cabe a nós nos fazer ouvir, mas ficar quietos o suficiente para ouvir. Como diz o ancião nativo norte-americano Sa'k'ej Henderson: "Ouvir de verdade é correr o risco de ser mudado para sempre".

❊ *Durante o seu dia, reserve cinco minutos e pare de fazer coisas, pare de cumprir tarefas, pare de pensar... e apenas ouça...*

27 de outubro
O corpo do mundo

Mãe Terra, você que é chamada
por mil nomes. Que todos se lembrem
de que somos células em seu corpo
e dancem juntos.

— Starhawk

Se você alguma vez já andou de avião, sabe que, lá do alto, logo abaixo das nuvens, as ruas e estradas são como artérias e os carros, como células. Quando avistamos o trânsito lá de cima, fica claro que, embora todos tenhamos lugares para os quais ir, continuamos circulando pelas ruas e estradas. Aceleramos, freamos, paramos e partimos, nunca temos certeza se a rua ou a estrada em que estamos entrando estará congestionada ou vazia e livre.

Por exemplo, dia sim, dia não, eu dou seta e dirijo pela Washington Avenue. Há dias em que não vejo carro algum e os semáforos estão todos verdes. Em outros dias, tenho que esperar no tráfego congestionado e fico irritado. Mas, esteja eu adiantado ou atrasado no meu horário, a dilatação e a constrição dos eventos fogem do meu controle.

Na verdade, tais quais pequenas células, corremos para cima e para baixo em caminhos que se reúnem e dispersam, sentindo-nos apinhados e depois solitários, e, de alguma forma, simplesmente fazer isso mantém o corpo do mundo saudável. Assim como o sangue que corre pelo corpo, somos a vida que bombeia pelas ruas e estradas. Até mesmo quando paramos para esperar no semáforo, estamos ajudando a vida a continuar.

- *Da próxima vez que você se encontrar em uma multidão, desacelere e sinta a vida circulando ao seu redor.*
- *Por um momento, deixe de lado para onde você está indo e simplesmente respire.*
- *Exale suas preocupações e sinta-se como uma célula saudável cujo movimento simples está limpando o corpo do mundo.*

28 de outubro

Buda e Angulimala

Eu parei.
Você não parou.

— Buda

Conta-se a história de como, pouco antes de ser enforcado, Angulimala, o assassino, tornou-se um *Arahant*, ou "digno", por causa de seu encontro com Buda. Aparentemente, Angulimala estava tão afastado de sua própria vida que vinha tirando a vida de outros. Talvez fosse uma questão de momento oportuno, a prontidão de um homem prestes a morrer confrontado com a presença inabalável de um espírito autêntico; ninguém jamais saberá. Mas dizem que os dois ficaram frente a frente por muito tempo, e quando o silêncio pareceu tirar o véu dos olhos de Angulimala, Buda disse a ele: "Eu parei. Você não parou". A isso seguiu-se um silêncio igualmente revelador, após o qual a fortaleza de crueldade que Angulimala havia construído ao redor de seu coração desmoronou. Dizem que, embora o assassino tenha sido enforcado com uma corda feita dos ossos dos dedos de suas vítimas, nos momentos entre as palavras de Buda e seu último suspiro, Angulimala realmente viveu.

Certamente essa história é um enigma penetrante. O que foi que esse homem *não parou* que lhe permitiu ser um assassino? E o que foi que Buda *parou* que lhe permitiu ser iluminado? Embora nunca saibamos, é possível imaginar que o que não foi interrompido pode ser qualquer forma de fugir do risco e da dor de estar vivo — por exemplo, negação, dissimulação, projeção. Pois qualquer forma de fugir da verdade de nós mesmos pode levar a uma existência tão entorpecida que uma pessoa talvez se torne violenta a fim de sentir. Se não pararmos de fugir, podemos assassinar a nós mesmos repetidas vezes enquanto tiramos a vida de outros, tanto fisicamente, por meio da violência, como sexualmente, por meio da conquista, emocionalmente, por meio do domínio e do controle, ou profissionalmente, por meio do poder.

No fim das contas, não importa de que maneira você encare esse enigma, somos Buda e Angulimala, e precisamos reiteradamente ter essa conversa com nós mesmos para permanecermos compassivos e reais.

- *Centre-se e, ao inspirar o ar, deixe o Buda em você dizer: "Eu parei".*
- *Respire fundo e, ao expirar o ar, deixe o Angulimala em você dizer: "Eu não parei".*
- *Inspire lentamente e, mesmo que não tenha certeza de como, comece o seu dia com o compromisso de parar de fugir da verdade da sua vida.*

29 de outubro

Nossa capacidade de tentar

Se você tentar ensinar antes de aprender
ou sair antes de ficar,
perderá sua capacidade de tentar.

São muitas as maneiras pelas quais podemos nos apartar de nossa própria experiência. Eu ainda me lembro de que, quando jovem, temendo a dor de ser ferido pelo amor, me envolvi infinitamente em aconselhar outras pessoas em suas batalhas com o amor. Eu ainda me lembro de que, quando temia a tristeza e a dor do conflito com entes queridos, deixava bilhetes em vez de enfrentá-los pessoalmente, tentando passar por cima da necessidade de lidar cara a cara com as coisas reais. Eu ainda me lembro de que, ao encarar mais uma rodada do assustador tratamento de quimioterapia, tentei me antecipar e me preparar infinitamente para cada instante possível de dor e medo, apenas para descobrir que nem toda preparação do mundo poderia me manter longe da minha experiência.

Cada uma dessas separações — ensinar antes de aprender, sair antes de ficar, antecipar em vez de entrar — exauriu meu recurso mais profundo, a energia da minha força vital. Retirar-me, até mesmo da dor, só me deixou pálido e incapaz de continuar.

Quando agulha ou mão ou chuva ou sol atingem a pele, a única coisa a fazer é encontrar seu toque exato a partir de dentro. Para esse momento de encontro interior, o exterior libera uma eletricidade de espírito que nos presenteia com uma ternura por estarmos despertos.

- *Sente-se com um ente querido de confiança e, depois de se centrarem, revezem-se:*
- *Deixe seu ente querido colocar lentamente a palma da mão em seu coração.*
- *Quando a mão de seu ente querido alcançar e pousar em seu coração, pratique encontrar o toque dela com a energia de sua interioridade.*

30 de outubro

A arte de encarar as coisas

O que as pessoas esqueceram
é o que todo salmão sabe.

— Robert Clark

Os salmões têm muito a nos ensinar sobre a arte de encarar as coisas. Ao nadar cachoeira acima, essas extraordinárias criaturas parecem desafiar a gravidade. É algo incrível de se ver. Um olhar mais atento revela uma sabedoria para todos os seres que desejam vicejar.

O que os salmões de alguma forma sabem é como virar a parte inferior do corpo — do centro para a cauda — para entrar na poderosa correnteza que vem em sua direção e os atinge diretamente; o impacto os lança para fora e mais acima na queda d'água, ao que sua reação é, novamente, virar a barriga para cima e entrar na corredeira que, é claro, mais uma vez os atinge em cheio, e esse impacto sucessivo vai lançando os salmões mais longe cachoeira acima. A propensão para entrar de cabeça naquilo que enfrentam os faz saltar cada vez mais longe em sua jornada improvável.

Olhando de fora, parece mágico, como se esses excepcionais peixes estivessem voando, conquistando seu elemento. Na verdade, eles estão em profunda comunhão com seu elemento, envolvidos de forma vibrante e completa em uma espantosa dança na qual viram o corpo para a frente e são atingidos diretamente pela correnteza, o que os empurra através da água e do ar para a própria fonte de sua natureza.

Em termos úteis para a vida do espírito, os salmões demonstram uma fidelidade constante em expor a parte inferior do corpo à correnteza que vem em sua direção. Misteriosamente, é a física dessa coragem que lhes permite mover-se pela vida enquanto a conhecem muito diretamente. Podemos aprender com esse paradoxo muito ativo; pois nós também devemos ser fiéis quanto a viver de modo escancarado se quisermos permanecer reais diante de nossa experiência diária. Para não sermos assolados por aquilo que os dias trazem, também devemos encontrar uma maneira de nos lançar em direção às forças que nos atingem tão diretamente.

Os salmões nos oferecem uma maneira de encarar a verdade sem nos fecharmos. Eles nos mostram que, embora não gostemos das pancadas decorrentes de encarar nossa experiência, essa atitude nos move. Repetidamente, ainda que prefiramos nos afastar, é o impacto de sermos revelados, por meio de nossa disposição de sermos vulneráveis, que nos permite vivenciar o mistério e a graça.

- *Sente-se em silêncio e, calmamente, medite sobre a última vez que você se abriu para a vida que vem até você.*
- *Ao relembrar isso, tente se concentrar em três coisas: a maneira como se abrir fez você desabrochar; a maneira como ser atingido diretamente mudou sua posição de vida; e onde saltar feito um salmão levou você a aterrissar.*
- *Respire em ritmo constante e convide para dentro do seu coração as lições de abertura, mudança e aterrissagem.*
- *Respire lentamente e perceba que você está nesse processo agora.*
- *Relaxe e vire a barriga do seu coração em direção ao dia.*

31 de outubro
Somente quando amamos

Se você teve uma infância triste, e daí?
Você pode dançar com apenas uma perna
e ver o floco de neve caindo
com apenas um olho.

— Robert Bly

Voei até a África do Sul carregando comigo todos os meus problemas, como malas grandes que ninguém despacharia, e lá, no sol que iluminava a Cidade do Cabo, vi um garoto na Green Street dançando de muletas.

Coloquei minhas malas de problemas no chão para assistir. Quando ele dançava, as muletas eram leves como baquetas quicando na rua. Quando ele parava, elas se tornavam muletas novamente. Somente enquanto ele dançava, ou enquanto se assistia ao dançarino, aquilo fazia sentido.

Agora que estou de volta, lido com as coisas de forma diferente. Pois é somente enquanto dizemos a verdade que a verdade nos alivia. Quando paramos, ela se torna descomunal. Deixei algumas das minhas malas naquela esquina da Green Street em algum lugar abaixo do equador. Agora carrego menos peso e tento dançar com minhas muletas. Pois é somente quando amamos que as dores do sentimento aliviam.

- *Evoque uma cicatriz que você carrega.*
- *Sinta a legitimidade do seu peso.*
- *Agora tente ver se você carrega uma muleta para suportar o peso da sua cicatriz. Se carrega, afrouxe o aperto.*
- *Respire fundo e brinque com sua muleta.*
- *Respire fundo e, por um momento, coloque-a no chão.*

"Pior do que nada ver é ver mas não ser tocado por aquilo que estamos vendo."

novembro

1º de novembro

O próximo momento do amor

Deixar-se levar por uma multidão de preocupações conflitantes, render-se a demandas em demasia, comprometer-se com muitos projetos, querer ajudar a todos em tudo é sucumbir à violência. O frenesi do ativista neutraliza seu trabalho pela paz.

— Thomas Merton

Sabiamente, Merton nos incentiva não apenas a desacelerar, mas, no fundo, a aceitar nossas limitações. Estamos, na melhor das hipóteses, repletos do divino, mas temos apenas duas mãos e um coração. De forma profunda e sutil, o desejo de fazer tudo é um desejo de ser tudo, e embora venha de uma vontade de fazer o bem, muitas vezes torna-se frenético porque nosso ego se apodera de nossa bondade como uma forma de ser reverenciado.

Já fiz isto muitas vezes: não querer dizer "não", não querer perder uma oportunidade, não querer ser visto como menos do que totalmente compassivo. Porém, onde quer que eu não possa trazer todo o meu ser, não estou lá. É como se oferecer para levar muitas xícaras de café no meio de uma multidão. Eu sempre derramo algo quente em algum inocente ao longo do caminho.

Helen Luke trata de tudo isso quando fala da armadilha das boas obras. Ela se refere a "aqueles que se refugiam em si mesmos em uma irrefletida busca pelo bem, despejando toda a sua energia na redenção da sociedade e de outras pessoas, ao mesmo tempo que estão cegos para sua própria escuridão pessoal".

Parece que o velho ditado é um ótimo lugar para começar: Faça uma coisa só, e faça bem. Embora na minha versão seja: Faça uma coisa de cada vez, e a faça por inteiro, e isso o levará ao próximo momento de amor.

- *Centre-se e pense nos muitos atos de generosidade que você se sente chamado a fazer.*
- *Enquanto você respira, deixe seu coração brilhar em torno de um ato.*
- *Sem pensar, reze pelos outros, mas hoje dedique-se a um só.*

2 de novembro
A caça à verdade

Pego uma costela de lobo e a corto
com gume afiado em ambas as pontas
e a congelo em gordura e a coloco
na área dos ursos.
E quando a carne desaparece,
sigo as pegadas do urso,
vagando em círculos
por dias.

— Galway Kinnell

A maneira como os esquimós caçam ursos para comer é descrita de forma potente no poema "O urso", de Galway Kinnell. No entanto, assim como os esquimós caçam comida para sobreviver, muitas vezes nos vemos buscando um alimento interior conhecido como verdade. Pois a autenticidade de viver não é apenas uma ideia interessante ou um sentimento eloquente. A autenticidade, a experiência da verdade, é nosso alimento mais rico. Sem ela, morreremos congelados.

Ao esquimó de Kinnell acontecem duas lições que são difíceis de assimilar. No terceiro dia de caçada, o caçador está morrendo de fome, tão faminto quanto sua presa, e quando chega a noite ele se abaixa, como sabia que faria, para roer um pedaço de cocô de urso encharcado de sangue.

O que isso nos mostra é que, não importa o que digamos que faremos ou não faremos, não importa quais sejam os padrões imperiosos pelos quais julgamos a nós mesmos e ao mundo, humildemente não podemos saber o que faremos quando estivermos esfomeados pela verdade. E com razão, pois a vida na Terra muitas vezes nos coloca de joelhos para que algo possa criar raízes. Quando eu estava morrendo de câncer, eu, um judeu orgulhoso que jurou nunca se ajoelhar, me vi de joelhos diante de um benzedeiro católico que pousou as mãos sobre o tumor em meu cérebro. Embora alimentar-se da verdade possa transtornar as maneiras como gostamos de nos ver, talvez também afirme profundamente que nós, como seres humanos, somos mais resilientes do que podemos imaginar.

Um segundo imperativo ocorre sete dias depois, quando o esquimó está meio congelado e o urso finalmente morre, e o caçador é forçado a entrar na cavidade eviscerada do animal a fim de sobreviver ao frio. Para aqueles de nós que buscam a verdade nas ruas frias e modernas, aqui somos informados de que chegar à verdade não é suficiente. Precisamos vesti-la, habitá-la, realmente entrar e "usar" a verdade.

Então, por onde começamos? Bem, os esquimós também nos ensinam a caçar a verdade da maneira como eles preparam sua isca. Não por meio de debate intelectual ou estudo esotérico, mas arriscando algo de nós mesmos, escancarando algo problemático e doce. Ao oferecer algo essencial da nossa fome e revesti-lo com uma camada de nossa vulnerabilidade, invocamos abertamente a verdade maior junto com a menor. Com humildade e inevitavelmente, a necessidade da verdade nos levará à inesperada fruição de nossa vida além de todas as imagens de perfeição.

- *Há algo que você tenha feito que jurou que nunca faria?*
- *Você considera isso um triunfo ou um fracasso?*
- *O que levou você a agir dessa maneira? Foi coragem, necessidade ou foi um erro?*
- *De que forma a sua vida mudou por conta dessa experiência inesperada?*

3 de novembro
Sob o cuidado de algo invisível

O gênio é uma crise que, por certos momentos,
une o eu enterrado à nossa mente cotidiana.

— William Butler Yeats

Fomos instruídos a pensar no gênio como um brilho incomum da mente, uma capacidade de reter, calcular ou conceituar quantidades misteriosas de informações. Mas o significado original de *gênio* é "espírito acompanhante" — estar sob o cuidado de algo invisível, mas próximo. Na verdade, é outra definição de inteireza ou Deus, outra maneira de reconhecer o Tao, a torrente invisível em que todos nadamos.

O que Yeats nos sugere é uma percepção acerca da vida na Terra. O magnífico poeta irlandês sugere que a crise é um inesperado choque de nossos caminhos, uma trepidação que nos coloca em contato com nosso espírito acompanhante. Eu me lembro de que o ideograma chinês para "perigo" significa também "oportunidade". Isso não quer dizer que buscamos o perigo, mas que buscamos as aberturas — quando rompidas pela experiência — pelas quais podemos encontrar nossa conexão com o fluxo invisível do qual muitas vezes esquecemos que fazemos parte.

Talvez o propósito da crise, se houver um, não seja nos quebrar, mas sim nos abrir.

- *Sente-se em silêncio e, calmamente, sinta a torrente invisível da qual você faz parte.*
- *Respire lentamente e medite sobre seu gênio, seu espírito acompanhante.*
- *Respire suavemente e exponha ao seu espírito acompanhante qualquer crise em que você porventura esteja.*
- *Se puder, passe o dia sentindo tanto sua crise quanto a profundidade de seu gênio. Deixe que ambas se juntem.*

4 de novembro
Contemplar os outros

Uma vez cada uma, somente uma vez. Uma vez e nunca mais.
E nós também, uma vez, jamais outra. Porém este
ter sido uma vez, ainda que apenas uma vez,
ter sido terrestre, não parece revocável.

— Rainer Maria Rilke*

Eu estava visitando um amigo que me perguntou: "Como você se prepara para conhecer pessoas que você respeita? Como você sabe o que perguntar ou dizer?".

Eu nunca tinha pensado a respeito disso, mas com essa pergunta eu me dei conta de que, desde minha experiência com o câncer, entro em cada reunião dizendo a mim mesmo: "Se eu tiver apenas este tempo na Terra com esta pessoa, se eu nunca mais puder vê-la, o que eu quero ou preciso perguntar, saber? O que eu quero ou preciso dizer?".

* "Nona Elegia". In: *Elegias de Duíno*. Tradução de Dora Ferreira da Silva. 6 ed. São Paulo: Biblioteca Azul, 2013. [N. T.]

Constato que agora eu encontro as outras pessoas como se tivesse acabado de atravessar um deserto e cada uma delas fosse um oásis. A verdade é que cada espírito vivo que encontramos é uma profundeza onde nadar suavemente, um milagre capaz de saciar nossa sede. Honrar os outros dessa forma me abriu para sabedorias que, de outra maneira, permaneceriam silenciosas sob meu tempo na Terra.

- *Sente-se com um ente querido ou amigo de confiança e, de olhos fechados, meditem sobre a raridade de vocês estarem vivos ao mesmo tempo.*
- *Quando estiverem sentindo plenamente essa consciência, abram os olhos e olhem um para o outro.*
- *Respirem lentamente e, se vocês tiverem apenas este tempo juntos, deixem que a única pergunta que fariam um para o outro surja dentro de vocês.*
- *Olhem um para o outro e perguntem.*

5 de novembro

Planos e planejamento

Planos são inúteis, mas planejamento é inestimável.

— Winston Churchill

Nós facilmente confundimos planos com planejamento, sonhos com sonhar e amor com amar. A sabedoria contida na fala de Churchill é que vivemos como pescadores famintos: costurando e lançando nossas redes, embora nunca saibamos realmente o que elas vão pegar — nunca saibamos realmente o que vai nos alimentar até que a pescaria seja trazida a bordo. Então, como dizem os budistas, para ser um bom pescador é preciso desapegar do sonho do peixe. Isso converte em um tesouro tudo o que é capturado ou encontrado.

Quando eu olho para todos os livros que escrevi, devo confessar que cada um foi descoberto ao longo do caminho traçado para outros planos. O que eu imagino quando começo a escrever nunca é de fato o que realmente está escrito na versão final do livro. O mesmo posso dizer acerca da minha carreira. Para mim, as experiências de trabalho mais significativas foram completamente imprevistas, o resultado de aproveitar oportunidades comoventes e apaixonantes que apareceram ao longo do caminho traçado para outros sonhos. Também devo confessar que, embora muitas vezes eu tenha imaginado amores e amantes, cada pessoa que tive a bênção de amar ganhou vida além de toda imaginação.

Sem dúvida, há momentos em que precisamos antever o que está por vir e momentos em que precisamos ser espontâneos. Mas, de todo modo, muita coisa é feita de escolhas. Planos são lenha para toda fogueira, e não existem duas fogueiras iguais. Precisamos apenas de seu calor e luz.

- *Centre-se e pense em seus planos atuais para a felicidade.*
- *Enquanto você respira, coloque seus planos diante de seu coração, feito gravetos.*
- *Sem saber que fogueira eles acenderão em você, comece o seu dia procurando pela centelha.*

6 de novembro
Quando estreitamos os olhos

E quando estreitamos os olhos, achamos que vemos como um tigre,
enquanto a verdade, tal qual o sol, se derrama em todos os lugares,
menos através de nossos olhos semicerrados como fendas.

Todos nós já ouvimos o corajoso conselho de que quando as coisas ficam difíceis, precisamos nos esforçar. Isso geralmente se traduz em uma postura agressiva e alerta. Nós lapidamos nosso foco e aprimoramos o pensamento, preparando-nos para qualquer coisa. Infelizmente, quando nos robustecemos para a batalha, nosso foco se estreita e acabamos eliminando em igual medida tanto aquilo do que precisamos quanto aquilo que tememos.

Não estou sugerindo que devemos levar a vida aos trancos e barrancos, sem pensamento nem foco. Em vez disso, proponho um senso mais profundo do que significa estar alerta. É reveladora a diferença entre a nítida e bem definida linha de um raio laser e o jorro da luz do sol por sobre um campo, entre a agudeza de uma mente em crise e a amplidão e o calor de um coração aberto. Quando mais precisamos, é quase impossível nos ver com compaixão desde a fenda de uma mente estreita, toda tensa para a batalha. Poucos meses depois que o tumor desapareceu da minha cabeça, encontrei uma amiga muito culta por acaso num restaurante, bastante obstinada em saber o que eu havia feito para derrotar o tumor. Insisti em contar a ela sobre a enorme rendição que havia tomado conta da minha vida, e que na verdade eu não sabia como explicar o milagre. Ela estreitou os olhos terrivelmente, como se estivesse bloqueando o brilho do mistério, e insistiu que eu era uma evidência do que a mente é capaz de fazer sobre a matéria. Enquanto ela estreitava os olhos, pude sentir seu coração se fechando. Foi muito triste. Desde então, temos pouco a dizer um ao outro.

De tempos em tempos eu também me vejo incapaz de permanecer no sentimento de um momento, porque meu estado de alerta em crise, tal qual um periscópio sendo erguido, me puxa para fora do meu coração, e quando dou por mim estou perdido na análise da resolução de problemas, calibrando vantagens, vulnerabilidades e riscos. Tal qual minha amiga, quando eu estreito os olhos, insistindo unicamente na minha própria vontade de me dar poder no mundo, eu me fecho para o mistério e percebo que fico triste, tendo pouco a dizer a mim mesmo.

Isso me ensinou que a atenção aos detalhes pode ser confundida com o ato de se importar. A verdade é que, muitas vezes, estar alerta exige que ampliemos nosso foco e que enxerguemos com o que os sufis chamam de "o olho do coração". Pois embora a surpresa e a crise possam nos fazer estreitar os olhos como um tigre e mostrar nossas garras, o que mais nos ajuda é o esforço para nos ampliarmos e permanecermos abertos.

- *Diante de um espelho, de olhos fechados, medite sobre uma confusão ou um problema que o esteja incomodando.*
- *Permita-se pensar sobre suas circunstâncias e possíveis soluções.*
- *Agora olhe para si mesmo no espelho e observe a tensão em seu rosto e como isso afeta seus olhos.*
- *Ainda diante do espelho, novamente medite de olhos fechados e tente relaxar sua análise. Tente olhar para a confusão ou o problema com os olhos do seu coração, sem tentar resolvê-lo.*
- *Agora olhe para si mesmo no espelho e observe se e como seu rosto e seus olhos mudaram.*
- *Converse com um ente querido de confiança sobre a diferença.*

7 de novembro

As águas dentro de nós

O espírito, assim como a água,
é uma fonte de vida.
Não podemos viver secos.

Quanto mais a experiência nos desgasta, mais nos tornamos uma enseada e mais as águas da vida nos inundam. É por isso que, quanto mais tempo estamos aqui, mais facilmente vêm as lágrimas.

Talvez a sabedoria não seja nada mais do que as águas indizíveis que se avolumam dentro de nós para inchar ao redor do olho, do mesmo jeito que os oceanos amolecem a terra, evidência daquela inevitável maré que leva uma vida inteira para se erguer.

Temos tanto medo das águas dentro de nós que muitas vezes ficamos tensos assim que vemos lágrimas, perguntando o que há de errado, quando talvez precisássemos perguntar àqueles que estão no mar: o que você vê?

- *Sente-se em silêncio e, calmamente, lembre-se da última vez que você chorou.*
- *Respire lentamente e revisite a sensação de libertação.*
- *Inspire o ar do princípio ao fim dessa libertação e olhe além do que fez você chorar.*
- *Respire fundo e sinta a sabedoria indizível erguendo-se para encobrir você.*

8 de novembro
Todos nascemos delicados

Todos nascemos delicados ou perecemos.
Não é esse o tecido que nossas tristezas costuram?

Coisas duras quebram. Coisas suaves se dobram. Os teimosos colidem insistentemente contra tudo o que é imóvel. Os flexíveis se adaptam ao que está diante deles. Claro, somos todos duros e moles, teimosos e flexíveis, e então todos nós quebramos até aprendermos a nos dobrar, e somos espancados até aceitarmos o que está diante de nós.

Isso nos traz à mente a epopeia suméria de Gilgamesh, o rei teimoso e duro que procurou perguntar ao Imortal o segredo da vida. O rei foi avisado de que em seu caminho haveria pedras para guiá-lo. Porém, em sua urgência e orgulho, Gilgamesh zangou-se ao descobrir que seu caminho estava bloqueado, e por isso quebrou as próprias pedras que o ajudariam. Em sua cegueira de coração, ele destruiu tudo aquilo de que precisava para encontrar seu caminho.

Com a mesma confusão, nós também destruímos aquilo de que precisamos, afastamos aqueles a quem amamos e nos isolamos quando mais precisamos ser abraçados e amparados. Na minha vida foram muitas as ocasiões em que, orgulhoso demais para pedir ajuda, ou com muito medo de pedir para ser abraçado e amparado, e no frenesi do meu próprio isolamento, tal qual Gilgamesh, eu quebrei a janela que estava tentando abrir, destrocei o banco que estava tentando martelar, e piorei as coisas machucando a pessoa com a qual eu pretendia ser gentil.

O ramo vivo se curva. O galho morto se quebra. Aprendemos lições de humildade para amenizar nossas tristezas ou então, em um momento de fragilidade, nós nos tornamos o próximo motivo de lamentação.

- *Medite sobre uma situação que você esteja enfrentando agora na qual está sendo duro, teimoso e resistente.*
- *Olhe para sua teimosia. O que você está preservando ao ser duro? O que pode quebrar caso continue sendo resistente?*
- *Agora olhe além da sua teimosia. O que teme que aconteça se você se curvar à situação? O que você pode ganhar ao se abrandar?*

9 de novembro

O mergulho meio cego

Carregamos dentro de nós as maravilhas que buscamos fora de nós.

— Thomas Brown

O biguá e o airo são aves marinhas que mergulham meio cegas em busca de comida. Conforme se deslocam da superfície para o fundo, bolhas de ar ficam presas em suas penas, e isso as faz reluzir. Então, conforme mergulham, elas ficam prateadas.

Assim também somos nós; pois nossas bolhas de dor não ficam presas em nossas penas, transformando-se em joias quanto mais nos aproximamos da correnteza debaixo de tudo? Trata-se de um batismo de sentimento verdadeiro: quanto mais fundo nós vamos, mais lento é o mundo; quanto mais lento é o mundo, mais suave é o nosso caminho. Então, devemos continuar nos chamando uns aos outros para as profundezas do que conhecemos. Pois, abaixo da superfície, todos nós reluzimos. Mergulhando, todos nós ficamos prateados.

Expostos apenas ao ar, os cortes deste mundo queimam. Porém, quando ousamos entrar no que é profundo, os hematomas que carregamos se suavizam e brilham. Na verdade, quanto mais aceitamos nossas limitações e nos rendemos às profundezas abaixo de nossas feridas, mais a vastidão nos dá esteio. Não há como saber disso a não ser mergulhando.

- *Centre-se e segure uma dor ou aflição que você carrega; segure-a com gentileza diante de você.*
- *Enquanto você respira lentamente, envolva sua dor ou aflição com uma meditação de bondade amorosa que continue ampliando sua oração por todos os seres vivos.*
- *Permita que essa oração silenciosa se apazigue.*
- *Agora, se puder, sinta sua dor ou aflição ligeiramente suavizada por seu amor pelo mundo.*

10 de novembro

Vida no limite

Você é aquilo que está buscando.

— São Francisco de Assis

Quando me sinto solitário, meu primeiro pensamento é que você tem a chave da minha solidão. Quando me sinto confuso, meu primeiro pensamento é que você (ou alguém que nenhum de nós dois conhece) é mais inteligível, se eu puder encontrá-lo e fazê-lo falar. Quando quero respeito, meu primeiro pensamento é que esse sentimento está esperando do outro lado de alguma realização colossal à qual devo me dedicar. Eu não meço esforços para encontrar aquilo de que eu preciso — ou aquilo que eu quero — fora de mim, convencido de que está me esperando em algum lugar ali.

No fim das contas, essa busca apenas nos leva ao limite do autoconhecimento. Se nunca olhamos para dentro, tendemos a nos tornar especialistas na vida no limite, ao mesmo tempo que muito raramente desbloqueamos o significado de toda a nossa busca. Podemos nos tornar mestres em escalar as montanhas do mundo em vez de abrir caminho para o centro de nossas feridas. Podemos nos tornar mestres em dirigir carros velozes durante a noite em vez de percorrer os cantos obscuros da nossa mente. Podemos nos tornar mestres em seduzir desconhecidos em nome do amor em vez de abraçar os aspectos mais suaves e menos perfeitos de quem somos.

Buscar mundo afora sempre foi uma forma de espelhar para nós os pontos em que precisamos trabalhar interiormente, mas buscar perigos externos sempre foi uma forma de desviar o clamor com que a alma nos instiga a corrermos um genuíno risco interior.

- *Medite sobre algo que você esteja buscando. Pode ser amor, poder, riqueza ou a emoção de saltar de um avião, ou o reconhecimento de ser famoso.*
- *Agora imagine que aquilo que busca já vive dentro de você, e, enquanto respira, visualize o alvo de sua busca como que diante de uma porta pela qual você deve entrar se algum dia pretende ser inteiro.*
- *Inspire profundamente e sinta o que você busca como uma parte do seu espírito que precisa de atenção.*

❊ *Expire o ar profundamente e, embora você possa não saber como, dê a si mesmo essa atenção.*

11 de novembro
Manter o deslumbramento

Um único átomo contém todos os elementos da Terra.
Um único movimento do espírito contém
todas as leis da vida. Numa única gota de água
encontramos o segredo do oceano sem fim.
Acima de tudo, uma única manifestação sua contém todas as formas
de manifestação da própria vida.

— Kahlil Gibran*

Na condição de humanos, estamos em um ciclo incessante. A mente constrói uma carapaça para proteger seu espírito-tartaruga, mas esse escudo abafa o espírito, até que, ao crescer mais do que o rígido revestimento, elaboramos maneiras de quebrá-lo. Construímos a carapaça e depois a destruímos. Nós a construímos mais fina. Nós a destruímos. No entanto, apenas entre uma e outra construção somos tocados por completo. É apenas entre os invólucros que somos perfurados pelo amor.

Mas não somos culpados. Toda a natureza é convocada para esse ciclo. As árvores produzem musgo, a prata mancha e perde o brilho, a mente é embotada pelo crescimento de seus conceitos; e, da mesma forma, uma tempestade arranca o musgo, um arranhão rompe o deslustre, a crise revela a superfície crua da mente.

O tempo constrói e corrói e somos transformados, mas continuamos os mesmos. O vento amontoa areia para formar uma duna, e a maré solapa a duna. É assim que os primeiros anos nos empacotam e os últimos nos inundam suavemente sem nem um som sequer. Não temos escolha a não ser tolerar a película que se constrói em ritmo constante e suportar a erosão que inevitavelmente se segue.

É lógico que para os humanos essa dança de película e erosão não é meramente física. Ela afeta nosso pensamento, sentimento, visão e ser. Com que facilidade nos

* *As almas rebeldes*. Tradução de Mansour Chalita. Rio de Janeiro: Catavento, 1978. [N. T.]

tornamos opacos e brilhantes repetidas vezes! Com que facilidade nos tornamos amnésicos do espírito crônicos, à deriva, descambando para a observação e a análise quando paramos de participar e vivenciar. Até que um dia acordamos esquecendo a sensação da vida, e ao mesmo tempo incrivelmente sintonizados com sua silhueta. Podemos vê-la com tremenda nitidez, cada perplexidade e nuance, mas por que não podemos senti-la? Assim, a mente cultiva pensamentos e palavras da mesma forma como o planeta cultiva árvores, tanto que não vemos mais os céus, e então precisamos machadar o que pensamos e dizemos, e, sim, o silêncio é um machado.

Na verdade, nossa vivacidade depende da nossa capacidade de manter o deslumbramento: prolongar os momentos em que estamos verdadeiramente descobertos, ficar imóveis e silentes até que todos os elementos da terra e todos os segredos dos oceanos incitem os aspectos da vida que esperam dentro de nós.

- *Na próxima vez que você sair para uma caminhada, deixe o ar frio inundar seus olhos fechados.*
- *Respire fundo e deixe o ar lavar a película de memória ou pensamento contra a qual você está lutando.*
- *Sinta seu sangue correr com ímpeto por seu rosto e abra seus olhos com frescor.*

12 de novembro
Queimar o invólucro

Desde o início,
a chave para a renovação tem sido a libertação,
a remoção da pele velha.

Os polinésios dizem que o mundo começou quando Taaora — o nome que dão ao Criador — acordou e percebeu que estava crescendo no interior de uma concha. Ele se esticou e partiu a concha, e, ao fazer isso, criou a Terra. Porém, Taaora continuou crescendo, e depois de algum tempo, viu-se outra vez preso dentro de uma concha. De novo ele se esticou e a quebrou, e, dessa vez, criou a lua. Mais uma vez Taaora continuou a crescer e, novamente, descobriu que estava confinado no interior de outra concha. Dessa vez, a ruptura criou as estrelas.

Essa antiga lenda polinésia ilustra a sabedoria de que cada um de nós cresce ao longo da vida rompendo sucessivas conchas, de que o pedaço de Deus que existe dentro de cada um de nós amplia-se até não caber mais, até que não haja espaço para ser, e então o mundo tal qual o conhecemos tem de ser destruído para que seja possível nascermos de novo.

Dessa forma, a vida se torna a vivência de quem somos até que essa forma de ser já não possa mais nos conter. E então, tal qual Taaora em sua concha, precisamos quebrar as formas que nos encerram a fim de originar nosso caminho para o próximo eu. É assim que vamos nos livrando de nossas muitas maneiras de ver o mundo. Não que nenhuma delas seja falsa, mas porque cada uma serve a seu propósito durante algum tempo, até que crescemos e elas deixam de nos servir.

Eu já vivi muitos eus. O primeiro de mim, tão ávido para ser grande, para incendiar as coisas, evitava tudo o que era comum e banal. Eu persegui a chama dos campeões e quis também ser um músico formidável — ser famoso e extraordinário. Mas, conforme eu crescia, a noção de fama me trouxe noites de solidão. Os tronos, por mais bonitos, só têm lugar para uma pessoa.

O segundo eu queria ser coberto por ondas, inalar as estrelas e mover-se como uma canção. Agora eu queria ser a grande música em si. Mas ser a coisa genial ainda era tão solitário quanto ser magnífico.

Meu terceiro eu desistiu da grandeza. Foi assim que permiti aos outros se aproximarem. Fiz mais perguntas, sem estar realmente interessado nas respostas, porém mais, o rosto sob o rosto prestes a falar.

E então, durante o câncer, apareceu outro eu — ali, curvado e distorcido no cromo do hospital enquanto os últimos raios do sol poente inundavam meu travesseiro. Eu estava morto no cromo e vivo no travesseiro, uma respiração silenciosa entre os dois — morto, vivo — ao mesmo tempo. E, estranhamente, isso não me assustou, pois senti o pulsar da vida na respiração silenciosa, e o lugar para o qual transcendi é este aqui.

Estar perto da morte foi outra concha que eu precisei quebrar. Isso me permitiu perceber que cada eu se desdobra, apenas um ventre concêntrico a caminho de outro, cada um abrangendo o anterior. Eu acreditaria na chegada, não fossem todas as chegadas que quebrei ao longo do caminho.

- *Respire lentamente de olhos fechados e sinta um aspecto do seu mundo atual que pareça confinar e limitar você.*
- *Em vez de se concentrar nas pessoas ou nas circunstâncias envolvidas, tente sentir esse confinamento como o limiar do crescimento que se seguirá.*

- *Medite sobre como o pedaço de Deus dentro de você pode estender-se e erguer-se de forma mais plena, de modo que ser quem você é de maneira mais completa seja capaz de romper a concha desse confinamento.*
- *Reze para compreender que nada disso é ruim, mas simplesmente necessário para o crescimento da sua alma.*

13 de novembro
Casar-se com a alma

Ser fiel a quem somos
significa carregar nosso espírito como uma vela
no centro da nossa escuridão.

Se quisermos viver sem silenciar ou entorpecer partes essenciais de quem somos, devemos invocar e manter um voto dentro de nós mesmos. As mesmas promessas solenes que pronunciamos ao nos aventurarmos em um casamento podem ser entendidas interiormente como uma devoção ao cuidado da alma: prometo ser fiel... na alegria e na tristeza... na saúde e na doença... na riqueza e na pobreza... para amar e respeitar, até que a morte nos separe.

Isso significa permanecer comprometido com seu caminho interior. Isso significa não se separar de si mesmo quando as coisas ficam difíceis ou confusas. Isso significa aceitar e abraçar suas falhas e limitações. Isso significa amar a si mesmo, não importa como os outros vejam você. Isso significa cuidar do brilho imutável que vive em seu interior, apesar dos cortes e hematomas ao longo do caminho. Isso significa atrelar sua vida com uma promessa solene à verdade de sua alma.

É interessante que a definição náutica de *casar* seja "unir duas cordas de ponta a ponta entrelaçando seus fios". Casar-se com a nossa alma sugere entrelaçarmos a vida do nosso espírito com a vida da nossa psicologia; a vida do nosso coração com a vida da nossa mente; a vida da nossa fé e verdade com a vida da nossa dúvida e ansiedade. E assim como duas cordas que se casam criam um laço que é duas vezes mais forte, quando casamos nossa humanidade com nosso espírito criamos uma vida que é duplamente forte no mundo.

- *Sente-se em silêncio e, calmamente, centre-se.*
- *Medite sobre o fato de que estar centrado inclui suas confusões e preocupações, da mesma forma que um lago é o lar de muitos pássaros e peixes.*
- *Respire suavemente e deixe sua respiração ser a água.*

14 de novembro
O custo da divisão

Dar à luz o bebê e ao mesmo tempo insistir em pensar nele gera loucura.

— Chögyam Trungpa

Por mais que tentemos, não podemos ser participantes e observadores ao mesmo tempo sem nos dividirmos. A loucura parece ser o custo de nos dividirmos em plena fruição da experiência. Pensar em nosso próximo gesto ou resposta quando uma verdade está sendo compartilhada divide a capacidade do coração de sentir. Pensar em nosso corpo enquanto fazemos amor divide a capacidade de dois corações de se unirem. Pensar em nossa recompensa enquanto realizamos uma gentileza divide nossa autenticidade.

Às vezes, é a coisa mais difícil que um ser humano deve fazer: ao olharmos nos olhos de um ente querido, devemos olhar nos próprios olhos desse ente querido. Ao pisarmos em uma folha seca, devemos estar lá pisando na própria secura da folha endurecida. Ao sentirmos o rosto do cachorro de um desconhecido, devemos, sem distração, sentir a respiração ofegante do cachorro na caverna do nosso coração.

- *Centre-se e, enquanto você medita, visualize-se no quarto meditando.*
- *A cada respiração sucessiva, pratique livrar-se primeiro do quarto e depois do quarto da sua mente.*
- *Enquanto você respira, tente não pensar ou observar nada; apenas sinta o ar entrando e saindo.*

15 de novembro

Morrer no agora

E afinal de contas já o sabem todos:
ninguém leva nada de seu
e a vida foi um empréstimo de ossos.

— Pablo Neruda*

Três anos depois das minhas cirurgias, estou tomando banho e ali, na minha cabeça, ao longo da cicatriz, sinto o início de uma espinha. Em trinta segundos, estou rolando por uma cascata de "e se?". E se for outro tumor? E se estiver se espalhando? Enquanto a água me atinge, meu medo corre solto. Posso me ver no consultório médico, despindo-me para a cirurgia, andando pelos corredores em recuperação, deitado para a sessão de quimioterapia, cada vez mais fraco, morrendo. Ida e volta. Em trinta segundos.

Meu coração martela no peito, eu nu no chuveiro. Quero tanto viver. Estou tão desperto, finalmente em paz, mas e se isso for verdade? O que devo fazer? Para onde devo ir? Porém, nesse momento, o chuveiro me enxágua repetidamente, e eu volto para casa. Se isso for verdade, se eu morrer em breve, sei o que vou fazer... Eu solto um suspiro mais profundo do que jamais pensei ser possível... Vou terminar meu banho...

Naquele momento, aprendi que tudo está exatamente onde estamos. Apesar de toda a nossa dor ou angústia, toda a vida está em qualquer momento em que acordamos. Eu pude ver e sentir claramente como o nosso medo da morte nos faz correr, embora não haja para onde ir. No entanto, misteriosamente, aprendi que no centro de cada medo existe um anel de paz, se pudermos alcançá-lo.

Agora, toda vez que tomo um banho de chuveiro, tento me lembrar de que não podemos viver plenamente enquanto não formos capazes de primeiro aceitar nossa derradeira morte. Caso contrário, estaremos sempre correndo em direção a algo ou fugindo de algo. Somente quando pudermos aceitar que somos hóspedes frágeis nesta Terra é que estaremos em casa, onde quer que estejamos.

* "A lua no labirinto". In: *Pablo Neruda - Antologia poética*. Tradução de Eliane Zagury. Rio de Janeiro: José Olympio, 1978. [N. T.]

- ❊ *No chuveiro, deixe a água lavar sua mente da indiferença e do medo.*
- ❊ *Respire fundo e sinta as gotas claras atingirem sua pele.*
- ❊ *Respire fundo e agradeça por estar vivo.*

16 de novembro
O momento do amanhecer

Em cada pessoa há um sol —
o você a quem chamamos de companheiro.

— Rumi

É essencial perceber e aceitar o paradoxo de que, embora ninguém possa cumprir sua jornada por você, você não está sozinho. Todos estão na mesma jornada. Todos compartilham as mesmas dores, as mesmas confusões, os mesmos medos, que, se colocados entre nós, perdem seus gumes e, portanto, nos cortam menos.

Uma história muito tocante do Talmude sintetiza esse suave paradoxo de como todos nós viajamos sozinhos juntos. Um rabino pergunta a seus alunos: "Como é possível saber que o primeiro momento do amanhecer chegou?". Após um silêncio, um dos alunos responde: "Quando se consegue distinguir uma ovelha de um cachorro". O rabino faz que não com a cabeça. Outro sugere: "Quando se consegue apontar a diferença entre uma figueira e uma oliveira". Novamente, o rabino balança a cabeça. Ninguém mais arrisca outra resposta. O rabino circunda o silêncio dos pupilos e caminha entre eles: "Uma pessoa sabe que o primeiro momento do amanhecer chegou quando olha nos olhos de outro ser humano e vê a si mesma".

- ❊ *Sente-se em silêncio e, calmamente, vá respirando até se centrar.*
- ❊ *Simplesmente respire até abrir seu coração, e tente sentir tanto sua solidão quanto aquilo que você compartilha com todos os outros seres humanos.*
- ❊ *Respire fundo e devagar, e tente não compreender isso, mas apenas sentir.*

17 de novembro

Você quer ir embora?

As paredes são desgastadas um grão de cada vez,
e os corações são abertos um sentimento de cada vez.

Susan e eu estávamos sentados em uma sorveteria quando os dois casais ao nosso lado começaram a fazer uma algazarra. Eles estavam apenas se divertindo, mas eu me senti um pouco invadido. Senti a necessidade de sair de lá. Inclinei-me para Susan e perguntei se ela queria ir embora. Ela, em seu contentamento, disse: "Não. Estou feliz aqui". Em seguida, vendo a consternação em meu rosto, ela perguntou: "Você quer ir embora?".

Naquele momento simples a uma mesa de sorveteria, eu me dei conta de que, durante grande parte dos meus 49 anos de vida, tentei cuidar das minhas necessidades projetando-as indiretamente nas pessoas ao meu redor e, então, agia como se estivesse cuidando da outra pessoa. Enquanto o sorvete derretia, entendi a mim mesmo. Eu ri, balancei a cabeça, fiquei envergonhado, soltei um profundo suspiro e, mais importante, expressei o óbvio: "Sim, eu gostaria de ir embora".

Essa forma indireta de tentar obter o que eu preciso plantando nas pessoas ao meu redor os meus sentimentos como necessidades a serem atendidas tem sido uma maneira de esconder minha vulnerabilidade, ao mesmo tempo que consigo parecer uma pessoa gentil e centrada no outro. Percebo que não sou o único a ter essa doença. Muitas vezes, é algo tão sutil e tão próximo de nossa maneira saudável de nos relacionar com os outros que raramente percebemos a manipulação e a trapaça envolvidas.

Claro, essa via indireta vive em nós porque em algum lugar ao longo do caminho nos convencemos, muitas vezes com uma boa dose de razão, de que expressar diretamente nossas necessidades é pedir para sermos feridos. No entanto, não conheço outra maneira de reverter essa ocultação de quem somos a não ser a seguinte: devemos nos flagrar humildemente em cada instância e emergir de nossa caverna particular, admitindo a obliquidade e dizendo, com todas as letras e o mais rapidamente possível, o que sentimos e do que precisamos.

Ainda assim, a energia desperdiçada em tentar fazer com que os outros se comportem silenciosamente de maneiras que satisfaçam a nossas necessidades continua sendo uma grande fonte de ansiedade e afastamento. Em vez de nos impedir de sermos feridos, a obliquidade e a desonestidade apenas aumentam nosso isolamento do que significa estar vivo.

Por baixo de tudo isso está a verdade fundamental de que, assim como as árvores têm folhas que são cortadas e comidas, os seres humanos têm sentimentos que são igualmente desgastados pelo ato de viver. Temos direito a eles. Eles são evidências de nossas estações humanas.

- *Relembre a última vez que você pediu a alguém para fazer algo, em vez de expressar diretamente do que você precisava.*
- *O que impediu você de expressar diretamente suas necessidades? Do que você tinha medo?*
- *Imagine o que você teria dito se tivesse vivido essa situação mais diretamente.*
- *Agora pratique se expressar diretamente repetindo em voz alta essa situação, mesmo que esteja sozinho.*
- *Comece o dia sentindo o sossego de viver diretamente.*

18 de novembro

O cachorrinho no abrigo

Todos podem amar no lugar onde estão.
Todos nós podemos adicionar nossa parcela de amor sem sair da sala.

— Helen Nearing

Durante o jantar, uma amiga que estava participando de um processo seletivo para uma vaga de emprego confidenciou que às vezes sua necessidade de ser aceita era tão intensa que lhe causava grande ansiedade. Ela disse que se pegava gritando por dentro, como um cachorrinho num abrigo, doido para ser adotado. “Me escolha! Me escolha!”

Todos à mesa deram risada, porque todos nós fazemos isso. Em algum momento de confusão interior, presumimos que somos órfãos carentes de todos os dons e possibilidades. Durante esses momentos dolorosos, imaginamos que somos tão pequenos no que temos a oferecer que ficamos desesperados para pertencer a qualquer lugar a qualquer custo.

Para piorar as coisas, escondemos partes de quem somos, convencidos de que se o chefe, parceiro ou novo amigo em potencial soubesse tudo sobre nós, jamais nos aceitaria.

Uma vez que você se insere nesse pensamento, é difícil consertar a situação, e o desafio, repetidamente, é parar de se entregar. Pois de que adianta se apenas uma lasca de você permanecer? De que adianta se apenas sua orelha for aceita e o restante do seu corpo tiver que ser mantido fora de vista? Que bem há se apenas sua obediência e boas maneiras forem aceitas e o restante de sua paixão e personalidade tiver que ser mantido às escondidas?

Na verdade, ninguém pode viver com uma lasca; pois lascas, mesmo de ouro, são quase impossíveis de abraçar.

- *Centre-se, e relembre um momento em que você sentiu a necessidade de ser aceito.*
- *Deixe esse sentimento ir e vir, e, enquanto você respira, se puder, traga à tona aquela parte de você que tanto deseja ser amada.*
- *Respire plenamente, e deixe que cada inalação do ar seja um abraço do seu anseio muito humano por parte de seu espírito muito antigo.*

19 de novembro

Esse fio feminino

Em como você veio
está o segredo
de como você deve ir.

Na mitologia grega há a história de um homem chamado Teseu, que, para encontrar seu caminho de volta para casa, teve primeiro que encontrar seu caminho através de um labirinto que o levou a um centro escuro. Lá, ele se viu obrigado a matar uma poderosa besta, um Minotauro. A única maneira de retornar à luz da vida cotidiana era seguir o fio do novelo que ele havia deslindado ao longo do percurso, e que lhe fora dado por uma mulher gentil, Ariadne.

Histórias como essa carregam a sabedoria que devemos encontrar se quisermos nos tornar inteiros. Cada um de nós tem em seu centro uma besta que devemos confrontar se quisermos viver nossos dias em paz. Mas, tal qual Teseu, percorrer nossa trilha de volta para a luz só é possível se refizermos com bondade e amor nosso caminho em meio às trevas.

É assim que, depois de anos sentindo-me maltratado, talvez eu me pegue maltratando os outros e, de repente, isso funcione como uma lição de humildade. É assim que, ao me entregar para ser amado, finalmente, depois de anos, chego ao centro escuro e sem amor daquele caminho, e a única saída é seguir o pequeno fio de aceitar quem eu sou até que ele me leve de volta para onde comecei, só que dessa vez eu choro para saber meu lugar no mundo.

- *Sente-se em silêncio e calmamente, com as palmas das mãos abertas.*
- *Respire plenamente e, na palma da mão direita, medite sobre a natureza do seu labirinto, seu caminho para sua besta.*
- *Agora continue respirando plenamente e, na palma da mão esquerda, medite sobre a natureza do seu fio feminino, seu caminho em direção à luz.*
- *Durante o dia, abra as palmas das mãos e familiarize-se com seu labirinto — seu caminho para dentro — e seu fio feminino — seu caminho para fora. Ambos são amigos.*

20 de novembro

Comprometimento e risco

No momento em que alguém se compromete com determinação, a Providência também age. Todo tipo de coisa ocorre para ajudar alguém, coisas que de outra forma nunca teriam ocorrido. Todo um fluxo de eventos surge da decisão que ninguém poderia ter sonhado que viria em seu caminho.

— W. H. Murray

Todos nós gostaríamos de uma garantia antes de tomar uma decisão ou correr um risco, mas a ironia é que correr o risco é o que nos abre para o nosso destino. É como querer saber qual será o gosto das coisas antes de colocá-las na boca. Simplesmente não dá para descobrir dessa forma.

Parece que estou sempre reaprendendo que o verdadeiro comprometimento vem antes de eu saber para onde as coisas estão indo. Isso é ouvir o coração. Sem saltar do poleiro, o pássaro nunca voaria. Sem pular do silêncio do seu coração, o amor nunca é possível. Sem pedir para ser inteiro, a essência divina espera dentro de todas as coisas, do mesmo modo que o pão endurece se nunca for mordido.

Quanto a mim, quando eu olho para trás, a decisão de ser poeta veio depois de eu me comprometer a falar, embora não tivesse ideia do que precisava dizer, e a graça de ser amado entrou na minha vida depois de eu admitir livremente que queria amar, ainda que eu não tivesse certeza de como.

Se nos dedicarmos ao esforço de sermos reais, o Universo em todas as suas formas nos encontrará, do mesmo jeito que o vento encontra as folhas e as ondas encontram a praia.

- *Centre-se e, a cada respiração, comprometa seu ser com o lugar onde você está.*
- *Depois de algum tempo, ande lentamente pela sala e, a cada passo, sinta o comprometimento na aterrissagem e o risco na decolagem.*

21 de novembro

O mais longe que pudermos

Onde quer que paremos
é o cume.

Eu estava subindo a rodovia Trail Ridge Road pelas Montanhas Rochosas, determinado a chegar à Divisória Continental, quando dois sentimentos agudos me atingiram quase que ao mesmo tempo. Eu, que nunca tive problemas com altura, senti ondas de medo enquanto dirigia em trechos estreitos a mais de 3.600 metros de altitude. Eu também me vi repleto da irrevogável verdade de que tudo o que existe está onde quer que estejamos nós.

Tudo isso me fez parar e caminhar pela tundra acima da linha das árvores. Lá, fui tomado pela súbita verdade de que eu não seria capaz de ir mais longe e de que eu não precisava ir mais longe. Será que essa jornada através das montanhas refletia a jornada ao longo da nossa vida? Porventura nosso sofrimento é como as passagens estreitas, aterrorizantes de tão vertiginosas, em meio a essas rochas ancestrais? Simplesmente seguimos em frente até não podermos mais e, ao aceitarmos nossa humanidade, o pico chega até nós?

Que verdade improvável. Viajei o mais longe que pude, e lá, no escalpo nu da Terra, eu me dei conta de que o ponto intransponível para mim é o meu destino. Esse é o desgaste do coração do qual ninguém consegue escapar. Apesar de todos os nossos nobres esforços para alcançar algum pico estimado — um sonho de riqueza ou amor —, carregamos o cume dentro de nós. E, sempre, são o esforço e a exaustão — a própria jornada em si — que abrem a vista que está em toda parte. Pois o cume não é exatamente o ponto a ser atingido, mas aquilo que nos abre para ele.

Senti a verdade de chegar a qualquer lugar onde minhas limitações humanas me deixaram chegar, soube que de alguma forma era o suficiente, e soltei um grito como um vapor. Somos tão desguarnecidos quanto esses penhascos que a ação do vento sem fim desgasta e, independentemente dos mapas que com tanto esmero desenhamos e passamos adiante, chegamos ao que sempre tivemos quando esgotamos todas as nossas reservas. Dessa forma, somos levados à humildade.

Tão logo aceitamos nossa precária humanidade, podemos ver quanto os seres vivos são teimosamente frágeis. Podemos ver que basta uma fina lambida de água descendo de uma fenda da montanha para fortalecer uma raiz, e uma simples lambida de amor através do nosso coração de pedra para fazer florescer uma alma.

- *Antes já fizemos estas perguntas, que parecem valer a pena esmiuçar novamente. Então respire fundo e veja o que elas tocam em você agora.*
- *Qual é o aspecto de ser humano pelo qual você é mais grato?*
- *Qual é o aspecto de ser humano que continua a surpreender você?*

22 de novembro

Luto

O luto é um fio que, se for puxado,
nos deixará nus em canção.

Um amigo me levou até as sequoias, as árvores que falam com Deus, e foi uma árvore de casca grossa de 500 ou 600 anos que me fez pensar que a Vovó estava por perto. Faz doze anos que ela morreu e, embora ninguém entenda, eu a carrego atrás do meu olho esquerdo, onde o espírito vê. Eu me inclinei para aquela árvore ancestral, fazendo pequenos ruídos. As folhas do loureiro farfalharam. As árvores mais jovens rangeram junto comigo. Sinto muita saudade da Vovó. E embora eu resista a sentir a perda e o vazio de não ter minha avó por perto, quando me inclino para esse luto ele sempre torna tudo mais vibrante, mais real.

Aprendi que o luto pode ser uma dor lenta que parece nunca parar de aumentar, mas, à medida que sofremos, misteriosamente aqueles a quem amamos tornam-se uma parte cada vez maior de quem somos. Dessa forma, o luto é mais uma canção que o coração deve cantar para abrir o portão de tudo o que existe.

Na verdade, há um pequeno ser que sofre em cada um de nós, um anjo tentando criar asas no escuro, e conforme esse anjo aprende a cantar, perdemos a ânsia de nos esconder. De fato, quando um coração fala, todos os corações voam. É isto que significa ser grande — dizer o que parece indizível e fazer com que isso liberte o que espera em todos nós.

- *Sente-se em silêncio e, calmamente, se houver alguma perda pela qual você esteja sofrendo de luto, permita que seu sentimento percorra você.*
- *Respire em ritmo contínuo e, a cada respiração, imagine o anjo em seu coração tentando abrir as asas.*
- *Respire fundo e saiba que cada sentimento sentido é outra pena.*

23 de novembro
Risco e verdade

Capacite-me a exercer a autoridade da honestidade,
e a ser um participante da difícil trivialidade do agora.

— Ted Loder

Era uma vez dois amigos; um deles era muito ousado na maneira como enfrentava a experiência, sempre tentando coisas novas, sempre abrindo novos caminhos. O outro era mais tímido no mundo, mas tinha força para encarar diretamente a verdade de qualquer situação. Eles se ajudaram mutuamente a crescer.

Com o tempo, ao dois se apaixonaram e se tornaram parceiros: um os conduzia a novas experiências, o outro lhes mostrava a verdade de onde eles estavam. Isso funcionou por muitos anos, mas, finalmente, o ousado queria ir cada vez mais longe no mundo, e o que conseguia ver a verdade das coisas queria aprofundar-se cada vez mais em seu senso de verdade.

Por fim, ambos tiveram que seguir o próprio caminho, o que foi muito triste. Mas o ousado teve que descobrir a própria capacidade de ver a verdade, e o que era capaz de olhar diretamente para qualquer situação teve que descobrir a própria capacidade de abrir novos caminhos.

Demorou outra vida, mas eles se reencontraram, esses amigos que se tornaram amantes que encontraram o próprio caminho, e embora um precisasse menos do outro, eles se queriam mais.

- *Centre-se e, ao expirar o ar, abra seu coração para o lugar em você que corre riscos.*
- *Respire fundo e, ao inspirar o ar, abra sua imaginação para o lugar em você que vê a verdade.*
- *Respire em ritmo constante até que seu coração e sua imaginação comecem a se fundir.*
- *Respire em ritmo contínuo, até que o lugar em você que corre riscos toque o lugar em você que vê a verdade.*

24 de novembro

A necessidade de continuar

Mais velho agora, você encontra santidade
em tudo aquilo que continua.

— Naomi Shihab Nye

Quanto mais eu acordo nesta Terra, mais alto as coisas silenciosas falam comigo. Quanto mais eu vivencio e sobrevivo, mais encontro a verdade nas coisas em comum que todos nós compartilhamos. Quanto mais a dor me abranda, mais profunda é minha alegria e maiores são as lições daquelas coisas que vivem em grande quietude.

Antes de ter câncer, eu costumava reclamar muito, vivia irritado porque cada tarefa teria que ser refeita, porque a grama voltaria a crescer tão logo eu a cortasse. Agora observo, encantado, a forma como a grama cresce de novo, não importa o que se faça com ela. Como eu preciso desse conhecimento!

Já se passaram doze anos desde que estive naquela cama de hospital, e estou de pé sob uma chuva suave, cada gota um sussurro de coisas simples que eu nunca entenderei. Agora, há apenas ar no céu do coração esperando para chover. Agora estou mais magro, mais grisalho, mais brilhante, menos capaz de dizer, e meu coração aprendeu mais deste lado do que jamais me deixará saber. Agora quero aprender a beijar uma laranja, com casca, e a saborear o suco.

Doze anos atrás, o crescimento não solicitado desapareceu e — louvada seja esta vida — desde então eu tenho me livrado dele. Agora, tudo o que resta é meu coração sem braços querendo viver.

- *Sente-se em silêncio e, calmamente, imagine seus pensamentos como folhas e seu coração como a árvore.*
- *Respire lentamente e tente ouvir o solo que você compartilha com tudo.*
- *Respire fundo e medite sobre o que há de mais antigo em você.*

25 de novembro
Compaixão

Tenho apenas três coisas a ensinar:
simplicidade, paciência, compaixão.
Esses são seus maiores tesouros.
Compassivo consigo mesmo,
você concilia todos os seres do mundo.

— Laozi

A princípio, talvez indaguemos: como ser compassivo consigo mesmo pode congraçar todos os seres do mundo? Para entender a dádiva contida nisso, precisamos nos lembrar da analogia da roda raiada, na qual cada vida é um raio separado e singular, e ainda assim todas as vidas, como esses raios, se encontram em um centro ou eixo comum. É por isso que quando cuidamos do nosso centro mais profundo, cuidamos de todas as almas.

Outra maneira extraordinária de compreender nossa interligação é imaginar a família humana como um grupo de álamos crescendo na beira de um rio. Embora cada árvore pareça estar crescendo de maneira independente, sem estar presa às demais, abaixo do solo e fora de vista as raízes de todas elas existem como uma única e enorme raiz. E assim, como essas árvores, o crescimento da nossa alma: embora pareça independente, está intimamente atrelado à saúde daqueles ao nosso redor. Pois nossos espíritos estão entrelaçados no centro, fora de vista.

Ao percebermos isso, fica evidente que não temos escolha a não ser abraçar a saúde de nossos vizinhos como parte de nossa própria saúde. Senti isso profundamente nas muitas salas de tratamento de câncer em que estive. Sei que estas coisas são verdadeiras: ao rechaçar desconhecidos, rechaçamos a nós mesmos; ao sufocar raízes, sufocamos nosso próprio crescimento; ao amar desconhecidos, amamos a nós mesmos.

Tendo chegado até aqui, acredito que a terceira instrução de Laozi nos diz que se estivermos cientes de nosso próprio sofrimento com o desejo de aliviá-lo, superaremos a desconfiança e restabeleceremos um relacionamento próximo com todos os outros seres vivos. De maneiras profundas e duradouras, quando nos curamos, curamos o mundo. Pois assim como o corpo é saudável na medida em que suas células individuais são saudáveis, a saúde do mundo é a saúde de suas almas individuais.

Ao longo dos séculos, temos este remédio atemporal: viva o momento, espere, e cuide de sua alma como se fosse o mundo inteiro.

- *Respire lentamente e sinta seu coração se contrair e dilatar como seus olhos.*
- *Respire lentamente e cuide de sua alma a cada respiração. Sinta seu coração se expandir. Sinta seu senso de si mesmo se abrir.*
- *Respire lentamente e sinta seu senso do mundo se abrir enquanto cuida de sua alma.*

26 de novembro
O parentesco da gratidão

Quando fizerdes do dois um e quando fizerdes o interior como o exterior, o exterior como o interior [...] então, entrareis no Reino.

— Jesus*

O objetivo de toda experiência é eliminar tudo o que pode nos impedir de sermos inteiros. As coisas que aprendemos através do amor e da dor derrubam nossas muralhas e unem nossas vidas interior e exterior, e durante o tempo todo o atrito de estar vivo corrói quaisquer impedimentos restantes.

No entanto, a maneira mais simples e mais profunda de tornar quem somos e o mundo um só é por meio do parentesco da gratidão. Nada une mais rapidamente os mundos do espírito e da terra.

Ser grato significa agradecer por mais do que apenas as coisas que queremos, mas também pelas coisas que sobrepujam nosso orgulho e teimosia. Às vezes, se eu realmente recebesse as coisas que eu queria e pelas quais trabalhei, elas teriam me esmagado.

Às vezes, apenas agradecer pelo mistério de tudo aproxima tudo e todos, da mesma forma que bombas de sucção puxam jorros de água. Então, arrisque-se e

* Do evangelho do apóstolo Tomé. [N. T.]

agradeça abertamente, mesmo que não saiba ao certo por que, e sinta a plenitude de tudo o que está vivo roçando seu coração.

- *Sente-se em silêncio e, calmamente, medite sobre o que impede você de conhecer a si mesmo.*
- *Respire fundo e abaixe suas muralhas com uma oferta de gratidão que não esteja ligada a nada.*
- *Agora inspire o ar com gratidão e expire o que restar no caminho.*
- *Repita isso várias vezes ao longo do dia.*

27 de novembro

A verdade sobre a manhã

Há uma vastidão que aquieta a alma. Mas às vezes estamos tão diretamente no meio das forças da vida que não conseguimos ver do que somos parte.

A verdade sobre a manhã é que ela é a pequena luz do começo irrompendo, de novo e de novo. É uma sabedoria tão grande e clara que nos carrega por nossa vida de uma maneira muito silenciosa e completa, a ponto de raramente conseguirmos vê-la.

Dia após dia, somos cobertos com a poeira e a areia do que passamos e sofremos. Isso tende a ser um fardo pesado, e então pensamos, planejamos e resolvemos problemas. E nos preocupamos se tudo realmente vai funcionar e se é a coisa certa a fazer. Tudo isso nos deixa sombrios e atabalhoados.

No entanto, apesar de nossa teimosia de preocupação, nós nos cansamos e temos de entregar à rede da noite o que aconteceu. Isso é bom. Pois, por mais que pareçamos inacabados, render-se sono adentro é nada menos que um milagre silencioso.

Esse deixar-se levar nos braços do sono é uma forma inata e reflexiva de meditação, não diferente de uma mosca esfregando o próprio rosto ou uma corça lambendo seu filhote. Mais cedo ou mais tarde, sem disciplina ou devoção, apesar de nossas resoluções e erros, todos nós devemos dormir. Devemos nos render à quietude de toda intenção e arrependimento, para que a pequena luz do começo possa surgir em nós, de novo e de novo.

Não há como escapar desta profunda simplicidade: o que acontece nos cobre como sujeira. Reveste nosso coração e nossa mente, até que, na praia que chamamos de exaustão, deslizamos para dentro das águas do sono em uma espécie de batismo diário, de modo que possamos começar de novo.

Então, sempre que você se sentir urgente ou sobrecarregado, sempre que se sentir pressionado a descobrir algo ou a repensar o impensável... descanse... para que o começo sem fim — que alguns chamam de voz de Deus — possa irromper daquilo que aconteceu. E você acordará se sentindo como o amanhecer.

- *Esta é uma meditação para a hora de dormir. Respire lentamente e relembre uma intenção que você teve hoje, bem como um arrependimento.*
- *Respire em ritmo contínuo e deixe sua respiração soprar a intenção e o arrependimento para longe o suficiente, de modo que você possa vê-los com clareza.*
- *Centre-se e perceba que, embora esses pensamentos e sentimentos venham através de você, não são quem você é.*
- *Deixe esses pensamentos e sentimentos fora de você, e use cada respiração para se aproximar cada vez mais do abandono do sono.*

28 de novembro
Devoção

Sinceridade é aquilo que flui do seu eu mais íntimo e genuíno. Sem isso, a honestidade é equivocada e insuficiente. É como tentar mover-se em um barco sem remo.

— Mochimasa Hikita

Uma coisa é enxergar com precisão. Outra é permitir-se sentir com sinceridade o que você vê. E outra ainda é permitir que suas ações no mundo sejam formadas tanto pela visão honesta quanto pelo sentimento sincero.

Tudo isso me faz lembrar da mestra dos vitrais europeia que ensinava que para se criar uma janela sagrada eram necessárias três maneiras de ver. Primeiro, dizia ela, há a necessidade de ver qual imagem da vida molda a janela. Em seguida, há a necessidade de preencher a janela com cor. E, finalmente, há o ato — a promessa — de deixar tudo ganhar vida colocando tais coisas na luz.

Como somos parecidos com vitrais! A honestidade nos habilita a descobrir as imagens da vida que nos moldam, as imagens que nos arranham e nos mancham com a experiência. Mas elas nada são sem a sinceridade do coração que preencherá a elas e a nós com cor. Então, se quisermos ganhar vida, precisamos nos colocar na luz.

Todos nós sabemos quanto um vitral pode ser surpreendente e brilhante: sujo e opaco em um momento e, assim que o sol o inunda e podemos vê-lo de dentro, esplendoroso de tirar o fôlego. Somos iguais: janelas sagradas em construção. Então, colocar-nos na luz e vermos uns aos outros de dentro são as habilidades mais importantes que podemos aprender.

Quando fazemos isso, estamos praticando devoção. Pode parecer difícil, mas não é diferente de como, todos os dias, coordenamos o olho, a mão e a boca para comer. É básico e necessário e, depois que aprendemos, fazemos isso diariamente sem pensar.

- *Esta é uma meditação comendo. Coloque à sua frente uma tigela de cereal ou de frutas.*
- *Respire fundo e coma devagar.*
- *Ao ver sua comida, pense em honestidade.*
- *Ao levar sua comida até a boca, pense em sinceridade.*
- *Ao comer, pense em devoção.*

29 de novembro

O anjo do relacionamento

O anjo que nos vê está observando através dos olhos um do outro.

— Rickie Lee Jones

Quando podemos olhar para dentro um do outro, mesmo que brevemente, sem segundas intenções ou ardil de desejo ou necessidade, algo indescritível e essencial nos torna mais do que somos sozinhos. Essa é a diferença entre olhar no espelho e olhar nos olhos de alguém que você ama.

Parece que o anjo do relacionamento só pode aparecer quando nosso coração abre nossos olhos. É um sentimento tão poderoso que muitas coisas podem dar errado. Posso sentir uma vivacidade que a meu ver está em você apenas porque foi despertada entre nós. Dessa maneira, talvez eu queira estar apenas com você e, assim, abandonar a mim mesmo. Ou talvez você, sentindo-se agitado em suas profundezas, se assuste com esse sentimento e, por achar que fui eu quem instigou você, queira fugir da coisa mais linda que apareceu no seu caminho.

Porém, tal qual o sol de verão que eu persigo para sentir seu ocaso em meu rosto, eu não sou isso, tampouco isso sou eu. No entanto, entre nós surge uma beleza implacável que ninguém pode ter, embora não possamos viver sem ela.

- *Sente-se com um ente querido ou amigo de confiança e respirem em silêncio enquanto vocês se olham com delicadeza e firmeza nos olhos um do outro.*
- *Enquanto vocês respiram, observem os sentimentos que surgem entre os dois, e saibam que o anjo do relacionamento está aparecendo e se pondo como o sol de verão.*

30 de novembro

O que é precioso para nós

O que é precioso para nós
pode curar o mundo.

Conheço uma antiga história sobre um grupo de peregrinos em busca da terra santa. Eles vagaram por dias e dias até chegar à margem de um rio muito largo. As águas eram muito profundas para atravessar, e não havia nada com que construir algo para facilitar a travessia. Um dos peregrinos rezou pedindo orientação divina, e eis que soou uma voz exigindo a cada um deles que desistisse de alguma coisa por que tinha apreço. Se todos obedecessem, conseguiriam construir uma jangada. Pois somente aquilo que considerassem mais precioso seria forte o suficiente para sustentá-los enquanto faziam a travessia até a terra santa.

De imediato começaram os conflitos e as suspeitas. O peregrino que ouviu a voz foi acusado de tentar roubar o que os outros tinham de mais importante. Por fim, quatro dos peregrinos encalhados na beira do rio concordaram. Cada um ofereceu o que parecia inútil para os outros: uma pedra, uma pena, um pedaço de madeira, a página de um livro que ninguém entendia. Misteriosamente, enquanto dormiam, o carinhoso apreço que eles tinham depositado nessas coisas fluiu e convergiu, e, ao acordarem, depararam com uma magnífica jangada.

Uma vez do outro lado, o peregrino que abriu mão de sua pena ouviu outra voz, dizendo-lhe que a terra santa era exatamente no local aonde eles tinham chegado. Os quatro peregrinos se estabeleceram na margem oposta, à vista dos outros que não cruzaram o rio. Nessa noite, eles queimaram a jangada e usaram a madeira para cozinhar sua comida, e as vozes lhes disseram que a terra santa é onde aquilo por que você tem mais apreço lhe dá esteio e depois se transforma em alimento.

A sabedoria contida nesse antigo mito é que aquilo que tememos ser mais pessoal, na verdade, pertence misteriosamente a todos; isto é, uma vez compartilhadas, as coisas que mais prezamos liberam um poder curativo. Isso não quer dizer que devemos abrir mão do que está nos curando no meio do processo de se tornar valioso para nós. Em vez disso, a história dos peregrinos nos incentiva a renunciar a ícones pessoais, para que possam continuar a curar os outros.

Isso me faz lembrar de uma relíquia de santo que ganhei quando estava doente, um pedaço de osso de alguém que viveu séculos atrás e que começou uma religião da qual eu não fazia parte. Mas, enquanto eu segurava essa relíquia e rezava e me preocupava e suava de terror, ela se tornou preciosa para mim.

Assim que recuperei a saúde, a relíquia tornou-se meu amuleto sagrado, até que um dia a pessoa que a deu para mim adoeceu terrivelmente e precisou dela de volta. Eu estava com medo de abrir mão da relíquia e de me sentir nu sem ela, mas me desfazer dela tornou tudo sagrado.

Desde então, quando o momento provou ser certo, doei outras coisas preciosas com as quais vivi — cristais, livros e tesouros pessoais que havia muito tempo eu guardava como relíquias sagradas. Pois somente quando estão em uso é que elas se tornam curativas novamente. É a doação daquilo que é valioso para nós que nos ajuda a cruzar o rio.

- *Centre-se e medite sobre algo que tenha poder pessoal para você, algo por que você tenha apreço. Pode ser uma conchinha ou pedra com a qual você reza. Ou uma vela especial que você acende quando está com problemas.*
- *Respire fundo e agradeça por esse objeto ser valioso para você.*

- *Respire fundo e reze pela lucidez de coração para saber se e quando pode ser certo dar esse objeto precioso a outra pessoa.*
- *Não faça nada a respeito desse objeto precioso hoje. Não renuncie a ele se você ainda precisa dele. Não se apegue a ele com mais força se você tem medo de abrir mão dele.*
- *Simplesmente respire agora com a disposição de saber se e quando esse momento pode chegar.*

dezembro

1º de dezembro

Velas e casulos

Sonhos são velas
que nos ajudam a atravessar a escuridão.
Uma vez usados, têm que derreter.

Com muita frequência, nós nos definimos por aquilo que queremos ou com que sonhamos. Quero ser ator, músico, presidente ou avó. Sonho em ser famoso, em entrar para a história, em ser um herói ou uma heroína. No entanto, quando nossa vida nos molda de forma diferente, muitas vezes pensamos que fracassamos, que estamos nos contentando com menos, porque não fomos bons o suficiente para nos tornarmos ou conquistarmos o que queríamos.

Certamente, à medida que vivenciamos nossas limitações, isso pode parecer verdade. No entanto, mesmo por meio de nossas limitações, *evoluímos* em vez de fracassar, da mesma forma que uma lagarta se torna uma crisálida que se transforma em borboleta, e a sucessão de provações da vida é precisamente o desdobramento de que precisamos para encontrar nossa felicidade e nosso lugar de direito na ordem das coisas.

A verdade é que o que queremos ou sonhamos nem sempre dura. Tende a servir a seu propósito em nosso desenvolvimento e depois desaparece, perdendo sua relevância. E, ao insistirmos em carregar o que morreu, podemos causar um dano enorme a nós mesmos.

Na adolescência, eu queria muito ser jogador de basquete profissional. Durante algum tempo meu talento foi suficiente para esconder minhas limitações, e eu joguei no time do ensino médio e no da faculdade. Porém, no segundo ano de faculdade, quando parei de jogar, descobri minha vocação como poeta. Isso me carregou por quase dezoito anos, até que o câncer me abriu para a vida desvelada do espírito.

Eu não fracassei em meu intento de ser jogador de basquete, tampouco a poesia falhou comigo. Para ser mais exato, minha interioridade evoluiu com experiência de vida suficiente, de modo que se mover corporalmente no ar evoluiu para a dança do sentimento do poeta, que por sua vez evoluiu para a graça do espírito de ser. Eu não fracassei em meu desejo de ser um jogador de basquete, assim como o casulo não falha com a borboleta, embora a forma do sonho tenha sido dolorosa de perder.

Corresponder às expectativas de um sonho raramente é tão importante quanto entrar no sonho por tudo o que ele tem a ensinar.

❊ *Tente se lembrar do primeiro sonho que realmente tomou conta de você.*
❊ *O que você queria desse sonho?*
❊ *O que o sonho ensinou a você e aonde ele o levou?*
❊ *A essência desse sonho ainda está com você?*
❊ *Você tem um sonho agora?*
❊ *O que ele está lhe ensinando?*

2 de dezembro
Um convite

O seu é vivê-lo, não revelá-lo.

— Helen Luke

Helen Luke era uma mulher muito sábia, profundamente enraizada na vida do espírito. Eu a conheci durante seus últimos dois anos de vida. Nesse período, ela foi uma mentora para mim. Essas palavras são da nossa última conversa. Elas me incomodavam, pois passei minha vida no processo de me tornar um escritor, pensando que meu trabalho era apenas isto: revelar o que é essencial e oculto.

Desde que Helen morreu, passei a entender sua última instrução como um convite para abandonar qualquer propósito grandioso, por mais devotados que possamos ser ao que estamos fazendo. Ela não estava me instruindo a parar de escrever, mas a abandonar meu esforço para ser importante. Ela estava me convidando a parar de registrar a poesia da vida e a entrar na poesia da vida.

Essa lição se aplica a todos nós. Se nos dedicarmos à vida que está à mão, o restante virá. Pois a vida, ao que parece, revela-se por meio daqueles que estão dispostos a viver. Qualquer outra coisa, por mais bela, é apenas propaganda.

Levei muitos anos para aprender e aceitar isso. Começando de maneira inocente, surgiram separações, e agora sei que a saúde reside em restaurar a experiência direta. Assim, tendo lutado para fazer o que nunca foi feito, descobri que viver é a arte original.

❊ *Centre-se e pense em sua vida como uma história ainda por escrever.*

- *Respire lentamente e desobrigue-se da responsabilidade de registrar sua própria história.*
- *Respire fundo e imagine seu caminho como o pedaço de céu que um pássaro atravessa.*
- *Agora, apenas respire e voe. Comece o seu dia, respire e viva.*

3 de dezembro
Hospitalidade

No fundo, a hospitalidade é uma ajuda para atravessar um limiar.

— IVAN ILLICH

Em *A divina comédia*, Virgílio guia amorosamente o poeta Dante pelo inferno da negação e pelo purgatório da ilusão, até uma passagem de fogo que Dante deve cruzar sozinho, e além da qual ele se torna autêntico. Antes, na história bíblica, Arão guia seu irmão Moisés do monte Sinai de volta ao mundo, onde o profeta deve viver o que Deus lhe revelou. Mesmo no Éden, se conseguirmos deixar de lado os relatos punitivos que tantas vezes ouvimos, Deus conduz Adão e Eva ao limiar do mundo, oferecendo-lhes a vida machucada e maravilhosa da experiência genuína que somente aqueles que são humanos podem conhecer.

São profundos exemplos de hospitalidade espiritual, de ajudar espíritos afins a avançarem ainda mais em sua jornada. Com efeito, o máximo que podemos pedir aos outros é orientação e conforto no caminho — sem imposição, desígnio ou ideia de recompensa. Esta é a hospitalidade do relacionamento: que a família nos ajude a manifestar quem somos no mundo, que os amigos nos levem aos limiares da realidade, que os parceiros nos encorajem a cruzar barreiras de nossa própria criação em momentos de plena vivacidade.

Essas são as honestas boas-vindas à mesa, sem julgamento do alimento que comemos. Muitas vezes o propósito do amor é que os outros nos guiem, sem expectativa ou interferência, até o mais longe aonde conseguirem ir, para que possamos começar.

Isso me faz lembrar de um sonho que tive quando estava doente, no qual cheguei ao limite de uma floresta cujos espaços estreitos e iluminados me chamavam. Lá eu já havia ficado em muitas oportunidades, até que uma mulher intemporal e de grande determinação apareceu, dizendo: "Você não pode começar, eu sei, e se eu fosse generosa, encontraria você na metade do caminho, mas eu sou mais do que generosa. Você deve entrar sozinho. Eu o encontrarei do outro lado".

Não sei ao certo se aquela perene presença feminina era Deus ou um anjo ou a paz do meu próprio espírito, mas sua orientação forte e generosa bastou para que eu conseguisse passar, e eu nunca mais a vi. Porém, agora, quando eu amo abrindo caminhos que eu e outros podemos percorrer ou não, eu a sinto em minhas mãos.

Isso expressa um dos nossos mais profundos chamados de amor — aquela hospitalidade especial para os feridos, a vigorosa ação de compaixão que torna possível aos que sofrem se curarem. Ela clama, de forma misteriosa e árdua, pelo esclarecimento da confusão e pelo conforto do que é real. É a maneira como nós que sofremos podemos nos revezar para agir, levantando a cabeça de quem caiu, apoiando seu pescoço exausto para que bebam, sabendo que nunca poderemos beber por eles.

- *Respire fundo e medite sobre um ato de orientação e conforto que você tenha recebido de alguém que não pediu nada em troca.*
- *Ao expirar o ar, ofereça gratidão por esse gesto de hospitalidade.*
- *Ao inspirar o ar, sinta sua própria capacidade de guiar sem interferir. Sinta sua própria capacidade de dar conforto sem precisar de nada em troca.*
- *Ao começar seu dia, pratique orientação anônima deixando um gesto de generosidade ou verdade no caminho dos outros. Deixe a metade de um sanduíche onde se reúnem moradores de rua, ou deixe um livro aberto em um trecho de sabedoria, ou deixe uma flor no assento de um ônibus.*
- *Ajude o mundo deixando um rastro de quem você é.*

4 de dezembro
Trabalho e paixão

Não pergunte do que o mundo precisa. Pergunte o que causa em você a sensação de estar vivo, e vá fazer isso. Porque o mundo precisa de pessoas que se sintam vivas.

— Howard Thurman

Eu me lembro de que, nos tempos de faculdade, muitos de nós fomos levados para o magistério porque parecia haver uma necessidade na mão de obra de professores. Porém, quando nos graduamos, os empregos disponíveis na área eram escassos. A mesma coisa aconteceu quinze anos depois, quando eu estava dando aulas na faculdade. Muitos dos meus alunos de graduação foram arrebanhados para a área de negócios. Mas, alguns anos depois de se formarem, eram pouquíssimas as oportunidades de emprego.

Essa é outra maneira pela qual a escassez pode direcionar nossa vida. Muitas vezes, quando moldamos nossos interesses em torno do que os outros precisam, acabamos vendendo nossa chance de felicidade em nome do que julgamos que será seguro. Mas, embora a oferta e a demanda talvez funcionem no papel, podem construir uma vida sem amor no mundo.

É por isso que encontrar o que amamos, ainda que talvez demore anos, é construir uma vida de paixão. Pois o que faz você se sentir vivo é capaz de mantê-lo vivo, seja você bem remunerado por isso ou não. E além das modas do mercado de trabalho, uma vida de paixão faz de nós uma célula saudável no corpo do mundo.

- *Centre-se e permita que entrem em seu coração as coisas que instigam você. Pode ser algo simples, como observar o tremeluzir de uma vela ou correr ao vento.*
- *Respire livremente e sinta como essas coisas afetam todo o seu corpo e o seu ser.*
- *Quando puder, converse com alguém querido sobre o que faz você se sentir vivo.*

5 de dezembro
Persiga o obstáculo

Persiga o obstáculo.
Ele libertará você.

Quando cheguei à montanha, eu estava com pressa. Como pensei que levaria muito tempo para contorná-la, comecei a abrir uma trilha pelo meio. Cada pedra e galho pareciam um desperdício de tempo. Se ao menos a montanha não estivesse no meu caminho. Enquanto corria, arranhei minhas pernas e meus braços. Ficou mais difícil respirar, e perdi todo o senso de direção. Agora eu tinha que subir alto o bastante para conseguir enxergar.

Assim que ultrapassei a linha das árvores, algo em mim precisava ver o topo. Então me lancei às pressas cada vez mais montanha acima e, estranhamente, enquanto me empenhava na escalada — passo a passo — e continuei subindo, tive a sensação de que não estava indo a lugar nenhum. Finalmente, rompi as nuvens. Eu nunca havia visto o sol no topo das nuvens. Eu me sentei na clareira de um penhasco, a luz na copa da minha cabeça, como uma nuvem. De repente, chegar ao cume ou ir além da montanha não parecia mais tão importante. Eu gostei de lá e senti que poderia viver na montanha. Mas eu precisava voltar. Eu tinha que comer. Eu precisava de amor. Agora, quando alguém me pergunta sobre avançar na marra, passando por cima do que obstrui meu caminho, ou sobre estar com pressa, eu olho para os dois lados e digo: "Persiga o obstáculo. Ele libertará você".

Essa história nos convida a honrar cada obstáculo como algo que flui por si só na torrente Universal, a ver a nós mesmos e ao obstáculo como dois galhos da mesma árvore à deriva no mesmo rio, entrechocando-se e até bloqueando um ao outro por um momento.

Olhando para os obstáculos sob essa perspectiva, somos solicitados a não confrontar o que nos bloqueia como algo que impõe sua vontade contra a nossa. Pois o obstáculo simplesmente nos devolverá nossa resistência. Estamos sendo solicitados a não fortalecer ou perpetuar a vida do obstáculo, mas a nos afastar, se pudermos, com abertura para a energia do obstáculo — de maneira muito parecida com a ancestral arte do aikido, em que, em vez de bloquear um soco, você ajuda o soco a passar por você.

O tempo todo somos convidados a questionar aquilo em nós que insiste que o que está na nossa frente é, para começo de conversa, um obstáculo. Pode não ser. Pode ser. Pode ser algo pequeno que nossa história de lutas tenha ampliado para ganhar ares de tragédia ou má sorte.

Então, se pudermos, devemos nos concentrar em nosso relacionamento com a torrente, e não nas coisas que estão sendo carregadas ao nosso lado. Se algo parece estar bloqueando nosso caminho, devemos tentar entender o que o está movendo e o que está nos movendo. Se nosso movimento no mundo ainda estiver bloqueado, talvez seja melhor ficarmos parados. Devemos tentar não nos prejudicar desnecessariamente por tentar forçar um movimento a acontecer antes do tempo.

- *Identifique o maior obstáculo em sua vida no momento.*
- *O que ele está impedindo você de fazer?*
- *Descreva o obstáculo como um pedaço da natureza que tem sua própria história. Seria como uma concha sendo quebrada pela arrebentação, ou uma pedra caindo em um deslizamento de terra, ou como um pequeno cervo assustado no meio de uma estrada movimentada?*
- *De que maneira aquilo que você quer ou de que precisa colide com aquilo que o obstáculo quer ou de que precisa?*

6 de dezembro

A cor da verdade

As melhores e mais belas coisas do mundo não
podem ser vistas ou tocadas... mas são sentidas no coração.

— Helen Keller

Existe uma antiquíssima arte chinesa de pintar em porcelana. Mais do que habilidade e precisão, exige uma profunda confiança e paciência no processo. Envolve pintar finas camadas de pigmento, uma de cada vez, deixando cada uma secar e penetrar na porcelana em si. Mas, mesmo depois de seco, o pigmento ainda assim não revela sua cor. Você nunca sabe qual será a cor até que a porcelana seja queimada no forno — isto é, até que o pigmento seja queimado na própria porcelana.

Essa arte tem uma extraordinária semelhança com a vida de perguntas que vêm do ato de viver. Usamos o pincel de nossos sentimentos para pintar nossas perguntas em nosso coração. Mas é somente após o fogo da experiência, somente depois de nossas perguntas sentidas serem queimadas pela experiência em nosso coração, somente então vemos surgir a cor da verdade.

Portanto, não há respostas para as questões mais profundas da vida, somente as cores emergentes da verdade nas quais devemos encontrar a confiança e a paciência para viver.

- *Sente-se em silêncio e, calmamente, evoque a cor de uma verdade que você viveu pessoalmente.*
- *Usando sua respiração, desenrede essa verdade de volta às perguntas que você tinha antes de vivê-la.*
- *Observe a diferença e compartilhe com um amigo a história dessa verdade.*

7 de dezembro
Temos esta escolha

O coração é um litoral robusto
e o oceano tem muitos estados de espírito.

A cada dia, temos esta escolha: podemos construir muros, bloquear a nós mesmos da luz e sofrer uma umidade na alma. Ou podemos viver de modo sofrível, persistir em reluzir e sofrer os cortes da erosão por vivermos de modo escancarado.

A maioria de nós, inclusive eu, vive atrás de muros cuja construção foi iniciada por outros e concluída por nós mesmos. Muitas vezes, tememos uns aos outros sem razão — os construtores de muros e aqueles que persistem em reluzir. Mas tudo se resume a como passar pela vida — com segurança ou plenamente. Confesso que isso vem de alguém que luta e persiste em reluzir, porque, no fim das contas, não ser tocado pela vida não é tão seguro assim. O que eu aprendi é que quanto mais arrisco ser quem sou — como um sol que ousa brilhar —, mais finos os muros precisam ser do meu lado de fora.

Minha primeira experiência disso foi um doloroso momento em que, ainda menino, minha mãe me ordenou a fazer algo. Estávamos sozinhos no meu quarto e eu disse que não. Não me lembro do que ela havia me mandado fazer, apenas que sua exigência era humilhante e desnecessária. Eu não era beligerante, apenas firme e quieto. Eu me recordo de que, com medo, construí um muro o mais rápido que pude, já antevendo a raiva dela. Eu mal tinha me preparado quando ela levou o braço atrás da cabeça e me desferiu um violento tapa. O muro não funcionou. Minha própria alma foi atingida.

Ela ergueu o braço para me bater novamente, mas a essa altura a minha alma, de alguma forma, numa ação reflexa, adquiriu tamanha força de identidade que minha mãe não conseguiria penetrar. Eu brilhei. Ela parou no meio do movimento e chamou meu pai para fazer cumprir a exigência dela. Ele sentiu meu brilho, mas se manteve firme e me bateu também. Quando a pancada me atingiu, eu persisti em reluzir. Doeu, é lógico, mas eu estava protegido.

Há momentos em que os muros são necessários, mas na maioria das vezes podemos nos proteger sendo quem somos. Nem nos escondermos nem nos revelarmos evitará nossa cota de dor, porém, sendo quem somos, conseguimos ser parte do fluxo universal, não apenas uma noz em uma casca esperando para cair.

- *Centre-se e medite, alternadamente, sobre sua percepção do muro a partir de onde você observa e sobre sua percepção de quem você é como observador.*
- *Respire em ritmo constante. Ao inspirar o ar, feche o punho e sinta seu muro.*
- *Respire lentamente. Ao expirar o ar, abra a mão e sinta quem você é.*
- *Depois de algum tempo, pratique trazer quem você é para além de seu muro inspirando e expirando o ar, com a mão aberta.*
- *Depois de algum tempo, fique de pé e ande pela sala fora de seu muro. Repare no que você sente ao fazer isso.*

8 de dezembro
Na fonte-lugar

Pegue um jarro cheio de água e coloque-o na água — agora ele tem água dentro e água fora. Não devemos dar um nome a ele, para que pessoas tolas não comecem a falar novamente sobre o corpo e a alma.

— Kabir

É inevitável. Damos importância demais a onde terminamos e a onde os outros começam. No entanto, é somente depois de declarar limites saudáveis que podemos descobrir e vivenciar a experiência da verdadeira água comum do espírito acerca da qual Kabir fala. Pode ser confuso; porém, embora nem sempre sejamos eloquentes ou claros no que revelamos, somos todos cristalinos como água no lugar-fonte onde a mente e o coração começam como um só.

Teilhard de Chardin afirmou: "Não somos seres humanos tendo uma experiência espiritual. Somos seres espirituais tendo uma experiência humana". Começar nossos dias com essa perspectiva pode fazer a diferença. Ela fornece o oceano para nosso pequeno jarro de vida.

Ajuda lembrar que, apesar de todas as nossas lutas por identidade, apesar do peso da vida, há em cada um de nós um grama irrefreável de espírito, uma nascente de água que carregamos em nosso interior, e que pode ser bloqueada, mas não contida. Ela emana por todos os seres na forma de anseio por amor e paz.

Ao abrirmos nosso anseio, nosso desejo honesto por amor, abrimos o manancial do espírito e então, tal qual o jarro de Kabir, somos água vivendo na água, amor vivendo no amor, uma pequena coisa viva em uma grande coisa viva, um sopro dentro de um vento.

- *Sente-se em silêncio e, calmamente, enquanto você respira, pense em si mesmo como o pequeno jarro de água de Kabir.*
- *Respire fundo e livremente, e pense no mundo invisível do espírito ao seu redor como um oceano que o carrega.*
- *Respire devagar, de maneira limpa e tranquila, e tente sentir como você e a vida ao seu redor são feitos da mesma coisa.*

9 de dezembro

O trabalho do amor

O amor flui por toda parte.

— Fakhruddin Iraqi

Aprendi recentemente que a primeira forma de lápis era uma bola de chumbo. Tendo descoberto que o chumbo, quando riscado, deixava marcas, as pessoas então começaram a pelejar com pedaços do material na tentativa de escrever. Por meio do trabalho de muitos, os nacos foram por fim moldados em uma forma utilizável que cabia na mão. A descoberta se tornou uma ferramenta.

Tenho a humildade de confessar, após uma vida inteira de relacionamentos, que o amor não é diferente. Seja um amante, um amigo ou um membro da família, a descoberta da proximidade aparece em nossa vida como uma bola de chumbo — algo que, se pelejarmos, deixará marcas pelas quais podemos nos entender.

Mas isso é apenas o começo. O trabalho do amor é moldar o material do relacionamento até criar uma ferramenta que se ajuste às nossas mãos. A cada dificuldade enfrentada, a cada ilusão confrontada, a cada transgressão apontada, reconhecida e derrotada, outro pedaço do material bruto é talhado e o amor começa a se tornar uma ferramenta sagrada.

Quando mãos compassivas empunham a verdade, a nitidez do amor se torna clara, não dolorosa.

- *Evoque um relacionamento significativo com o qual você esteja passando por dificuldades.*
- *Ao se centrar, reze para que o amor que vocês compartilham continue a encontrar sua forma.*
- *Ao começar seu dia, permaneça flexível e aberto para se tornar uma ferramenta.*

10 de dezembro
Perguntas feitas aos doentes IV

Quando foi a última vez que
você ouviu as histórias dos outros?

— PERGUNTA FEITA AOS DOENTES
POR UM CURANDEIRO NATIVO NORTE-AMERICANO

Eu me vi em um grupo de psicodrama que, ao longo de dois anos, reunia-se a cada duas semanas. Eu não tinha ideia do que era psicodrama e nunca teria tentado, exceto pelo fato de que o homem que encabeçava o grupo era um sábio para mim. Eu estava ciente de que ele tinha mais a me ensinar, e eu havia prometido a mim mesmo participar de tudo o que ele estivesse fazendo.

Acontece que o psicodrama era um processo pelo qual cada um de nós se revezava para dar vida a uma parte de nossa história interior, na esperança de que, ao encenar sonhos ou conflitos atuais ou partes não resolvidas de nosso passado, pudéssemos, com a ajuda uns dos outros, revelar alguma sabedoria que nos ajudaria a viver nossa vida.

A princípio, eu não queria ir, e demorou várias semanas até que eu criasse coragem para participar. No começo, pensei que apenas ficaria num canto, observando o desenrolar da coisa toda. Mas, inesperadamente e com grande gravidade, comecei a ver que a história de cada um, por mais diferente que fosse da minha, de repente tinha a ver com uma parte de mim a que eu nunca havia dado voz.

Descobri que participar do sonho ou do conflito ou do passado não resolvido de outra pessoa era apenas uma maneira mais profunda de ouvir, uma maneira mais profunda de estar presente. A recompensa por uma escuta tão profunda foi a incrível honra de testemunhar em primeira mão um modelo vivo de coragem humana e, então, encontrar consolação e cura na surpresa de que nossas histórias são, na verdade, todas iguais.

Parece que os antigos xamãs entendiam que, de alguma forma, ouvir a história de outras pessoas nos dá a força do exemplo para continuar, além de nos mostrar aspectos de nós mesmos que não conseguimos ver facilmente. Pois ouvir as histórias dos outros — não suas precauções ou preceitos pessoais — é uma espécie de água que quebra a febre do nosso isolamento. Se ouvirmos com atenção suficiente, seremos acalmados a ponto de nos lembrarmos de nosso nome comum.

- *Respire lentamente e medite sobre estar aberto e receptivo hoje.*
- *Conforme você percorre seu dia, dedique sua energia à escuta.*
- *Ao ouvir as histórias dos outros, esteja ciente de quando uma delas toca uma parte da sua própria história.*
- *Se puder, ofereça em troca, à guisa de um presente, um fio da sua própria história.*

11 de dezembro
Dentro da gravidade

Dentro da gravidade
acontecem as mesmas coisas,
só que mais lentamente.

Quando um prato se quebra, chamamos isso de "acidente". Quando um coração se parte, chamamos de "tristeza". Se for o nosso, dizemos que é "tragédia". Quando um sonho se destroça, às vezes chamamos de "injustiça". No entanto, as formigas derrubam terra e dão um jeito de carregar mais, e os pássaros deixam cair comida, mas voltam a bicá-la. Porém, quando nós, humanos, deixamos cair aquilo de que precisamos, abundam filosofias e reclamações.

O xis da questão não é que vivemos lamentando, mas que paramos de viver para ouvir nossos lamentos. Ainda assim, as estrelas colidem e as histórias começam. Em nosso mundo, algo está sempre se soltando e algo está sempre atingindo a Terra. Muitas vezes, o que se solta sobrevive por se libertar, por não se aferrar com apego até que aquilo que precisa ser descartado seja arrancado dele. Com frequência, o que é atingido sobrevive por permanecer macio, permitindo que aquilo que o atinge o molde temporariamente da mesma forma que pedras moldam a lama.

Na condição de humanos, nós nos revezamos entre soltar e ser atingidos. O amor suaviza esse processo, e a paz o desacelera, até que, em momentos abençoados, parecemos brincar de pega-pega com aquilo de que precisamos.

- *Ao inspirar o ar, evoque o que está atingindo você no momento e como você pode se suavizar para diminuir seu impacto.*

❊ *Ao expirar o ar, evoque o que precisa se afastar de você no momento e de que maneira você pode se abrir para desapegar-se disso mais facilmente.*

12 de dezembro
O tesouro sob nossos pés

Não é fácil encontrar a felicidade em nós mesmos,
e não é possível encontrá-la em outro lugar.

— Agnes Repplier

Se alguém me obrigar a dar nome aos bois, digo que os maiores obstáculos à paz somos nós mesmos e o mundo. Muitas vezes, a caminho da verdade da minha alma, fico empacado em mim mesmo ou perdido no mundo. Ou o inverso.

Ainda assim, carregamos dentro de nós a preciosa essência. Ela está sempre conosco, muito perto, embora pareça distante, e não há outro lugar para encontrar o tesouro senão debaixo da nossa agitação. Ele espera lá como ouro no fundo de um lago raso, e embora estejamos na água, com o tesouro sob nossos pés, essa agitação do nosso reflexo nos impede de ver. Na maioria das vezes, preciso parar de me mover e de pensar e de consertar, e simplesmente alcançar dentro de mim.

Então, fuja, se quiser, pois tudo irá com você. Ou pense e raciocine quantas vezes precisar, pois seu coração sobreviverá às ondulações do seu pensamento. Ou, se for necessário, bote a culpa nas coisas deste mundo, pois mais cedo ou mais tarde as coisas que você culpa acabarão desaparecendo.

Você e eu ainda ficaremos com nós mesmos, com o mundo e com o tesouro sob nossos pés.

❊ *Centre-se e, se houver alguma coisa de que você esteja fugindo, inspire o ar e deixe que ela o alcance.*

❊ *Sente-se em silêncio e, se houver algo que você esteja tentando afugentar por meio da razão, expire o ar e deixe que ele o toque.*

❊ *Fique imóvel e em silêncio e, enquanto respira, permita que as forças do mundo toquem você e sigam em frente.*

❊ *Agora, se puder, alcance com sua respiração o tesouro que espera dentro de você.*

13 de dezembro
Quando falamos

Só agora percebi que algo infinito irrompeu em mim, e não tenho
escolha a não ser viver e amar até que isso me faça crescer como uma árvore.

Em uma reunião, conheci um homem idoso; assim que todos saíram, esse senhor se inclinou para o espaço silencioso entre nós e falou comigo como se fôssemos árvores. Coçando o queixo, ele disse: "Começamos finos e verdes, e cada vez que o céu escurece achamos que vamos quebrar, mas a chuvarada nos faz crescer, embora nunca em linha reta, sempre nos contorcendo em busca da luz. E estranhamente, quanto mais nos estendemos acima da terra, mais e mais fundo algo em nós abre caminho terra adentro e abaixo, e é isso — nossos dedos invisíveis alcançando o núcleo — que nos impede de voar para longe. Já não há mais correria e a oscilação é muito pouca, e, até agora, houve muitas línguas, embora nenhuma que pudesse ser ouvida, apenas um rangido ao amanhecer e um gemido à noite, e mais cedo ou mais tarde somos derrubados. Não importa como. Somos desfeitos. Mas empilhados queimamos, e aqui a poesia se ergue de nós, deixando sabedoria nas cinzas".

Em seguida, o ancião foi embora. Eu não entendi ao certo o que tinha acabado de acontecer, mas acho que a história dele tinha a ver com humildade e com o fato de que tudo o que vivenciamos é na verdade o graveto para acender o fogo quando realmente falamos. De algum modo, crescemos por meio de todas as coisas que parecem tão sombrias e, a cada estação, nossas raízes engrossam, aprofundam-se e se espalham para suportar nosso peso de viver no mundo.

Mas o que é o "ser derrubado", o "ser desfeito"? Talvez seja qualquer coisa — decepção, perda, mudança inesperada — que nos aproxime, humildemente, da terra. Talvez qualquer reviravolta em nossos planos muito pessoais nos permita sentir mais plenamente nosso vínculo com outros seres vivos.

Mas o que significa sermos empilhados para que possamos queimar? Talvez isso tenha a ver com sermos simplificados a ponto de que o que cresceu dentro de nós possa surgir de nós com uma paixão por estarmos vivos. Talvez, depois de dois casamentos e do vaivém dos amigos mais queridos, eu possa, despojado da minha casca, proferir algo quente e cristalino sobre o que significa amar. Talvez, depois de perder uma costela e ganhar minha vida, eu possa, quando incendiado pelo momento presente, expelir um pouco de cinzas do que significa viver da verdade.

A experiência, ao que parece, quer queimar para fora de nós, e não importa se o que sai é inteligente ou bonito, o propósito de todo fogo é iluminar e aquecer. Talvez, assim como o fazendeiro precisa, no finalzinho do inverno, reunir madeira para chegar à primavera, cada um de nós deva reunir nossa experiência e incendiá-la a fim de manter saudável e aquecida nossa força vital.

- *Se puder, sente-se em silêncio e calmamente diante de uma fogueira e medite sobre uma experiência-chave que inesperadamente moldou quem você é.*
- *Respire em ritmo prolongado e suave, e deixe essa experiência transformadora que vive em você erguer-se como uma pequena chama.*
- *Respire em ritmo contínuo, e dê a essa pequena chama uma ou duas palavras simples.*
- *De olhos fechados, repita várias vezes as palavras que surgiram e deixe sua própria experiência aquecer você.*

14 de dezembro

Libertar-nos

É difícil dizer a verdade, mas,
uma vez proferida, é difícil contê-la.

— Sharon Green

Há verdades que nos sentimos compelidos a refrear, e há certas verdades que é impensável sequer imaginar que vamos contar; entretanto, não fazer isso é uma forma de prender a respiração espiritualmente. Você só consegue prender a respiração por algum tempo. Claro, quanto mais tempo mantemos escondida nossa verdade, mais difícil é dar voz a ela, ou assim parece, porque enquanto a pressão aumenta, vamos ficando sem ar. Mas nunca estamos a mais do que um batimento cardíaco de nos libertar desse terrível isolamento, nunca estamos a mais do que uma engolida em seco e uma tosse de distância de descambar de volta à revelação escancarada.

O tempo todo, o poder de estar escondido nos impede da vitalidade da vida, e então o valor curativo de dizer a verdade está em como isso nos devolve ao pulsar do que é sagrado. Tão importante quanto o respeito e a confiança conquistados por dizer a verdade é a liberação dessa terrível pressão que nos mantém escondidos e isolados. Esse é o dom corporificado da verdade que, assim como a respiração, nos mantém vivos.

❊ *Centre-se e, enquanto respira, imagine que é a sua verdade que você está inalando e exalando.*

❊ *Durante o seu dia, reserve algum tempo para inalar sua verdade e liberá-la de volta para o mundo.*

15 de dezembro
Goya e Melville

O sol não deixa de brilhar porque as pessoas são cegas.

É um desafio imenso permanecermos fiéis a nós mesmos diante da indiferença. Rejeição e oposição são dolorosas, mas ser tratado como se você não existisse é silenciosamente devastador. Essa suave perfuração é particularmente humana. As águias voam e planam por horas a fio no ar do desfiladeiro, e o fato de ninguém saber disso não diminui a capacidade delas de voar. Mas para nós há um heroísmo constante e evasivo em sermos quem somos, sobretudo quando somos incompreendidos, julgados ou ignorados. De alguma forma, nossa necessidade de amor atribui um poder tremendo às opiniões dos outros e, portanto, somos obrigados a nos proteger contra entregar nossa vida às expectativas alheias.

Um excelente exemplo de ouvir o eu mais profundo é o pintor espanhol Goya. Escrevendo sobre ele, André Malraux nos conta que, depois de ficar surdo em 1792, Goya entendeu que "para permitir que seu gênio se tornasse evidente para si mesmo, era necessário que ele ousasse desistir de tentar agradar". É ao mesmo tempo tocante e instrutivo que Goya não tenha conseguido realizar totalmente seus dons divinos enquanto não se tornou surdo às demandas daqueles ao seu redor.

Um dos exemplos mais tristes de ser ignorado é o do romancista Herman Melville. Tendo sobrevivido muitos anos no mar contra sua vontade, Melville era autor de várias aventuras marítimas de grande sucesso comercial. Mas quando abriu sua alma e escreveu *Moby Dick*, duas coisas aconteceram: nasceu um dos mais colossais romances jamais escritos por um autor norte-americano, e o público leitor dos Estados Unidos riu da grande baleia branca e de seu criador. Ele foi ridicularizado e rejeitado.

Homem profundo e sensível, Melville ficou tão ferido por isso que se retirou dolorosamente de cena e, aos 32 anos de idade, no auge de sua potência, praticamente parou de escrever por quase quarenta anos. Tragicamente, ele aniquilou sua voz interior porque aqueles ao seu redor não conseguiam ouvir.

Eu carrego comigo Goya e Melville como lembretes de quanto cada um dos nossos dons é singular e precioso. Ninguém, exceto você mesmo, pode realmente saber para o que você é chamado ou do que você é capaz. Mesmo que ninguém veja ou entenda, você é insubstituível.

- *Sente-se com um ente querido de confiança e revezem-se descrevendo um momento em que cada um sentiu uma ligação interior com uma pessoa ou situação que ninguém mais parecia entender.*
- *O que fez vocês permanecerem fiéis ao que estavam sentindo?*
- *Até que ponto vocês conhecem essa parte de si mesmos?*

16 de dezembro

Conhecer a estrada do início ao fim

Se você chegar a uma bifurcação na estrada, pegue-a.

— Yogi Berra

Como os koans dos monges zen e a sagacidade dos bufões de Shakespeare, talvez nunca saibamos se as reflexões dessa lenda do beisebol são um completo absurdo ou uma sabedoria total. Porém, quanto mais ficamos com tais pensamentos, mais eles revelam.

O que a máxima de Yogi Berra me ensina é para não ficar muito tempo estagnado na encruzilhada da vida, não hesitar ao longo da estrada do viver. Não podemos vivenciar todas as experiências, e seguir um caminho sempre irá impossibilitar outro, mas martirizar-se acerca de qual caminho tomar nos impede de conhecer qualquer estrada.

Mesmo quando optamos por uma estrada, manter a outra viva em nossa mente por muito tempo é o começo do arrependimento. Na verdade, entregar-se ao arrependimento é uma maneira de resistir às nossas limitações, uma maneira de ainda carregar conosco a outra estrada. É a maneira que o coração tem de ser teimoso. No fim das contas, manter a outra estrada ativamente conosco apenas nos impede de conhecer por inteiro a estrada que escolhemos.

Somos criaturas lindamente limitadas, capazes de grandes momentos de vida plena, mas não podemos obter tudo nem ter todas as experiências. Paradoxalmente, somente podemos vivenciar tudo o que existe se nos entregarmos de forma completa e humilde ao pequeno caminho para o qual somos atraídos.

- *Centre-se e reflita sobre uma decisão que você esteja enfrentando.*
- *Respire lentamente e tente cada caminho uma vez, não mais que isso.*
- *Retorne ao seu dia e tente não repetir suas escolhas. Simplesmente deixe que seu eu mais profundo cuide dessas coisas para você.*

17 de dezembro
Curar-nos

Neste mundo,
o ódio jamais dissipou o ódio.
Somente o amor dissipa o ódio.
Essa é a lei,
ancestral e inexaurível.

— Buda

Uma dos aspectos mais difíceis da cura depois de ter sido machucado por alguém é como colocar as feridas para descansar quando aqueles que nos feriram não amenizam a ferida, não admitem suas ações que causaram dor. Eu tenho lutado profundamente com isso. De novo e de novo, eu me pego confundindo a falta de justiça com a necessidade de uma testemunha do ferimento.

Feridas físicas são difíceis de não notar, mas feridas emocionais raramente são visíveis. É por isso que devem ser observadas e reconhecidas se quisermos nos curar. No entanto, muitas vezes, nossa dor é agravada pelo fato muito humano de que talvez nunca cheguemos a um consenso sobre a natureza do que aconteceu. Se houver concordância, pode ser que um nunca admita isso ao outro. Ou as reparações de que nos julgamos tão merecedores podem ir para o túmulo junto com aquele que nos machucou.

Como em tantas outras negociações cruciais da vida, o necessário é honrar o que vive dentro de nós. Devemos dar testemunho de nós mesmos, pois não existe poder tão acolhedor ou clemente quanto a autoridade daquela porção de Deus que vive em cada um de nós.

- *Sente-se em silêncio e calmamente até começar a se sentir seguro e traga à tona uma ferida que não cicatrizou.*
- *Respire em ritmo constante e olhe diretamente para a ferida, dando testemunho de si mesmo e de tudo o que você passou.*
- *Respire com intensidade e deixe sua compaixão por si mesmo ser o ar para limpar a ferida.*

18 de dezembro

Iluminar nosso caminho

Ninguém alcança a iluminação por imaginar
figuras de luz, mas sim por tornar consciente a escuridão.

— Carl Jung

Se Jung estiver certo, então talvez o Paraíso não seja nada mais do que ver a luz formando-se no escuro. Talvez estar acordado seja prestar atenção ao momento contínuo da vida que tantas vezes negligenciamos por dá-lo como certo, aquele momento — como a concepção, como a semente se abrindo — que está acontecendo enquanto você lê estas palavras.

No entanto, assim como o farol do carro fica encoberto por uma fina película ao dirigirmos sob todo tipo de intempérie, a dádiva pela qual percebemos o mundo é encoberta pela experiência, e nossa capacidade de ver é diminuída até que limpemos a dádiva. Esse é um processo que dura a vida toda, que nunca termina, mas sempre recomeça.

Desse modo, o cuidado do indivíduo com o próprio ser é imperativo e contínuo, tão simples e difícil quanto limpar o resíduo de experiência de sua mente e de seu coração, deixando seu rosto original iluminar o caminho novamente. Porém, assim como coçar o meio das costas, muitas vezes precisamos uns dos outros para recuperar nosso senso de Unidade.

Ajuda aqui contar uma velha história sufi sobre um homem sedento que segue um riacho lamacento até uma caverna. Ele carrega uma lanterna, segura-a diante de si e encontra a nascente cristalina da qual pode beber. Quando nos sentimos enlameados e preocupados, não devemos beber da lama, mas sim, cuidadosamente, sair em busca de sua fonte. Carregando a lanterna do nosso espírito diante de nós, devemos adentrar a escuridão de nossos problemas se quisermos beber claramente da fonte de novo. Isso é tornar consciente a escuridão, e a compaixão é balançar sua pequena luz perto de outras pessoas, preocupadas ou enlameadas demais para enxergar o caminho delas.

- *Sente-se em silêncio e, calmamente, de olhos fechados, sinta a luz do espírito em cada célula do seu corpo.*
- *Ao inspirar o ar, sinta cada célula se iluminar.*
- *Ao expirar o ar, sinta um leve aumento de luz ao seu redor.*
- *Durante o dia, quando estiver se sentindo preocupado, pare e respire lentamente e ilumine seu caminho.*

19 de dezembro

Açúcar na árvore

Assim como alguém sentado debaixo de uma árvore
pode imaginar a terra vista de cima das árvores,
um coração sobrecarregado pela realidade
pode conhecer a eternidade.

Quando eu era apenas um menino, eu passava muitas horas no mar em um barco de mastro duplo de nove metros que meu pai construiu. Quando o mar ficava agitado, eu ia para baixo do convés, onde o barulho e o movimento das profundezas batiam no casco, e cada sacudida e solavanco pareciam súbitos e severos.

Ao me encontrar lá, meu pai me contou que os marinheiros, quando se sentiam nauseados, sempre subiam ao convés para olhar o horizonte. Embora isso não impeça o movimento das ondas em uma tormenta, é de alguma forma menos perturbador se o contexto maior for mantido em vista.

Sempre conservei essa sabedoria em mente nas vezes em que me vi arremessado de um lado para o outro em meio a uma tempestade. Na verdade, seja enfrentando o câncer, encarando a insegurança da rejeição repetida ou tentando superar os mais profundos momentos de solidão, minhas maiores dores e medos diminuem quando consigo manter diante de mim, como um horizonte, o senso mais amplo de vida.

Essa é a diferença entre desespero e fé, entre o estreito ponto da dúvida e uma visão suficientemente longa para dar esteio a todas as possibilidades vivificantes. Parece que sofremos mais quando nos amontoamos embaixo, e embora a perspectiva eterna, o horizonte de todos os tempos e de toda a vida, não nos livre de nossas tempestades, torna as coisas suportáveis.

Durante os momentos mais difíceis, manter meus olhos no horizonte me ajudou a aguentar coisas como a perda de uma costela, de um casamento e de um emprego que eu amava. Pois ficar no lugar onde podemos manter Deus à vista permite que os altos e baixos sejam um tanto previsíveis. Isso mostra até mesmo que o sofrimento tem seu ritmo. Manter a visão mais ampla pode ser a diferença entre achar que a vida é cruel e saber que a experiência é um poderoso oceano. De maneiras que realmente importam, Deus está sempre no horizonte, e a fé abre nosso caminho no convés, apesar da nossa dor.

* *Onde quer que você esteja — no seu quarto, à sua escrivaninha ou no ônibus —, sente-se em silêncio e calmamente e visualize-se sentado ali, acima da sua cama ou escrivaninha ou do ônibus em que você está.*
* *Respire lentamente e esteja ao mesmo tempo onde você está e acima de onde você está.*
* *Agora sinta o estresse ou a dor do que você está carregando neste instante.*
* *Respire lentamente e tente ver a si mesmo em sua vida e de cima da sua vida, e sinta tanto a sua dor quanto o Universo ao redor de sua dor.*
* *Quando você se pegar encolhido em sua dor, tente respirar abrindo caminho em direção ao horizonte.*

20 de dezembro
Acreditar

Acreditar é tudo o que uma criança faz para viver.
— Kurtis Lamkin

Certa vez, Picasso disse que os artistas são aqueles de nós que ainda enxergam com olhos de criança. De alguma forma, em nossa jornada pelo mundo, encontramos mais e mais empecilhos; paramos de questionar as coisas para nos aprofundarmos nelas, e nosso questionamento passa a ser uma forma de afrontar aquilo que tememos ser falso.

Quando criança, eu costumava falar com as coisas — pássaros que voavam no alto, árvores que balançavam lentamente à noite, até pedras secando ao sol. Durante anos, porém, parei de fazer isso livremente por causa do que os outros poderiam pensar, até que um dia parei de vez. Agora aprendo que os nativos norte-americanos fazem isso o tempo todo, que muitos povos originais acreditam com seus olhos de criança bem no centro das coisas.

Agora, com quase 50 anos de idade, sinto-me humilde por recuperar a sabedoria de que acreditar não é uma conclusão, mas um caminho para a vitalidade que espera em tudo.

* *Quando puder, converse com uma criança sobre como ela vê o mundo.*

21 de dezembro
Nenhum lugar para onde ir

Não há nada para fazer
e nenhum lugar para onde ir.
Aceitando isso,
podemos fazer tudo
e ir a qualquer lugar.

Uma das noções básicas do taoísmo é que o mundo em todo o seu mistério e dificuldade não pode ser melhorado, apenas vivenciado. Somos convidados a acreditar que a vida, em toda a sua complexidade e deslumbramento, é completa tal como é — sempre mutável e vital, mas nunca aperfeiçoável.

Acabei por entender que isso não impede que estejamos envolvidos. Pelo contrário, aceitar que o mundo pode se sair muito bem sem nós nos permite deixar de lado o fardo de sermos heróis que lutam contra o mal e simplesmente nos concentrar em absorver a jornada de estarmos vivos.

Assim, nosso trabalho não é eliminar ou recriar nada. Em vez disso, na condição de peixes humanos, somos convidados a experimentar o significado na vida que se move através da guelra que é o nosso coração. No fim das contas, somos pequenos seres vivos despertados no riacho, não deuses que esculpem rios. Não somos capazes de eliminar a fome, mas podemos nos alimentar uns aos outros. Não podemos eliminar a solidão, mas podemos nos abraçar. Não podemos eliminar a dor, mas podemos viver uma vida de compaixão.

Só cheguei a essas noções depois de vivenciá-las. Confrontado com a morte, a oportunidade de mudar o mundo foi tirada de mim. Era tudo o que eu podia fazer para sobreviver sendo mudado pelo mundo. Isso me deixou em uma depressão repentina, mas logo descobri que o que restava era libertador. Despojado de causas, planos e motivos pelos quais lutar, descobri que tudo o que eu poderia pedir ou precisar está bem aqui — em abundância falha.

Desde então, meus esforços mudaram de tentar fugir do sofrimento para tentar expressá-lo, de tentar alcançar a alegria para tentar descobri-la, e de tentar moldar ou melhorar as vidas ao meu redor para aceitar o amor onde quer que eu possa encontrá-lo.

- *Sente-se em silêncio e, calmamente, apenas deixe seu coração respirar sem foco.*
- *Tente não pensar e também tente não deixar de pensar.*
- *Expire suas pressões e chegue onde você está.*
- *Respire fundo e aceite a joia e a coragem desse momento.*

22 de dezembro

A lição

Deus quebra o coração de novo e de novo
e de novo até que ele permaneça aberto.

— Hazrat Inayat Khan

Quando eu era jovem, sofri meu primeiro tombo de amor. Esse desamor me abriu do mesmo jeito que um raio corta uma árvore. Anos depois, o câncer me quebrou ainda mais. Dessa vez, abriu em mim uma enorme fenda, do jeito que uma enchente entalha as margens de um riacho estreito. Depois, meu casamento de vinte anos chegou ao fim. Isso me quebrou do mesmo jeito que o vento estilhaça o vidro. Em seguida, na África, foi o rosto anônimo de um jovem aluno começando sua vida. Isso me quebrou mais uma vez. Mas foi como água quente derretendo sabão.

Em cada uma das vezes, eu tentava fechar a ferida que tinha sido aberta. Era um reflexo bastante natural. Mas a lição era, claro, o contrário. A lição era nunca mais fechar.

- *Centre-se e concentre-se na parte do seu coração que está se quebrando agora.*
- *Alivie a dor respirando fundo do princípio ao fim da fratura.*
- *Se puder, tente, apenas por um momento, deixar seu coração aberto e olhar dentro da fratura.*

23 de dezembro
Uma segurança de raízes

Não entraste nesta casa para que te arrancasses
um pedaço do ser. Talvez quando te vás
leves algo meu, castanhas, rosas ou
uma segurança de raízes.

— Pablo Neruda*

Talvez a coisa mais teimosa que nos impede de conhecer o amor seja a desconfiança. Certamente temos motivos mais do que suficientes em nosso mundo para sermos cautelosos, alertas e atentos contra a possibilidade de sermos feridos ou passados para trás.

Mas persiste o fato de que, apesar de todas as notícias e histórias terríveis que contamos e ouvimos em festas, não existe outra porta de entrada para a generosidade e todos os seus presentes a não ser por meio do suave risco de nos abrirmos, ainda que ligeiramente, e tentar. A pergunta que devemos fazer, que eu me faço todos os dias, é: O que é mais debilitante, ser apartado do amor ou ser marcado pela dor de ter sido ferido?

O que faz de Neruda um poeta extraordinário é a largueza de seu coração; por meio de sua grande generosidade, ele sugere que o ato de dar tem poder de cura, e enquanto não entramos nesse espaço entre nós e tentarmos, nada pode acontecer. No entanto, depois que fazemos isso, dar e receber tornam-se a mesma coisa, e todos nós ficamos mais fortes por chegarmos lá juntos.

- *Centre-se e evoque três pequenos presentes que você está disposto a dar. Eles podem ser tangíveis, simbólicos ou gestos de generosidade.*
- *Embrulhe cada um suavemente em sua respiração.*
- *Leve esses presentes com você para o seu dia.*
- *Antes de voltar para casa, dê os presentes a alguém.*

* *Canto Geral*. Tradução de Paulo Mendes Campos. Revista por Maria José de Queiroz. São Paulo: Difel, 1979. [N. T.]

24 de dezembro

Em uma explosão de Unidade

Quando cera e pavio funcionam melhor,
luz e calor são tudo o que resta.

Assim como uma vela, nosso pavio de espírito é envolto em nossa humanidade, e quando nosso espírito é tocado, acendemos, até que tudo aquilo que conhecemos derreta e mude de forma para a queima de nossa experiência. Repetidamente, as chamas de nosso suor e esforço consomem nosso senso de identidade, para que nossa centelha Divina possa ser liberada, de novo e de novo. Esses momentos de Iluminação do Espírito não apenas reorganizam a vida, mas iluminam e aquecem aqueles que ficam por perto.

Em tais momentos, nós e tudo o que vemos nos tornamos um só, e essa súbita Unidade é o que os fiéis de todos os caminhos chamaram de Amor. E na iluminação da Unidade chamada Amor, resta apenas uma disposição para o nascimento, uma ânsia de ser tocado por algo atemporal e fresco. Tudo o que resta é a falta de partes profundas em desconhecidos. Para saborear o despertar em vez de estar desperto, o queimar em vez de ser queimado, o amar em vez de ser amado.

Quando podemos estar — por mais brevemente que seja — em unidade com o que temos em comum com toda a vida, somos recompensados além do apego e da posse. Essa é a diferença entre tornar-se um cantor e tornar-se a canção. Esta é a melhor ambição: que o dançarino se dissolva na dança, e o amante se dissolva no ato de amor, e o construtor se dissolva naquilo que está sendo construído, até que, em uma explosão de Unidade, dançarino, amante e construtor sejam um só.

Talvez, por um momento, ao nadarmos com a torrente, sejamos a torrente; ao movimentarmos o corpo ao som da música, sejamos a música; ao embalarmos os feridos, sejamos o sofrimento. Talvez, por um momento, ao pensarmos sem máscaras, sejamos pensamento puro; ao acreditarmos sem dúvida, sejamos Deus. Talvez o amor seja um instrumento que tocamos com todo o nosso valor em uma orquestra ainda a ser reunida. Talvez seja por isso que, nos momentos mais plenos de amar ou saber ou ser, fiquemos sem nome e atemporais e sem fôlego — tudo em nós já está consumido, como uma vela queimada repetidamente apenas para iluminar salas inteiras com nosso bruxuleio.

- *Observe uma pessoa fazendo algo que ela ama. Pode ser algo tão simples quanto cultivar um jardim, limpar um tesouro, cuidar de um animal de estimação, empilhar lenha ou dar banho em uma criança.*
- *Observe em detalhes como ela realiza sua tarefa.*
- *O que permite que você saiba que ela ama o que está fazendo?*
- *Há algum momento em que ela e o que ela ama parecem ser uma coisa só?*
- *O que o ato de amar dessa pessoa ensina a você?*

25 de dezembro
Começar de novo

A glória ao seu redor
nasce de novo a cada dia.

— A versão dos Muppets de *Uma canção de Natal*

A criação é contínua e está em pleno andamento. O mundo começa de novo a cada dia. Esse é o milagre que não faz barulho, mas que muda tudo, se formos capazes de ficar quietos o suficiente para senti-lo acontecer. Quando podemos participar disso, começamos de novo a cada dia.

Reflita sobre como o sol inunda a Terra com seu calor e então as nuvens se dissipam, e a relva cresce, e as pedras desmoronam quando ninguém está olhando para revelar um rosto mais suave e profundo. O mesmo acontece conosco. Em um momento de realidade, as nuvens em nossa mente se clareiam e nossa paixão é restaurada, e nossos muros desmoronam quando ninguém está olhando. Tudo continua e se revigora, se deixarmos. Tudo se renova muito sutilmente.

Achamos que é a noite que cobre o mundo, mas tudo o que vive é recriado naquele misterioso momento de descanso que nos envolve a todos como um cobertor. E cada vez que você piscar — se fizer uma pausa e deixar seu coração vibrar sem nada além de ar onde vibrar —, cada vez que abrir os olhos, você pode começar de novo. É verdade. Esse é o momento da ressurreição, a abertura dos nossos olhos.

- *Sente-se em silêncio e, calmamente, olhe para as coisas ao seu redor, por mais comuns que pareçam.*

❊ *Respire fundo, feche os olhos e reze para ver tudo novamente pela primeira vez.*

❊ *Respire lentamente, abra os olhos e comece sua vida de novo como um peregrino.*

26 de dezembro

Dentro do vento

Às vezes ando por aí com pena de mim mesmo,
e o tempo todo Grandes Ventos me carregam pelo céu.

— Dito ojíbua

Quando estamos com dor ou desesperados, nossa tarefa crucial é não deixar que os sentimentos amargos se espalhem por toda parte a ponto de macular nosso senso do mundo. No entanto, também devemos tomar cuidado para não conter nossos sentimentos a ponto de apodrecerem e infectarem nosso senso de nós mesmos. Em algum lugar entre esses dois extremos espera a vida de expressão saudável, sem personalizar tudo e sem pintar o mundo com a tinta dos nossos problemas.

No geral, nosso trabalho interior é mais exigente quando estamos tristes e com medo, pois podemos ser dominados tão facilmente pelo poder dessas emoções que corremos o risco de começarmos a acreditar que o mundo é menos possível, ou que encolhemos de tamanho. Quando nos sentimos inferiores, paramos de sentir a verdade do que é genuíno e começamos a perder o contato com os Grandes Ventos da vida.

No entanto, de alguma forma, a vida tem uma maneira de nos levar adiante, estejamos cientes disso ou não. Assim como o riacho carrega correnteza abaixo tanto o peixe faminto quanto o adormecido, os Grandes Ventos carregam amanhã adentro tanto o coração agitado quanto o sossegado.

Assim, o trabalho da oração, quando menos sentimos vontade de rezar, não é inflar ou desinflar o mundo, tampouco a nós mesmos, mas restaurar nossa ligação com as poderosas correntezas da vida.

❊ *Sente-se em silêncio e calmamente e, depois de algum tempo, abra-se sem palavras para o estado de espírito de oração.*

- *Respire lentamente e reze para sentir os Grandes Ventos ao seu redor.*
- *Respire em ritmo constante e sinta sua respiração misturar-se com as correntezas da vida.*

27 de dezembro
A beleza disso

Se tudo o que tenho é o agora,
onde procurarei a alegria?

Sem esperança para o futuro, sem esperança de que as coisas mudem, sem esperança de encontrar o que foi perdido e sem esperança de restaurar o passado, diante apenas do risco de romper tudo o que endureceu em mim, o que farei com o que tenho?

A princípio, isso pode parecer assustador ou triste, mas, tal qual um nadador exausto que chega em terra firme surpreso ao encontrar pérolas roçando suas pernas, levanto minha cabeça cansada repetidamente para descobrir que tudo de que preciso está exatamente onde estou.

Porém, sendo humano, eu me desvio e sonho com vidas diferentes da minha, e num piscar de olhos estou ocupado querendo outra coisa, outro lugar, outra pessoa; ocupado imaginando algo fora de alcance para eu me empenhar em obter.

Isso me leva a dizer que, se você está infeliz ou com dor, nada eliminará essas superfícies. Mas a aceitação e um coração robusto irão quebrá-las como uma casca, revelando uma suavidade que sempre existiu, revelando uma coisa suave à espera para tomar forma. Ela brilha. Creio que é o espírito que todos nós compartilhamos.

- *Centre-se e, de olhos fechados, imagine o que você quer.*
- *Respire lentamente e, de olhos abertos, perceba o que você tem.*
- *Inverta o processo. Feche os olhos e perceba o que você tem. Agora respire lentamente e, de olhos abertos, imagine o que você quer.*
- *Continue fazendo isso até que o que você quer e o que você tem comecem a se tornar a mesma coisa.*

28 de dezembro
Integridade

Integridade é a capacidade de ouvir um lugar dentro de si
mesmo que não muda, mesmo que a vida que o carrega possa mudar.

— Rabino Jonathan Omer-Man

Grande parte da nossa jornada ao longo deste livro concentrou-se em descobrirmos esse lugar dentro de nós e cultivarmos a capacidade de ouvi-lo, ao mesmo tempo que temos compaixão pela vida que o carrega.

É comovente para mim compartilhar a história de um homem transtornado que, exausto de tanto sofrimento e confusão, pediu ajuda a um sábio. O sábio olhou intensamente para o homem aflito e, compadecido, ofereceu-lhe uma opção de escolha: "Você pode receber um mapa ou um barco".

Depois de olhar para os muitos peregrinos ao seu redor, todos os quais pareciam igualmente transtornados, o homem aturdido disse: "Eu fico com o barco".

O sábio beijou o homem na testa e disse: "Vá então. Você é o barco. A vida é o mar".

Como descobrimos tantas vezes, temos dentro de nós tudo aquilo de que precisamos. Essa capacidade de ouvir a nós mesmos é o nosso remo mais antigo. Você é o barco.

- *Sente-se em silêncio e, calmamente, deixe todos os seus mapas de lado por um momento.*
- *Deixe sua respiração levá-lo em segurança para o mar.*
- *Lá, respire em ritmo suave e balance... e simplesmente ouça...*

29 de dezembro
Cante, então

Enquanto cantarmos,
a dor do mundo
não poderá reivindicar nossa vida.

Por causa do câncer, por ter crescido nos Estados Unidos, por meio da aprendizagem sobre as inúmeras lutas pela liberdade ao redor do mundo — todas diferentes, mas iguais —, graças ao convívio com o povo da África do Sul, ficou muito evidente que dar voz ao que é interior é essencial para sobreviver ao que é exterior. Não importa o lugar onde vivemos ou as pessoas a quem amamos, não importa o que queremos ou o que não podemos ter, essa é a lição que não consigo repetir ou aprender o suficiente.

Quando tudo na vida nos pressiona a partir de fora de nós, não temos escolha a não ser cantar como crianças assustadas que contam com sua canção para interromper a dor, do jeito que o fogo paralisa o frio. Esse é o segredo de todo espírito, por que ele não pode ficar contido dentro, mas deve ser trazido de dentro de nós para o mundo. Pois é a canção vinda do nosso interior que impede que a dor de viver apague nossa vida. É a canção vinda de dentro acesa, de novo e de novo, que mantém o mundo funcionando. Quando fazemos isso por nós mesmos, fazemos por cada criança que ainda não nasceu.

Enquanto a noite e o dia se revezam nesta Terra colossal girando em lugar nenhum, a canção que compartilhamos interiormente se reveza com as catástrofes da vida. Quando ficamos em silêncio, a era escurece.

Cante, então, em qualquer língua que sua dor lhe ensinou. Cante, embora você não seja um profissional e nunca tenha ido à escola de canto. Cante, porque o grito de todos os lugares que você manteve em silêncio deterá o frio, suavizará o perigo, manterá o mundo possível por mais uma rotação do planeta...

- *De maneira profunda e simples, feche os olhos e deixe que o que estiver dentro de você comece a vir à tona.*
- *Exale tudo o que parece estar no caminho e dê voz ao pedaço do infinito que habita dentro de você.*
- *Solte um grito, arquejo ou suspiro e sinta o mundo continuar.*

30 de dezembro
Nós nos tornamos a Terra

Ao buscar o que é essencial,
nós nos tornamos essenciais.

Sempre me deixou perplexo o fato de que as coisas mais profundas são intangíveis: amor, dúvida, fé, confusão, paz, sabedoria, paixão. Onde elas estão? Não é possível segurá-las na mão como frutas, tampouco virá-las no colo como páginas de um texto sagrado. No entanto, elas moldam nossa vida. Este sempre foi o mistério condutor de toda a sabedoria sagrada: as únicas coisas que valem a pena dizer são as indizíveis.

É uma lição de humildade constatar que passamos a vida inteira ganhando grão após grão dessa sabedoria, trabalhando para entendê-la e lutando para expressá-la e compartilhá-la, apenas para nos tornarmos cada vez mais parte dela, indizíveis para nós mesmos. Com o tempo, envelhecemos em uma quietude que respira como pedra, exposta além da resistência.

Talvez este seja o mais pungente dos paradoxos, a salvaguarda da natureza em contraste com deixar muito do mistério escapar. Levamos anos de vida para espremer algumas palavras preciosas de tudo o que não fala, e, ininterruptamente, sendo moldados por nosso sofrimento e burilados por nossa alegria, nós nos tornamos a Terra, sabendo mais e dizendo menos. Por pura ironia, depois de uma vida inteira, podemos enfim ter coisas importantes a dizer, assim como perdemos nossa capacidade de dizê-las. No entanto, isso não diminui tudo o que tentamos comunicar. Pois o fato de o som sempre terminar em silêncio não torna a música menos preciosa para nossa alma.

Parece que, quanto mais vivemos, menos podemos vir à tona. Eu me lembro de que visitei a Vovó Minnie quando ela tinha 94 anos. Encontrei a passagem de navio a vapor com a qual ela veio para os Estados Unidos em 1912, ainda menina. Na passagem li um nome estranho e lindo, Maiyessca. Era seu nome de batismo, nunca pronunciado nesse país. Coloquei a passagem amarelada na mão dela. Seus olhos se arregalaram, e eu senti o grande e velho peixe de seu coração nadando perto da superfície, agitando águas que estavam paradas havia oitenta anos. Vidas inteiras se passaram entre nós em silêncio. Ela tremeu e tossiu uma risada sufocada, dizendo apenas: “Eu esqueci que vim”.

Não há nada triste nisso. Pelo contrário, parece inevitável e sagrado que nos tornemos aquilo que buscamos. Começamos querendo conhecer o amor e, vivendo tempo suficiente, nos tornamos amor. Começamos querendo conhecer Deus e, sofrendo o suficiente, nos tornamos Deus. Com o tempo, o coração se expande de dentro para fora, e todas as nossas peles se rarefazem até nos tornarmos algo elementar, aperfeiçoando-se para o próximo grão de sabedoria a ser encontrado.

- *Sente-se em silêncio e calmamente com um amigo de confiança.*
- *Respirem fundo e meditem, ambos, sobre sua própria história de amor, deixando os sentimentos sem palavras fluírem através de vocês.*
- *Depois de algum tempo, tentem honrar esse fluxo sem palavras permitindo que uma única palavra ou frase surja dentro de vocês.*
- *Escrevam essa palavra ou frase e segurem-na em silêncio perto do coração.*
- *Sem olhar, troquem os pedaços de papel e meditem em silêncio com a palavra ou frase do amigo perto do coração.*
- *Depois de algum tempo, simplesmente leiam em voz alta a palavra ou a frase um do outro.*

31 de dezembro
Eu Vejo Você

Eu Vejo Você!
Eu Estou Aqui!

Durante séculos, os boxímanes africanos se cumprimentam dessa maneira. Assim que um deles percebe que seu irmão ou irmã está saindo do mato, ele exclama: "Eu Vejo Você!"; em seguida, aquele que se aproxima exclama, alegre: "Eu Estou Aqui!".

Esse testemunho atemporal é ao mesmo tempo simples e profundo, e é revelador que grande parte da nossa jornada terapêutica moderna sofra para alcançar esta finalidade: fazer com que quem somos e onde estivemos seja visto. Pois, com esta afirmação simples e direta, é possível reivindicar nossa própria presença, ao dizer: "Eu Estou Aqui".

As pessoas em nossa vida que validaram nossa personalidade ao nos ver e exclamar essa frase são os alicerces de nossa autoestima. Pense em quem elas são. Para mim, a primeira a se alegrar com minha luta para viver de modo escancarado foi minha avó. Se não fosse pelo amor inequívoco dela, eu nunca teria tido coragem de me expressar. E, afinal, não é a arte em todas as suas formas o lindo rastro de nossas tentativas humanas de dizer, repetidamente, "Eu Estou Aqui"?

É importante apontar que ser visto nos permite reivindicar nossa vida, e então torna-se possível passar a dádiva para os outros. Porém, tão importante quanto testemunhar é a alegria com que esses boxímanes proclamam o que veem. É a alegria de primeiro ver e primeiro saber. Isso é um presente de amor.

Em uma cultura que apaga sua humanidade, que mantém invisível o ato de inocência e começo, precisamos muito ser vistos com alegria, para que possamos proclamar com igual assombro e inocência que, de todas as coisas incríveis que poderiam ter sido ou não, "Nós Estamos Aqui".

Até onde a memória alcança, as pessoas das tribos mais antigas, sem o ônus da civilização, alegram-se por estarem juntas na Terra. Não somente podemos fazer isso uns pelos outros, como fazer isso é essencial. Pois assim como as estrelas precisam de espaço aberto para serem vistas, assim como as ondas precisam da costa para encapelar-se, assim como o orvalho precisa da grama para encharcar, nossa vitalidade depende da maneira como exclamamos e nos alegramos: "Eu Vejo Você!", "Eu Estou Aqui!".

- *Sente-se com um ente querido de confiança e, de olhos fechados, medite sobre a essência dele como você o conhece.*
- *Quando você estiver preenchido com a presença dele, abra os olhos e declare com alegria e sinceridade: "Eu Vejo Você!".*
- *Dê a seu ente querido o espaço para retribuir e proclamar: "Eu Estou Aqui!".*
- *Troquem os papéis e repitam esse processo de primeiro ver e primeiro saber. Se vocês se comoverem, vivam a vida dessa maneira.*

gratidão

Quero dar honras e graças pela presença profunda daqueles que ajudaram a me moldar em um recipiente aberto capaz de receber e conceber este livro. Especialmente àqueles que me ajudaram a sobreviver à morte e a encarar a vida. Eles são os anjos sujos que amam de todo o coração.

Gratidão a Tom Callanan, por acreditar o suficiente para mostrar meu trabalho às pessoas lá em meados em 1997. E à minha editora da edição original, Mary Jane Ryan, que me incentivou a escrever este livro quando eu tinha apenas um rascunho com cinco registros. E às almas curiosas ao redor do mundo que reservaram tempo para ler e responder por e-mail a essas reflexões a cada semana enquanto eu as escrevia. E às vozes de todos os professores citados aqui por carregar sua dor e deslumbramento através dos tempos para o altar de hoje. E a Oprah Winfrey, cuja força de generosidade enviou este livro mundo afora.

Também sou grato a Nick Mullendore e Lorretta Barrett, pela maneira como cuidaram deste livro ao longo de todos estes anos, e à minha atual agente Jennifer Rudolph Walsh, por sua feroz paixão, assim como a Eve Attermann, por sua sabedoria além de sua idade, e a James Munro, Fiona Baird e o restante da equipe da WME. E a Brooke Warner, por nossa longa e crescente amizade. E à minha assessora de imprensa Eileen Duhne, por seu parentesco de espírito. E a Barbara Thompson, por me guiar cada vez mais profundamente verdade adentro.

E gratidão duradoura aos meus queridos amigos. Eu não poderia fazer nada disto sem vocês, e por que eu iria querer? Especialmente George, Don, Paul, Skip, TC, David, Kurt, Pam, Patti, Karen, Paula, Ellen, Parker, Dave, Jill, Linda, Michelle, Rich, Carolyn, Henk, Sandra, Elesa, Penny e Joel e Sally.

E a Paul Bowler, por uma vida inteira de amizade que nos moldou. A Robert Mason, por mais do que as palavras podem dizer, meu irmão. E a Susan McHenry, pelo lar terno e afirmativo que você dá ao meu coração.

MN

índice remissivo

R

S

Z

TIPOGRAFIA	Benton Modern D [TEXTO E ENTRETÍTULOS]
PAPEL	Ivory Slim 65 g/m² [MIOLO] Supremo 250 g/m² [CAPA]
IMPRESSÃO	Rettec Artes Gráficas e Editora [SETEMBRO DE 2025]